FRITZ KOLBE

DU MÊME AUTEUR

Une envie de politique. Entretiens avec Lucas Delattre et Guy Herzlich, avec Daniel Cohn-Bendit et Guy Herzlich, La Découverte, 1998.

LUCAS DELATTRE

FRITZ KOLBE

Un espion au cœur du IIIᵉ Reich

TEXTO

Texto est une collection des éditions Tallandier

© Éditions Denoël, 2003
© Éditions Tallandier, 2022
48, rue du Faubourg-Montmartre – 75009 Paris
www.tallandier.com

À Florence

« *Denn die einen sind im Dunkeln / Und die andern sind im Licht/ Und man siehet die im Lichte / Die im Dunkeln sieht man nicht.* »

« *Car certains sont dans l'ombre / Et d'autres sont dans la lumière / On voit ceux qui sont dans la lumière / Ceux de l'ombre on ne les voit pas.* »

Bertolt Brecht, *L'Opéra de Quat'sous*.

Avant-propos

En septembre 2001, l'hebdomadaire allemand *Der Spiegel* publia un article consacré à Fritz Kolbe, présenté comme un « héros anonyme » de la Seconde Guerre mondiale. Kolbe était pris comme exemple de ces Allemands opposés au nazisme et qui « combattirent sans aide aucune du dedans ni du dehors, entraînés seulement par le bouillonnement de leur conscience[1] ». Comment les deux auteurs de cet article, Axel Frohn et Hans-Michael Kloth, avaient-ils découvert l'existence de ce petit fonctionnaire inconnu du ministère des Affaires étrangères de l'époque nazie ? À l'occasion de l'ouverture en juin 2000, aux États-Unis, d'archives inédites de l'Office of Strategic Services (OSS), l'ancêtre de la CIA. Ces fonds demeurés inaccessibles pendant plus de cinquante ans venaient d'être « déclassifiés » à la suite d'une loi votée par le Congrès en 1998 *(Nazi War Crimes Disclosure Act)*, sous la présidence de Bill Clinton. Ils contenaient 1 600 télégrammes diplomatiques allemands classés « top secret » qui avaient été livrés aux Américains par Fritz Kolbe, *alias* « George Wood », entre 1943 et 1945.

À la lecture de ces documents, on comprend que Kolbe ait été qualifié par les dirigeants alliés, en 1945, de « meilleure source d'information de la guerre [*prize intelligence source of the war*][2] ». Dans ses mémoires parues en avril 2003, l'ancien directeur de la CIA Richard Helms lui rend hommage en soulignant que « les informations qu'il a livrées sont les meilleures qui aient été fournies par n'importe quel agent allié pendant la guerre[3] ».

Comme s'en étonnait le *Spiegel* en septembre 2001, personne ne connaissait alors le nom de Fritz Kolbe dans son propre pays. Cet homme, qui a pris des risques énormes pour lutter contre le nazisme, a complètement disparu de la mémoire allemande après 1945. L'opinion publique allemande n'a jamais reconnu les mérites de ce « traître », même si ce « traître » a choisi le camp de la démocratie et de la liberté. Certes, l'histoire officielle de l'Allemagne porte aux nues les mérites de quelques opposants illustres comme le comte Stauffenberg, auteur de l'attentat manqué contre Hitler en juillet 1944. Mais elle a longtemps laissé peu de place à tous ceux qui, comme Fritz Kolbe, ont prouvé par leur action que tout le monde, quelle que fût sa place ou sa fonction, aurait pu faire quelque chose contre le nazisme[4]. Comme le dit George Steiner, « les grands *non* à la barbarie sont venus de gens que l'on dit simples[5] ». L'article du *Spiegel* laissait penser que Fritz Kolbe avait été un Allemand ordinaire. L'équivalent d'un Dutilleul, le héros du *Passe-Muraille* de Marcel Aymé ou d'un personnage dessiné par Sempé. Si tous les petits fonctionnaires comme lui avaient tenté l'impossible, nul doute qu'Hitler n'aurait pas tenu longtemps au pouvoir.

À la suite de la parution du présent livre en traduction allemande (Piper Verlag, Munich, 2004, traduction : Michael Bayer), Fritz Kolbe a été officiellement réhabilité en Allemagne. Une salle du ministère des affaires étrangères à Berlin porte désormais son nom, à l'initiative de Joschka Fischer, alors chef de la diplomatie allemande (discours prononcé le 9 septembre 2004).

Prologue

Au cours de la deuxième semaine du mois de janvier 1944, le président Roosevelt fut informé personnellement par le général William J. Donovan, le patron de l'OSS[1] – ancêtre de la CIA –, de l'existence d'un espion allemand pro-américain placé au cœur du Reich. « Nous nous sommes procuré par une voie secrète une série de documents apparemment authentiques et provenant de divers canaux d'information allemands (diplomatiques, consulaires, militaires ou encore des services secrets). L'authenticité de la source et du matériel fourni fait encore l'objet d'un examen à Washington et à Londres. Nous devrions vous livrer nos conclusions là-dessus ultérieurement. Il est possible que cette source représente notre première infiltration majeure au sein d'une haute institution allemande. » Le courrier du général Donovan datait du 10 janvier 1944[2].

« Première infiltration majeure » dans les coulisses du régime nazi : cette annonce avait de quoi remplir de satisfaction la Maison Blanche. Depuis l'entrée en guerre des États-Unis contre l'Allemagne et le Japon en décembre 1941, Washington cherchait à combler son retard dans le domaine du renseignement. Les services secrets britanniques étaient très en avance sur leurs collègues américains. Ces derniers n'avaient pas anticipé l'attaque japonaise sur Pearl Harbor, le 7 décembre 1941

– un événement qui avait servi de révélateur et accéléré la création de l'OSS quelques mois plus tard.

Le général Donovan avait carte blanche pour bâtir un réseau d'information à l'échelle mondiale mais ne disposait d'aucun espion en Allemagne ni au Japon. Certes, quelques Allemands parlaient aux Américains lors de déplacements à l'étranger, mais c'était de manière occasionnelle. Il n'y avait pas d'agent clandestin à Berlin ou à Tokyo : les risques de capture étaient trop grands, les perspectives de succès trop faibles. La principale source disponible sur les puissances de l'Axe était le décryptage des messages ennemis grâce à l'interception des communications télégraphiques ou téléphoniques. Ce procédé ne remplaçait pas la qualité du témoignage humain, extraordinairement difficile à obtenir[3].

L'espion idéal venait peut-être d'être déniché à Berlin : personne ne pouvait être plus utile qu'un fonctionnaire allemand bien informé, proche des lieux de décision et de pouvoir, disposé à transmettre son savoir sur une base régulière... Toutes ces raisons expliquent pourquoi, le 10 janvier 1944, le président des États-Unis fut personnellement mis au courant de l'existence d'un agent allemand en poste au ministère allemand des Affaires étrangères. Le chef de l'OSS informait Roosevelt que ces documents seraient désormais classés sous le titre de « série Boston[4] » et distribués à un très petit nombre de personnes au sommet de l'État.

Le courrier du général Donovan était accompagné de quatorze notes très brèves élaborées à partir d'éléments livrés par l'énigmatique espion. Il y avait là un certain nombre de faits de toute première importance. Une dépêche diplomatique allemande datée du 6 octobre 1943 expliquait que le chef de la Gestapo en Italie, le SS-Obersturmbannführer Herbert Kappler, avait donné l'ordre de déporter la communauté juive de Rome vers le nord de la péninsule en vue de la « liquider[5] ». Un message de Ernst von Weizsäcker (ambassadeur auprès du Vatican depuis le printemps de 1943), daté du 13 décembre 1943, faisait état d'un entretien avec le pape Pie XII. Ce dernier souhaitait que l'Allemagne « tînt bon sur le front russe », et espérait que la paix était proche « sinon le communisme serait le seul vainqueur[6] ». En Italie toujours, le maréchal Keitel (au nom du Führer) avait donné l'ordre de fusiller sans procès les officiers italiens qui passeraient au service de l'ennemi (12 septembre 1943)[7].

Les renseignements les plus précieux concernaient les canaux d'information du Reich. Berlin avait installé un poste émetteur clandestin à Dublin, en Irlande... L'ambassadeur allemand en Turquie, Franz von Papen, disposait d'une « taupe » chez l'ambassadeur britannique à Ankara. Et surtout, les Allemands avaient un informateur dans l'entourage du vice-président des États-Unis, Henry Wallace[8] ! Tout devait être fait pour colmater les brèches et empêcher de nouvelles fuites. Les Allemands connaissaient-ils déjà l'existence d'un plan de débarquement allié en France ?

Roosevelt ne sut vraisemblablement jamais qui était l'auteur de ces révélations. Même le nom de code du mystérieux informateur de Berlin était gardé secret : « George Wood ». Une ou deux personnes seulement connaissaient son véritable nom et sa fonction : Fritz Kolbe, né en 1900, fonctionnaire à l'administration centrale du ministère des Affaires étrangères du Reich, à Berlin.

1

Señor Fritz Kolbe

Madrid, septembre 1935

Dix heures du matin à Madrid. La ville est baignée d'une belle lumière de fin d'été. Après avoir lu les journaux en prenant son petit déjeuner, Ernst Kocherthaler sort de chez lui et se rend à l'ambassade allemande. Le chemin est assez long – environ trois quarts d'heure à pied – pour aller de la rue Oquendo au boulevard de la Castellana, mais Ernst Kocherthaler marche vite. En passant sous les acacias, devant les cafés encore vides, il ne cesse de penser à cet article paru le matin même dans la rubrique étrangère du quotidien *ABC* : « Nuremberg, 15 septembre 1935 : le parti national-socialiste va faire adopter plusieurs textes de loi d'après lesquels les Juifs ne disposeront plus de la nationalité allemande pleine et entière. Les mariages entre Juifs et citoyens allemands sont interdits. Les relations extra-conjugales entre Juifs et citoyens allemands seront également interdites[1]. » « Protection du sang et de l'honneur allemands », « survie du peuple allemand »... Ces formules révoltent Kocherthaler. Il est tendu lorsqu'il arrive à l'ambassade. Maigre consolation : on ne voit pas encore de croix gammée au fronton du bâtiment. C'est le drapeau traditionnel du Reich (noir, rouge et blanc), qui orne les façades, mais plus pour longtemps. À Nuremberg, le parti nazi vient de décider une loi qui fait de son emblème celui de l'Allemagne tout entière.

« Le service consulaire, s'il vous plaît ? » demande Ernst Kocherthaler à l'entrée du bâtiment. Les papiers du visiteur ne sont même pas vérifiés : il est connu dans la maison comme un ami du comte Johannes von Welczeck, l'ambassadeur[2]. Le comte Welczeck et Ernst Kocherthaler se voient souvent, en public ou en privé. Parfois même ils se retrouvent pendant les vacances d'été, à Saint-Sébastien, Biarritz ou Hendaye[3]. L'ambassadeur soutient auprès des milieux dirigeants espagnols les projets d'investissement de son ami et aime s'entretenir avec lui d'économie, de politique et d'affaires. Ernst Kocherthaler possède des actions dans les mines de cuivre d'Andalousie et traite de grosses affaires industrielles. Il représente en Espagne les intérêts d'importantes entreprises d'hydrocarbures et copréside la Fédération nationale des négociants en pétrole. M. Kocherthaler connaît beaucoup de monde et figure parmi les personnalités en vue de la capitale espagnole[4].

Parvenu à l'ambassade, Ernst Kocherthaler est conduit à travers les hauts couloirs du palais (un beau bâtiment qui a servi de représentation diplomatique de la Prusse au XIXe siècle) jusqu'au bureau des visas et passeports, dans les locaux réservés au consulat. Il est invité à prendre place dans une antichambre, à côté d'une petite table avec des journaux. Il y a là un ou deux exemplaires de la *Frankfurter Zeitung*, un quotidien relativement respectable et en tout cas moins pénible à feuilleter que le *Völkischer Beobachter*, également à la disposition des visiteurs ainsi que diverses brochures signées Joseph Goebbels. « Comment Welczeck peut-il autoriser cette propagande dans l'ambassade ? » pense Kocherthaler, qui en veut à l'ambassadeur, malgré toute l'amitié qu'il lui porte, de ne pas empêcher le parti de dicter leur conduite aux diplomates...

Dès le mois de mai 1933, toutes les représentations diplomatiques à l'étranger ont reçu de Berlin un opuscule détaillé conçu pour répondre aux questions sur le sort des Juifs en Allemagne[5]. On a vu des diplomates allemands, dans les soirées mondaines de Madrid, se lancer dans de longs raisonnements sur la « question juive », en expliquer les enjeux spécifiquement allemands et chercher à recueillir des arguments sur son « caractère universel ». Le parti et ses idées s'infiltrent partout, y compris à la Chambre de commerce germano-espagnole où Kocherthaler, non aryen, est d'ores et déjà considéré comme *persona non grata*.

Tout en feuilletant le journal, l'homme d'affaires lève la tête et regarde autour de lui. Il voit une ancienne gravure de la porte de Brandebourg. Il y a aussi une affiche de l'organisation Force par la Joie[6] qui représente deux jeunes femmes blondes assises sur le sable blanc d'une station de la côte baltique. L'image lui rappelle l'île de Rügen, où il a passé tous les étés de son enfance. Et enfin un portrait du Führer avec une petite fille lui remettant un gros bouquet de fleurs.

Face à lui, un bureau. La porte s'entrouvre quelques minutes plus tard. Un fonctionnaire de petite taille – environ un mètre soixante – fait son apparition. Son visage est assez rond, avec des oreilles bien saillantes. La moitié supérieure de son crâne, dépourvue de cheveux, est aussi lisse que ses chaussures parfaitement cirées[7]. L'homme n'a pas le type allemand. On dirait plutôt un Slave, ou bien quelqu'un venant d'Europe du Sud. Il est vêtu avec sobriété mais élégance. Le ton de sa voix est net, son élocution a la clarté d'un texte de loi prussien. Son allure générale est plutôt sympathique. Il ne manque pas d'atouts pour séduire[8].

« Que puis-je faire pour vous, monsieur Kocherthaler ? » demande-t-il en lui indiquant une chaise pour s'asseoir.

Kocherthaler reste debout. L'agent consulaire, beaucoup plus petit que son interlocuteur, est obligé de lever la tête pour lui parler. Sa politesse étonne le visiteur qui a constaté, depuis l'arrivée des nazis au pouvoir, un certain relâchement dans les bonnes manières allemandes. Les petits fonctionnaires de l'ambassade, dont la plupart sont déjà membres du parti nazi, semblent profiter du nouveau cours des choses pour adopter des poses de petits chefs ou bien un désagréable langage de camaraderie. Ici, ce n'est pas le cas.

L'homme d'affaires, toujours debout, prend la parole avec la solennité d'un officier de la Garde impériale :

« Je suis venu prendre les dispositions nécessaires pour abandonner la nationalité allemande. »

Ernst Kocherthaler demande à son interlocuteur d'aviser les autorités de Berlin qu'il se retire de la communauté nationale et qu'il a pris ses dispositions pour devenir, dès maintenant, citoyen espagnol[9].

« Cette décision est irrévocable », ajoute-t-il après un bref silence, les yeux dirigés vers le sol et la voix légèrement tremblante d'émotion.

Un peu interloqué par la teneur de ce propos, l'agent consulaire semble ne pas comprendre. Il demande au visiteur d'exposer les motifs de sa démarche. Ernst Kocherthaler évoque les persécutions dont sont victimes les Juifs en Allemagne. Les humiliations quotidiennes, le boycott des magasins juifs, la terreur permanente.

« Les Juifs ont été exclus de toutes les professions et de tous les lieux publics. La seule chose qui leur reste, c'est le permis de conduire. Cette Allemagne n'est plus la mienne ! » dit Kocherthaler.

Les lois qui viennent d'être adoptées à Nuremberg ont fini de le convaincre : il lui est impossible de demeurer plus longtemps citoyen de son pays dès lors qu'on lui réserve un statut de seconde zone. Lui-même s'est converti au protestantisme avant 1914, mais ses deux parents sont juifs et son arbre généalogique est désormais considéré comme « impur[10] ».

« Je suis un citoyen du Reich et rien d'autre », dit-il en serrant les poings. Il s'est engagé comme volontaire pendant la guerre et évoque son statut d'officier de réserve. Le ruban noir, rouge et blanc qu'il porte au revers de son costume indique qu'il a reçu une haute décoration militaire[11].

« Avez-vous combattu ? Savez-vous ce que cela a été ? » interroge Kocherthaler.

L'agent consulaire, un peu surpris par une telle question, répond qu'il était trop jeune pour combattre, qu'il n'a été engagé que pendant les tout derniers mois de la guerre, à Berlin, dans un bataillon qui n'a pas été envoyé au front.

Ernst Kocherthaler est depuis plus d'une demi-heure, déjà, dans son bureau. Dans le vestibule, d'autres personnes commencent à trouver le temps long. Il y a là notamment un jeune phalangiste espagnol qui désire obtenir un visa pour l'Allemagne et qui manifeste bruyamment son impatience. Mais l'homme d'affaires n'est pas pressé. Il parle de son amour pour l'Allemagne, qu'il a quittée bien avant la montée du national-socialisme.

« Après la guerre, raconte-t-il, j'ai compris qu'il n'y avait plus de place pour moi en Allemagne. J'étais considéré avec mépris soit comme un vilain banquier, soit comme un méchant Juif, soit les deux. »

Au bout de trois quarts d'heure, il tend son passeport à l'employé du consulat, lui demandant de déchirer le document. Quelques secondes s'écoulent. Le passeport reste sur la table. Un ancien modèle, encore dépourvu de la croix gammée. Le silence, à peine troublé par les bruits du dehors, devient presque pesant. Enfin, le fonctionnaire du consulat prend la parole.

« Vous devez conserver votre nationalité, dit-il à son interlocuteur d'un ton convaincu. Il y a peut-être un moyen de ne pas renoncer à votre qualité de citoyen allemand. On pourrait tirer argument de votre décoration militaire. De toute façon, ici les nazis ne peuvent rien contre vous. Je vais me renseigner sur ce qu'on peut faire... »

Ernst Kocherthaler prend une chaise pour s'asseoir et s'éponge discrètement le front.

« Je n'ai pas de plus grand désir que celui de rester allemand. Mais à la condition de pouvoir déclarer officiellement mon opposition au national-socialisme dans un document qui devra parvenir rapidement aux plus hautes autorités de Berlin. » L'ambassadeur, se dit-il, approuvera sans aucun doute cette démarche. Comment refuser ce geste à un ami ?

L'agent consulaire promet de s'occuper rapidement du dossier et de le tenir au courant. Le visiteur se lève et laisse sa carte de visite : *Ernst Kocherthaler, Société des produits du naphte russe, Madrid*. Le fonctionnaire fouille quelques instants parmi les papiers qui jonchent son bureau – des documents en partie rédigés en français, la langue diplomatique d'usage – et lui tend la sienne sur laquelle on peut lire : *Señor Fritz Kolbe. Secretario de Cancilleria. Embajada de Alemania. Madrid*.

Ernst Kocherthaler apprit, quelques jours plus tard, que l'ambassadeur n'avait pas approuvé sa démarche et qu'il n'avait pas transmis sa requête à Berlin. Dépité, il abandonna la nationalité allemande en essayant de se convaincre que la liberté de l'exil valait mieux que la servitude domestique. Il reprocha silencieusement à Welczeck de ne pas avoir eu le même panache qu'un Friedrich Wilhelm von Prittwitz und Gaffron, ambassadeur d'Allemagne à Washington avant 1933, le seul diplomate allemand à avoir démissionné dès l'arrivée des nazis

Passeport de Fritz Kolbe à l'époque où il était employé à l'ambassade d'Allemagne à Madrid.
© Peter Endersbee. Collection Peter Kolbe, Sydney

au pouvoir[12]. Il se disait, à propos de son ami Welczeck : « Il ne suffit pas de ne pas signer *Heil Hitler* ! au bas de son courrier officiel pour entrer en résistance[13]. »

Kocherthaler repensa aussi au secrétaire de consulat qui l'avait reçu : « Fritz Kolbe. Quel curieux personnage ! » Pas une fois, Kolbe n'avait utilisé la moindre expression antisémite. À un moment, il avait parlé des « nazis ». Personne n'utilisait ce mot à part les opposants au régime. Kocherthaler trouva étrange qu'un membre obscur de l'ambassade pût manifester ouvertement ses distances avec le parti. Le NSDAP recrutait une bonne part de ses troupes auprès des fonctionnaires de seconde catégorie qui, comme Kolbe, ne disposaient pas d'une formation universitaire[14]. Les autres, les hauts fonctionnaires, que

Kocherthaler connaissait bien, avaient tendance à se comporter en technocrates nihilistes, se moquant des nazis tout en continuant à les servir.

Kocherthaler apprit que Fritz Kolbe était le seul fonctionnaire de l'ambassade allemande à ne pas être entré au parti[15]. Cette information l'intrigua et il prit la liberté de reprendre contact avec le secrétaire de chancellerie, curieux de connaître un peu mieux ce personnage « hors série ». Un rendez-vous fut pris pour le premier dimanche d'octobre 1935 à cinq heures au café Gijón, sur l'avenue des Recoletos.

Fritz Kolbe fut surpris d'être sollicité par quelqu'un dont il connaissait la haute position sociale dans la communauté allemande de Madrid. Il le connaissait de nom pour s'être occupé pendant quelques années de dossiers économiques auprès du conseiller commercial de l'ambassade[16]. « Comment une personnalité aussi importante peut-elle avoir envie de me voir ? Qu'allons-nous bien pouvoir nous dire ? » se demanda-t-il après avoir accepté le rendez-vous.

Madrid, octobre 1935

Le jour venu, en se dirigeant vers le Gijón, Fritz Kolbe faillit rebrousser chemin. Arrivé un peu en avance, il s'installa à la terrasse du café, posa son chapeau blanc sur ses genoux et commanda un *granizado* au citron. L'air du soir transportait un parfum de menthe et de coquillages. Il y avait foule ce soir-là et les garçons mettaient du temps à apporter les commandes.

Kocherthaler arriva. Visage souriant, l'air décontracté. La bonté naturelle de son regard et sa poignée de main chaleureuse mirent immédiatement Kolbe à l'aise. Il commanda un vermouth. Après quelques échanges de pure courtoisie, une discussion d'une étonnante spontanéité s'engagea entre les deux hommes. Ernst Kocherthaler avait des idées sur tout et, semblait-il, une grande expérience de la vie. Il parlait avec aisance, sans intimider son interlocuteur, et manifestait sur tous les sujets un certain détachement. Même s'il brassait de grosses affaires, on sentait que pour lui l'argent n'était pas la valeur essentielle. Kocherthaler était un homme de culture. La Grèce antique lui était aussi familière que l'art de la finance. Il évoqua la Méditerranée comme le « berceau sacré de notre civilisation » et regretta que les Allemands « veuillent aujourd'hui s'en détacher » en allant chercher dans les mythes nordiques de quoi nourrir l'imaginaire national. « Il fut une époque où l'Allemagne défendait la liberté de conscience et accueillait tous les réfugiés d'Europe : les Morisques espagnols, les huguenots français... Tout cela est bien loin ! » Il considérait que le monde était divisé entre ceux qui étaient prêts à des « exploits, des souffrances, des sacrifices » et ceux qui se contentaient « de boire et de manger, de jouer aux cartes et d'écouter de la musique à la radio[17] ».

Tout en parlant, Kocherthaler se demandait à laquelle des deux catégories appartenait Fritz Kolbe : il lui trouvait une allure extérieure assez quelconque mais percevait un rayonnement particulier dans son regard[18]. Avouant sa curiosité, il demanda à Fritz Kolbe pourquoi il n'était pas entré au parti. Un certain nombre de diplomates opposés au régime, haut placés ou non, avaient accepté de prendre leur carte pour passer inaperçus et ne pas attirer les soupçons[19]. Pourquoi pas lui ?

Kolbe, qui ne s'attendait pas à devoir s'exprimer sur cette question sensible, essaya de se réfugier dans des banalités. « Je ne suis qu'un petit fonctionnaire de l'ambassade », lui dit-il, en ajoutant qu'il lui paraissait suffisant d'avoir prononcé serment de fidélité et d'obéissance à Hitler comme tous les agents de l'État[20]. Avec un brin d'ironie, il souligna que le NSDAP avait déjà plus de deux millions de membres, « alors un de plus ou un de moins, hein ? » Et il ajouta avec un brin de malice qu'il n'avait peut-être pas été jugé assez fiable pour entrer dans le « mouvement ». Beaucoup de fonctionnaires avaient posé leur candidature sans succès auprès de la « Maison Brune » de Munich[21], qui décidait d'accorder ou non les précieux certificats et qui se méfiait *a priori* des diplomates[22].

Kocherthaler voulait en savoir plus. Il était assez bien informé sur son interlocuteur pour avoir compris qu'il s'agissait d'un réfractaire. Il lui demanda d'où il venait, quelles étaient ses origines et son milieu social[23]. Manifestement, ce n'était pas par politesse qu'il posait ces questions personnelles, mais parce qu'il se demandait comment un modeste fonctionnaire allemand pouvait résister aux séductions du national-socialisme. Fritz Kolbe n'avait jamais cherché à expliquer son attitude, qui ne datait pas d'hier[24]. Il était flatté qu'on s'intéresse à sa personne mais embarrassé de s'étendre sur ses choix personnels. Quand on l'interrogeait sur les raisons de son refus d'entrer au parti, il invoquait les valeurs qui lui avaient été transmises par son père : le refus d'obéir aveuglément à quiconque, la fidélité à soi-même et l'amour de la liberté[25]. Il expliquait que le NSDAP attirait en priorité les esprits médiocres et les fonctionnaires mal notés. Il citait au besoin quelques classiques comme : « Sois toujours fidèle et droit, jusqu'au froid tombeau[26] », ou bien : « À quoi sert à l'homme de gagner le monde au détriment de son âme ? » Cette dernière formule, tirée de saint Matthieu, Fritz Kolbe l'avait apprise de la bouche de sa mère et ne l'avait jamais oubliée[27].

Ernst Kocherthaler ne se contenta pas de ces réponses toutes faites. Il voulait savoir si Kolbe était antinazi par engagement chrétien ou bien parce qu'il avait des sympathies socialistes ou même communistes. Pour le mettre à l'aise, il lui dit qu'il avait beaucoup de contacts professionnels avec l'Union soviétique et qu'il y avait fait un séjour « épatant » en 1931[28]. Fritz Kolbe confia qu'il avait eu une éducation chrétienne, certes, mais qu'il n'était ni pratiquant ni même croyant[29].

« Vous n'avez rien contre les Juifs ? lui demanda abruptement Kocherthaler.

— Et pourquoi donc ? lui répondit Kolbe. Pour moi, entre un aryen et un Juif il n'y a qu'une différence : il y en a un qui mange *casher* et l'autre non[30]. »

Communiste ? Pas du tout : il avait toujours eu la plus grande méfiance pour toutes les formes de sectarisme et d'embrigadement. Ce qui ne l'empêchait pas de croire aux « vertus prussiennes » traditionnelles : ordre, travail, discipline. Sans être membre d'aucun parti, Fritz Kolbe se sentait plutôt proche des socialistes, les « Sozis »[31]. Friedrich Kolbe, son père, avait été un électeur fidèle et régulier du parti social-démocrate. Il était artisan sellier à Berlin et avait toujours recommandé à son fils de « faire le bien » et de « ne jamais craindre l'avenir ».

Les Kolbe venaient de Poméranie, une région du Nord-Est de l'Allemagne, de tradition protestante. Un de ses grands-pères, du côté maternel, avait eu le titre de « maître » dans un atelier de fabrication de pantoufles. De réputation, les Poméraniens étaient des gens simples, solides comme des armoires de campagne, des provinciaux dont on se moquait toujours un peu à cause de leur drôle de patois (le *plattdeutsch*), et qui avaient en Allemagne une réputation comparable à celle des Gascons en France : un peuple de paysans têtus, indociles, forts au combat. Après 1871, les Kolbe avaient fait partie du grand mouvement de migration vers Berlin. Des millions de personnes des marches de l'Empire étaient venues s'installer dans la nouvelle capitale du Reich dans l'espoir d'y trouver du travail et de sortir de la misère paysanne. Il en venait de partout, du Brandebourg, de Poméranie, de Silésie, mais aussi de Prusse orientale… C'était un véritable bouillonnement humain. De ses parents, Fritz Kolbe avait hérité une inébranlable volonté d'ascension sociale.

La famille paternelle de Fritz Kolbe, avant 1900. Une famille de Poméraniens immigrée à Berlin dans la deuxième moitié du XIXe siècle. La troisième personne debout à partir de la droite est le père de Fritz, artisan sellier.
© Peter Endersbee. Collection Peter Kolbe, Sydney

C'est dans cet esprit que le père de Fritz Kolbe l'avait encouragé à devenir fonctionnaire. Endetté comme tant d'autres petits artisans, il avait subi l'humiliation de devoir fermer sa boutique et était devenu salarié d'une fabrique industrielle de « coffres et autres articles en cuir ». L'industrialisation forcée marginalisait l'artisanat. L'armée, qui était le principal client de l'industrie du cuir – elle commandait des selles, des sangles, des rênes, des brides, des bagages, toute la bourrellerie militaire... –, préférait s'adresser à de gros fournisseurs... Dans le quartier d'enfance de Fritz, celui de Luisenstadt[32] à Berlin, il y avait beaucoup de casernes. Le matin, c'était la sonnerie des trompettes militaires qui le réveillait.

De toutes les « vertus prussiennes », le respect aveugle de l'autorité était celle que Fritz appréciait le moins. « Mon père m'a toujours dit que le principal défaut des Allemands était leur esprit de soumission », disait-il[33]. Des quelques livres qu'on lui avait fait lire dans son enfance, il se souvenait en particulier de *Michael Kohlhaas* : l'histoire de ce rebelle luttant à mort pour obtenir justice l'avait marqué[34].

Ernst Kocherthaler commençait à un peu mieux identifier Fritz Kolbe. Il se disait que cet homme-là, avec son air caustique typiquement berlinois, était rétif à toutes les formes d'emphase et de fanfaronnade autoritaires[35]. Au cours de la conversation, il finit par s'amuser du côté adolescent de son interlocuteur, de cette énergie rentrée qui se manifestait par de petits gestes vifs, un regard pétillant et un ton parfois coupant. Fritz frappait souvent le poing droit contre la paume de sa main gauche[36]. On sentait quelqu'un de déterminé, mais ce n'était pas du tout un cérébral. D'ailleurs, Fritz se qualifiait lui-même de « fonceur[37] ».

Fritz Kolbe et sa première femme, Anita, en Espagne à la fin des années 1920.
© Peter Endersbee. Collection Peter Kolbe, Sydney

Se sentant de son côté mis en confiance par Ernst Kocherthaler, le petit fonctionnaire du consulat de Madrid sortit de son portefeuille quelques photos personnelles. Il lui montra un portrait d'Anita, sa femme. Elle avait le visage doux, avec des yeux bleus et de grandes paupières un peu tristes. Elle était atteinte depuis 1933 d'une tuberculose pulmonaire qui la forçait, régulièrement, à effectuer de longs séjours en sanatorium en Allemagne. Un fils, Peter, était né en avril 1932 à Madrid. Kolbe raconta sa rencontre avec Anita, en 1918, dans un hôpital militaire de Berlin[38].

Une autre photo le montrait justement en uniforme de soldat, en 1918. Il faisait partie d'un bataillon du génie. On y voyait une vingtaine d'autres jeunes garçons. Kocherthaler remarqua que tous regardaient l'objectif, à l'exception d'un seul, aux yeux fixés sur un point perdu à l'horizon. C'était Fritz Kolbe.

Sur une autre, on le voyait s'exercer à la gymnastique suédoise, vêtu d'un simple short. Kolbe était un passionné de culture physique. Il ne fumait pas, buvait très peu d'alcool et faisait beaucoup d'exercice. Natation, gymnastique, course à pied… Aucune forme d'entraînement ne lui était étrangère[39]. Pour fêter la naissance de son fils, il avait fait une longue course d'endurance en solitaire dans un stade de Madrid. Quand il était plus jeune, il remportait régulièrement des médailles dans des joutes de « gymnastique de défense ». À l'âge adulte, il participait encore à toutes sortes de compétitions entre amateurs.

L'idée qu'il fallait avoir un corps sain, vivre simplement et se soucier en priorité de sa santé physique lui était venue d'une expérience de jeunesse qui l'avait beaucoup marqué : son passage à l'Oiseau migrateur *(Wandervogel)*. Ce mouvement de jeunesse comparable aux boy-scouts était un peu sa deuxième famille. C'est là qu'il avait appris le goût de l'autonomie, le bonheur de vivre et, disait-il, « le secret d'une existence réussie », que résumait pour lui l'expression de « vérité intérieure »[40].

Fritz Kolbe fut enrôlé dans un bataillon du génie à la fin de la Première Guerre mondiale. Il est le troisième debout à partir de la droite. De tous les soldats présents, il est le seul à ne pas regarder l'objectif.
© Peter Endersbee. Collection Peter Kolbe, Sydney

Les exercices de culture physique faisaient partie du quotidien de Fritz Kolbe, qui ne cessa jamais de se passionner pour le sport et la gymnastique.
© Collection Martin et Gudrun Fritsch, Berlin

Fritz en maillot de bain, Espagne, fin des années 1920, début des années 1930.
© Peter Endersbee. Collection Peter Kolbe, Sydney

Fritz évoqua les randonnées en groupe à travers la campagne des environs de Berlin, pendant et juste après la guerre. L'odeur de la bruyère, loin de la ville et de ses usines enfumées, les sacs à dos, les bérets de velours et les guitares. Se rappelant les soirées passées autour d'un feu de camp, il fredonna de vieux airs qui parlaient d'« oies sauvages », de « chemins de campagne », ou encore du « vent de la montagne, de la forêt, et de l'appel du vaste monde »… Le passage chez les Oiseaux migrateurs avait été, disait-il, un grand moment de liberté.

Kocherthaler écoutait ce récit, l'air perplexe. Ce côté boy-scout candide et généreux lui paraissait franchement un peu niais. « Ce qui est bizarre, était-il en train de se dire, c'est que Kolbe aurait pu faire un bon nazi. » Au cours de la conversation, il avait surpris une expression sur la « haute finance internationale » qui lui avait donné un frisson dans le dos. Le scoutisme, pour Kocherthaler, avait un avant-goût de Jeunesses hitlériennes. Le mouvement des Oiseaux migrateurs n'avait-il pas été, avant la guerre, le premier à utiliser une croix gammée parmi ses symboles de reconnaissance ? Quoi qu'il en soit, pour lui, ce mouvement sentait fort, sous ses dehors bucoliques, l'idéologie *völkisch*. Il détestait la vénération de la jeunesse qui était un point commun à toutes les dictatures du moment et trouvait que Kolbe avait l'air de vouloir rester un éternel adolescent.

Il lui fit part de ses réflexions. Celui-ci, un moment, fut interloqué. Il avait horreur qu'on puisse croire que sa passion pour le sport était comparable au culte du corps et de la violence professée par les nazis. Il constatait avec dépit que ceux-ci s'étaient emparés, pour mieux les détruire, des principales valeurs auxquelles il tenait : l'action, la volonté, la fidélité… Il reconnut qu'un certain nombre de ses anciens amis s'étaient engagés dans les Corps francs au lendemain de la guerre, et que beaucoup même étaient devenus de « fieffés nazis ». « Mais d'autres aussi étaient devenus communistes », fit-il remarquer. Et surtout, depuis que les nazis étaient arrivés au pouvoir, tous les mouvements scouts avaient été sévèrement mis au pas et privés de toute liberté.

Kolbe expliqua à Ernst Kocherthaler que l'Oiseau migrateur lui avait permis, adolescent, d'échapper au poids de la société d'avant-guerre. L'école, l'usine, l'armée... On étouffait sous Guillaume II. Il avait quatorze ans quand il y était entré, juste au déclenchement du conflit mondial. Pendant la guerre, il n'avait pas connu les tranchées mais parcouru les chemins des bois et dormi dans des granges à foin. Les événements du monde ne l'avaient pas touché de près. Il était patriote, comme tout le monde. Mais il se sentait avant tout membre de l'humanité tout entière.

Il avait détesté, adolescent, le conformisme bourgeois de l'époque impériale, avec la mode des cols blancs en cellulose et du chapeau claque ! Il haïssait les sous-officiers qui paradaient dans les rues de la capitale, avec leur casque à pointe, leur sabre à la ceinture et leur moustache ridicule. Déjà, jeune écolier, il se moquait de l'empereur Guillaume. Pour lui, la guerre avait été comme un effondrement du présent et la promesse d'une renaissance. Espoir vite enterré à la vue des milliers d'estropiés revenus du front et qui avaient peuplé Berlin, longtemps, de leur présence fantomatique. Être en accord profond avec les choses, en harmonie avec tout ce qui vit : voilà quel avait été son idéal. Ce qu'il aimait, c'était la nature, l'évasion, l'aventure... Rien à voir avec les parades, les uniformes et les matraques des Jeunesses hitlériennes ! Ernst Kocherthaler accepta non sans mal cette explication qui le laissait toujours un peu sceptique[41].

Pour Fritz Kolbe, les randonnées en groupe avec ses camarades de l'Oiseau migrateur avaient été un moyen de rencontrer des jeunes d'un autre milieu que le sien.

Une randonnée des « Oiseaux migrateurs » (*Wandervogel*) en 1916. Fritz Kolbe apprit le goût de l'aventure et de la liberté auprès de ce mouvement scout.
© Julius Gross, Archives des mouvements de jeunesse allemands, château de Ludwigstein, Allemagne

Tout d'un coup, il s'était retrouvé avec des fils de professeurs et d'avocats de Steglitz et d'autres quartiers cossus de Berlin. Normalement, il aurait dû fréquenter un mouvement plus proche de la classe ouvrière… « C'est grâce à l'Oiseau migrateur que je me suis mis à penser vraiment par moi-même », expliquait Fritz.

Fritz gardait le souvenir de plusieurs moments inoubliables de sa vie parmi les scouts. L'un d'entre eux, qui datait de l'hiver 1920, avait été particulièrement marquant. Fritz et ses amis étaient partis en randonnée à skis dans le massif du Harz. « On se suivait sans se parler. Sous la neige, le silence des sous-bois était profond, racontait-il. Le petit groupe était en train de chercher son chemin, quand un skieur solitaire surgit d'un coin de la forêt. » Il s'agissait d'un Anglais, dont Fritz ne se rappelait plus le nom. « Un véritable gentleman en tout cas, un peu plus âgé que nous, et qui s'exprimait parfaitement en allemand », raconta Fritz. Le skieur anglais était un étudiant, qui ne manifestait aucune rancune à l'égard des Allemands. Cet Anglais avait lu les ouvrages de Baden-Powell et raconta aux jeunes Allemands, ébahis, les aventures du grand *chief scout* anglais en Afghanistan, en Inde et en Afrique du Sud. Il exposa certaines techniques de survie en milieu hostile que Baden-Powell avait ramenées de ses voyages et consignées dans un livre qui rencontrait un grand succès en Angleterre[42]. On y apprenait comment faire du feu sans allumettes, comment retrouver son chemin dans la jungle, identifier les points cardinaux, analyser les traces d'animaux sur le sol, faire des nœuds, des ponts, administrer les premiers secours à un camarade blessé, etc. Fritz se souvenait du récit de l'Anglais comme d'une révélation.

Le lendemain, Fritz Kolbe s'était rendu compte qu'il venait de rencontrer le premier étranger de sa vie[43].

Ernst Kocherthaler, le grand ami de Fritz. Photo prise dans les années 40.
© Collection Gérard et Sylvia Roth, Genève

Madrid, novembre 1935

Fritz Kolbe et Ernst Kocherthaler se revirent plusieurs fois en cet automne 1935. L'Espagne, depuis au moins un an déjà, sentait venir la guerre civile. Les rébellions des Asturies et de Catalogne avaient été réprimées dans le sang. Les phalangistes paradaient dans les rues et la droite semblait de plus en plus séduite par des solutions extrêmes. Pas une journée sans troubles plus ou moins violents à Madrid ou ailleurs. Des rumeurs de coup d'État circulaient. Le camp des républicains modérés, duquel Kocherthaler se sentait le plus proche, ne trouvait plus d'espace dans un contexte de radicalisation généralisée. L'époque, même en Espagne, devenait excessivement tendue.

Le nazisme rapprochait ses ennemis, surtout à l'étranger. Rien de plus propice qu'un climat de crise pour rassembler les expatriés. Un jour, alors qu'ils étaient au café, Fritz Kolbe raconta à son ami que la cellule locale du NSDAP de l'ambassade venait de le convoquer pour l'interroger sur son refus de faire partie du « mouvement » et de soutenir activement la « Révolution » nationale-socialiste[44]. Il avait déjà été l'objet de pressions d'abord amicales, mais cette fois la situation devenait plus menaçante. Le chef de la cellule locale du parti avait appris grâce à l'indiscrétion d'une secrétaire que Kolbe avait traité Mussolini de « porc ». Il lui avait indiqué sur un ton menaçant qu'il risquait d'être rayé du personnel consulaire. Fritz Kolbe avait démenti une partie des accusations et s'était contenté pendant un moment de réponses assez vagues. Il avait appris qu'on lui reprochait des fréquentations dans les « milieux juifs » ou encore « marxistes ». Apparemment, ses rencontres avec Ernst Kocherthaler avaient été observées. On lui avait demandé pourquoi il avait été absent lors d'une petite fête donnée pour l'anniversaire du Führer, le 20 avril 1935. Fritz Kolbe avait répondu que ses fréquentations ne regardaient que lui, et surtout que l'état de santé très préoccupant de sa femme lui ôtait toute envie de s'engager dans quoi que ce fût. « Je suis un fonctionnaire, je fais bien mon travail, mais je ne voudrais pas passer pour un opportuniste en entrant au parti maintenant, alors que je n'en étais pas membre avant l'arrivée du NSDAP au pouvoir », avait-il dit aux trois interrogateurs venus le voir. Les nazis avaient été visiblement embarrassés par cette réponse assez finaude. Fritz se souvenait qu'à la fin de cet entretien pénible, on lui avait demandé quelle était sa « vision du monde » (*Weltanschauung*). « J'ai fait semblant de ne rien comprendre. Je leur ai dit que je ne savais pas ce que c'était qu'une "vision du monde" et que, donc, je ne pouvais pas leur donner de réponse. J'ai tellement tourné autour du pot qu'à la fin ils sont partis d'un air excédé. Ils m'ont sans doute pris pour un simple d'esprit », expliqua-t-il à Ernst Kocherthaler[45].

Ernst le rassura : il valait mieux être un objet de mépris que de soupçon. La solitude, à tout prendre, valait mieux que la prison. Lui-même avait un grand sentiment d'isolement. « Mes amis deviennent de plus en plus rares, lui dit-il. Parfois, il m'arrive de chercher un mot, une citation, et personne n'est là pour m'aider. J'ai l'impression de désapprendre l'allemand. Le pire, c'est qu'à Madrid on est désormais exposé à la délation et à la malveillance de certains membres de la communauté allemande. Les mouchards sont légion. Comme si les nazis n'avaient rien de mieux à faire que de passer leur temps à persécuter les émigrés ! J'ai appris qu'on faisait circuler de fausses informations sur mon compte. On me soupçonne de vendre des armes aux communistes. »

Kocherthaler avait choisi de retirer ses trois filles de l'école allemande, où l'atmosphère était très pesante.

Malgré son amitié pour l'ambassadeur, il constatait que ce dernier restait bien impuissant face à l'influence grandissante du parti. « Notre amitié, cher Fritz Kolbe, est pour moi aussi inattendue qu'agréable ! Vous êtes le seul Allemand auquel j'ai envie de parler en ce moment… », lui avoua-t-il.

À partir de ce moment-là, la complicité entre les deux hommes fut scellée. Fritz se mit à appeler son ami « Ernesto » ou encore « don Ernesto ». Il ne suivait pas tout ce que lui disait Ernst Kocherthaler (notamment quand il lui parlait d'économie politique ou de Keynes, dont il avait traduit un des livres en allemand[46]). Mais il était fortement séduit par le personnage et considérait qu'il s'agissait – après l'Anglais croisé lors d'une randonnée à ski dans le Harz – du deuxième « gentleman » qu'il lui était donné de rencontrer. Quelle différence avec ces aristocrates porteurs de monocles et de balafres reçues dans les duels d'avant 1914, tous ces arrogants qui monopolisaient les postes diplomatiques allemands…

La complicité entre les deux hommes était d'autant plus étonnante que leurs vies avaient été, jusqu'ici, bien différentes. Tout les séparait : la génération (il y avait six ans de différence entre eux), le milieu social, la culture… Avant la guerre, Kocherthaler avait fait des études poussées en droit et en économie. Pendant ce temps, Kolbe fréquentait l'école primaire d'un quartier populaire de Berlin. En 1917, quand l'un soignait sa blessure reçue sur le front de Somme, l'autre quittait prématurément le collège pour remplir ses obligations militaires comme jeune agent civil chez « Wolff », l'agence de presse allemande de l'époque[47].

Après ses quatre mois de service en 1918, Kolbe était entré, en janvier 1919, comme administrateur stagiaire auprès de la direction berlinoise des chemins de fer allemands[48]. Il pensait que cette filière lui ouvrirait la voie d'une carrière en Afrique, « un vieux rêve d'enfant », convenait-il, un peu amusé. Malheureusement pour lui, le Cameroun et le Togo n'étaient plus des colonies du Reich depuis le traité de Versailles. Le hasard avait voulu que Kolbe se retrouvât bientôt dans les services de la comptabilité des chemins de fer allemands. « Quel ennui ! » avouait-il.

Fritz voulait sortir de cette impasse. Il avait pris des cours du soir pour passer le baccalauréat. Une fois le diplôme obtenu, il avait décidé de suivre une formation accélérée auprès d'une école de commerce pour apprendre l'économie et les langues (anglais, français, espagnol). Il comptait ainsi améliorer son statut à l'administration des chemins de fer. Pari réussi : on lui avait confié en 1922 la direction du département « marchandises » d'une grande gare de Berlin. En février 1922, il avait obtenu le titre administratif de « secrétaire supérieur des chemins de fer hors cadre[49] ». Mais il avait eu vite fait de se lasser du décompte des locomotives, des wagons et des caisses de fret.

Finalement, il avait eu la chance d'entrer aux Affaires étrangères, en mars 1925[50]. Le ministère proposait des postes dans les services consulaires. Fritz Kolbe avait posé sa candidature, passé un concours et avait été reçu. Après quelques semaines en stage de formation interne et après avoir été déclaré apte à servir sous tous les climats, y compris tropicaux, il avait été envoyé à Madrid.

La capitale espagnole était si belle, la qualité de la vie si supérieure à celle de Berlin ! Les dépenses liées à un long séjour à l'étranger n'étaient certes pas négligeables – notamment les frais de déménagement –, mais le ministère se montrait généreux et avançait souvent l'argent demandé. Bien sûr, l'inflation et la crise de 1929 n'avaient épargné personne. Fritz Kolbe percevait un traitement en marks, il avait placé ses économies à la « banque des fonctionnaires allemands » et avait tout perdu à la fin des années 1920. Mais à Madrid, la vie était moins chère qu'en Allemagne, l'atmosphère moins pesante qu'à Berlin, et les escapades en famille dans les Pyrénées ou sur la côte catalane avaient un goût de paradis. Quant aux avantages du métier, ils étaient importants : Fritz voyageait partout en Espagne et même en France. À plusieurs reprises, il avait remplacé, pendant les vacances, le consul allemand en poste à Séville. Il en avait profité pour visiter l'Andalousie et s'amusait d'être souvent pris, là-bas, pour un autochtone aux origines mauresques[51].

Madrid, décembre 1935

Une forme d'intimité s'était installée, dans l'exil espagnol, entre le grand bourgeois allemand d'origine juive et le petit employé du consulat. À la fin de 1935, les deux hommes ne se rencontraient plus dans les grands cafés de Madrid. Trop dangereux pour Fritz, qui craignait d'être surveillé. Le domicile des Kocherthaler était un lieu plus sûr. Un dimanche, vers la fin de 1935, Fritz, Anita et leur jeune fils Peter, alors âgé de trois ans, furent invités à y passer en fin d'après-midi. Il était rare que la famille fût réunie : depuis 1933, Fritz vivait souvent seul à Madrid. Anita passait une partie de l'année dans un sanatorium en Allemagne et le petit Peter à Berlin, vivant entre l'appartement de sa grand-mère et un foyer de la Croix-Rouge.

Le jour du thé chez les Kocherthaler, Fritz avait mis son plus beau costume de flanelle. Bien qu'on se trouvât en Espagne, le thé et les gâteaux, eux, étaient bien allemands. L'appartement était spacieux. Les tableaux de grands maîtres, aux murs (un Goya, un Canaletto), et les nombreuses antiquités qui ornaient l'appartement donnaient aux lieux l'allure d'un musée.

Ernst Kocherthaler était passionné d'histoire et de mythologie antique, avec une prédilection pour l'Égypte. Il expliqua à ses hôtes qu'il travaillait à un projet de livre sur le thème du « Dieu originel[52] ». Fritz avait un peu la tête ailleurs. Il venait d'apprendre qu'il était muté à Varsovie et qu'il allait quitter Madrid au début de 1936[53]. Il déclina avec regret l'invitation qui lui était faite, à lui et sa famille, de venir passer quelques jours de vacances dans la propriété des Kocherthaler à Malaga. Le thé, ce jour-là, avait un goût d'adieu. Anita était pâle et paraissait ne prendre qu'une part lointaine à la conversation. Rapidement, elle alla se reposer sur une chaise longue. Lorsque Ernst se mit au piano pour jouer l'*andante* d'une sonate de Beethoven, les lieux se trouvèrent soudain emplis d'une tristesse profonde. Heureusement, Martha Kocherthaler, l'épouse d'Ernst – une institutrice suisse – mettait un peu de gaieté dans l'atmosphère. C'était la première fois que Fritz la rencontrait. Elle avait été, elle aussi, engagée dans un mouvement scout pendant son adolescence et se passionnait pour les questions de pédagogie.

Puis Anita Kolbe demanda à rentrer. Elle était épuisée.

2

Retour à Berlin

Le Cap, 20 octobre 1939

Il y a foule dans le port du Cap. Des centaines d'Allemands quittent l'Afrique du Sud parce qu'ils sont devenus indésirables dans le pays. L'Angleterre et la France sont en guerre avec le Reich. Les pays membres du Commonwealth (l'Inde, l'Australie et la Nouvelle-Zélande) sont entrés dans le conflit dès le 3 septembre. L'Afrique du Sud, après quelques jours d'hésitation et une grave crise gouvernementale, a décidé le 6 septembre de se ranger du côté de Londres. Le général Smuts, partisan de l'entrée en guerre contre l'Allemagne, est devenu premier ministre à la place du général Hertzog, défenseur de la neutralité.

La communauté allemande d'Afrique du Sud est sous haute surveillance. Déjà, des dizaines d'arrestations ont eu lieu. Beaucoup préfèrent regagner le Reich plutôt que de risquer l'internement sous prétexte d'« intelligence avec l'ennemi ». Mais les paquebots allemands de la Woermann Linie ne sont plus autorisés à mouiller dans les ports de l'Union sud-africaine. C'est donc sous pavillon neutre que se fait le grand rapatriement. Ce soir-là, le *Bloemfontein*, un paquebot de la compagnie Holland Africa Line qui assure la liaison avec Anvers, est pris d'assaut par les candidats au départ. Sur le pont du paquebot néerlandais,

Fritz, fin des années 1930.
© Peter Endersbee. Collection Peter Kolbe, Sydney

on aperçoit le consul adjoint d'Allemagne au Cap, Fritz Kolbe[1]. Il fait un dernier signe d'adieu à son fils. Resté sur le quai, l'enfant de sept ans est habillé à la mode bavaroise, avec salopette de cuir gris-vert et chemise blanche un peu bouffante. Il donne la main à une jeune femme, puis va s'agripper aux jupes d'une autre dame plus âgée (on dirait sa grand-mère). « Pourquoi m'abandonnes-tu ? » semble dire le petit garçon. Son regard est dur et retient ses larmes. Ce regard, Fritz sait qu'il ne l'oubliera pas[2].

Déjà le paquebot s'éloigne vers la haute mer pour un voyage qui, si tout se passe bien, devrait durer une quinzaine de jours. Mais la guerre sous-marine fait rage entre l'Allemagne et l'Angleterre et la traversée de la Manche sera dangereuse. Une escorte est prévue pour la fin du périple. L'inquiétude règne à bord. Les passagers regagnent peu à peu l'intérieur du bâtiment. Beaucoup se rendent dans la salle de la TSF, où arrivent les dernières nouvelles venues d'Europe. Kolbe reste seul, accoudé au bastingage. Il ignore quand il reverra son fils. « Ai-je eu raison de partir ? » se dit-il le cœur serré. Trop tard pour revenir sur sa décision. Déjà, le port disparaît de l'horizon.

Comment oublier l'Afrique du Sud ? Fritz voit défiler le splendide littoral de la baie, il emporte avec lui des images de bougainvillées en fleurs et aperçoit, se découpant sur un ciel de nuit claire, le sommet plat de cette montagne que les Allemands appellent le Tafelberg (la Table Mountain). En quittant Madrid à la fin de 1935, il se sentait espagnol. Là, il est devenu *Capetonian* d'adoption. Il identifie une dernière fois les pics rocheux qui dominent la mer, la Tête du Lion, le Pic du Diable, les Douze Apôtres... Un paysage qu'il a maintes fois parcouru au volant de sa superbe automobile, de marque Horch (un cabriolet sport, modèle 830 de 1935). Ce véhicule d'exception était ordinairement utilisé par les gens de la haute société allemande. Le vice-consul Fritz Kolbe a mis toutes ses économies dans l'achat de cette voiture.

Peter Kolbe, le fils de Fritz, face à la Horch de fonction de son père lorsqu'il était consul adjoint au Cap en Afrique du Sud. De retour à Berlin à la fin de 1939, Fritz dut à regret se séparer de cette superbe voiture.
© Peter Endersbee. Collection Peter Kolbe, Sydney

De tout ce qui lui a appartenu au Cap, sa Horch est le seul objet qu'il a tenu à faire expédier à Berlin (ce qu'il ne sait pas encore, c'est qu'il va bientôt lui falloir s'en séparer en raison des restrictions dues à la guerre).

Il repense aux grandes virées qu'il a faites dans la région, respire une dernière fois le vent chaud venu de la steppe africaine. Il a exploré avec un ami, en juillet 1939, les vastes espaces du Sud-Ouest africain et le désert du Kalahari, à bord d'un véhicule tout-terrain cette fois. L'ancienne colonie allemande du Sud-Ouest africain (Südwestafrika ou Südwest) était un paradis pour la chasse à l'antilope. En y repensant, Fritz se souvient du goût exquis de la viande sauvage, mais déjà une odeur de soupe aux légumes tristement européenne remonte des cuisines du paquebot.

Safari dans le Sud-Ouest africain (Namibie), été 1939.
© Peter Endersbee. Collection Peter Kolbe, Sydney

Le long des côtes africaines, Fritz Kolbe songe à l'inclémence du destin. Anita, la mère du petit Peter, est morte en juin 1937. Elle n'a jamais connu Varsovie (où Fritz n'est resté que trois mois), ni l'Afrique du Sud. Fritz s'est remarié pendant l'automne 1937 avec Lita Schoop, une Suissesse. Comme la cérémonie a eu lieu à Zurich, le couple n'avait pas reçu l'exemplaire de *Mein Kampf* offert à chaque nouveau couple en Allemagne. Mariage de raison plus que d'amour : Fritz cherchait surtout une « maman » de remplacement pour son fils. Les époux sont venus ensemble vivre au Cap au début de l'année 1938. Le ménage n'a pas tenu très longtemps et la séparation a déjà eu lieu depuis un certain temps lorsque Fritz quitte l'Afrique. La tension au sein du couple, déjà perceptible au bout de quelques mois de vie commune, n'a cessé de croître au cours du séjour sud-africain. Un jour, Lita a même menacé de dénoncer les convictions anti-hitlériennes de son mari auprès du consul. Le supérieur direct de Fritz était un nazi convaincu, auprès duquel il ne valait mieux pas se faire remarquer. Après cet incident, Fritz a fait venir un ami chez lui pour simuler pendant toute une soirée des opinions conformes à la « ligne » en présence de sa propre épouse. Quelle comédie insupportable ! Très vite il a claqué la porte de la maison conjugale du quartier chic de Camps Bay (un beau pavillon individuel avec jardin) en emmenant son fils avec lui. Lita et Fritz ne se sont pas revus depuis lors. Il sait simplement que Lita a décidé de ne pas rentrer en Europe (et il apprendra plus tard qu'elle a été internée, en tant que citoyenne allemande, dans un camp britannique en Afrique de l'Est).

Si Fritz Kolbe a décidé de partir, c'est uniquement par fidélité au chef de la légation allemande à Pretoria, Rudolf Leitner[3], qui l'a prié de revenir avec lui. Le diplomate a beau être membre du parti, Kolbe l'estime sur le plan humain. C'est avec plaisir qu'il l'aperçoit à bord du

Bloemfontein. Les deux hommes se connaissent bien : en 1936, lorsque Fritz est revenu précipitamment à Berlin après un très bref séjour à Varsovie, Leitner a été son chef de bureau dans une des directions du ministère (Kolbe lui avait été recommandé par le comte Welczeck, l'ancien ambassadeur en Espagne)[4]. Leitner, un débonnaire catholique autrichien, a particulièrement apprécié chez Kolbe ses méthodes « dignes de la meilleure administration prussienne ». Fritz est un véritable bourreau de travail, n'hésitant pas à faire des heures supplémentaires et passant la nuit au bureau quand il le faut. Quant à Kolbe, il aime bien bavarder avec Leitner, surtout quand celui-ci parle de l'Amérique où il a été en poste pendant plus de dix ans. Ancien consul à Chicago au milieu des années 1920, il connaît énormément d'anecdotes amusantes sur Al Capone et les coulisses de la prohibition.

Quand Leitner a été envoyé à Pretoria à la fin de 1937, il n'a pas hésité à batailler pour obtenir l'affectation de Fritz Kolbe au consulat du Cap. La mission qu'il lui a confiée était de remettre de l'ordre dans les finances du poste, en piteux état après quelques années d'impéritíes en tous genres[5]. Kolbe a été nommé en dépit des réticences initiales du puissant bureau de liaison entre l'Auswärtiges Amt et le NSDAP, qui contrôle toutes les nominations à l'étranger[6]. Il a fallu que Leitner mette tout son poids dans la balance pour que son dossier, discutable sur le plan politique, soit finalement accepté en raison des qualités professionnelles de l'impétrant.

Kolbe est un peu le « protégé » de Leitner et il s'en voudrait énormément de le compromettre. S'il avait décidé de rester en Afrique du Sud, comme le lui conseillaient certains de ses amis, il aurait été interné jusqu'à la fin de la guerre – passe encore ! –, mais il aurait surtout mis son supérieur hiérarchique en difficulté. À Berlin, on aurait reproché à Rudolf Leitner d'avoir soutenu un « déserteur », ce qui aurait pu mettre un terme à sa carrière. Kolbe a préféré réintégrer le ministère, la mort dans l'âme[7].

Triste traversée. Fritz Kolbe ne s'est jamais senti aussi seul. Il ne répond pas à un voyageur inconnu qui lui propose d'aller boire un verre. Il se méfie, car le bateau est rempli de mouchards, de tricheurs et de joueurs professionnels. Tard dans la soirée, on le voit encore déambuler sur le pont-promenade, plongé dans ses pensées. Il essaie d'imaginer l'Europe en guerre. Avec résignation, il s'apprête à retrouver Berlin sous la férule nazie.

La capitale du Reich, se dit-il, doit être plus lugubre que jamais en ce mois de septembre 1939. Fritz a entendu dire que la Gestapo dispose de véritables « chèques en blanc » qui lui permettent d'éliminer qui bon lui semble sans avoir à répondre de ses actes auprès de la justice[8]. Des patrouilles harcèlent les passants pour un oui ou pour un non. Les concierges des immeubles sont désormais au service du parti, prêts à dénoncer le moindre comportement suspect. Fritz se souvient du jour de 1937 où il a eu le malheur de doubler la voiture d'un dirigeant nazi sur une grande avenue de Berlin. Le chauffeur de l'éminent personnage (s'agissait-il de Göring ?) lui a adressé un regard menaçant et l'a suivi pendant un moment, comme pour noter sa plaque d'immatriculation[9]. Fritz pensait avec angoisse qu'il allait recevoir une convocation de la Gestapo. Finalement, rien ne s'était passé, mais il en avait mal dormi pendant deux semaines…

Même si la guerre est loin d'être populaire, une majorité des Allemands demeure en faveur d'Hitler et pense qu'il « va s'en sortir », comme toujours. Comment, se demande-t-il, des millions de gens peuvent-ils voir venir la catastrophe sans réagir ? Comment supportent-ils le couvre-feu, les cartes de rationnement alimentaires et vestimentaires obligatoires ? Fritz se dit qu'il est sans doute déjà trop tard.

Le déclenchement des hostilités militaires risque de souder l'opinion publique autour du régime, par réflexe patriotique.

Et le ministère ! Et Ribbentrop ! L'homme qui vient de signer un pacte avec Moscou après avoir dénoncé pendant des années « les Russes, nos ennemis jurés ». Fritz ne l'a jamais vu, mais il a une idée assez précise de lui. Le ministre des Affaires étrangères est surnommé « Ribbensnob » depuis qu'il a acheté le droit de mettre un « von » devant son patronyme. C'est un des plus médiocres dirigeants du régime, connu pour son obséquiosité maladive à l'égard du Führer et sa brutalité envers ses collaborateurs[10]. Il paraît que l'atmosphère des bureaux de la Wilhelmstrasse s'est singulièrement dégradée depuis deux ans. On y vit, dit-on, au rythme des colères du ministre, qui insulte ses interlocuteurs, n'hésitant pas à les traiter de « nuls » ou de « mauviettes ». D'une manière générale, Ribbentrop – un ancien négociant en vins mousseux – déteste la plupart des diplomates de carrière. Il veut faire de l'Auswärtiges Amt un « puissant instrument national-socialiste au service du Führer » et pour ce faire, il a pris le contrôle du ministère en plaçant aux postes clés des hommes de confiance[11]. La moitié des cinq cents hauts fonctionnaires du ministère sont déjà membres du parti et un sur dix appartient à la SS[12].

L'onde de choc des événements en Allemagne s'est propagée jusqu'en Afrique du Sud. Au consulat allemand du Cap, Fritz Kolbe a progressivement noté une détérioration du climat. Le nationalisme afrikaner se sentait pousser des ailes grâce à Hitler. Progressivement, l'air était devenu électrique. Les Afrikaners s'inspiraient des mises en scènes fascistes pour commémorer leur propre histoire. Un soir de l'automne 1938, en sortant du consulat, Fritz avait croisé une petite troupe appartenant au mouvement des Grey Shirts, une ligue fasciste inspirée des SA. Les jeunes gens l'avaient accueilli avec un salut hitlérien. Fritz avait fait semblant d'avoir oublié quelque chose à l'intérieur du bâtiment pour ne pas avoir à engager la conversation.

Les militants de la cause afrikaner choisissaient, comme toujours, le camp de l'Allemagne par haine des Britanniques. Cela s'était déjà produit pendant la guerre des Boers, en 1899, et puis à nouveau en 1914. Depuis l'arrivée d'Hitler au pouvoir, les descendants des immigrants néerlandais considéraient qu'une fois de plus le destin du *volk* afrikaner se trouvait entre les mains de l'Allemagne et saluaient à mots plus ou moins couverts toutes les victoires du Reich en Europe[13].

Au consulat, Fritz en avait vu passer de tous les bords. On lui parlait parfois comme s'il avait été un représentant personnel du Führer. Les plus modérés de ses interlocuteurs plaidaient pour la neutralité de l'Afrique du Sud : « Après tout, Hitler ne menace pas nos intérêts », entendait-il dire souvent. D'autres souhaitaient franchement une alliance avec le Reich et proposaient de rendre à l'Allemagne la colonie du Sud-Ouest africain pour sceller cette entente au nom des peuples opprimés par « l'impérialisme britannique ».

Le pire, c'est quand Fritz avait dû organiser le séjour au Cap d'une délégation du NSDAP venue de Berlin pour discuter avec des partenaires sud-africains du parti de l'Ordre nouveau, qui défendait une idéologie « chrétienne-nationale » basée sur les idéaux de la terre et du sang. C'était au début de l'année 1939. Fritz n'avait pas pu se défiler quand on lui avait demandé de participer à une soirée « entre camarades » au club allemand de la ville. La réception, naturellement arrosée de bière allemande, avait été agrémentée de diverses chansons tirées du répertoire nazi.

Lüderitz, 22 octobre 1939

Lüderitz. Ce port du Sud-Ouest africain porte le nom d'un marchand de tabac de Brême venu y fonder un comptoir commercial à la fin du XIXe siècle. Les paquebots pour l'Europe y font escale vingt-quatre heures après avoir quitté Le Cap. Du pont, ce matin-là, Fritz regarde le grouillement des activités de l'embarcadère : des troupeaux de moutons, des chevaux, des ballots de laine en quantité impressionnante. Des fusils, du matériel agricole, des cargaisons de schnaps... L'Europe est bien loin, et pourtant ici on entend parler allemand, et l'architecture, elle aussi, affiche ses origines nettement germaniques[14].

L'ancienne colonie du Reich, à moitié désertique, a conservé des enclaves majoritairement germanophones comme Lüderitz ou Swakopmund, peuplées de missionnaires catholiques rhénans, de marchands originaires de la mer du Nord et de fermiers allemands déracinés. Les nazis s'intéressent naturellement à cette région, qu'ils envisagent de réintégrer à l'Allemagne dans le cadre d'un vaste projet colonial[15]. À Berlin, on a déjà nommé les « gouverneurs fantômes » du futur empire africain. L'agitation des Afrikaners d'Afrique du Sud est vivement encouragée par certains milieux allemands du Südwest. Vers le milieu des années 1930, des cellules du NSDAP s'y sont créées un peu partout. Des drapeaux à croix gammée ont été hissés ici et là. Des cadres des Jeunesses hitlériennes sont venus du Reich dans l'intention de former des émules outre-mer[16]. Fritz connaît de réputation le consul général allemand à Windhoek, Walter Lierau, arrivé ici au début de 1939 : c'est le premier diplomate de l'Auswärtiges Amt à avoir été membre de la SS[17].

Fritz pense à son fils : c'est dans cette région que le petit Peter va vivre pendant l'absence de son père, avec sa famille d'adoption. L'enfant habitera chez Otto et Suzi Lohff, un couple d'Allemands qui habitent la ville de Keetmanshoop, à deux cent cinquante kilomètres à l'intérieur des terres et qui déménageront bientôt à Swakopmund (tout près d'un autre port, Walvis Bay). Otto Lohff travaille pour la compagnie Metje et Ziegler, l'une des plus grosses entreprises allemandes du Sud-Ouest africain, spécialisée dans l'importation de matériaux pour le bâtiment et les travaux publics. Comme l'économie locale a besoin de lui, il n'a pas été interné par les autorités sud-africaines.

Otto Lohff a des opinions assez nationalistes, mais il n'est pas nazi. Fritz est surtout proche de Suzi (surnommée « Ui »), la femme d'Otto, qui est devenue sa maîtresse. Après sa séparation, Fritz a vécu chez la mère de « Ui », Mme Kahlke, qui possède une petite pension de famille au Cap. Elle se considère un peu comme la grand-mère du petit Peter. Fritz la trouve bien brave, cette « mamie Kahlke » qui sait tout de sa relation avec sa fille et qui n'a pourtant jamais commis la moindre indiscrétion auprès du mari trompé. Du coup, il lui pardonne beaucoup de choses, à commencer par l'admiration naïve qu'elle exprime vis-à-vis d'Hitler (« Elle n'a jamais remis les pieds en Allemagne depuis 1914, se dit-il, elle ne peut pas comprendre ce qui se passe »). Fritz a promis à « Ui » qu'il viendrait la chercher après la fin de la guerre et qu'il l'emmènerait vivre en Allemagne.

Dans l'immédiat, il a préféré rentrer seul à Berlin car il veut épargner à son fils les malheurs de la guerre et lui permettre d'échapper aux privations et à la faim (dont il a gardé un souvenir terrible pour les avoir connues après 1918 à Berlin). Il n'a pas du tout l'intention non plus de le confier aux maîtres d'école du régime nazi. Il sait que les membres des Jeunesses hitlériennes font désormais la pluie et le beau temps dans les classes. Pas question de laisser Peter aux mains d'une quelconque brigade, pas question non plus de le voir enrôlé de force au « service du travail du Reich » pour refaire des routes ou pour couper du bois dans la forêt[18].

En voguant vers l'Europe, Fritz Kolbe sait qu'il a déjà franchi la « ligne de rupture » avec le régime nazi. Au Cap, il a osé, pour la première fois, un acte illégal. Il a accepté de falsifier quelques passeports, à la demande d'un ami, pour sauver quelques réfugiés antinazis venus d'Allemagne[19]. Cet ami était peut-être Toni Singer, ingénieur d'origine autrichienne, patron d'entreprise et membre d'une loge franc-maçonne. Grâce à lui, Fritz avait pénétré quelques secrets de la confrérie et commencé dans le plus grand secret une initiation personnelle. Il appréciait particulièrement l'idée selon laquelle l'homme doit se réformer lui-même avant de vouloir réformer le monde. Le perfectionnement individuel devait être autant intellectuel que physique. « Seule la maîtrise du corps ouvre la plénitude de l'être », disait un précepte maçonnique auquel Fritz souscrivait entièrement.

Fritz réalise, sur le paquebot qui le ramène en Allemagne, combien il est devenu étranger à son propre pays[20]. Il est incapable de se mêler aux passagers allemands dont certains se réjouissent bruyamment des pertes infligées aux Britanniques par les U-Boote. Et qui chantent : « Aujourd'hui l'Allemagne nous appartient / Et demain le monde entier[21]. » Isolé dans sa cabine, régulièrement pris de nausées à cause de la mer agitée, il se dit qu'un dossier de la Gestapo est peut-être déjà établi à son nom, du type de ceux qu'il a déjà eus entre les mains au consulat du Cap (« élément peu sûr, à surveiller, fréquente régulièrement des juifs et des francs-maçons »). À Berlin, aucun faux pas ne lui sera pardonné. Il risque d'être envoyé au front, dans le meilleur des cas. Heureusement, il est apprécié. Il ne faut pas que la précieuse protection de Rudolf Leitner vienne à lui manquer. Mais Fritz est las de « faire semblant » pour éviter les ennuis.

Se battre contre les nazis ? Il ne peut pas en être question. Au cours de son précédent séjour dans la capitale du Reich, en 1936 et en 1937, il a vu de près ce qu'il en coûte de manifester son désaccord avec le régime : un de ses amis a perdu son emploi à la municipalité de Berlin, deux autres ont écopé de deux et trois ans de camp de concentration, un autre, arrêté pour « détention clandestine de matériel d'imprimerie », s'est suicidé après avoir été torturé[22]. Tant d'autres, dont il ne connaît pas les noms, ont disparu dans les camps !

Mais en même temps, Fritz sait qu'il est toujours possible de « faire un petit quelque chose » en silence et dans l'anonymat, comme le font d'autres Allemands ici et là, chacun à son niveau. À tout prendre, il vaut peut-être mieux rester à Berlin et avoir un pied à l'intérieur du système plutôt que de choisir l'exil et d'observer les événements du dehors. Il a un peu fréquenté les milieux de l'émigration allemande en Afrique du Sud et s'est vite lassé de leurs discussions interminables et de leur amertume contagieuse. Mais jusqu'à quel point remplir ses obligations de fonctionnaire d'État sans vendre son âme ?

Pour se donner du courage, Fritz se souvient d'une formule qu'il a entendue quelque part, sans se souvenir exactement où : « La vie, ce n'est pas comme au jeu d'échecs. Il n'y a pas que des pièces noires et blanches. Il y a des figures grises, des cavaliers seuls, des personnages équivoques et qui ne se font jamais prendre[23]. »

Berlin, 9 novembre 1939

Sept heures trente du matin. Fritz Kolbe prend ses fonctions au ministère. Il marche dans les rues de la capitale en grelottant (l'hiver s'annonce très rude), et s'étonne de constater que la vie a l'air de se dérouler à peu près normalement, même si le silence des rues de Berlin est angoissant. Les pénuries commencent à se faire sentir, surtout en ce qui concerne le charbon. Cependant, le pain et les pommes de terre ne manquent pas et les gens sont habillés normalement. Les dirigeants nazis semblent avoir bien préparé leur guerre. Des sous-marins se livrent à un violent mais lointain *Kriegsspiel* le long des côtes anglaises et dans l'Atlantique nord, mais à Berlin on se sent assez loin des événements.

Le ministère des Affaires étrangères à Berlin, Wilhelmstrasse 74-76. C'est là que Fritz Kolbe travailla pendant toute la Seconde Guerre mondiale.
© Ministère allemand des Affaires étrangères

Ce qui a changé, à Berlin, c'est la couleur de la ville. Les appartements et les bureaux sont plongés dans l'ombre en permanence. On doit désormais couvrir ses fenêtres de papier sombre en cas de bombardement ennemi, même si les avions anglais ne survolent pas la capitale et se contentent de lâcher des tracts sur la Ruhr. De jour, les fenêtres restent masquées. Les phares des bus et des automobiles sont obscurcis avec de la peinture noire sauf une raie d'un centimètre sur cinq. « Obscurcir » est le mot clé de cette guerre qui commence. Des affiches collées un peu partout indiquent que celui qui n'obéit pas aux ordres d'« obscurcissement » s'expose à des peines sévères[24]. À cause de la pénombre généralisée, on signale de nombreux cas de blessures domestiques (objets qui tombent sur les pieds, têtes qui cognent contre les portes, etc.). On baigne aussi dans l'obscurité la plus totale en ce qui concerne le présent et l'avenir. Tout est fait pour empêcher la circulation de l'information. On n'a pas le droit d'écouter les radios étrangères (là aussi, les contrevenants s'exposent à de lourdes peines de prison). La guerre ne se voit pas, mais s'écoute en cachette. On tend l'oreille pour attraper des bribes des programmes en allemand de la BBC.

Pas moyen d'échapper à la propagande omniprésente. Les murs sont couverts de formules guerrières. « Le jour où la fière Albion s'effondrera sera un jour de joie pour nous » ont été les premiers mots d'allemand qui ont accueilli Fritz Kolbe à la frontière, lorsqu'il a fait le trajet Anvers-Berlin en train[25]. Dans le langage courant, de nouvelles expressions ont fait leur apparition : Fritz apprend vite que la population masculine est divisée entre ceux qui disposent d'un « poste u.k. » (« indisponibles pour l'armée ») et ceux qui sont considérés comme « k.v. » (« disponibles »)[26]. Il espère de tout son cœur être considéré comme « u.k. » : ces deux lettres sont devenues pour lui les initiales du bonheur.

En se rendant au bureau, Fritz ne sait pas encore quelle sera sa nouvelle affectation. Il appréhende quelque peu la convocation qui l'attend tout à l'heure avec le chef du personnel de l'Auswärtiges Amt. En passant sur la Pariser Platz, en face de l'ambassade américaine, il regarde le toit de l'hôtel Adlon, où a été installé un dispositif de défense antiaérienne. La tête levée vers le ciel, il manque de se cogner contre un groupe de passants qui discutent avec animation. Il saisit quelques bribes de la conversation : « attentat contre le Führer », « Munich », « cave »... Il n'en sait pas plus lorsqu'il entre au 76, Wilhelmstrasse, l'une des trois entrées du ministère des Affaires étrangères[27].

Un des collègues de Fritz, rencontré par hasard dans un couloir, le met rapidement au courant. La veille au soir, à Munich, une bombe a explosé dans la cave à bière où le Führer tient chaque année un discours pour commémorer le putsch manqué de 1923. Sept morts et soixante blessés. Mais contrairement à son habitude, Hitler a quitté la salle un peu plus tôt que prévu. La bombe a explosé à 21 h 20, treize minutes seulement après son départ.

Au ministère comme un peu partout ailleurs, l'attentat est au centre de toutes les discussions. Les drapeaux sont en berne. On apprend qu'une marche en hommage aux sept victimes de l'attentat a lieu à Munich. Les programmes radiophoniques sont régulièrement interrompus par des éditions spéciales. La voix nasillarde de Goebbels commente à chaud l'événement et livre la version officielle des faits : « Indubitablement, cet acte ignoble, vraisemblablement commis par des traîtres allemands, porte la signature des services secrets britanniques. »

Absorbé par ses pensées, Fritz erre dans les couloirs du ministère. Il écarquille les yeux en apercevant de loin un secrétaire d'État en uniforme bleu foncé couvert de galons et de boutons dorés, et portant à la ceinture un poignard d'apparat[28]. À part cette drôle de surprise (« on se croirait à l'opérette », se dit Fritz), rien n'a changé depuis 1937. Fritz jette un œil à l'intérieur des tristes bureaux de l'Auswärtiges Amt, qui sont restés aussi vétustes et sous-équipés que lorsqu'il les a quittés. Toujours les mêmes lampes en laiton à abat-jour vert : ce sont d'anciennes lampes à huile transformées en lampes électriques. Les mêmes tapis élimés au sol, et la même odeur de renfermé et de vieille paperasse. Et pourtant si, quelque chose a changé. Un tout petit détail en apparence : les machines à écrire ont été remplacées. Elles ont désormais un clavier doté d'une nouvelle touche qui permet de taper « SS » en écriture runique.

À plusieurs reprises, Fritz croise d'anciennes connaissances, qui lui soufflent un mot sur la vie de l'Auswärtiges Amt en guerre. Il apprend que Ribbentrop est rongé de remords depuis que l'Angleterre, contrairement à ce que le ministre avait prévu (et clamé haut et fort), a déclaré la guerre à l'Allemagne. On lui raconte qu'un conseiller de légation, Eduard Brücklmeier, a été brièvement arrêté par la Gestapo pour « défaitisme », avant d'être finalement relâché. Un collègue se plaint du fait que les diplomates étrangers ont déserté le ministère. « On ne croise plus que quelques représentants de pays amis ou neutres », dit-il. « Nous passons notre temps à essayer de comprendre ce qu'on attend de nous, ajoute un autre. Les querelles de compétences avec les autres ministères occupent toute notre énergie. »

Après avoir traversé de longs couloirs, Fritz Kolbe arrive enfin au bureau du chef du personnel, Hermann Kriebel. Dans l'antichambre, il croise une de ses vieilles connaissances, Hans Schroeder, l'adjoint de Kriebel. Schroeder est entré à l'Auswärtiges Amt en même temps que lui, en 1925. Les deux hommes ont à peu près le même âge et ont fait leur premier stage diplomatique ensemble. Mais depuis lors, la carrière de Schroeder – qui porte l'insigne du parti au revers de son veston – a été autrement plus fulgurante que celle de Fritz[29]. « Kolbe ! Comment vas-tu depuis le temps ? » lui lance Schroeder d'une voix sonore, en lui serrant chaleureusement la main. Fritz ne se laisse pas berner par le tutoiement. Il croit déceler une légère lueur de mépris satisfait dans le regard de son interlocuteur.

Brièvement, il fait état de ses onze ans en Espagne, de ses deux ans en Afrique du Sud, et de son retour forcé suite au déclenchement de la guerre. « Bien, très bien, lui dit Schroeder avec un large sourire. Figure-toi que j'ai entendu dire qu'on te réserve un poste magnifique : consul à Stavanger, en Norvège. Un pays tranquille ! Pas de rationnement, une vie normale, un poste intéressant ! Qu'en penses-tu[30] ? » Fritz est surpris. Il ne s'attendait pas à une offre aussi séduisante. Il se dit que sûrement Rudolf Leitner est intervenu en sa faveur, sinon un tel avancement ne lui aurait pas été proposé. « Seulement voilà, ajoute Schroeder. Il y a un petit problème : tu n'es pas membre du parti. Il y a encore quelques années, on aurait pu fermer l'œil là-dessus, mais maintenant ce n'est plus possible. Franchement, ne fais pas l'idiot ! Il suffit que tu prennes ta carte, et puis que tu fasses une petite visite de courtoisie à certaines personnes qui voudraient mieux te connaître. Bref, ce n'est pas bien compliqué : l'affaire est entièrement entre tes mains, mon vieux ! »

Après s'être fait confirmer les dires de Schroeder par le chef du personnel, Fritz est abasourdi. Lui qui s'était juré de ne jamais devenir *Pg*[31] (membre du parti), voilà qu'on lui offre un très joli poste à condition de revenir sur ses convictions ! Il met deux jours à se décider. La mort dans l'âme, il décide de ne pas accepter cette offre[32], en se demandant s'il ne fait pas une erreur monumentale. Il sait qu'on ne lui proposera plus rien d'intéressant désormais, et se voit croupir pour le reste de sa vie dans un obscur arrière-bureau du ministère. Il craint que son geste ne soit interprété comme un affront par Rudolf Leitner. Il risque de perdre avec lui son seul protecteur. À partir de là, les pires ennuis sont envisageables.

Justement, quelques jours plus tard, Leitner fait venir Fritz dans son bureau. Quelle n'est pas la surprise de ce dernier ! Son ancien supérieur hiérarchique à Pretoria l'a convoqué pour l'encourager à aller à Stavanger et essayer de le convaincre d'entrer au parti. Assez vite, devant les arguments de Fritz, il fait cependant preuve de compréhension et paraît même lui manifester à demi-mot son respect. On dirait qu'il salue, sans trop oser le dire, la constance de Kolbe. « Le problème, lui dit-il en prenant la peine de le raccompagner jusqu'à la porte de son bureau, c'est que désormais on va vous proposer quelque chose de beaucoup moins intéressant, et dans l'immédiat je ne peux pas faire grand-chose pour vous[33]. »

Rassuré par l'attitude de Leitner, Kolbe a le cœur un peu plus léger. En restant à Berlin, il va pouvoir retrouver de vieux amis et s'occuper de sa vieille mère qui déteste les nazis et a besoin d'un peu de réconfort. La priorité, c'est de rester soi-même, « sans défense mais pas sans honneur[34] ». En traversant les rues de Berlin pour retourner à son hôtel – une adresse provisoire avant de s'installer plus confortablement –, Fritz Kolbe se sent écartelé entre la fierté et le désespoir, entre son désir de fuir en Norvège et son idéal d'intégrité. Il marche, s'interrogeant sur son destin. Il pense à ce médecin de Berlin qui vient de divorcer de sa femme, après trente ans de mariage, parce qu'elle est juive et « qu'il n'avait pas réalisé ce que cela voulait dire[35] ». Quelle honte !

Jamais Fritz n'a ressenti une nostalgie aussi forte pour les capitales étrangères. Il se souvient d'une mission à Paris, à la fin des années 1920. Il n'y était resté que quelques jours pour y transporter le courrier diplomatique, mais il en avait gardé un souvenir impérissable[36]. Il aimerait tant, à ce moment précis, parler à Ernst Kocherthaler, son vieil ami de Madrid. Dommage qu'il ne soit plus possible de voir « don Ernesto ». La famille Kocherthaler s'est installée en Suisse peu après le début de la guerre civile. Le contact n'est pas perdu, certes. Des lettres continuent de s'échanger, mais la censure postale, à Berlin, oblige à beaucoup de discrétion. Fritz repense à la question que lui avait posée Kocherthaler lors d'une de leurs conversations à Madrid : « Êtes-vous prêt à des exploits, des souffrances, des sacrifices ? » Il regrette de ne pas avoir su quoi répondre, à l'époque. Maintenant, il saurait quoi lui dire : oui, il est prêt à faire des sacrifices, par exemple en renonçant à un poste de consul. Ce n'est peut-être pas un acte spectaculaire, mais il reste cohérent avec lui-même.

Fritz a compris, depuis l'interrogatoire auquel il a été soumis à Madrid à la fin de 1935, combien il peut être utile de se faire passer pour un crétin pour préserver sa liberté. Depuis ce jour-là, les mouchards du parti l'ont laissé relativement en paix et la méfiance à son égard s'est quelque peu estompée. Plutôt que d'afficher une sympathie feinte pour le pouvoir établi (comme le font un certain nombre de hauts diplomates plus ou moins opposés au régime), Kolbe préfère adopter une attitude ingénue qui s'accorde bien à la modestie de son rang. Il se dit qu'en cultivant son image de petit fonctionnaire obtus mais efficace on lui fichera peut-être la paix, et que le poste le plus insignifiant lui permettra au moins de garder sa dignité.

Berlin, 21 novembre 1939

Depuis quelques jours, Fritz Kolbe a pris ses nouvelles fonctions. Il est désormais affecté au service des visas et passeports du ministère, qui dépend du département des affaires juridiques[37]. Sa mission consiste à délivrer les autorisations de sortie du territoire allemand pour les membres de l'Auswärtiges Amt qui ont à se rendre à l'étranger. Kolbe regrette de moins en moins le poste de consul à Stavanger. Même si sa nouvelle affectation est sans grand intérêt, elle permet de rester informé des événements au contact des collègues. L'Auswärtiges Amt est une mine d'informations précieuses. À propos de l'offensive à l'Ouest qui se prépare, Fritz apprend au cours du mois d'octobre 1939 que soixante à soixante-dix divisions de la Wehrmacht sont transférées de la Pologne vers le Rhin... On murmure aussi, depuis quelques semaines, que les SS se livrent à des atrocités en Pologne.

Le nom de l'homme qui a tenté d'assassiner Hitler à Munich est rendu public. Il s'agit d'un menuisier qui s'appelle Georg Elser, âgé de trente-six ans. L'homme, arrêté dès le 8 novembre, a avoué à l'issue de plusieurs jours d'interrogatoires. La machine infernale à l'origine de l'explosion était très primitive dans son mécanisme, mais efficace. Heinrich Himmler, le Reichsführer SS, réaffirme que les services secrets britanniques sont derrière le coup. On apprend, un peu plus tard dans la journée, que la Gestapo a justement arrêté deux hauts responsables de l'espionnage britannique, le 9 novembre près de la ville de Venlo, à la frontière germano-hollandaise. Se faisant passer pour des opposants d'Hitler cherchant à négocier un soutien auprès de Londres, ses agents ont attiré les Anglais dans un guet-apens, tuant un officier de renseignement hollandais au passage. Les deux agents britanniques ont été emmenés en Allemagne pour être soumis à des interrogatoires[38].

En lisant ces nouvelles dans les journaux, Fritz Kolbe n'est pas le seul à penser qu'Himmler est vraisemblablement le cerveau de l'attentat de Munich. Il pense à une mise en scène. « Les nazis, se dit-il, savent que cette guerre est impopulaire, et veulent détourner l'attention des Allemands en leur faisant croire que les Anglais veulent la guerre et que le Führer est un demi-dieu protégé par des forces surnaturelles. » D'un autre côté, si les SS sont vraiment les auteurs de ce vrai-faux attentat, comment expliquer qu'Hitler ait pris le risque de se placer auprès d'un mécanisme en marche, qui aurait pu déclencher l'explosion quelques minutes trop tôt ? Et si Georg Elser avait agi seul, comme il le prétend ? Fritz Kolbe aimerait parler de l'événement à certains de ses amis du ministère. Mais on lui fait rapidement comprendre qu'il vaut mieux ne pas s'exprimer à haute voix sur le sujet, surtout si c'est pour mettre en doute l'analyse autorisée par Goebbels.

Le ministère de la Propagande, justement, profite de l'événement pour une grandiose mise en scène. Le 11 novembre a été déclaré « jour de deuil national ». À Munich, dix mille personnes ont défilé en silence devant les cercueils des sept victimes de l'attentat, recouverts du drapeau nazi. La cérémonie a été retransmise en direct à la radio. L'événement est utile à plus d'un titre, puisque le parti en a profité pour régler quelques comptes internes[39].

Fritz pense à Georg Elser, ce jeune menuisier souabe aux allures de clochard. Il se souvient alors de ce que lui avait dit Toni Singer, en Afrique du Sud, au cours de sa brève initiation maçonnique. Toni Singer lui avait parlé du symbolisme du tarot et lui avait appris que la seule carte non numérotée, donc exclue du jeu, était le Mat. Cette carte était le symbole de l'initié authentique, ayant accès à un monde inaccessible au commun des mortels. Elle représentait un vagabond, les yeux tournés vers le ciel, tenant un bâton de la main droite, son baluchon sur l'épaule de la main gauche, poursuivi par un chien qui cherchait à le mordre.

3

Que faire ?

Berlin, 10 mai 1940

L'offensive à l'Ouest a commencé ! La Wehrmacht est aux Pays-Bas, et se dirige vers la Belgique. En se dirigeant vers le Kottler, un café-restaurant de la Motzstrasse dans le quartier de Schôneberg, Fritz Kolbe ne peut se retenir de manifester son excitation : il donne un coup de pied à chaque caillou qui se présente sur son passage et murmure à mi-voix des paroles incompréhensibles. Les passants se retournent sur cet exalté qui marche au pas de course, mais il continue son chemin sans prêter la moindre attention à ce qui l'entoure. Avec son manteau de cuir noir et ses yeux qui brillent dans l'ombre de son chapeau, on le prendrait presque pour un agent de la Gestapo.

Le café Kottler est un lieu de liberté relative[1]. On peut y discuter en paix grâce à des tables disposées en alcôves. L'éclairage aux bougies est discret. Les discussions sont couvertes par la musique, avec un joueur de cithare qui vient tous les soirs animer l'atmosphère. En bref : il s'agit d'un lieu sûr. Le propriétaire est un homme de confiance, un Souabe qui fait mine d'admirer le régime mais qui n'en pense pas moins. Il a affiché au-dessus du comptoir un écriteau destiné à endormir la curiosité de la Gestapo :

« *Der Deutsche grüsst mit "Heil Hitler !"* », à côté d'une publicité pour les « liqueurs Dörnberg ».

Arrivé au café, Fritz va droit à la table du fond, dans un petit coin tranquille où il a ses habitudes. La table a été réservée, comme toujours, au nom d'une « association sportive » plus ou moins fictive créée par Fritz Kolbe[2] – une méthode qui permet de ne pas éveiller les soupçons des autorités, d'autant que Fritz est réellement un mordu de culture physique et qu'il s'entraîne plusieurs fois par semaine à diverses disciplines individuelles ou collectives. L'« association » réunit de vieux amis d'enfance, le plus souvent rencontrés aux randonnées des Oiseaux migrateurs, et avec lesquels Fritz vient jouer aux échecs au Kottler quand il n'a pas rendez-vous avec eux pour courir dans les bois de Grunewald ou de Wannsee. Il y a là Walter Girgner, son plus proche ami, un bon vivant doué pour les affaires (il a créé une société de confection qui est obligée de travailler désormais pour la Wehrmacht[3]), mais aussi Kurt Arndt, un capitaine de police, et Kurt Weinhold (surnommé « Leuko »), un ingénieur de chez Siemens. Même s'il s'est remis en ménage avec une certaine Lieschen Walter (dont on ne sait rien par ailleurs), Fritz mène une vie de célibataire endurci[4].

« Mais qu'est-ce qui te prend, Fritz ? lance Walter Girgner en apercevant l'air consterné de son ami.

– Il y a que cette fois, la guerre est entrée dans une phase irréversible, dit Fritz. Nous sommes en Hollande et en Belgique. Et ensuite quoi ? La France ? L'Angleterre ? Où tout cela va-t-il s'arrêter ? Ce qui me révolte, c'est de savoir que mon propre ministère a mis la fleur de son intelligence au service de cette nouvelle offensive. Cela fait des mois que les juristes de l'Auswärtiges Amt rassemblent de prétendues "preuves" pour démontrer que la Hollande et la Belgique ne respectent pas leur neutralité. Avez-vous entendu la conférence de presse de Ribbentrop, ce matin ?

Pour s'assurer que nos voisins restent bien neutres, on les envahit ! Quel cynisme ! "Mesure de protection", disent-ils ! Si j'avais été consul à Stavanger, Dieu sait quel rôle on m'aurait fait jouer dans cette histoire de fous... »

Fritz et ses amis sont d'accord que « ça suffit comme ça » et qu'« il faut faire quelque chose », mais quoi ? Depuis qu'ils se sont retrouvés en novembre 1939, ils se posent cette question toutes les semaines et finissent par avoir le sentiment de tourner en rond dans un bocal et de devenir fous (« c'était à ne plus savoir qui, des nazis ou de nous-mêmes, avait perdu la raison », devait expliquer Fritz après la guerre[5]).

« Moi, je n'en peux plus de tous ces mensonges, dit Fritz. Il faut tout faire pour empêcher cette clique d'assassins de continuer à agir. Avez-vous lu les dernières nouvelles ? Un couple vient d'être emmené par la Gestapo après avoir été dénoncé par sa propre fille ! Un voleur de poules a été condamné à mort par un tribunal d'exception, au nom des nouvelles dispositions de la justice de guerre et de la lutte contre les "parasites du peuple". Mais ce sont eux, les nazis, qui ne sont qu'une bande de vermines et de canailles [Fritz utilise les injures favorites des nazis]. Tout le monde est d'accord pour parler comme moi et pour dire que cette guerre est insensée, alors pourquoi est-ce que personne ne fait rien, pourquoi ? »

Un ange passe. Fritz a une idée. Il faut diffuser des tracts anonymes, faire de la contre-propagande pour dénoncer les mensonges officiels. Dès demain, chez lui, il se mettra au travail. En écrivant de la main gauche et avec des gants, en lettres majuscules, il écrira des formules du genre de celles qui circulent ce soir au café Kottler : « Qu'est-ce que le pessimisme ? Ne pas gagner la guerre et garder les nazis. Qu'est-ce que l'optimisme ? Perdre la guerre et voir les nazis partir. » Ou bien encore, inspiré d'une chanson à la mode : « Tout s'échappe et tout s'en va / Bientôt la fin d'Hitler et du parti[6]. » Ces petits brûlots seront envoyés aux grandes entreprises, aux grands magasins, ou autres lieux susceptibles d'assurer une large diffusion à leur contenu. Ils seront accompagnés d'un petit mot du genre de celui-ci : « Si vous n'êtes pas d'accord avec ce message, veuillez le déposer auprès du commissariat de police le plus proche. » L'idée, c'est de créer du trouble dans les esprits. Surtout ne pas se faire prendre ! Multiplier les précautions en portant les tracts, ne jamais envoyer le courrier plus d'une fois du même endroit, apprendre à longer les murs à certaines heures tardives[7]…

Content de sa résolution, Fritz n'en parle pas tout de suite à ses amis. Il préfère attendre que les clients soient moins nombreux dans la salle, et qu'il n'y ait plus que des têtes connues autour de lui. En attendant, il se met à réciter à voix haute quelques mots de Friedrich Schiller : c'est le chant des chevaliers du *Camp de Wallenstein*, qu'il connaît par cœur pour l'avoir chanté souvent à l'époque où il était « Oiseau migrateur » : « Si vous n'engagez pas votre vie, jamais la vie ne vous appartiendra. » Fritz constate avec satisfaction que ce propos fait un certain effet autour de lui. Il sait que Schiller est bien vu par les nazis (contrairement à Goethe, dont on se méfie pour ses sympathies franc-maçonnes), et ne prend aucun risque à en citer quelques extraits à voix haute. Il interpelle alors le joueur de cithare, lui demande s'il peut jouer la mélodie dudit chant des chevaliers. Le musicien s'exécute contre un petit pourboire. Le petit groupe, puis tout le café (y compris des policiers en uniforme qui se trouvent parmi les clients de ce soir) entonnent cet air martial, trop connu pour être suspect de la moindre subversion : « Le monde ne connaît plus la liberté / On ne voit plus que maîtres et esclaves / Le mensonge est partout, la fourberie règne / Dans cette lâche race humaine[8]. »

Pendant que la salle continue à chanter gaiement, le petit groupe des amis de Fritz trinque dans son coin, en prononçant tout bas des paroles de conjurés : « *for the king !* » au lieu de « *zum Wohl !* », « la peste les emporte ! »[9]... En rentrant chez lui, ce soir-là, Fritz a l'impression d'être devenu le chef d'une petite bande séditieuse. Ses amis ont accueilli avec enthousiasme son projet de diffusion de tracts. On se retrouvera très bientôt chez Fritz, Klopstockstrasse, pour les rédiger. Le danger de l'action clandestine est excitant. « Dans le combat l'homme a encore son prix », se dit Fritz Kolbe en repensant à un vers de Schiller.

Berlin, juin 1940

Les troupes allemandes entrèrent dans Paris le 14 juin, par la porte Maillot. Hitler avait réussi son pari et se faisait désormais appeler le « plus grand chef d'armées de tous les temps[10] ». L'ordre de sortir les drapeaux fut donné le surlendemain dans toutes les villes d'Allemagne. La mise en scène du triomphe fut quelque chose d'inouï. Les parades succédaient aux parades, les fanfares aux fanfares. On entendait des voix d'enfants chantant des refrains se terminant par « tschingbumm » ou « tralalalala ». Le peuple pensait que la guerre était finie, et constatait que Hitler avait obtenu tout ce qu'il voulait : Danzig, Memel, les régions occidentales de la Pologne, l'Alsace-Lorraine, la Sarre, Eupen et Malmédy, sans compter l'Autriche et les Sudètes. La honte du traité de Versailles était enfin lavée. On allait enfin pouvoir vivre en paix. Même les généraux les plus sceptiques finissaient par croire au génie du Führer. Pour tous ceux qui, comme Fritz Kolbe, avaient espéré un affaiblissement progressif du régime, cette incroyable victoire sur la France signifiait consternation et amertume profonde.

Après huit mois passés au ministère, Fritz constatait avec un mélange de contentement et d'effroi qu'il donnait entièrement satisfaction à ses supérieurs sur le plan professionnel[11]. Il était en train de se sentir embarqué comme un petit soldat dans une immense machine de guerre. « Est-ce que je suis fait, finalement, pour travailler avec eux ? » se disait-il avec angoisse. Il se souvenait d'un mot pénible d'Ernst Kocherthaler : « Vous auriez pu être un nazi[12] ! »

Rapidité, précision, discrétion… telles étaient les qualités attestées par ses chefs[13]. Du coup, l'un des plus proches collaborateurs de Ribbentrop, Martin Luther (sans aucun rapport de famille avec le père de la Réforme[14]), l'avait fait venir auprès de lui pour lui confier une tâche qui lui était familière : traiter les demandes de visas pour l'étranger[15]. Cette fois il ne s'agissait plus de dossiers internes au ministère, mais de requêtes émises par des personnes extérieures à l'Auswärtiges Amt, notamment les membres du parti, les hauts fonctionnaires de l'État ou autres personnalités éminentes de la vie publique. La multiplicité des autorisations à obtenir rendait le travail de Fritz Kolbe véritablement harassant.

Martin Luther n'était pas un diplomate de carrière. Il venait du « Bureau Ribbentrop » et avait l'entière confiance du ministre. Lunettes rondes, visage un peu grassouillet, sourire ricaneur, cou de taureau : rien en lui ne rappelait la physionomie classique de l'Auswärtiges Amt. Il était membre des SA et, de fait, on l'imaginait bien plus à l'aise dans les bagarres de rue que dans la rédaction des télégrammes diplomatiques. On l'appelait le « déménageur » parce qu'il avait été à la tête d'une entreprise de transports pendant les années 1920 (c'est d'ailleurs en effectuant le transport des meubles de Ribbentrop, lorsque ce dernier avait été nommé ambassadeur à Londres, qu'il avait fait sa connaissance). Spécialiste en matière de manipulations financières, Luther avait un carnet d'adresses extraordinairement bien rempli[16].

C'était l'un des personnages les plus craints du ministère. Le département « Allemagne », dont il avait la charge, avait été créé en mai 1940 et s'occupait exclusivement d'affaires sensibles : liens avec le NSDAP et toutes ses filiales (en concurrence avec l'« Organisation du parti pour l'étranger » ou *Auslandsorganisation*, également domiciliée au ministère), liens avec la SS et les divers services secrets du Reich, « question juive », « politique de la race », affaires de propagande à l'étranger (en concurrence avec le ministère de Goebbels), affaires liées aux travailleurs étrangers réquisitionnés de force en Allemagne, etc. Comme pour mieux marquer l'indépendance du département « Allemagne » par rapport au reste du ministère, ses bureaux n'étaient pas installés dans la Wilhelmstrasse, mais dans une villa un peu à l'écart, dans la Rauchstrasse[17].

Fritz Kolbe détestait Luther. Il haïssait aussi ses lieutenants, notamment l'un d'entre eux qui s'appelait Franz Rademacher, et qu'il rencontrait quelquefois à la cantine. Rondouillard et même un peu gras, Franz Rademacher n'avait pas la classe d'un diplomate de haut rang. Il était le spécialiste de la « question juive » auprès de Ribbentrop. Au printemps de 1940, le « règlement » de ladite question faisait l'objet d'un intense travail de réflexion à l'Auswärtiges Amt, qui tentait d'obtenir un certain leadership en cette affaire et voulait montrer qu'il avait des idées à faire valoir pour mettre en œuvre « l'anéantissement de la race juive en Europe[18] ». Toutes les propositions étaient centralisées au bureau « D III » (Deutschland III), celui de Franz Rademacher, qui avait le rang diplomatique de secrétaire de légation. En interne, le bureau de Rademacher s'appelait simplement le « secrétariat juif » ou *Judenreferat*, comme il y avait un « secrétariat France » ou encore un « secrétariat Russie »[19].

À l'époque où Fritz Kolbe prit ses fonctions dans le « département Allemagne », Franz Rademacher était complètement absorbé par le « projet Madagascar ». Ce plan prévoyait de déporter la population juive d'Europe sur l'île de l'océan Indien, qui était alors un protectorat français[20]. Fritz Kolbe, qui se trouvait placé tout d'un coup au cœur du régime, eut du mal à se comporter comme il le fallait. À plusieurs reprises, des personnages importants eurent l'occasion de se plaindre de lui auprès de Martin Luther. « Mais qui est donc ce petit fonctionnaire qui ne fait même pas le salut hitlérien quand on entre ? » Exaspéré par ces remarques, Martin Luther apparut un jour sans prévenir dans le bureau de Fritz, et lui fit un avertissement aussi court que menaçant : « Kolbe, je tenais à vous dire que je ne supporterai pas le moindre écart supplémentaire de votre part. Vous ne seriez pas le premier à disparaître[21]... »

Fritz sentit un frisson glacial lui traverser le dos. À partir de ce moment-là, il devint plus prudent et se fit tout petit. Il décida de ne plus se faire remarquer que par son goût immodéré pour le jeu d'échecs[22]. On le voyait, parfois, rejouer pour lui seul de grandes parties d'anthologie, muni d'un manuel et d'un échiquier de poche. Il griffonnait sur des bouts de papier le descriptif des plus belles rencontres, qu'il ne se lassait pas de lire et de relire. On l'entendit même, une fois, réciter par cœur – comme s'il s'agissait d'un poème – le début d'un des grands matchs entre Wilhelm Steinitz et Emanuel Lasker, au cours de leur célèbre rencontre à Moscou de 1896 : « 1.d4 d5, 2.c4 e6, 3.Cc3 Cf6, 4.Fg5 Fe7, 5.e3 0-0, 6.Db3 Cbd7, 7.Cf3 c6, 8. Fd3 dxc4, 9.Fxc4 b5... » Fritz créa un club amateur qui se réunissait dans la cantine du ministère. Il n'hésitait pas à faire des parties avec les nazis les plus endurcis[23]. Il prenait sa revanche au jeu et passait, une fois de plus, pour un original sympathique.

La porte de son bureau était toujours ouverte. Il en voyait passer, du monde ! L'occupation d'une partie de l'Europe entraînait un vaste déplacement de spécialistes en tous genres et une multiplication des demandes de visas pour l'étranger. Il y avait des juristes qui partaient superviser et encadrer la spoliation des biens juifs dans les pays occupés. Des experts en histoire de l'art qui allaient sélectionner des œuvres en France. Certains ministres comme Ribbentrop, Göring ou Rosenberg avaient leurs équipes spécialisées dans les « réquisitions » à l'étranger (œuvres d'art, chevaux, vins...). Des représentants de tous les métiers : journalistes désignés pour aller mettre en place une presse pro-allemande partout en Europe, directeurs d'instituts culturels nommés en territoires conquis, archivistes, conférenciers, architectes...

Un jour, vers la fin du printemps de 1940, Fritz Kolbe vit entrer dans son bureau une jolie femme qui venait demander un visa pour la Suisse. Le document n'était pas pour elle mais pour son patron, le célèbre chirurgien Ferdinand Sauerbruch, de l'hôpital de la Charité. Le professeur était invité à donner une série de conférences en Suisse. Il était rare qu'une femme apparût dans les couloirs de l'Auswärtiges Amt. Fritz Kolbe lui donna un formulaire à remplir et la fit s'asseoir devant un petit bureau qui faisait face au sien. Pendant qu'elle écrivait, il prit le temps de la regarder. La visiteuse avait de la classe : vêtue de blanc, elle était entrée dans la pièce avec un chapeau élégant aux larges bords. On voyait d'emblée qu'on avait affaire à une femme de caractère, affichant même une certaine distance avec ses interlocuteurs. L'antithèse d'une « Lieschen Müller », le nom générique de la midinette berlinoise. Elle écrivait vite et faisait des ratures. Manifestement, elle était débordée de travail et pressée de repartir. Âgée d'une quarantaine d'années comme Fritz, elle s'était présentée comme l'assistante personnelle du professeur Sauerbruch... « Pas du genre à avoir des enfants », pensa Fritz en la regardant. Il avait tout de suite compris qu'il s'agissait d'une de ces femmes modernes et ambitieuses qui avaient du mal à se reconnaître dans le rôle de mère au foyer que leur réservaient les nazis.

En la regardant remplir le document, Fritz réussit à lire, de loin, ce qu'elle écrivait. Il apprit qu'elle s'appelait Maria Fritsch, qu'elle était célibataire et qu'elle était née en 1901 à Bütow, en Poméranie. Une femme du pays « cachoube », droite et même un peu rigide comme beaucoup de gens de cette région, des Prussiens devenus un peu slaves à force de vivre en terre germano-polonaise. « Pommerland ? » lui dit-il dans le dialecte de là-bas, et il ajouta – toujours en *plattdeutsch* – un vers célèbre pour se faire remarquer d'elle : « *Wo de Ostseewellen trecken an den Strand ?* » (« Là où les vagues de la mer Baltique viennent lécher la plage ? »[24]) Alors le visage de la femme devint tout d'un coup plus cordial. « *Dor is mine Heimat, dor bün ik tau Huus* » (« Là-bas est ma patrie, là-bas je suis chez moi »), répondit-elle du tac au tac, sans quitter le dialecte bas-allemand. De l'échange qui s'ensuivit, il était difficile de comprendre grand-chose. On eût dit une conversation légèrement éméchée en patois intraduisible. On pouvait juste reconnaître quelques mots, employés par Fritz sur un mode ironique. Il imitait un discours d'Hitler en *plattdeutsch*, aboyait « *Dütschland !* », « *Föhrer !* », « *Vaderland !* », ce qui faisait pouffer de rire sa visiteuse.

Mais déjà elle se levait pour partir. Fritz réussit à la retenir encore un peu : le formulaire était incomplet, et devait être accompagné d'une lettre. Elle se dépêcha de l'écrire, mais eut une légère hésitation avant de la lui remettre. « Dois-je signer en écrivant *Heil Hitler* ? » lui demanda-t-elle, le stylo encore ouvert dans la main droite. Fritz Kolbe ne répondait pas. Elle leva la tête, inquiète, et croisa un regard presque menaçant. « Vous n'y pensez pas, voyons, lui dit-il enfin, savez-vous où nous sommes ? » Un rapide échange de sourires et la confiance fut désormais totale entre eux deux.

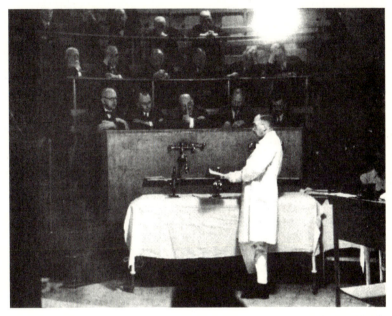
Cours magistral de Ferdinand Sauerbruch devant une assemblée médicale à Berlin, 1930.
© Erich Salomon, Bildarchiv Preussischer Kulturbesitz.

Fritz avait envie de la revoir. Il demanda à Maria Fritsch s'il lui serait possible d'obtenir une consultation avec le professeur Sauerbruch. Il faisait beaucoup de sport – de la boxe, de la course à pied, du vélo... – et ressentait toujours de fortes douleurs au genou, en dépit d'une opération chirurgicale subie en 1933. « Je vais voir ce que je peux faire, répondit-elle, il est débordé mais je vais essayer de vous glisser un rendez-vous. » Et elle disparut dans les couloirs du ministère[25].

Ferdinand Sauerbruch était un grand médecin[26]. Les procédés qu'il avait inventés en chirurgie étaient reconnus partout à l'étranger. Il avait notamment conçu une méthode révolutionnaire permettant d'ouvrir la cage thoracique d'un patient sans provoquer le collapsus des poumons (le corps du patient était placé à l'intérieur d'une chambre à basse pression, tandis que sa tête restait à l'air libre). Il avait aussi créé une main artificielle articulable à volonté[27].

Indépendamment de son énorme talent, Sauerbruch était à la médecine du IIIe Reich ce que Gustav Gründgens (l'homme qui a inspiré le personnage de Mephisto à Klaus Mann) était au théâtre de l'époque. Comme lui, il aurait sans doute émigré et serait devenu un fougueux antifasciste « si seulement on lui avait fait des offres alléchantes à l'étranger » (K. Mann). Au lieu de cela, le professeur avait choisi de poursuivre sa carrière en Allemagne comme si rien n'avait changé. Âgé de soixante-cinq ans en 1940, le « Professor Doktor » était un pape de la médecine comblé d'honneurs, non dénué de suffisance et même de vanité[28]. Il dirigeait le plus grand hôpital de Berlin, la Charité. Il lui arrivait d'y exercer son art à la manière d'un champion d'échecs, opérant plusieurs patients en même temps dans des salles d'opération différentes. Il enseignait devant des amphithéâtres remplis d'étudiants ou d'admirateurs (et admiratrices). On lui demandait son avis dans l'Europe entière et il comptait parmi ses patients plusieurs têtes couronnées.

Sauerbruch n'avait jamais soigné Hitler mais le maréchal Hindenburg mourant lui avait confié sa prostate, Goebbels son appendicite et Robert Ley – le directeur du « Front du travail » (l'organisation qui a remplacé les syndicats dissous) – ses hémorroïdes[29]. Sauerbruch avait des contacts haut placés à la chancellerie du Reich[30]. L'un des médecins les plus proches du Führer, le SS-Obersturmbannführer Karl Brandt (responsable du programme d'euthanasie des handicapés mentaux), était un de ses anciens élèves. Responsable de la médecine auprès des plus hautes institutions scientifiques du Reich, le professeur Sauerbruch avalisa certaines des pires expérimentations médicales commises dans les camps de concentration[31].

Les nazis avaient besoin de conserver auprès d'eux de grands talents intellectuels ou artistiques du type de Ferdinand Sauerbruch. Non affilié au parti nazi, le chirurgien était un témoin de respectabilité pour le régime, qui lui laissait une grande liberté de parole et d'action[32]. Il était membre de la prestigieuse « Société du mercredi », un club de réflexion qui continuait d'organiser des réunions régulières en dépit de la guerre. Un des rares forums de discussion où on pouvait encore échapper à la surveillance de la Gestapo. On ne faisait pas de politique à la Société du mercredi bien qu'on ne refusât pas d'y aborder divers sujets liés au temps présent. Parmi les personnalités membres du club, on trouvait à la fois le biologiste Eugen Fischer[33], l'un des grands théoriciens de l'eugénisme, et le général Ludwig Beck[34], ancien chef d'état-major de l'armée de terre, qui avait démissionné en août 1938 pour protester contre les projets d'invasion de la Tchécoslovaquie par Hitler[35].

Fritz Kolbe ne savait pas encore, lorsqu'il rencontra Sauerbruch pour la première fois, combien l'hôpital de la Charité et le statut protégé du chirurgien allaient lui être utiles.

4

Dans la « Tanière du loup »

Entre Berlin et la Prusse orientale, 18 septembre 1941[1]

Dans le train qui l'emmène au quartier général d'Hitler en Prusse orientale, Fritz Kolbe lit la presse et feuillette quelques dépêches qu'il doit remettre, le lendemain, à l'entourage diplomatique du Führer. Parti de la gare de Berlin-Grunewald, il est seul dans son compartiment. Le wagon est réservé aux officiers et autres fonctionnaires en partance pour le front ou en mission auprès des lignes arrière. Depuis le début de la campagne de Russie en juin 1941, le QG du Führer est à la « Tanière du loup » (*Wolfsschanze*), à l'extrémité orientale du pays. Fritz transporte une grande quantité de documents, dont la plupart sont classés « affaires secrètes du Reich » (*geheime Reichssachen*, le degré le plus élevé de la confidentialité chez les nazis). Il ne doit en aucun cas se séparer de la serviette qui les contient. Les documents sont destinés à son chef, l'ambassadeur Karl Ritter[2], un des plus hauts responsables du ministère des Affaires étrangères, qui se trouve en consultation auprès du grand état-major.

Bavarois de naissance, juriste de formation, Karl Ritter est le spécialiste incontesté des questions économiques au ministère des Affaires étrangères depuis les années 1920[3]. Il dirige depuis le début de la guerre un département clé du ministère,

L'ambassadeur Karl Ritter, supérieur hiérarchique de Fritz Kolbe et directeur du département des affaires politico-militaires (Pol I M) au ministère des Affaires étrangères. Un des plus hauts fonctionnaires du ministère. Diplomate professionnel plus qu'homme de parti, il a choisi de servir le régime nazi par opportunisme. C'est lui qui, pendant la guerre, était chargé d'assurer les liaisons entre l'Auswärtiges Amt et la Wehrmacht.
© Ministère allemand des Affaires étrangères

celui des affaires politico-militaires (ou Pol I M). Il porte un titre caractéristique de l'époque : il est « ambassadeur en mission exceptionnelle[4] », ce qui signifie qu'il est là pour court-circuiter au coup par coup les réseaux de décision traditionnels du ministère. Bien que diplomate de carrière, il a l'entière confiance de Ribbentrop. Ritter s'occupe en particulier des « aspects économiques de la guerre », ainsi que des liaisons de haut niveau entre l'Auswärtiges Amt et la Wehrmacht. Depuis le début de la guerre, il est absent du ministère quasiment en permanence[5]. Ce grand professionnel de la négociation est connu pour son intelligence sans scrupules, son cynisme froid et sa force de caractère. Autant de qualités qui le rendent capable d'en imposer aux généraux de la Wehrmacht – bien qu'il n'ait lui-même aucune expérience militaire.

Membre du parti depuis 1938 mais n'ayant jamais été dans la SS (ni dans les SA, comme Luther), Ritter est sans illusions sur le caractère criminel du régime. Il a néanmoins choisi de servir les nazis par conscience professionnelle, sur le mode de l'indifférence. « Ici, au moins, on voyage », dit-il un jour en présence de Fritz Kolbe. Il méprise Ribbentrop sans jamais le lui montrer ouvertement (au contraire, il manifeste à son endroit une déférence quasi obséquieuse, ce qui a le don d'énerver au plus haut point son collaborateur Fritz Kolbe). Nommé ambassadeur à Rio de Janeiro en 1937, il en a été chassé en 1938 par le dictateur Getúlio Vargas, qui le considérait comme un dangereux agitateur pro-nazi[6].

À son retour de Rio, Ritter a voulu démissionner en invoquant son âge – il avait un peu moins de soixante ans –, mais Ribbentrop, qui avait besoin de son talent, a insisté pour qu'il reprenne du service. Karl Ritter a fini par accepter parce qu'on lui offrait un poste clé doté de larges compétences. Depuis ce moment, il a été au cœur des principales négociations diplomatiques de son pays, comme les accords de Munich (septembre 1938) mais surtout le pacte germano-soviétique (août 1939). Ce contrat pour le moins inattendu entre Hitler et Staline a été en partie rédigé par lui, en étroite coopération avec Friedrich Wilhelm Gaus – le juriste en chef du ministère –, lui aussi un homme de Weimar qui a su s'adapter aux circonstances.

Comme Gaus, Ritter domine parfaitement la science des traités. Il est un bon connaisseur de la Russie pour y avoir supervisé les grands programmes industriels allemands des années 1920 (à la suite des accords de Rapallo de 1922). Afin d'assurer le suivi du pacte entre Hitler et Staline, et en particulier les échanges de matières premières et d'armements entre les deux pays, il a même vécu à Moscou entre octobre 1939 et mars 1940. Lorsqu'il parle de Staline, qu'il a approché de près à plusieurs reprises dans le cadre de cette mission, Karl Ritter ne cache pas qu'il lui voue une très grande admiration.

Depuis la fin de 1940 (ou le début de 1941), Fritz Kolbe est l'assistant personnel de Karl Ritter. Cette promotion est due à l'intervention de Rudolf Leitner, l'ancien chef de la légation allemande à Pretoria, qui est membre du cabinet de Karl Ritter depuis son retour d'Afrique du Sud[7]. Rudolf Leitner n'a jamais laissé tomber Fritz et ce dernier lui est infiniment reconnaissant de lui avoir permis de quitter le département « Allemagne » et son climat irrespirable. Mais enfin, de là à se retrouver assistant du chef des affaires politico-militaires en pleine guerre ! « C'est vraiment une comédie : je hais les nazis et voilà que je ne quitte plus les hauts cercles du pouvoir ! » se dit Fritz depuis qu'il a pris ses nouvelles fonctions[8].

Le travail auprès de Karl Ritter est intéressant. Au lieu de tamponner des passeports et des visas, Fritz Kolbe reçoit tous les matins des centaines de dépêches en provenance des postes diplomatiques allemands à l'étranger, les trie en fonction de leur importance et les résume pour son chef. Les documents déjà lus par Ritter doivent être détruits par Kolbe, sur le bureau duquel passent également les comptes rendus d'entretiens réalisés par les hauts responsables du ministère avec les diplomates étrangers en poste à Berlin. Enfin, Fritz reçoit la presse étrangère (avec quelques jours de retard, car la presse anglo-saxonne, par exemple, transite par Lisbonne) et en résume le contenu à l'intention de Ritter[9]. « En peu de temps, je suis devenu un des fonctionnaires les mieux informés du ministère », écrira Fritz quelques années plus tard[10]. Dès le début de l'année 1941, Fritz a été l'un des premiers à connaître les préparatifs secrets de la campagne de Russie : le rôle de Karl Ritter consistait notamment à préparer le passage des troupes allemandes vers la Russie à travers les pays alliés d'Europe centrale (Finlande, Hongrie, Roumanie).

Sur le plan humain, Fritz n'a pas à se plaindre : Karl Ritter n'est pas franchement sympathique, mais il est loyal à l'égard de ses collaborateurs. Et puis c'est un homme du monde. Rien à voir avec ce grossier Luther et ses manières de brute ! Ritter a toujours été au cœur de la vie mondaine allemande et d'ailleurs, ça se voit, il a de la classe avec son regard pétillant, son langage choisi et ses mains élégantes (Luther, lui, avait souvent les ongles sales). Ritter parle la plupart des langues européennes, il connaît la plupart des grands chefs d'entreprise du pays, il fréquente des artistes, il va à l'Opéra[11]…

La relation entre Ritter et Fritz Kolbe est essentiellement professionnelle, et comme les deux hommes sont des bourreaux de travail, le courant passe assez bien entre eux. Ils sont tous deux de petite taille, c'est un détail qui n'est pas dépourvu d'importance. En quelques occasions, leur conversation peut prendre un tour personnel. À l'occasion de l'arrivée de Fritz dans l'équipe de Karl Ritter, ce dernier lui a fait comprendre qu'il connaissait sa réputation de « forte tête ». Il a cherché à le rassurer en lui disant qu'« ici, ce qui comptait, c'était avant tout la compétence et le travail bien fait ». Pour le mettre à l'aise, il lui a dit que lui non plus, les nazis ne l'aimaient pas[12]. « Vous savez, j'ai une réputation de *démocrate* dans cette maison. Le pouvoir sait que j'ai rédigé à peu près tous les traités commerciaux de la période de Weimar. Je passais tout mon temps au Reichstag. Comme mes textes ont été votés par le SPD ou le Zentrum, cela a suffi à saboter ma réputation auprès de certains ! »

Un peu plus tard, Ritter a questionné brièvement Fritz Kolbe sur son expérience sud-africaine. « Moi aussi je connais bien l'Afrique, lui dit-il. J'ai fait une partie de mes études à l'Institut colonial de Hambourg, où j'ai appris plein de choses passionnantes : l'hygiène tropicale, la botanique appliquée, le droit colonial, et même le swahili... Juste avant la grande guerre, j'ai été nommé fonctionnaire auprès du Gouvernement impérial du Cameroun. La guerre a mis un terme à cette aventure et j'ai dû rentrer à Berlin. »

Quand Karl Ritter a appris d'où venait la famille de Fritz, il lui parla spontanément des Poméraniens du Brésil, qui s'étaient exilés là-bas par familles entières vers 1860 pour fuir la famine et la misère. Pourquoi le Brésil ? Parce qu'il y avait déjà des colonies allemandes depuis le début du XIXe siècle dans le Sud de ce pays[13].

Fritz Kolbe repense à ces bribes de conversations alors qu'il se rend au quartier général du Führer dans la nuit du 18 au 19 septembre 1941. Cette mission est d'un genre nouveau pour lui. Karl Ritter a voulu que son courrier lui parvienne en mains propres. L'ambassadeur a perdu confiance dans les services du courrier diplomatique. À la fin du mois d'août 1941, il s'est plaint de la désinvolture avec laquelle les documents confidentiels lui étaient acheminés. « On a retrouvé mon courrier à la cuisine du quartier général, une autre fois au central téléphonique ! » a-t-il fait savoir à son bureau de Berlin[14]. Du coup, il souhaite que ses propres collaborateurs fassent les télégraphistes eux-mêmes.

Fritz n'est pas ravi de ce voyage. Certes, il lui donne l'occasion de quitter Berlin. Mais il n'a pas envie de se rapprocher d'Hitler, de Ribbentrop ni des plus hauts généraux de la Wehrmacht. Cela fait quelques mois qu'il rêve d'exil, mais pas vers l'Est. Il se languit de l'Espagne et de l'Afrique du Sud (parfois il pense à la Suisse, qui a le mérite d'être un pays neutre et qui semble être épargnée par les événements). De temps en temps, il regarde par la fenêtre de son compartiment. La plaine germano-polonaise, avec ses bois de bouleaux interminables, transpire de mélancolie malgré un splendide coucher de soleil à travers les sous-bois. L'automne et le climat de guerre enveloppent le paysage d'une tristesse incomparable.

N'ayant rien d'autre à faire, Fritz se plonge dans la lecture des journaux. La presse est entièrement soumise à la propagande du parti, mais on y apprend les faits les plus importants : « Le port d'une étoile jaune est obligatoire pour les Juifs à partir de ce mois de septembre 1941. » Les nouvelles du front sont plus difficiles à décrypter. Les communiqués triomphants du haut commandement de l'armée (l'OKW, ou *Oberkommando der Wehrmacht*) ne permettent guère de se faire une idée précise de la réalité. « Siège de Leningrad, chute imminente de Kiev » : voilà à peu près tout ce qu'on peut tirer des quotidiens du jour. Pas besoin d'essayer d'en savoir plus, le reste n'est qu'un long développement lyrique et indigeste sur le thème du « comportement héroïque des soldats de la Wehrmacht » ou sur la bataille de Kiev, « la plus grande de tous les temps ».

Tout le monde sait, en cet automne 1941, qu'il ne peut plus être question d'une fin rapide de la guerre. Fritz repense aux rumeurs entendues à Berlin : on y murmure de plus en plus souvent qu'Hitler a des accès de fureur terrifiants. Le Führer aurait une tendance de plus en plus marquée à perdre les nerfs face à l'adversité. On l'a entendu hurler de colère lorsque Rudolf Hess a rejoint l'Angleterre en mai 1941. Ou lorsque Churchill et Roosevelt, à la mi-août 1941, ont proposé leur aide à Staline, rendant pour la première fois possible l'hypothèse d'une guerre coordonnée sur deux fronts. D'après un ouï-dire invérifiable, il arriverait parfois à Hitler de mordre tout ce qui se présente : son mouchoir, un coussin, et même les rideaux[15] !

Dans le train qui mène Fritz à la « Tanière du loup », la nuit est très noire : on avance toutes lumières éteintes à travers l'ancien corridor de Danzig, par crainte des bombardements ou des actions de sabotage de la résistance polonaise. Au petit matin, conformément aux consignes qu'il a reçues, il endosse l'habit obligatoire qu'il devra porter au QG du Führer, un uniforme de couleur *feldgrau* qui a été mis à sa disposition par le ministère. En se regardant dans un miroir, il a du mal à se reconnaître. Il hésite, surtout, à mettre le couvre-chef : une large casquette avec double cordon d'aluminium au-dessus de la visière et un écusson qui représente un aigle tenant entre ses serres une croix gammée[16].

Fritz arrive au petit matin à Gerdauen, une petite ville aux allures de poste frontière, à soixante kilomètres au sud-est de Königsberg. Un véhicule de l'Auswärtiges Amt l'attend pour l'emmener directement auprès de Karl Ritter. On traverse les paysages de la Masurie, la forêt de Rastenburg (encore et toujours des bois de bouleaux), ses lacs argentés, ses clairières somptueuses, mais aussi ses marécages et ses tourbières. « La région est infestée de moustiques », prévient le chauffeur en conseillant à Fritz de se couvrir les mains et le cou de la pommade du Dr Zinsser, fabriquée à Leipzig, « excellente à titre préventif ».

Après la petite ville d'Angerburg, on s'enfonce à nouveau dans la forêt. Rien ne permet de savoir où on se trouve. Aucune indication du « Führerhauptquartier ». Si on en croit les panneaux aperçus le long de la route, la voiture se dirige vers une énigmatique usine supposée appartenir à une célèbre fabrique d'instruments de précision (Askania Werke). « Askania ? Tout ça, c'est du bidon. Cela permet de dissimuler la nature véritable des lieux », dit le chauffeur à Fritz qui l'interroge sur la signification de ces étranges panneaux.

Au bout d'une demi-heure, et après avoir passé plusieurs postes de garde à l'entrée de différentes « zones interdites » protégées par de hauts grillages, des fers barbelés et des patrouilles, on aperçoit les premières baraques en bois et des bunkers à demi enterrés. On arrive enfin dans un sous-bois où se trouvent trois trains à l'arrêt. Rien ne permet de les apercevoir de loin tant ils sont camouflés – tout comme la voie ferrée – par des leurres faits de filets couverts d'un feuillage factice. Et pourtant ils occupent une place grande comme une gare de triage. L'un de ces trois trains abrite les « bureaux de campagne » du ministre des Affaires étrangères. À côté de celui de Ribbentrop se trouvent celui de Göring – le plus beau de tous, un véritable palace sur roues – et enfin celui d'Heinrich Himmler. Ce dernier a été le premier « QG ferroviaire » à voir le jour, et depuis lors tous les hauts dirigeants du régime ont voulu avoir, comme le *Reichsführer SS*, leur train particulier *(Sonderzug)* au plus près du front. Les trois trains sont équipés de tout ce qu'il faut : salons privés, salle de radio, wagon-restaurant, toilettes et douches (et même une salle de cinéma dans le train d'Himmler)... Aux extrémités des wagons se trouvent des batteries antiaériennes, en cas d'attaque ennemie.

Il est plus de dix heures du matin et la chaleur est étouffante, même à l'ombre. Une odeur de goudron flotte dans l'atmosphère. On amène Fritz dans un wagon du train de Ribbentrop, où on lui demande de patienter quelques minutes. Karl Ritter n'est pas encore là. En attendant son patron dans un petit compartiment qui ressemble à une antichambre, Fritz jette un œil au-dehors. Il y a des patrouilles avec des chiens. Fritz aperçoit aussi un petit groupe d'officiers en conversation. Chacun d'entre eux a une moustiquaire autour de la tête. Fritz se retient de pouffer de rire.

Bientôt, un véhicule blindé arrive en soulevant la poussière. C'est celui de Karl Ritter. À la droite de Ritter, Fritz croit reconnaître Walther Hewel, un proche confident du Führer. Hewel, un combattant nazi de la première heure, assure la liaison permanente entre Ribbentrop et Hitler[17]. Il y a aussi un sténographe et quelques officiers du haut commandement de la Wehrmacht que Fritz ne connaît pas. Tout le monde est en uniforme. Karl Ritter paraît encore plus petit que d'habitude quand on le voit à côté de Walther Hewel. Ce dernier a de la force et de la prestance. Il ne correspond pas tout à fait à l'image d'Épinal de l'homme aryen (il est brun), ce qui ne l'empêche pas d'être SS-Brigadeführer, c'est-à-dire l'équivalent d'un général de brigade dans l'ordre d'élite du régime nazi.

Karl Ritter a l'air énervé lorsqu'il entre dans le wagon, bientôt suivi de ses collègues, pour s'installer auprès d'une table couverte de cartes d'état-major. Il n'a pas vu Fritz, qui est caché par une porte entrouverte à l'autre bout du compartiment et qui attend d'être appelé pour se montrer. « Mais où est donc le ministre ? demande Ritter d'un ton excédé. Nous avions rendez-vous à dix heures ! – Monsieur l'ambassadeur, dit Walther Hewel, le ministre a l'habitude de se lever tard, vous le savez bien. En ce moment, il doit encore être aux petits soins de son coiffeur particulier dans ses appartements privés », ajoute-t-il avec un petit sourire ironique. Walther Hewel, comme beaucoup d'autres, déteste Ribbentrop. Il n'a aucun scrupule à le regarder de haut, lui qui fait partie des rares compagnons d'armes historiques d'Adolf Hitler, avec lequel il a personnellement participé au putsch manqué de Munich, en 1923.

En attendant l'arrivée de Ribbentrop, Karl Ritter interroge Walther Hewel sur les soirées auprès d'Hitler, dans la « zone interdite numéro un », à quelques kilomètres de là. « Il y fait froid, réplique Hewel, le Führer ne fait jamais chauffer les pièces où il se trouve. Personne n'ose prendre la parole de peur d'être ridicule. Quand il nous invite après le dîner dans sa "maison de thé", il passe la soirée entière à tenir de longs monologues en buvant une infusion au fenouil. Il n'a d'attentions que pour sa chienne Blondi. Parfois il semble ne pas se rendre compte qu'il y a autour de lui dix personnes qui ne rêvent que d'aller se coucher. Hier soir, il a parlé pendant plus d'une heure de cuisine végétarienne et de la nausée que lui inspire la viande. Il déteste l'idée qu'on tue des animaux pour les manger ! » Karl Ritter affiche un air ricaneur et demande si on peut « au moins jouer au bridge » (c'est là l'une de ses occupations favorites) dans les soirées du Führer.

On ne joue ni au bridge ni à quoi que ce soit dans l'entourage d'Adolf Hitler. Le Führer préfère les longues discussions au coin d'un maigre feu. Walther Hewel raconte que, la veille, le Führer a longuement parlé de ses projets pour la Russie, et qu'il avait l'air très optimiste quant à la conquête de Moscou, « qui ne devrait pas être longue à tomber après Kiev ». Il a expliqué à son entourage que Moscou et Leningrad, une fois prises, devraient carrément disparaître de la carte ! La Russie sera une grande province agricole et une réserve de matières premières où l'Allemagne puisera tout ce dont elle a besoin. « Quand nous aurons remporté la victoire sur le terrain, ajoute Hewel, le Führer pense qu'il ne nous faudra pas beaucoup d'efforts pour la gérer. Un peu comme les Anglais en Inde : une administration de deux cent cinquante mille hommes devrait suffire, et quelques divisions pour mater d'éventuelles rébellions. » Le Russe a une mentalité d'esclave : « Le Russe, à la base, est une sorte de lapin, dit-il. Il n'a pas la capacité de se transformer en "abeille" ou en "fourmi", comme nous les Allemands. Il ne faut pas essayer de rendre le Russe plus intelligent qu'il n'est. » La Russie de demain, poursuit Hewel dans son récit, ressemblera à quelque chose de nouveau : « Des villes allemandes, et puis tout autour d'elles des campagnes où travailleront des paysans russes. Un peu plus loin, il y aura de grands territoires pour l'entraînement de notre armée. » Il est question d'installer aux frontières de cet « empire oriental » des peuples proches des Allemands par le sang, comme des Norvégiens, des Danois, des Suédois... qui protégeront l'Allemagne contre les « hordes asiatiques ». Le Führer pense qu'à l'avenir, l'Europe sera entièrement unie contre l'Amérique. « Même les Anglais seront avec nous une fois que nous aurons conquis l'espace russe et toutes ses richesses naturelles[18] ! »

« Vous croyez vraiment à tout ce discours ? Vous pensez que Moscou est facile à prendre ? Croyez-moi, je connais la Russie, tout ce que vous me rapportez là est bien joli mais assez peu réaliste ! » remarque Karl Ritter, qui se sent suffisamment en confiance avec Walther Hewel pour lui dire franchement ce qu'il pense. Hewel, qui respecte Karl Ritter et qui garde une certaine autonomie d'esprit, a l'air de réfléchir. « Mais après tout quelle importance ? poursuit Ritter. Dans l'immédiat parlons plutôt des dossiers urgents. Je voudrais avoir des précisions sur le sort des prisonniers de guerre. Nous avons réglé la question des prisonniers politiques, qui doivent être liquidés. Avez-vous des chiffres sur le nombre de commissaires politiques de l'Armée rouge déjà supprimés ? Et où en sommes-nous concernant les prisonniers ordinaires ? »

Walther Hewel se tourne vers un officier de l'OKW pour lui demander un supplément d'informations. Ce dernier sort de sa serviette une circulaire récente et en lit quelques passages : « Le bolchevisme est l'ennemi mortel de l'Allemagne. Pour la première fois, le soldat allemand a en face de lui un adversaire qui n'a pas seulement une formation de soldat, mais d'agent politique au service du bolchevisme. Il a appris à lutter contre le national-socialisme avec tous les moyens disponibles : sabotage, propagande démoralisatrice, assassinats... Dès lors le soldat bolchevique a perdu le droit d'être traité comme un combattant ordinaire au sens des conventions de Genève[19]. »

« Qu'est-ce à dire précisément ? demande Karl Ritter, dont la mission est de traduire en termes choisis les ordres donnés par le Führer.

– Eh bien, répond l'officier de l'OKW, cela signifie par exemple qu'on doit tirer sans sommation sur un prisonnier qui manifesterait la moindre volonté de désobéir aux ordres... »

Dans l'antichambre du wagon, Fritz écoute avec effarement ce dialogue incroyable. Il sait que des horreurs se déroulent depuis le début de la guerre, en Pologne et en Russie, mais il ignorait jusqu'ici que la transgression des lois de la guerre était froidement encouragée par les plus hauts responsables de l'État et de l'armée. Que son propre chef, Karl Ritter, soit associé à ce genre de méfaits ne fait qu'accroître son indignation. Il tend l'oreille pour continuer à saisir la conversation quand il entend qu'un aide de camp a prévenu Ritter de sa présence. « Kolbe est là ! s'exclame Ritter. Mais que fait-il ici sans rien dire ! Qu'on le fasse entrer, et vite ! » Fritz est introduit dans la pièce. Il fait un salut hitlérien à la cantonade et tend à Ritter une épaisse liasse de documents qu'il a tirée de sa serviette. Ritter n'a pas le temps de consulter ses papiers tout de suite. Il congédie rapidement son assistant et lui donne rendez-vous au lendemain après lui avoir brièvement demandé des nouvelles de son bureau à Berlin.

Il est midi. Fritz est conduit dans un joli pavillon de chasse, à dix kilomètres de là, qui sert de résidence aux collaborateurs de l'Auswärtiges Amt. En bordure de forêt et en face d'un grand lac, ce bâtiment a été construit à l'occasion des Jeux olympiques de 1936 pour accueillir les concurrents des épreuves de *ice-boat*. L'auberge offre des conditions de confort inconnues à Berlin. Il y a des bouquets de fleurs sur les tables, des vins fins, des alcools et des cigarettes à volonté. Un chef français désigné d'office par les troupes d'occupation à Paris a été installé aux cuisines (« on mange beaucoup mieux chez Ribbentrop que chez Hitler », se dit Fritz ce soir-là en dégustant une pièce de gibier aux airelles). Une radio de type *Volksempfänger* diffuse en grésillant les derniers rapports de la Wehrmacht et des chansons à succès comme *Das kann doch einen Seemann nicht erschüttern* (« Pas de quoi flanquer la frousse à un matelot ») et *Lili Marleen*[20].

Au cours des journées suivantes, Fritz a beaucoup de temps libre. Il en profite pour faire de longues courses à pied le long du lac sur lequel donnent les fenêtres de sa chambre. Dix jours au QG d'Hitler : Fritz ne s'attendait pas à rester ici aussi longtemps. Occupé par des milliers de tâches diverses, Karl Ritter prend du temps pour écrire les réponses au courrier apporté de Berlin et les faire signer par Ribbentrop (ce dernier signe toujours à l'encre verte).

L'une des missions de Ritter est d'assister l'Amirauté dans le choix des zones de combat pour la guerre sous-marine. C'est à lui que revient aussi la tâche de rédiger les réactions officielles de Berlin en cas de « bavure », notamment quand un pays neutre se plaint d'une agression allemande[21]. Dans le courrier que Fritz a apporté de Berlin, il y avait de vigoureuses notes de protestation émises par Washington à la suite du bombardement sans sommation de navires américains par des U-Boote allemands[22]. À chaque fois, le président Roosevelt a accru d'un cran la tonalité de sa colère. Le président américain commence désormais à parler d'une « intervention préventive » des États-Unis contre l'Allemagne et ses « méthodes de pirate »...

En marchant le long du lac, Fritz Kolbe s'étonne de ne pas se sentir bien[23]. Il devrait pourtant profiter du magnifique paysage, mais non ! Il n'a qu'une hâte, c'est de quitter la « Tanière du loup », ses miasmes et ses moustiques. On l'autorise finalement à rentrer à Berlin, avec une sacoche pleine de documents visés par le ministre. Le temps presse. Son retour a lieu cette fois à bord d'un avion militaire, un Junkers « Ju 52[24] ».

Berlin, novembre 1941

« T'appartiens-tu à toi-même ? Es-tu ton propre maître ? Es-tu librement placé dans le monde de manière à être l'arbitre de tes actions ? » De retour à Berlin, Fritz s'était plongé dans la lecture de Schiller et méditait sur ces paroles de Wallenstein[25]. Depuis son voyage à la « Tanière du loup » et la conversation stupéfiante qu'il avait surprise entre Karl Ritter et Walther Hewel, il était décidé à quitter l'Allemagne. Il ne voyait pas d'autre moyen pour rester en accord avec lui-même. Il ne pouvait plus défendre sa patrie dès lors que celle-ci se rendait coupable d'injustices et d'abominations inqualifiables. Ce qui se passait depuis la fin de 1939 surpassait en horreur tout ce qu'on avait connu entre 1914 et 1918. Fritz commençait à comprendre que la « guerre d'extermination » menée par les nazis annonçait une apocalypse. Quelle qu'en fût l'issue – défaite ou victoire de l'Allemagne –, rien ne permettait d'avoir le moindre espoir pour l'avenir : soit l'Allemagne gagnait la guerre et multipliait sa puissance criminelle, soit elle la perdait et se trouvait au ban des nations civilisées.

De retour de son séjour au QG d'Hitler, Fritz avait entendu parler des activités des « groupes d'intervention mobile » des services de la police secrète dirigés par Reinhard Heydrich (les Einsatzgruppen) à l'arrière du front russe. La mission des Einsatzgruppen, c'était de massacrer les Juifs, au prétexte de « prévenir les risques de propagation des épidémies à l'arrière du front ». L'Auswärtiges Amt avait reçu des rapports très précis dans lesquels on lisait que des hommes, des femmes et même des enfants étaient indistinctement passés à la mitrailleuse, égorgés, brûlés vifs, parfois assassinés à coups de pioche ou de marteau[26].

Fritz commençait à se dire qu'à force de côtoyer le mal, il allait finir par en devenir complice. Il en avait assez de se comporter en brave soldat Švejk[27]. Jouer au petit fonctionnaire stupide et borné n'aboutissait à rien, sinon à se protéger. Il lui arrivait de se voir en rêve dans un uniforme étranger, les armes à la main, en lutte contre des hommes de la Wehrmacht. Il se reprochait aussitôt de renier les siens. Après tout, les soldats allemands n'avaient pas voulu, pour la plupart d'entre eux, se retrouver dans une telle aventure criminelle. Les seuls qui méritaient d'être éliminés, c'étaient les dirigeants du pays. Ces questions le torturaient. Il n'était pas rare, en cet automne 1941, qu'il se réveillât au beau milieu de la nuit avec de violentes crampes à l'estomac. En plus des douleurs multiples qu'il s'infligeait à cause des excès permanents qu'il commettait dans la pratique du sport, Fritz finit par souffrir de partout.

Par chance, depuis qu'il avait rencontré l'assistant du professeur Sauerbruch au printemps 1940, Fritz avait ses entrées à l'hôpital de la Charité. À la demande de Maria Fritsch, le célèbre chirurgien avait accepté de soigner les genoux de Fritz et lui avait prescrit une cure thermale à Bad Brambach dans le sud de la Saxe – où il avait passé trois semaines à la fin de l'été 1940.

Peu à peu, Fritz prit l'habitude de se rendre une ou deux fois par semaine à la Charité en dehors de toute nécessité médicale. L'hôpital, qui était situé non loin du ministère des Affaires étrangères, formait une véritable enclave à l'intérieur de la ville, avec ses quinze bâtiments en briques rouges aux frontons de style néogothique. Il y avait même des serres pour la culture et l'hivernage des plantes et des arbres. Fritz passait voir Maria en quittant son bureau, et bavardait de longs moments avec elle à l'hôpital. Un soir, même, il lui joua un vieil air des Oiseaux migrateurs en s'accompagnant d'une guitare qui traînait par hasard dans un coin. Il chantait bien, avec une voix chaude, et les paroles de la chanson étaient une déclaration d'amour. « Viens, allons dans les champs, le coucou nous appelle dans la forêt de sapins/Jeune fille, laisse-toi entraîner dans la danse. » Maria n'avait pas réussi à cacher son émotion.

À partir de ce moment, les deux ne se quittèrent plus. Ils se retrouvaient dans les restaurants de Charlottenburg, ils allaient au cinéma[28]… Fritz se sentait d'autant plus à l'aise à la Charité qu'il avait le sentiment d'y être protégé des regards indiscrets. À l'Auswärtiges Amt, il se savait surveillé et devait à tout moment prendre garde de ne pas dire un mot de travers. Ici, ce n'était pas le cas. L'hôpital était comme un îlot protégé de l'extérieur, bien qu'on se trouvât au cœur de la capitale du Reich. La Gestapo n'y pénétrait pas et Fritz ne s'y sentait pas épié. Au contraire, c'est lui qui y était en poste d'observateur, essayant d'identifier les personnalités que fréquentait le professeur Sauerbruch. Or il en venait, du monde ! On pouvait croiser le chirurgien en compagnie d'un médecin en uniforme SS puis, le lendemain, d'un homme hautement surveillé par le régime.

Ces allées et venues de Fritz auprès de Maria Fritsch ne restèrent pas longtemps inaperçues de Sauerbruch. À force d'entendre rire son assistante, les soirs où elle était en compagnie de Fritz, le chirurgien demanda à Maria de lui présenter officiellement son ami. Le courant passa bien entre les deux hommes. En cette période de guerre, les esprits vifs comme celui de Fritz étaient bienvenus. Il avait le don de divertir son entourage en racontant des anecdotes tirées de l'observation des coulisses du ministère ou en rapportant les derniers détails cocasses de la vie de Ribbentrop. Et Sauerbruch adorait les ragots. Il les récoltait un peu partout, les assaisonnait à sa manière afin de briller dans les soirées de Berlin. Fritz lui plut beaucoup, et il lui arriva plusieurs fois de l'inviter chez lui[29].

Un soir qu'il était chez le chirurgien, vers la fin du mois de novembre 1941, Fritz aperçut un ecclésiastique vêtu de noir, qu'on remarquait à son costume froissé, ses lunettes aux verres épais et son col blanc un peu sale. L'inconnu avait attiré son attention dès le début de la soirée. Ferdinand Sauerbruch et lui avaient engagé une conversation intéressante à voix basse. Fritz n'avait pas réussi à en surprendre la moindre bribe, mais il avait tout de suite vu que l'homme d'Église était un ennemi du régime. Ces choses-là se sentaient vite. Il suffisait d'un regard ou d'une façon de poser sa voix pour qu'on fût identifié. Fritz voulut en savoir plus sur ce personnage. Il apprit qu'il s'agissait du prélat Georg Schreiber, ancien député au Reichstag sous l'étiquette du *Zentrum*, le parti catholique d'avant 1933. Théologien, universitaire et homme politique à la fois, Georg Schreiber avait été un personnage très influent pendant la République de Weimar. Dans ses domaines privilégiés d'action politique (les questions d'Église, la culture, l'enseignement, la politique étrangère et les sciences), il était une autorité incontestée. Depuis l'arrivée des nazis au pouvoir, il faisait l'objet d'affronts incessants de la part des nazis. Les instituts de recherche et autres sociétés savantes qu'il présidait avaient été dans l'obligation de mettre la clé sous la porte. Pour les dirigeants du IIIe Reich, Georg Schreiber était l'incarnation de l'« ancien système » honni[30].

Le prélat Schreiber avait reçu plus d'une fois la protection de Sauerbruch. Les deux hommes étaient personnellement très liés. Le prélat venait souvent se reposer à la Charité où il était soigné pour « troubles abdominaux ». Fritz Kolbe était curieux de rencontrer un homme d'Église non compromis avec le régime (qu'il fût catholique importait peu). Il se présenta à lui[31].

Après quelques échanges de banalités sur les coulisses de l'Auswärtiges Amt et l'actualité sportive (deux domaines où le prélat Schreiber avait d'excellentes connaissances), Fritz osa parler politique. « Qu'avez-vous pensé, lui dit-il, du récent discours de Clemens von Galen contre l'élimination des handicapés mentaux ? Pourquoi n'y a-t-il pas plus d'hommes d'Église comme lui, qui osent dénoncer les crimes des nazis[32] ? » Le prélat Schreiber, après avoir vérifié que personne d'autre n'écoutait leur conversation, prit fait et cause pour l'évêque de Münster. Il révéla à Fritz que le professeur Sauerbruch disposait d'informations selon lesquelles les nazis avaient déjà éliminé soixante-dix mille handicapés mentaux depuis 1939 (y compris beaucoup d'enfants), et qu'ils avaient l'intention de tuer « les personnes âgées, les tuberculeux, les blessés de guerre et autres *êtres indignes de vie*, comme ils disent ».

Cette révélation fit sursauter Fritz. Désormais mis en confiance par son interlocuteur, il osa demander au prélat de l'aider à résoudre ses problèmes de conscience : « Comment continuer à servir ce régime ? J'ai envie de quitter ce pays, mais je n'en ai pas la possibilité. Si je reste, suis-je engagé moralement par mon statut de fonctionnaire ? Après tout, j'ai prêté serment au nom du Führer, comme tous les autres... » Georg Schreiber prit un air très sérieux et l'emmena un peu à l'écart pour lui répondre. La conversation dura plus d'une heure. Personne ne sait exactement ce qui fut dit par le prélat Schreiber ce soir-là. Toujours est-il que Fritz en retint le message suivant : « Ne quittez pas l'Allemagne ! Luttez contre les nazis avec les moyens qui sont les vôtres. Si vous êtes à ce poste, c'est que Dieu l'a voulu pour une raison ou pour une autre[33]. »

Berlin, 1942

Pour que l'Allemagne renaisse, il fallait que les nazis disparaissent. Cela, Fritz le savait depuis 1933. Mais pour en finir avec ce régime, il fallait que la guerre fût perdue par l'Allemagne. Plusieurs mois furent nécessaires à Fritz pour reconnaître qu'il n'était pas honteux d'être « défaitiste » et qu'une capitulation rapide était conforme à l'intérêt bien compris de la patrie[34]. Ce fut entre la fin de 1941 et le début de 1942 que cette conviction s'ancra en lui comme une évidence douloureuse. Ses amis ne parvenaient pas tous, loin de là, à le suivre dans sa façon de voir les choses. Lui-même, parfois, se mettait à douter. Pendant toute l'année 1942, il se sentit plus seul et isolé que jamais.

« Il te faut prendre un parti dans la guerre qui s'allume à présent [...] Ici, il n'y a plus à choisir ; il faut employer la violence ou la supporter », se répétait Fritz en lisant *La Mort de Wallenstein* (acte II, scène 2). Il faisait le raisonnement suivant : on ne pouvait pas souhaiter la victoire des nazis. Par ailleurs, la défaite de l'Allemagne était envisageable dès lors que les États-Unis étaient entrés en guerre contre l'Allemagne (décembre 1941) et que le Japon, de son côté, ne faisait rien pour attaquer la Russie et créer un deuxième front en Extrême-Orient. Enfin, plus l'Allemagne attendait pour déposer les armes, plus elle sortirait affaiblie du conflit. Cette situation de faiblesse risquait de la pousser dans les bras du communisme.

Depuis le début des années 1930, Fritz était presque aussi violemment opposé aux communistes qu'aux nazis. Certes il avait été attiré, un temps, par le discours révolutionnaire, qui tranchait avec les compromissions permanentes des sociaux-démocrates. Après octobre 1917, il n'avait pas été insensible à la « grande lueur à l'Est ». De cette époque-là de sa vie, il gardait quelques bons souvenirs. Par exemple il aimait toujours chanter, quand il était en bonne compagnie, des chansons de la gauche radicale pleines de moqueries pour les modérés de la social-démocratie : le « *Revoluzzer* » d'Erich Mühsam était une de ses chansons favorites. Mais les pratiques dictatoriales du KPD l'avaient rapidement éloigné de toute tentation de ce côté-là. Le scénario d'une invasion de l'Allemagne par l'URSS lui paraissait aussi sombre que celui d'une victoire d'Hitler.

Bien que le prélat Schreiber lui eût déconseillé de se livrer à des actions dangereuses, Fritz continua à rédiger des tracts antinazis pendant toute l'année 1942. Il abandonnait dans des cabines téléphoniques des lettres au contenu « défaitiste », rédigées par un soi-disant « soldat revenu du front russe » (à cette époque-là, personne n'avait plus de crédibilité en Allemagne qu'un soldat de la Wehrmacht revenu du front). Fritz envisagea même d'aller plus loin dans l'audace. Il eut l'idée, avec deux de ses amis, de faire sauter un pont de chemin de fer à Werder-sur-Havel, une petite ville à une trentaine de kilomètres au sud-ouest de Berlin. Mais le projet – on ne sait pourquoi – ne vit jamais le jour[35].

Cette exaltation, bien que dangereuse, était dérisoire et un peu naïve. Avec les fonctions qu'il occupait et les informations dont il disposait, Fritz savait depuis longtemps qu'il pourrait faire beaucoup mieux : livrer des informations aux ennemis de son pays. Depuis les Oiseaux migrateurs, il savait que l'espionnage était une haute activité guerrière, qui requérait « des nerfs à toute épreuve et une capacité énorme à ne compter que sur soi-même » (Baden-Powell). Tant qu'il s'était agi de prononcer des paroles antinazies au café Kottler, il avait été l'un des plus audacieux. Pour rédiger des tracts anonymes, il n'avait pas manqué de cran. Mais là il s'agissait de tout autre chose... *Intelligence avec l'ennemi* : ces trois mots terrifiants revenaient souvent dans son esprit sans qu'il sût très bien si c'était le simple bon sens ou l'inconscience la plus folle qui le menait jusqu'à de tels projets.

Depuis un moment déjà, Fritz avait agi à la limite de la « haute trahison » *(Hochverrat)*, en falsifiant des passeports en Afrique du Sud ou bien en diffusant des messages anonymes. En agissant ainsi, il avait risqué très gros. Mais dans l'hypothèse où il livrerait des informations de nature stratégique aux Alliés, il se rendrait coupable d'une véritable « trahison de la patrie » *(Landesverrat)*, ce qui signifiait non seulement la condamnation à mort mais le déshonneur aux yeux des générations à venir.

À chaque fois, ce furent les mots du prélat Schreiber qui lui permirent d'orienter sa boussole : « Ne quittez pas l'Allemagne ! Luttez contre les nazis avec les moyens qui sont les vôtres. » Une première fois, il essaya de prendre contact avec un diplomate américain en poste à Berlin dont le nom lui avait été donné par un ami[36]. Mais avec l'entrée en guerre des États-Unis, en décembre 1941, l'ambassade US ferma ses portes et le corps diplomatique américain quitta la capitale du Reich. À deux ou trois reprises, en 1941 et en 1942, Fritz essaya d'obtenir une mission de courrier diplomatique pour se rendre en Suisse[37]. Il expliqua d'abord vouloir prendre un congé bien mérité, puis il prétendit qu'il devait se rendre en Suisse pour régler les formalités de son divorce, puisque sa seconde femme – restée en Afrique du Sud et de laquelle il était *de facto* séparé – était de Zurich. Ce n'était qu'un prétexte : une fois à Berne, il aurait tenté de parler à son vieil ami Ernst Kocherthaler, qui connaissait beaucoup de monde et qui aurait pu, sans aucun doute, l'aider à contacter les Alliés. Peine perdue : à chaque fois, cette demande fut refusée sans explication. En fait, Fritz apprit que sa non-appartenance au parti était la vraie raison de ce blocage. Il n'insista pas, de peur d'éveiller les soupçons. De guerre lasse, il fut une fois de plus tenté de fuir le pays. Fritz était déchiré entre son désir d'exil, son envie de résistance et sa passion nouvelle pour Maria.

Ce qu'il ne savait pas, c'est qu'au même moment certains dirigeants nazis eux-mêmes commençaient discrètement à douter de la victoire de l'Allemagne. Certes, les offensives allemandes sur le front russe continuaient d'être victorieuses. La Wehrmacht était parvenue sur la Volga, au cœur du Caucase, et s'approchait des puits de pétrole de Bakou. En Afrique du Nord, les troupes de Rommel pénétraient en Égypte et s'apprêtaient à remonter vers le canal de Suez. Dans l'Atlantique, les convois alliés subissaient de lourdes pertes à cause des sous-marins allemands. Mais les esprits les plus clairvoyants ne se laissaient pas aveugler par ces événements et faisaient des calculs à plus long terme. Les Allemands bien informés (Karl Ritter, notamment, en faisait partie) savaient que le potentiel économique et militaire des États-Unis était au moins comparable à celui des forces de l'Axe. Ils savaient qu'on avait tendance à surestimer la force du Japon et à sous-estimer la puissance américaine. La multiplication des fronts rendait une victoire allemande de plus en plus problématique. Et depuis qu'Hitler avait dû renoncer à son projet de prendre Moscou avant l'hiver 1941-1942, on savait que la Russie ne tomberait pas « comme un château de cartes ». Le scénario d'une guerre longue était désormais dans tous les esprits. Le théâtre des opérations commençait à se déplacer dangereusement vers l'Allemagne elle-même, avec l'accroissement des bombardements de la Royal Air Force sur les grandes villes allemandes (Cologne, en mai 1942, avait été très sévèrement touchée). Paradoxalement, c'est dans l'entourage d'Heinrich Himmler que la lucidité était la plus grande. Les principaux bourreaux du régime furent les premiers à sentir le vent tourner, vers la mi-1942[38].

À la différence des dirigeants SS, Kolbe voulait voir disparaître le régime nazi et non pas seulement limiter les dégâts d'une défaite prévisible. Kolbe souhaitait la défaite de son propre pays[39]. Une fois celle-ci assurée, on pourrait faire table rase du passé et contribuer à la naissance d'une Allemagne nouvelle, plus juste et plus démocratique. Quant aux moyens d'y parvenir, il se contentait de rêver. Il n'avait de contacts avec aucun des groupuscules d'opposition allemande. Il n'avait pas encore entendu parler de Goerdeler, ni du cercle de Kreisau[40]. Il n'avait aucun projet concret. Au printemps de 1942, il voulut quitter le bureau de Karl Ritter et obtenir un poste à l'étranger. Mais on lui fit comprendre que ce n'était pas la peine d'essayer.

Il continua donc à remplir sa tâche consciencieusement. Après sa première visite au quartier général du Führer, Fritz Kolbe retourna à plusieurs reprises, au cours de l'année 1942, au grand quartier général du Führer en Prusse orientale. Mission désormais familière : il fallait transmettre à Karl Ritter les documents que ce dernier ne voulait plus confier aux services du courrier officiel. Fritz se rendit à la « Tanière du loup » entre la fin janvier et le début février, au début du mois d'avril et un peu avant Noël[41].

À chaque fois, Fritz prenait le train à la gare de Grunewald. Un jour du printemps 1942, en regardant par les fenêtres de son compartiment spécial, il aperçut un train dans lequel la police faisait monter de force des dizaines de familles juives (reconnaissables à leur étoile jaune). Depuis le mois d'octobre 1941, les Juifs de Berlin étaient déportés vers l'Est. À l'époque, la Reichsbahn n'utilisait pas encore de trains de marchandises pour les déportations : il s'agissait d'un train de voyageurs tout à fait classique[42]. Nul ne savait très bien où ils allaient. Fritz Kolbe non plus. Mais il savait que les passagers de ce convoi ne reviendraient pas en Allemagne.

5

Rencontres décisives

Berlin, février 1943

Au début de 1943, Fritz Kolbe se tient aux ordres du destin. Il ne sait que faire et veut pourtant passer à l'acte. Il se sent une raison d'être. Il ne lui suffit plus de « colporter ses principes sans se donner la peine ni même songer à les mettre en pratique. [...] Les grandes choses ne se font pas par impulsion seulement, et elles sont un enchaînement de petites choses réunies en un tout[1] ».

D'autres que lui, depuis longtemps déjà, ont tenté l'impossible. Des réseaux de résistance se sont mis en place. Ces groupuscules, Kolbe n'en connaît pas précisément l'existence, même s'il est vaguement au courant du fait que des « actions » se tramment ici ou là[2]. Les bombes alliées menacent désormais toute l'Allemagne. Le règne de la mort violente est partout décrété. Désormais, on entend hurler les sirènes de nuit comme de jour à Berlin. Au ministère des Affaires étrangères, leur sinistre plainte se mêle, curieusement, au son d'un gros gong qui est utilisé lors de chaque alerte aérienne (après la guerre, Fritz ne pourra pas entendre le bruit d'un gong sans être traversé d'un frisson d'angoisse)[3].

Pendant ce temps-là, loin des bombes, une autre guerre a lieu, beaucoup moins bruyante, beaucoup plus discrète, et pourtant déterminante. La guerre du renseignement. Cet autre front, Fritz n'attend qu'une occasion pour s'y engager. Il se l'imagine de manière un peu floue, sans savoir à quoi ressemble ce « grand jeu ». Ce qu'il sait se résume à deux ou trois idées simples : les pays neutres (comme la Suisse, mais aussi la Suède, l'Irlande, le Portugal ou la Turquie) sont, comme entre 1914 et 1918, des hauts lieux de l'espionnage. Si on dispose de bonnes informations, en période de guerre, on a plus de pouvoir qu'un ambassadeur. Qu'on soit banquier, industriel, ou bien qu'on soit un obscur et un sans-grade, on a toutes les chances de peser sur la suite des événements.

L'heure est moins que jamais aux hésitations[4]. Fritz Kolbe sent qu'il y a dans l'air un appel vers l'impossible et l'incroyable. Impatient d'agir, il se sent disposé à commettre des actes inouïs. « La trahison ? Soit », se dit-il à partir d'un moment qui n'est pas précisément défini (sans doute la fin de 1942 ou le début de 1943)[5]. Ce basculement personnel, Fritz l'a décrit dans un texte rédigé juste après la guerre : « J'avais réfléchi intérieurement à cette question (la trahison, ou *Verrat* en allemand) et j'avais fini par la surmonter. Hitler était arrivé au pouvoir par la force et le mensonge et avait plongé l'Allemagne et le monde entier dans la guerre. D'après moi, personne n'était obligé à la loyauté et à l'obéissance à l'égard du régime hitlérien[6]. »

Depuis le début, Fritz pense que la seule façon d'agir efficacement est une intervention de l'extérieur. Les Alliés disposent de la puissance nécessaire pour venir à bout du régime. Il faut, se dit-il, que cette force soit relayée par des éléments bien placés au cœur du système.

Cette perspective commence à lui donner du cœur à l'ouvrage, car lui, le petit fonctionnaire solitaire, peut dès lors se rendre utile... À condition de pouvoir prendre contact avec l'étranger, de s'entourer d'amis de confiance et surtout d'avoir de la chance. Du jeu d'échecs, Fritz a retenu deux leçons : la ligne droite n'est pas forcément le chemin le plus court entre deux cases et un pion utilisé à bon escient peut parfois faire basculer une partie.

Alors que les bombardements alliés pleuvent sur Berlin, un étrange sentiment de sérénité s'empare de Fritz Kolbe. Il est de plus en plus heureux et détendu, et comme épanoui par la colère intérieure qui l'anime. À la faveur des alertes aériennes, il passe une bonne partie de son temps à bavarder avec ses collègues, dans les couloirs du ministère ou dans le bunker souterrain de l'Auswärtiges Amt, l'un des plus sûrs de la ville, situé sous l'hôtel Adlon (à deux pas de la Wilhelmstrasse, non loin de la porte de Brandebourg). Les bombardements devenant plus fréquents, le bunker de l'Adlon s'est transformé en une sorte de salon propice aux rencontres. C'est l'un des seuls abris de Berlin où l'on n'ait pas à se battre pour entrer. Ni cohue ni panique excessive : on est entre gens de bonne compagnie. Bien sûr, il faut rester sur ses gardes afin d'éviter les oreilles indiscrètes. « L'ennemi vous écoute *[Feind hört mit !]* », peut-on lire sur les boîtes d'allumettes de l'époque. Une formule qui doit être prise à la lettre en toutes circonstances. Cependant, on peut s'y confier plus facilement qu'ailleurs, même si c'est à voix basse.

Berlin, printemps 1943

Grâce à ses allées et venues permanentes entre son bureau, les abris souterrains et l'hôpital de la Charité, Fritz Kolbe fait à cette époque quelques rencontres qui vont rapidement se révéler déterminantes pour ses projets. Il retrouve un certain Karl Dumont, jadis en poste à Madrid, qui s'occupe des relations entre le ministère des Affaires étrangères et la délégation générale aux armements de la

Wehrmacht. Amis de longue date, Karl Dumont et Fritz Kolbe sont en pleine confiance l'un avec l'autre[7].

Chez le professeur Sauerbruch, il fait la connaissance un peu plus tard – sans doute au cours du printemps ou de l'été de 1943 du comte Alfred von Waldersee[8]. Le commandant Waldersee est à peu près du même âge que Fritz (il est né en 1898). Il a été affecté en France puis il a fait la bataille de Stalingrad dont il a eu la chance d'être évacué vivant car blessé. Waldersee est lié de près aux milieux aristocrates et militaires les plus farouchement opposés à Hitler. Ses amis, Fritz le sait, n'hésitent pas à prononcer les mots d'« attentat », de « coup d'État » et même de « révolution »...

On ne sait presque rien de cette relation, sinon que c'est le comte Waldersee qui a fait le premier pas vers Fritz, dans le but manifeste d'obtenir des informations de première main en provenance du ministère. Waldersee paraît avoir été quelqu'un d'important pour Fritz, qui le présente – dans divers documents rédigés après la guerre – comme un proche, voire un complice. Le petit fonctionnaire ami d'un officier aristocrate : la guerre, comme le sport, fait tomber bien des barrières sociales.

Depuis la fin de 1942, Fritz est également en relations avec un chirurgien alsacien, le professeur Adolphe Jung, qu'il a rencontré à l'hôpital de la Charité[9]. Le professeur Jung est un des collaborateurs du professeur Sauerbruch. Il a dû quitter l'Alsace annexée pour servir dans les hôpitaux du Reich qui manquent cruellement de personnel qualifié alors qu'ils sont saturés de patients et de blessés. Il habite une petite chambre dans la clinique chirurgicale de la Charité, juste en dessous de chez Maria Fritsch.

Fritz fait les premiers pas vers le Dr Jung. L'approche est quelque peu provocatrice. « Avez-vous du courage ? Êtes-vous audacieux ? » lui dit-il lors de leur première rencontre (sans doute fin 1942). Jung ne dit rien. Il craint de

Adolphe Jung (1902-1992) : ce chirurgien alsacien aida Fritz Kolbe à cacher et à reproduire des documents secrets à l'hôpital de la Charité, à Berlin.
© M. et Mme Frank et Marie-Christine Jung, Strasbourg

tomber dans un piège. C'est alors que Fritz Kolbe lui fait une révélation, comme pour le tester : « Prévenez vos amis en France. Otto Abetz, l'ambassadeur allemand en France occupée, veut faire arrêter le cardinal Gerlier, archevêque de Lyon[10]. » Jung, à tout hasard, décide de faire passer le message par son frère, directeur d'un grand magasin de Strasbourg[11]. Mais il n'a pas confiance. Qui est ce Fritz Kolbe ? Il s'interroge : « Par mes fonctions et dans le milieu où je fus transplanté je fus mis en rapport avec les éléments antinazis les plus notoires et j'eus l'occasion en particulier, de rencontrer K. [Kolbe], ennemi farouche du régime et secrétaire au ministère des Affaires étrangères [...]. Quand j'arrivai dans la capitale du Reich, seul en pays ennemi, comment pouvais-je savoir à qui j'avais affaire ? Quand un individu proférait des paroles et menaces contre les autorités nazies, comment savoir s'il était de bonne foi ou s'il n'était qu'un agent provocateur de la Gestapo s'appliquant à découvrir les adversaires du régime ? J'ignorais tout de lui. Il était allemand, il avait au ministère des Affaires étrangères une situation très en vue. Il m'affirmait ne pas faire partie du parti national-socialiste. Et cependant, me disais-je, il garde sa place officielle ! Ne faut-il pas me méfier doublement ? Je l'observais au cours des visites qu'il venait de faire à une employée de notre clinique et dont il se disait fiancé. Il m'avouait avoir longtemps vécu à l'étranger, avoir appris à aimer et à admirer les Anglais, les Américains et les Français. Il avait horreur du militarisme et des uniformes. Il était sensé, pondéré, prudent quoique débordant d'énergie. Insensiblement nous nous rapprochions. Brusquement, au bout de quelques mois nous étions fixés tous les deux. Il fallait nous secourir mutuellement, il fallait travailler ensemble[12]. »

Fritz est séduit par cet homme élégant qui vient de France et qui connaît bien les États-Unis pour y avoir fait des séjours d'étude. Transféré de force vers l'intérieur du Reich en mars 1942, Adolphe Jung a d'abord travaillé dans la région du lac de Constance, puis il a rejoint l'équipe de Ferdinand Sauerbruch à Berlin[13]. Son arrivée dans la capitale du Reich date d'octobre 1942. Cette nomination a été un coup de chance pour lui, car elle lui a permis de travailler avec une sommité de la médecine. À la Charité, il s'occupe plus particulièrement de la clientèle privée du professeur Sauerbruch.

De bombardement en bombardement, Fritz et Adolphe Jung apprennent à mieux se connaître : « Dans l'abri où nous nous rencontrions au moment des attaques par l'aviation alliée, écrira Jung après la guerre, nous passions d'habitude l'un à côté de l'autre sans nous parler. Si possible, nous restions chacun dans un compartiment différent du souterrain. Mais quelle joie brillait dans nos yeux quand les succès des alliés attristaient les figures blêmes des nazis qui nous entouraient. K. serrait tous les muscles de la face, tapait de son poing droit dans la main gauche ouverte et ne cessait de répéter : "Que font-ils ? Qu'attendent-ils ? Il faut bombarder Berlin toujours et toujours ! Nous y crèverons, tant pis, mais qu'ils viennent !" Nous étions d'accord, K. et moi, il faut qu'ils viennent. Mais peut-on m'en vouloir d'avouer que, rien que d'y penser, un frisson me courait dans le dos ? »

Lorsqu'elle entend Fritz prononcer ce genre de paroles, Maria, sa compagne, ne le supporte pas. « Mais tais-toi donc, tais-toi. Es-tu fou ? » s'exclame-t-elle. Prenant Adolphe Jung à témoin, elle s'exclame : « Il est fou, n'est-ce pas ? Il ne sait pas ce qu'il dit ! Il rit bêtement comme cela, pour lui, quand les sirènes hurlent et nous annoncent encore mille bombardiers de la RAF ou de l'US Air Force, à quoi cela rime-t-il ? », « K. n'était pas fou, écrit Adolphe Jung, mais fort intelligent, très averti de tous les dangers. Peut-être exalté quelquefois, mais c'était là son tempérament. Il était bien servi par une imagination vive qui lui faisait trouver, comme par un éclair, la bonne solution ou réplique dans les situations les plus difficiles. Sa haine du nazisme était réelle. Pour les Allemands, il n'avait que dédain. "Ils crèveront, dit-il, ils auront ce qu'ils ont mérité". »

Au printemps de 1943, Fritz rencontre une femme d'exception, qui va beaucoup l'aider dans ses projets. Un peu froide au premier abord, légèrement plus âgée que Fritz (elle approche la cinquantaine), cette dame a l'air d'une vieille fille un peu sévère, ce qui ne l'empêche pas d'être fine et élégante. Elle s'appelle Gertrud von Heimerdinger et elle occupe un poste décisionnel au service du courrier diplomatique (bureau 138, Wilhelmstrasse 74-76)[14]. Elle a le pouvoir de recommander tel ou tel diplomate pour telle ou telle mission à l'étranger. Fritz Kolbe sent par intuition qu'elle a les mêmes opinions que lui[15]. En l'approchant, il a quelques arrière-pensées bien précises. Il n'a pas abandonné son projet de se rendre en Suisse, et compte bien s'en faire une alliée.

Gertrud von Heimerdinger est la fille d'un général prussien ayant servi sous l'empire de Guillaume II. De là, sans doute, son allure un peu austère. Mais Fritz a senti dès leur première rencontre qu'il s'agit d'une personne de confiance, cultivée, appartenant à ce milieu d'aristocrates qui détestent le nazisme parce qu'il est grossier, vulgaire, et contraire aux vertus élémentaires qui lui ont été transmises dès le plus jeune âge. Chez les aristocrates de Prusse comme elle, on est à la fois très conservateur sur certains points et très libéral sur d'autres. Ces gens-là ont des convictions nationalistes qui ne les empêchent pas d'être viscéralement attachés à l'état de droit. Fritz commence à se dire que les femmes, décidément, ont plus de caractère que les hommes au milieu de cette Allemagne à la dérive[16].

Dans le bunker de l'Adlon, à la cantine ou dans les couloirs du ministère, Fritz s'arrange pour croiser Gertrud von Heimerdinger et, à chaque fois, lui dire un mot. Un mot, pas plus. La conversation ne va guère plus loin qu'un échange de commentaires sur le temps qu'il fait, ou autres banalités de ce genre. Un soir où il la croise dans le métro, il lui fait un petit signe amical. L'offensive de charme finit par avoir l'effet escompté : au bout de quelques mois, une confiance tacite existe entre eux. Très vite, Fritz comprend que Gertrud est bien disposée à son égard. Rien de politique là-dedans.

Au cours d'une de leurs rencontres, au printemps 1943, Gertrud von Heimerdinger promet à Fritz Kolbe de l'aider à obtenir une mission en Suisse dès que cela sera possible. Comme il le fait régulièrement depuis 1940, Fritz répète qu'il doit aller là-bas pour régler les formalités de son divorce. Sa deuxième femme, Lita Schoop, est de nationalité suisse, et son mariage a eu lieu à Zurich. « Si j'arrive à vous faire sortir, vous pourrez vous occuper de vos affaires personnelles, et puis vous échapperez au moins pendant quelques jours aux bombardements », dit Gertrud von Heimerdinger à Fritz. Il apparaît qu'elle a décidé de le prendre sous sa protection.

À partir de ce jour-là, Fritz ne tient plus en place. Alors qu'il a pour mission de détruire les télégrammes diplomatiques qui ont été lus par son chef, il se met à collectionner consciencieusement les plus intéressants d'entre eux. Il les met dans son coffre-fort afin d'en faire usage dès que l'occasion se présentera[17].

Berlin, été 1943

La guerre est en train de basculer et la Wehrmacht recule sur tous les fronts. En Afrique du Nord, les ambitions allemandes viennent de prendre fin avec la chute de Tunis (8 mai 1943). On parle de « Tunisgrad » pour résumer l'ampleur de la défaite. L'allié italien est en train de vaciller. Les Alliés ne sont plus très loin des côtes de la Sicile. Mussolini n'en a plus pour longtemps. À l'Est, les perspectives ne sont guère meilleures. Le Reich passe à la défensive. La période qui s'ouvre est lourde de menaces et de désillusions[18]. On pressent la débâcle, qui prendra bientôt la forme d'« une longue retraite ponctuée d'arrêts et de reprises, de contre-attaques éperdues comme devant Koursk et Orel en juillet 1943 où, dans la plus grande bataille de chars de toute la guerre, la Wehrmacht montrait pour l'une des dernières fois ses dents[19] ».

Pendant ces mois décisifs, à Berlin, Fritz s'attend au pire, comme tout le monde. Il habite depuis peu un petit appartement sur le Kurfürstendamm (au numéro 155), dans un immeuble où logent aussi des écrivains, un acteur, un chef d'entreprise… Jusque-là, entre 1940 et 1943, il a vécu chez des amis ou des amies, comme un passager clandestin. D'abord au Tiergarten, ensuite près de la place Adolf Hitler, au nord de Charlottenburg, enfin près de l'aéroport de Tempelhof[20]. Depuis qu'il a rencontré Maria, il a voulu s'installer quelque part pour de bon. Il a trouvé une ou deux chambres qu'il sous-loue dans un grand appartement bourgeois.

Inutile de chercher son nom sur la porte ni son numéro de téléphone dans l'annuaire de Berlin. Fritz reste quelqu'un de secret et ne donne ses coordonnées privées qu'à de très rares intimes. Son logement est au premier étage. On sonne chez Mr. von Jaroschevitsch et Mr. von Rohde (un collègue du ministère des Affaires étrangères). Le numéro de téléphone est le 976.981[21]. C'est la première fois, depuis son retour d'Afrique du Sud, qu'il met du cœur à installer un espace à lui, meublé avec sobriété mais élégance. Malgré les papiers noirs collés aux fenêtres pour occulter la lumière, l'endroit est accueillant et chaleureux.

Mais alors qu'il voit se dessiner une nouvelle vie personnelle, autour de lui le monde est en train de s'écrouler.

En allant au bureau, presque chaque matin, il croise des personnes sans abri, des familles entières qui ont quitté pendant la nuit leur maison en feu. Le plus souvent, ces gens n'ont rien pu emporter de chez eux, sauf parfois un oreiller ou une couverture... Fritz rencontre aussi des brigades de travailleurs étrangers qui sont affectées au déblaiement des ruines. « Nous sommes stoïques dans l'épreuve, pas d'hystérie ni de panique. Plus on nous attaque, plus nous sommes forts », peut-on lire dans l'hebdomadaire *Das Reich* le 2 juillet 1943. Mais à la fin du mois de juillet (du 24 au 30), de terribles bombardements sur Hambourg font trente mille morts et portent un très rude coup au moral de la population allemande.

Le régime, lui, s'enfonce dans un autisme mégalomane et répressif dont on ne voit pas où il pourra s'arrêter. La délation se généralise. Des enfants sont retirés à la garde de leurs parents pour avoir refusé de faire le salut hitlérien à l'école (décembre 1942). Les prisons et les camps se remplissent. On risque à tout moment, pour un oui ou pour un non, d'être « emmené »[22].

Un soir, justement, des inconnus frappent brutalement à la porte de Fritz. « Ouvrez ! » disent-ils d'une voix peu amène. Fritz n'a pas le choix. Il se voit déjà dans les caves de la Gestapo. En fait, ce sont deux petits responsables locaux de la défense antiaérienne qui lui ordonnent de mieux occulter ses fenêtres. Rien de bien grave[23]. Il n'empêche : la vie quotidienne est devenue un cauchemar permanent. L'ombre sinistre de la prison de Plötzensee plane sur la ville. Dans cette forteresse proche des grands entrepôts industriels de Berlin, on a installé en décembre 1942 des crocs de boucher supplémentaires pour pouvoir pendre plusieurs personnes à la fois sans perdre de temps.

6

Allen Dulles

Berne, printemps 1943

La tranquille ville de Berne, capitale de la Confédération helvétique, semblait à peine effleurée par les événements d'Europe et du monde. Il était impossible de deviner à l'œil nu combien la ville grouillait d'activité. De vrais-faux diplomates y nouaient des embryons de contre-alliances et les professionnels du secret – de toutes nationalités et de toutes appartenances politiques – y avaient pris leurs quartiers. Berne était la place privilégiée pour déjouer les stratégies de l'adversaire, chercher à prévoir les buts et les moyens du camp d'en face, échanger de vraies confidences contre de fausses rumeurs.

La Suisse n'était pas seulement un nid d'espions, elle était aussi, grâce à son statut de pays neutre au cœur de l'Europe et aux portes du Reich, la meilleure plate-forme extraterritoriale qu'on pût imaginer. C'était encore plus vrai depuis novembre 1942. Avec l'occupation de la zone libre par les Allemands, la France était fermée aux Alliés. La Suisse était devenue l'unique base d'observation au cœur de l'Europe, plantée comme un coin entre l'Allemagne nazie, l'Italie fasciste et la France occupée.

Un mystérieux personnage s'était installé depuis le mois de novembre 1942 dans une belle demeure ancienne de

Berne située non loin de la cathédrale, au numéro 23 de la Herrengasse. On l'apercevait souvent qui marchait d'un grand pas, les poches de son manteau pleines de journaux pliés à la va-vite, entre la gare de chemin de fer et sa maison du centre-ville. Il aimait ce quartier, avec ses fontaines médiévales aux sculptures multicolores, ses trottoirs sous arcades et ses pavés anciens. Des fenêtres de son grand appartement, au rez-de-chaussée d'une maison qui comptait trois étages, il avait une vue magnifique sur les montagnes de l'Oberland bernois.

Le matin, pour aller à son bureau de la Dufourstrasse, dans le quartier des ambassades, il passait sur le pont de Kirchenfeld au-dessus de l'Aare (un ouvrage métallique surplombant la rivière à une hauteur de quarante mètres). À midi, il déjeunait au Café du théâtre, où les maîtres d'hôtel paraissaient très bien le connaître. On le voyait très souvent aussi à l'Hôtel Bellevue, où se retrouvaient à l'heure du dîner les diplomates étrangers et les hommes politiques suisses. La plupart du temps, il marchait à pied. Mais il arrivait qu'on le vît à l'arrière d'une Citroën conduite par un chauffeur particulier[1]. Il avait la pipe à la bouche. L'homme était grand, il avait des moustaches et des lunettes aux verres assez épais, qui lui donnaient un air de professeur d'université. Il était habillé de velours, de flanelle et de tweed. En règle générale, il portait un nœud papillon. Élégant sans être pincé, il avait une façon de porter son chapeau en arrière de la tête qui lui donnait un air savamment négligé. Certains le prenaient pour un Anglais. En fait, il s'agissait d'un Américain.

Allen Welsh Dulles était officiellement l'« assistant juridique de l'ambassadeur des États-Unis » en Suisse[2]. Fils de pasteur presbytérien, membre de l'*establishment* de la côte Est, cet ancien élève de Princeton (promotion 1914) était un remarquable connaisseur de l'Europe. Déjà, entre 1917 et 1918, il avait fait un séjour à Berne comme attaché auprès de l'ambassade américaine, chargé de rassembler des informations sur l'Allemagne, l'Autriche-Hongrie et les Balkans. Ensuite, on l'avait vu passer quelques mois dans les coulisses de Versailles pour les négociations du traité de paix, avec d'autres jeunes diplomates frais émoulus de l'université (« Princetoniens » pour la plupart d'entre eux), et dont le président Wilson aimait s'entourer. Dulles se sentait d'autant plus à l'aise dans ce milieu que Robert Lansing, le secrétaire d'État, était son oncle, et que son grand-père, le général John W. Foster, avait lui-même dirigé la diplomatie américaine quelques décennies plus tôt[3]. À Versailles et dans les années qui suivirent le rétablissement de la paix, le jeune Allen W. Dulles avait assez longuement parcouru l'Allemagne et la France dévastées par la guerre. Il était convaincu qu'une alliance solide entre les États-Unis et l'Allemagne permettrait de créer un rempart solide contre l'extension du bolchevisme.

Bien qu'ayant abandonné la carrière diplomatique pour une carrière d'avocat d'affaires à Wall Street[4], Allen Dulles n'avait jamais cessé de rendre des services au Département d'État. En 1933, au cours d'une mission diplomatique à Berlin, il avait rencontré Hitler personnellement. N'ayant que du dégoût pour les nazis, Dulles était cependant un ami de l'Allemagne[5].

En novembre 1942, Dulles était de retour à Berne. Il avait traversé *in extremis* la France en venant de l'Espagne, juste au moment où les troupes allemandes s'emparaient de la zone sud[6]. Il n'avait eu la chance de pouvoir gagner la Suisse que grâce à l'aide providentielle d'un fonctionnaire des douanes françaises peu tatillon qui n'avait pas signalé son passage à la Gestapo. Une fois sur place, Dulles n'avait pas cherché le moins du monde à dissimuler son arrivée ni surtout la nature de son travail. Dans la presse suisse, un article l'avait présenté comme le « représentant personnel du président Roosevelt », chargé d'une

« mission spéciale ». Tout le monde savait depuis lors que Mr. Dulles était une figure clé de l'espionnage américain en Europe continentale. De fait, il était mandaté par l'Office of Strategic Services (OSS), la centrale de renseignements américaine qui venait d'être créée par le président Roosevelt en juin 1942. La publicité autour de son nom, curieusement, ne le gênait pas le moins du monde, alors qu'elle agaçait certains de ses homologues anglais, qui se méfiaient un peu de ce « dilettante » venu piétiner leurs plates-bandes.

La notoriété de Dulles, son charme naturel mais aussi les moyens financiers assez importants dont il disposait lui permettaient de voir passer chez lui énormément de gens. Tous ceux qui avaient des informations à proposer (ou à vendre) venaient frapper à sa porte. Chaque soir, après le couvre-feu, des ombres glissaient furtivement sous les arcades qui menaient à sa maison, et repartaient par le jardin de derrière qui descendait en pente raide vers la rivière de l'Aare, à l'abri de tous les regards. Parmi ces visiteurs du soir, il y avait des agents doubles, des manipulateurs, des charlatans... Autour d'un verre, Dulles les écoutait d'une oreille plus ou moins attentive. Il avait pour habitude de mettre à l'aise les gens en les faisant s'asseoir devant un feu de cheminée, et les laissait parler en remuant les braises et en fumant sa pipe. « Une foule d'agents secrets de tout poil, de révolutionnaires et d'agitateurs hantaient les hôtels » : cette description de Genève en 1914 par Somerset Maugham dans *Mr. Ashenden* valait pour Berne en 1943. Dulles faisait suffisamment confiance à son propre instinct pour faire le tri entre le vrai et le faux.

Sa mission était de réunir toutes les informations possibles sur l'Europe occupée et en particulier sur l'Allemagne, mais aussi la France, l'Italie ou d'autres pays alliés du Reich. Entre autres choses, on lui avait demandé de

« développer et maintenir des contacts avec les mouvements allemands clandestins opposés au nazisme ». Dulles, lui, aurait aimé pouvoir aider activement lesdits mouvements de résistance mais il ne pouvait pas le faire en raison d'une absence de soutien politique à Washington.

Les Britanniques étaient naturellement ses interlocuteurs privilégiés, même si certains vieux briscards du renseignement se plaignaient de sa désinvolture. On le traitait d'« hurluberlu », mais on reconnaissait son talent. Les agents français du Deuxième Bureau, à Berne, étaient tout disposés à travailler pour lui depuis que le régime de Vichy, en novembre 1942, avait perdu les dernières illusions de sa souveraineté. Les Français acceptaient d'être financés par l'OSS de Berne, qui les aidait à envoyer des informations aux autorités de la France libre, désormais basées à Alger[7]. En très peu de temps, Dulles disposa ainsi d'un excellent dispositif d'observation en France occupée[8]. Les Polonais aussi offraient leurs services : Dulles fit rapidement connaissance avec Halina Szymańska, la veuve d'un officier polonais basée à Berne, qui était la maîtresse de l'amiral Wilhelm Canaris[9], le chef de la centrale militaire de renseignements (Abwehr[10]). Il n'était pas rare que l'amiral Canaris, quand il voulait « lâcher » une information destinée aux Alliés, fît une confidence à Mme Szymańska (par exemple, en juin 1941, l'invasion imminente de la Russie par Hitler). Plusieurs diplomates des pays de l'Axe en poste à Berne, désireux d'entrer en relation avec les Alliés, devinrent également des sources privilégiées[11]. Le baron Bakach-Bessenyey, envoyé de Hongrie, fut notamment de ceux-là.

Avec les Suisses, c'était plus difficile. Les autorités de Berne tenaient à maintenir une égale distance avec tous les pays engagés dans le conflit. Mais la réalité était tout autre : la sympathie pour les Alliés était majoritaire dans le pays. Très vite, Dulles disposa de son propre réseau d'hommes de confiance au sein du service de renseignement suisse, dirigé par le lieutenant-colonel Roger Masson[12].

À tous moments, il fallait se méfier des Allemands. Parmi les innombrables réseaux d'informateurs présents dans le pays, ceux qui étaient au service de l'Allemagne étaient particulièrement efficaces et bien implantés sur le terrain, grâce à l'existence d'une importante communauté allemande[13]. Les journaux du Reich disposaient de nombreux correspondants à Berne. Et il existait des milieux suisses germanophiles, notamment dans l'armée. Tout ce petit monde bénéficiait depuis des années du soutien actif de la légation allemande. Par ailleurs, les consulats d'Allemagne en Suisse étaient le plus souvent confiés à des hommes de l'Abwehr ou du « SD » (le Sicherheitsdienst, les services de renseignement extérieurs[14]).

Hitler avait renoncé à envahir la Suisse en 1940. Il avait besoin d'un solide corridor économique et financier aux portes de l'Allemagne, et la Suisse fournissait à l'Allemagne, en échange de son or, des devises dont elle avait besoin pour se procurer les matières premières stratégiques indispensables à la guerre. Néanmoins, Hitler estimait que la Suisse devrait faire partie, un jour ou l'autre, du « Grand Reich ». Les rumeurs d'un plan d'attaque ne cessaient de parvenir aux oreilles des dirigeants de Berne. Cette menace était d'autant plus grande que se précisait un nouveau contexte stratégique (fin 1942/début 1943) marqué par l'avancée des forces alliées en Afrique du Nord et l'affaiblissement de l'Italie. L'Allemagne n'allait-elle pas « avaler » la Suisse pour mieux renforcer son flanc sud ? Vivant dans la menace permanente d'une invasion, les autorités de la Confédération helvétique étaient dans un état d'alerte maximal. Elles expulsaient de temps en temps tel ou tel diplomate étranger dont les activités paraissaient déborder le cadre de sa mission. Tous les ressortissants des pays engagés dans le conflit faisaient l'objet d'une surveillance étroite. Les services de renseignement alliés étaient mieux tolérés que leurs homologues allemands mais on ne plaisantait pas avec la neutralité, sachant que Berlin n'attendait qu'un prétexte pour envahir la Suisse. Le pays entier vivait dans la phobie de la cinquième colonne.

Le travail d'Allen Dulles s'en trouvait naturellement handicapé. Néanmoins, son carnet d'adresses se remplissait tous les jours de nouveaux noms et sa maigre connaissance de l'allemand ne l'empêchait pas de communiquer avec toutes sortes de gens : exilés antinazis et antifascistes de tous les milieux (politiques, culturels, syndicaux…), diplomates et agents de renseignement de toutes nationalités – y compris des Chinois –, avocats, banquiers, industriels, éditeurs, journalistes, hommes d'Église, et même des conducteurs de péniches allemands autorisés à circuler sur le Rhin entre l'Allemagne et la Suisse… Il lui arrivait assez souvent de rencontrer Carl Gustav Jung, à Zurich, qui lui exposait son analyse de la psychologie des dirigeants nazis et de l'« inconscient collectif » des Allemands[15].

Allen Dulles avait à Genève de très bons informateurs. Un de ses contacts les plus intéressants était le Néerlandais Willem A. Visser't Hooft, secrétaire général du Conseil œcuménique des Églises[16]. Il connaissait aussi très bien William Rappard, ancien recteur de l'université de Genève qui avait aussi été représentant de la Suisse à la Société des Nations. Grâce à l'un ou l'autre de ses amis, il entra en contact, en janvier 1943, avec Adam von Trott zu Solz. Ce jeune et brillant diplomate allemand, membre éminent du Cercle de Kreisau, désirait obtenir une aide américaine en faveur des mouvements de l'opposition clandestine allemande. « Soutenez-nous, ou bien nous serons tentés de nous tourner vers les Soviétiques » : tel avait été en substance son message lors d'une conversation, en territoire suisse, avec un proche collaborateur de Dulles[17]. Allen Dulles avait pour mandat de ne rien promettre à qui que ce fût, surtout depuis que la politique définie par Churchill et Roosevelt était la « reddition inconditionnelle » de l'Allemagne[18] (une formulation que Dulles considérait personnellement comme une « catastrophe » car elle étouffait dans l'œuf toute volonté de résistance en Allemagne). Le diplomate allemand repartit donc les mains vides.

À peu près au même moment (à la mi-janvier 1943), Dulles reçut la visite du prince Maximilian Egon Hohenlohe von Langenburg, une de ses vieilles connaissances du temps de la Première Guerre mondiale. Le prince Hohenlohe était un aristocrate allemand enraciné dans la région des Sudètes, qui passait son temps entre l'Allemagne, l'Espagne et le Mexique – où sa femme, une marquise espagnole, avait de grandes propriétés foncières. Lui-même était titulaire d'un passeport du Liechtenstein, pays neutre comme la Suisse, ce qui lui permettait de voyager un peu partout dans le monde. Il était en relation avec de très hauts responsables dans toute l'Europe (l'Aga Khan figurait parmi ses amis), mais surtout à Berlin et notamment avec Heinrich Himmler. « Aidez les SS, ce sont les seuls qui peuvent protéger l'Allemagne contre le communisme et maintenir l'ordre dans le pays », avait dit Hohenlohe à Dulles. Le prince encourageait une solution simple : élimination d'Hitler, prise du pouvoir par les SS, paix séparée avec l'Ouest et front commun avec les démocraties occidentales contre les Russes. Nul ne sait précisément ce que répondit Dulles mais il semble que le maître-espion américain laissa toutes les portes ouvertes afin de garder le contact pour l'avenir[19].

Pour Dulles, il n'était pas simple de communiquer avec Washington, ni surtout de le faire en toute sécurité. Depuis la fin de la zone libre en France, la Suisse était littéralement coupée du reste du monde[20]. Le courrier diplomatique était suspendu. Toutes les liaisons avec l'extérieur devaient passer par le télégraphe ou le téléphone. Les communications téléphoniques étaient naturellement sous écoute et rien de confidentiel ne pouvait être dit par ce moyen-là. Avec la télégraphie sans fil, il fallait utiliser un système de chiffrement très sûr car les seules lignes disponibles étaient celles des PTT suisses[21]. Ce travail mobilisait deux personnes à plein temps dans la petite équipe de l'OSS de Berne, qui ne comptait qu'une quinzaine de membres[22]. Or, Allen Dulles et ses collaborateurs n'étaient pas excessivement prudents. Ils utilisaient, comme méthode de chiffrement, de simples transpositions de lettres – ce procédé vieux comme le monde consistait à changer l'ordre des caractères en construisant des anagrammes plus ou moins sophistiquées.

Au printemps de 1943, Allen Dulles apprit que les Allemands avaient réussi à déchiffrer une série de dépêches qu'il avait envoyées de Berne à Washington. Ce jour-là, il avait utilisé – par commodité – le système de codage du Département d'État, normalement utilisé par la légation américaine de Berne. Or, ce procédé était encore moins sûr que celui de l'OSS. Cette défaillance technique aurait pu coûter très cher aux Américains si la fuite avait porté sur des informations sensibles[23].

À partir de ce jour-là, Allen Dulles fut encouragé à renforcer la sécurité de ses communications. Il multiplia les « clés de chiffrement », en utilisant des systèmes à double ou triple transposition. Cela n'empêchait pas ce type de procédé d'être assez rudimentaire comparé à la complexité du chiffre allemand « Enigma »[24].

L'homme qui avait informé Dulles de cette fuite était un Allemand. Haut de deux mètres, myope (des lunettes comme deux fonds de bouteille), il avait un physique peu engageant. « On dirait un professeur de latin », pensa Dulles après l'avoir vu pour la première fois, au cours des premières semaines de 1943. Il s'agissait d'Hans Bernd Gisevius, vice-consul du Reich à Zurich mais surtout membre de l'Abwehr, la centrale de renseignement militaire. Après avoir mené une enquête très longue et très précise sur ce personnage obscur, Dulles avait accepté d'entrer en contact avec lui.

Gisevius était depuis longtemps un ami d'Hjalmar Schacht, ancien ministre de l'Économie du Reich. Il était également un proche de l'amiral Canaris et du général Oster[25], les mystérieux chefs de l'Abwehr. Enfin, il disait avoir des contacts privilégiés avec les milieux protestants opposés au régime. Gisevius avait un passé nazi, ayant même été membre de la Gestapo en 1933-1934. Devenu progressivement un opposant au régime, il avait pour mission de prendre contact avec les Alliés dans le but d'obtenir un soutien aux complots qui se préparaient contre Hitler. Les Anglais se méfiaient de lui et avaient refusé de le prendre au sérieux. En révélant aux Américains un secret technique d'une grande importance, Gisevius leur avait donné un gage de sa bonne foi. On l'appela rapidement « Tiny » (le « petit », par dérision vu sa grande taille). Il devint « 512 » dans la nomenclature interne de l'OSS.

Dulles et Gisevius se voyaient assez souvent, nuitamment, après la tombée du couvre-feu, à Berne ou à Zurich. Gisevius fut (avec quelques autres) l'un des premiers à révéler à Dulles l'existence de missiles allemands de longue portée destinés à être lancés sur Londres. En février 1943, il expliqua que ces fusées[26] étaient construites « quelque part en Poméranie ». En juin, Dulles apprit d'une autre source que ce « quelque part » était en fait Peenemünde, une station de la mer Baltique[27]. Les informations de Gisevius étaient donc de toute première qualité. Grâce à lui, Dulles put aussi transmettre à Washington des éléments précis sur l'état d'esprit de la population allemande et les rapports de force au sein du régime nazi. Peu à peu, le chef des services secrets américains en Suisse commençait à concurrencer sérieusement ses collègues britanniques.

À Washington, cependant, la réputation de Dulles n'était pas excellente. À la fin du mois d'avril 1943, le chef du renseignement américain en Suisse reçut le télégramme suivant de la part de ses supérieurs de l'OSS : « On nous prie de vous faire savoir que les informations en provenance du bureau de Berne ne sont absolument pas prises en compte par le ministère de la Guerre en ce moment. Le ministère estime que la Suisse est un endroit idéal pour faire circuler de fausses rumeurs. Il était de notre devoir de vous le faire savoir. En ce qui nous concerne, nous tenons à vous rappeler notre satisfaction de vous avoir en Suisse et nous avons confiance dans votre capacité à distinguer le bon grain de l'ivraie[28]. »

7

Un visa pour Berne

Berlin, mi-août 1943

Le dimanche 15 août 1943, vers 19 heures, Fritz Kolbe se rend à la gare d'Anhalt (Anhalter Bahnhof) de Berlin. Il doit prendre le train de 20 h 20 en direction de Bâle. Fritz a de l'avance sur son horaire. Entre le ministère des Affaires étrangères et la gare, le chemin n'est pas très long (il suffit d'une petite demi-heure à pied en descendant vers le sud). La ville est enveloppée d'une belle lumière d'été. Les ombres des rares passants s'étirent longuement sur le sol. Le quartier gouvernemental, en cette fin de journée, paraît immobile et curieusement calme. Après avoir quitté son appartement du Kurfürstendamm, Fritz est passé par la Wilhelmstrasse pour prendre les dossiers qui doivent être remis à la légation allemande en Suisse. Cette mission est une opération de routine : le transport du courrier diplomatique entre Berlin et Berne a lieu deux fois par semaine (départ de Berlin le dimanche soir et le mercredi soir). La tâche en est confiée par roulement à un fonctionnaire de catégorie moyenne, jamais une femme[1].

Dans la poche intérieure de son veston, Fritz a rangé précieusement son passeport diplomatique ainsi que son ordre de mission. Ce dernier document lui servira de laissez-passer à chaque point de contrôle. C'est un sésame

Fritz appelle Ernst Kocherthaler d'une cabine téléphonique lors de sa première visite à Berne, en août 1943. Illustration parue dans l'hebdomadaire suisse *Die WeltWoche* en février 1951 pour accompagner la traduction allemande d'un article américain, paru l'année précédente dans le magazine *True*. Même si le nom de Fritz Kolbe n'apparaissait pas dans le texte, cet article intitulé « Le double jeu du diplomate » attira l'attention des anciens collègues de Fritz Kolbe et contribua à ternir durablement sa réputation.
© Seeley G. Mudd Library, Université de Princeton. Archives Allen Dulles

très précieux, très convoité au sein du ministère et dans les représentations diplomatiques allemandes du monde entier[2]. À Berlin, il y a beaucoup de candidats pour aller dans les capitales des pays neutres et en particulier à Berne, qui a la réputation d'être une ville très agréable.

Au bureau du courrier diplomatique, on a remis à Fritz une serviette en cuir contenant une épaisse enveloppe scellée avec un tampon de cire. L'enveloppe est assez volumineuse (quarante sur cinquante centimètres). Fritz ne sait pas ce qu'il y a dedans, sinon qu'il s'agit du courrier officiel à destination du chef de légation et de ses collègues, des dernières notes de service ou encore de divers messages confidentiels (y compris ceux des services secrets, ce qui provoque parfois des frictions entre Himmler et Ribbentrop[3]). Il ne devra l'ouvrir sous aucun prétexte. La serviette ne devra à aucun moment être sans surveillance.

Un peu plus tôt dans la journée, le reste de la valise diplomatique a déjà été acheminé à la gare. Même si Fritz Kolbe ne transporte pas personnellement ce deuxième chargement, il en est administrativement responsable. Il s'agit de plusieurs sacs ou caisses contenant des documents non secrets ou des objets volumineux. Ces paquets marqués du tampon « expédition officielle[4] » ne sont pas contrôlés lors du passage des douanes (pas plus que l'enveloppe contenant les télégrammes diplomatiques[5]). Cette partie-là de la valise diplomatique doit être déposée à la gare avant midi. Les membres du ministère profitent de ce système pour faire parvenir en Suisse, à destination de parents ou d'amis, des lettres privées ou des cadeaux. Officiellement, la valise diplomatique ne doit pas dépasser cent kilogrammes. Dans les faits, elle atteint souvent le double en dépit des rappels à l'ordre[6].

Avant de quitter le bâtiment du ministère, Fritz se rend dans son bureau et ferme soigneusement la porte derrière lui, en donnant un tour de clé. Il ouvre le coffre-fort en métal dans lequel il conserve les documents les plus importants, et en retire deux enveloppes grises, non scellées cette fois. Ensuite, après avoir refermé son coffre-fort, il retire son pantalon et enroule autour de ses cuisses les deux enveloppes, puis il les fixe avec une solide ficelle[7]. Il fait plusieurs nœuds appris chez les scouts, s'assure de la solidité du dispositif, et remonte son pantalon. Il sort de son bureau, descend les grands escaliers vides du ministère (comme c'est dimanche, il n'y a quasiment personne), et sort dans la rue. Cette curieuse opération – qui s'est naturellement déroulée sans témoin – n'a duré que quelques minutes.

Demain, à la même heure, Fritz sera à Berne. C'est la première fois, après deux ans de demandes, qu'il obtient l'autorisation de se rendre à l'étranger en tant que courrier diplomatique[8]. Gertrud von Heimerdinger a bien fait les choses. Son coup de pouce a été nécessaire pour que le nom de Fritz Kolbe soit placé sur la liste des privilégiés autorisés à aller passer une semaine de quasi-vacances en Suisse[9]. L'ambassadeur Karl Ritter ne s'est pas opposé à ce voyage. Il y a vu le moyen de récompenser son fidèle assistant, dont il apprécie toujours l'énergie et le dévouement. Pour permettre le départ de son collaborateur, il a dû se porter garant par écrit de sa fiabilité politique[10]. Fritz lui-même a dû s'engager, également par écrit, à revenir en Allemagne à l'issue de sa mission.

Fritz a de la chance et pourtant il est dans un état fébrile. « N'ai-je rien oublié ? » se dit-il en marchant le long de la Wilhelmstrasse. Il passe devant la chancellerie du Reich, au coin de la Vossstrasse, avec ses colonnades froides et imposantes. Les lieux sont calmes et quasiment sans vie. La rue tout entière paraît déserte. Seules quelques sentinelles armées montent la garde à l'entrée des bâtiments officiels. À chaque coin de rue, Fritz a l'impression qu'on l'observe...

Devant la chancellerie du Reich, sur le trottoir d'en face, il y a le ministère de la Propagande[11]. On y aperçoit quelques personnes qui travaillent bien qu'on soit dimanche. Le ministère a fort à faire, en ce moment, pour commenter les débâcles successives de la Wehrmacht. Depuis quelques jours, la presse salue la « retraite triomphale » de l'armée allemande en Sicile et félicite ses chefs d'avoir réussi à limiter les pertes en hommes et en matériel dans leur « magnifique » manœuvre de repli vers l'Italie. « Nous avons évité l'anéantissement total », titrent à l'unisson les éditoriaux. Ces proclamations victorieuses ne peuvent masquer l'essentiel : la radio allemande a annoncé la chute de Mussolini le 26 juillet.

En poursuivant son chemin, Fritz passe devant le ministère de l'Air de Goering. D'énormes limousines noires sont garées dans la cour. Un peu plus bas, il ne peut réprimer un frisson en longeant les bâtiments du RSHA (la Gestapo et l'ensemble des services de sécurité du Reich)[12]. L'empire d'Himmler occupe toute une portion de la Wilhelmstrasse, entre la Prinz-Albrecht-Strasse et l'Anhalter Strasse. Tout le monde sait que, derrière les murs de ces palais de l'époque impériale, on assassine et on torture. Fritz accélère le pas. Il tourne à droite et aperçoit la gare. Enfin un quartier un peu plus vivant ! Voici, face à la grande gare d'Anhalt, l'Askanischer Platz, ou « place d'Ascanie »[13]. Malgré la guerre, cette place est demeurée accueillante avec ses grands hôtels, son agitation, ses nombreux restaurants et bars à bière.

Fritz aperçoit au pied de la gare une foule des grands jours. Ce sont des familles qui partent chercher refuge loin de la ville. Les femmes et les enfants berlinois ont été fermement invités à quitter la capitale du Reich pour se mettre à l'abri des bombardements. C'est la débandade. « Ce qui frappe le plus, en passant aujourd'hui dans les rues de Berlin, c'est l'énorme foule qui se presse par moments dans certains quartiers auprès de certaines gares de la Stadtbahn. Des gens se dirigent vers un but inconnu sans cri, j'ai même souvent l'impression, sans parole. Même aux heures des plus grandes affluences de métro, je n'ai jamais vu, dans les rues de Paris, pareille foule compacte » (observations d'Adolphe Jung dans ses carnets de Berlin en guerre).

Sur le trajet qui le mène à son train, Fritz remarque, dans les vitrines de la grand-place qui font face à la gare, les premiers signes tangibles d'un début de pénurie. On ne trouve plus une lame de rasoir à acheter : les magasins spécialisés proposent d'aiguiser les lames usagées. En poursuivant son chemin à travers la masse des voyageurs en partance, Fritz aperçoit de jeunes garçons en uniforme militaire : l'âge de la conscription obligatoire vient d'être abaissé à dix-sept ans. L'ogre de la Wehrmacht dévore la jeunesse du pays. Fritz pense peut-être à son fils, âgé désormais de onze ans. Il a reçu de lui une ou deux cartes postales, postées du Sud-Ouest africain, mais il n'y a pas répondu (pourquoi ce silence ? Peut-être pour préserver l'enfant et n'attirer aucune curiosité policière...).

Fritz pénètre dans le bâtiment de la gare. Il tient dans la main le bulletin indicateur des horaires de train (qui affiche, côté recto, les « horaires valables depuis novembre 1942 » ; côté verso, une publicité pour la Dresdner Bank). À l'intérieur du bâtiment, l'immense hall de verre multiplie l'écho des voix humaines et des machines à vapeur. Le lieu est assez grandiose. En ce début d'août 1943, les locomotives sont ornées de croix gammées et d'écriteaux de propagande : « Les roues de nos trains doivent rouler en direction de la victoire. » Sur les murs de la gare sont accrochés d'autres écriteaux de très grande taille : un panneau indique la direction de l'abri anti-aérien dans les sous-sols de la gare, un autre invite le voyageur à renoncer à tout voyage inutile.

Avec le soir qui commence à tomber, la gare est plongée dans une quasi-pénombre. Sur les quais, il n'y a plus de véritable éclairage. Les ampoules des lampadaires ont été peintes en bleu afin de ne pas attirer l'œil des aviateurs ennemis. Partout, les pylônes sont recouverts de peinture blanche jusqu'à deux mètres du sol, pour que les voyageurs ne s'y cognent pas en marchant[14]. Sur le quai 1, le train en direction de Bâle commence à se remplir. Fritz rejoint un compartiment spécial réservé aux voyageurs en mission officielle, en tête de train[15].

Le train part de Berlin ponctuellement, à 20 h 20. Fritz ne dort pas, ou à peine. Le wagon est plein sur tout le trajet allemand, mais peu de voyageurs vont jusqu'à la frontière suisse. La nuit se déroule sans incident. À part une vérification de routine des billets au départ de Berlin, il n'y a aucun contrôle des passagers. Fritz voit défiler les gares toute la nuit. Halle, 22 h 35. Erfurt, 0 h 25. Francfort-sur-le-Main, 4 h 34. Heidelberg, 6 h 27. Karlsruhe, 7 h 22. Fribourg-en-Brisgau, 9 h 40. Pendant le trajet, il y a plusieurs arrêts prolongés. Ce n'est pas en raison des alertes aériennes mais parce qu'on change plusieurs fois de locomotive. Enfin, on arrive à Bâle, gare allemande (Basel DRB, pour *Deutsche Reichsbahn*), à peu près à l'horaire prévu (11 h 11). Nous sommes lundi matin, le 16 août 1943.

La « gare allemande » de Bâle est une enclave du Reich en Suisse. Fritz a entendu dire que cette station frontalière est un poste d'observation privilégié pour les nazis et un nid d'espions allemands. En sortant du train, Fritz regarde autour de lui, pas très rassuré. À un guichet bancaire, on lui remet les dix marks réglementaires (pas plus) auquel a droit tout Allemand qui sort du Reich. Et puis il s'approche du poste-frontière, où il parvient tant bien que mal à dissimuler sa nervosité en présentant ses papiers. Son cœur bat à tout rompre. En cas de fouille au corps, il n'aurait aucun espoir de s'en sortir.

Les papiers de Fritz Kolbe sont en règle : il dispose d'une autorisation de séjour valable pour quatre jours (jusqu'au vendredi 20 août). Comme on peut le vérifier à l'intérieur de son passeport, il a un visa allemand, établi par le ministère des Affaires étrangères (visa n° 4235), et un visa suisse, établi auprès de la légation de Suisse à Berlin (visa n° 519)[16]. Le fonctionnaire des douanes allemandes, au regard froid comme le marbre, lui fait signe de circuler. Le plus dur est passé. Fritz est en Suisse. Il ressent un immense soulagement.

Après avoir pris une navette ferroviaire pour la gare suisse de Bâle (Basel SBB), Fritz monte dans un autre train en direction de Berne. Il respire. Il aperçoit peut-être, en gare de Bâle, des trains allemands remplis de charbon ou de matériel militaire qui roulent lentement vers l'Italie en passant par le tunnel du Gothard (c'est la route qui relie Rome et Berlin). Mais il se sent tout d'un coup transporté dans un autre monde. La Suisse est un pays étrange, à la fois très proche et en même temps très loin de l'Allemagne. Un pays où se retrouvent des réfugiés politiques allemands, des Juifs, des résistants de toute l'Europe qui cherchent à se mettre au vert, des déserteurs allemands[17], italiens, autrichiens, des prisonniers de guerre évadés, des aviateurs alliés rescapés de missions en Allemagne...

Le passeport ministériel de Fritz Kolbe, avec lequel il passa plusieurs fois la frontière avec la Suisse entre 1943 et 1945. On aperçoit ici le premier visa pour la Suisse, en août 1943. Arrivé le 16 août, il en repart le 20. On remarque, à gauche, le tampon certifiant que Fritz Kolbe a été autorisé à sortir d'Allemagne une somme maximum de 10 marks.
© Peter Endersbee. Collection Peter Kolbe, Sydney

Berne, lundi 16 août 1943

Arrivé à Berne, Fritz est immédiatement pris en charge par un véhicule diplomatique qui l'emmène à la légation d'Allemagne, à un quart d'heure de voiture. Il est stupéfait par la beauté du site, et en même temps étonné de découvrir la taille modeste de la capitale suisse. Il constate rapidement que Berne est dépourvue de la moindre signalisation et qu'il est donc très facile de perdre son chemin si on ne connaît pas les lieux. Il apprend que les panneaux indicateurs ont été supprimés dans la perspective d'une attaque allemande : tout doit être fait pour que l'envahisseur perde son chemin. Il constate aussi que la voiture qui l'emmène n'affiche aucun drapeau nazi[18].

En sortant de la gare, Fritz a eu le temps de déposer ses effets personnels à son hôtel, qui se trouve non loin de la gare. Il s'agit de l'hôtel Jura (sur la place Bubenberg), de moyenne catégorie, mais assez confortable. Il en a profité pour cacher les documents secrets qu'il avait dissimulés dans son pantalon[19]. La journée se passe en consultations auprès des collègues de la légation allemande, qui se trouve dans une villa du quartier de Brunnadern, au sud de la ville (Willadingweg 78). Peut-être Fritz a-t-il un bref entretien avec Otto Köcher, chef de la légation, qu'il connaît bien depuis l'Espagne[20].

En traversant la ville en voiture, il a aperçu les belles résidences du quartier de Kirchenfeld. Toutes les missions diplomatiques du monde sont là, à en juger par les drapeaux qui ornent les façades. Ce qui le frappe, en venant de Berlin, c'est le caractère idyllique des lieux[21]. Il y a une animation et une douceur apparente de vivre qu'on ne connaît plus à Berlin, même si Fritz est un peu déçu par l'absence de chocolat et de pâtisseries dans les vitrines des magasins du centre-ville. En sortant de la voiture qui le dépose en face de la légation allemande, il se sent entouré de calme et de silence. Juste le bruit du vent dans les arbres et le « poc », « poc » d'un échange de balles de tennis non loin de là.

Le soir, Fritz est invité à une soirée entre diplomates. Il a le temps de repasser par son hôtel pour se changer. C'est à ce moment, sans doute, qu'il parvient à joindre, depuis un téléphone public, son vieil ami Ernst Kocherthaler. Ce dernier habite en Suisse depuis septembre 1936. Après avoir fui la guerre civile et les franquistes (qui le soupçonnaient d'avoir livré des armes aux Républicains), il s'est installé avec sa famille à Adelboden, un petit village de montagne des Alpes bernoises, à une heure et demie de la capitale en direction du sud[22]. Fritz connaît son numéro de téléphone (« Le 146 à Adelboden », demande-t-il à la téléphoniste). C'est la première fois que les deux hommes se parlent de vive voix depuis huit ans. L'émotion des retrouvailles est là, mais la mauvaise qualité de la ligne téléphonique ne permet pas qu'on se parle très longtemps. Rendez-vous est pris à Berne, pour le lendemain matin.

Berne, mardi 17 août 1943

Nul ne sait dans quel café ou quel restaurant de Berne Fritz Kolbe et Ernst Kocherthaler se rencontrent. Nous sommes le mardi 17 août 1943. Ce jour-là, tous les journaux affichent à la « une » que la Sicile est entièrement passée sous contrôle allié. Pour Fritz, il s'agit d'une bonne nouvelle. Mais Ernst Kocherthaler craint fort que cet événement n'entraîne une invasion de la Suisse par l'Allemagne. En dépit des inquiétudes sur l'avenir, les deux amis sont heureux de se retrouver. Kocherthaler retrouve avec plaisir le franc-parler de Fritz et sa bonne humeur. Il l'interroge immédiatement sur les rumeurs qui lui ont récemment été transmises par un ami industriel de Berlin : « On parle de projets de coup d'État contre Hitler, on évoque l'hypothèse d'un gouvernement militaire dirigé par Rommel... Que fait Himmler là-dedans ? On le dit plus puissant que jamais. »

Fritz parle à Ernst de l'ambiance qui règne alors à Berlin, des bombardements et du sentiment général de lassitude extrême (« Beaucoup de Berlinois, dit-il, n'ont plus qu'une envie : dormir »). En cet été 1943, de plus en plus d'Allemands sont en train de devenir pro-Russes, en vertu d'un argument très simple : « Ils ne bombardent pas, eux, les villes allemandes. »

Au bout de quelques minutes, la conversation entre les deux hommes baisse d'un ton. Fritz annonce à son ami la raison de sa venue à Berne : il veut transmettre des informations aux Alliés. « Ernst, vous pouvez sûrement m'aider à rencontrer quelqu'un, je suis certain que vous connaissez des noms et des adresses. » Ernst Kocherthaler sursaute, interloqué. Il s'attendait à tout sauf à cela. Il a déjà rencontré une fois, au cours d'une soirée, le chef de la légation britannique, Clifford Norton. Ce dernier s'en souviendra-t-il ? Rien n'empêche d'essayer. Il faut faire vite, car Fritz Kolbe repart vendredi pour Berlin. « Qu'avez-vous à proposer ? » dit Ernst. C'est alors que Fritz, après avoir jeté un regard furtif autour de lui pour vérifier que personne ne les surveille, sort de sa serviette une petite liasse de documents secrets amenés de la Wilhelmstrasse. « Tenez, voyez si ça peut intéresser quelqu'un et dites bien que j'ai d'autres choses avec moi. »

Ce qui se passe ensuite a donné lieu à beaucoup de versions différentes[23]. Après 1945, les faits ont été reconstruits par les principaux protagonistes à partir de souvenirs souvent nébuleux. La vérité a souffert d'approximations plus ou moins conscientes ou volontaires. Les indications de dates sont souvent contradictoires et, la plupart du temps, fausses. Seul le passeport de Fritz Kolbe permet de situer assez précisément le déroulement des événements dans cette semaine du 17 au 20 août 1943. D'après une version couramment rapportée, Fritz se serait rendu lui-même auprès d'un membre de la légation britannique. Il lui aurait expliqué qu'il avait des informations à proposer et qu'il était prêt à collaborer gratuitement avec les Alliés. Le diplomate anglais, toujours selon la légende, l'aurait éconduit en prononçant la phrase suivante : « Vous êtes sans doute un agent double, ou alors une espèce de farfelu ! »

En fait, les choses ne se sont pas exactement passées de cette façon-là. Ce mardi 17 août – en fin de matinée, sans doute –, c'est Ernst Kocherthaler qui se présente à la légation britannique de Berne, située Thunstrasse (il s'agit d'une longue rue qui traverse le quartier de Kirchenfeld, dans laquelle on passe pour se rendre du centre-ville à la légation allemande). Sans rendez-vous, il demande à voir le chef de légation en personne, ou à défaut son adjoint, « pour une affaire de la plus haute importance », et montre un télégramme diplomatique allemand afin de résumer l'objet de sa visite. Comme il était à craindre, on lui dit qu'il est impossible de voir Mr. Norton, et que le numéro deux de la légation, lui non plus, ne peut pas le recevoir. Kocherthaler insiste, s'incruste, réclame qu'on le présente à quelqu'un. On le fait attendre longtemps. Finalement, un certain capitaine Reid vient le voir dans le hall pour savoir de quoi il retourne. À nouveau, Kocherthaler se présente comme un ami de l'envoyé britannique Clifford Norton, montre son télégramme diplomatique allemand et dit qu'il a un « ami haut placé au ministère des Affaires étrangères, à Berlin, actuellement présent à Berne, et qui propose de travailler pour la cause alliée en livrant des informations de première main »...

Finalement, c'est le colonel Cartwright qui consent à lui parler, mais brièvement. Le colonel Henry Antrobus Cartwright occupe les fonctions d'attaché militaire depuis septembre 1939[24]. Ce n'est pas l'interlocuteur idéal. Sa mission principale, dans cette période-là, consiste à faire le *debriefing* des aviateurs britanniques qui ont réussi à se cacher en Suisse après avoir été abattus au-dessus de l'Allemagne. Ensuite, il tente de les évacuer vers Londres. Il aurait sans doute été plus avisé de chercher à rencontrer l'attaché de l'armée de l'air Freddie West, spécialisé dans le renseignement. Mais ce dernier ne se trouve pas forcément à Berne ce jour-là[25]. Et Kocherthaler n'a pas de temps à perdre.

Le colonel Cartwright ne l'écoute pas longtemps. Il se rend compte assez vite que Kocherthaler, qui prétend être en relations avec Clifford Norton et le numéro deux de la légation (Douglas Mac Killop), ne connaît bien ni l'un ni l'autre. Il ne fait pas confiance à cet homme qui prétend servir d'intermédiaire à un mystérieux diplomate allemand qui se dit prêt à livrer des informations gratuitement et dont il refuse de donner le nom ! Il prend rapidement congé de son interlocuteur en refusant poliment son offre. Il ne parle même pas de cette visite à ses collègues des services secrets.

Cartwright vient de laisser passer une occasion historique mais sa prudence s'explique. Les Anglais se méfient beaucoup des offres secrètes (ou prétendues telles) venant d'Allemagne. Ils ont reçu des instructions très strictes du Foreign Office qui les a mis en garde contre les traquenards. Et puis les milieux diplomatiques anglais sont réticents par principe à l'égard de tout contact avec la résistance allemande. La raison en est simple : ils craignent que les Russes n'en fassent autant et ne cherchent à signer une paix séparée avec l'Allemagne, dans le dos des Anglo-Saxons.

Ernst Kocherthaler sort de la légation britannique dépité. Il pense aussitôt à contacter un représentant des États-Unis. Comment s'y prendre pour frapper à la bonne porte et trouver une oreille attentive ? Il lui vient une idée : joindre son ami Paul Dreyfuss, banquier de Bâle. Kocherthaler sait que Dreyfuss a un carnet d'adresses encore plus fourni que le sien. Il l'appelle donc et lui résume brièvement l'objet de sa démarche.

Au même moment, le mardi soir vers 18 heures, à Berne, le colonel Cartwright croise Allen Dulles dans la rue. La scène se passe dans la Dufourstrasse, tout près de la légation américaine (qui se trouve un peu plus loin, aux numéros 29 et 35 de l'Alpenstrasse)[26]. Dulles avance, comme toujours, avec des journaux plein les poches de son manteau, et la pipe à la bouche. Cartwright lui glisse deux mots en passant, avant de poursuivre son chemin (le colonel n'a pas le temps de s'attarder, il est déjà en compagnie de quelqu'un) : « Vous allez sans doute recevoir le coup de fil d'un Allemand que je viens de rencontrer. Je ne me souviens plus de son nom. Un nom avec "tal" dedans : Knochenthaler ou Kochenthaler, quelque chose comme ça… Je pense que ce type va frapper à la porte de votre boutique d'ici peu, préparez-vous à le voir arriver. »

Berne, mercredi 18 août 1943

Le diplomate américain Gerald (« Gerry ») Mayer reçoit un coup de téléphone bien matinal. Il est 7 h 30. On ne sait s'il se trouve encore chez lui ou bien s'il est déjà à son bureau de la Dufourstrasse[27]. À l'autre bout du fil, Paul Dreyfuss. Les deux hommes se connaissent très peu. Paul Dreyfuss appelle l'Américain pour lui recommander un de ses amis qui désire le voir pour lui parler d'une affaire « extrêmement importante »… De qui s'agit-il ? « D'un citoyen espagnol d'origine allemande », M. Kocherthaler, qui va l'appeler à 9 heures, le matin même[28].

Gerald Mayer, proche collègue d'Allen Dulles. Mayer était représentant en Suisse de l'Office d'information de guerre (OWI). Autrement dit, il était chargé de la propagande et de la « guerre psychologique » contre l'Allemagne. C'est chez lui, à Berne, qu'eurent lieu les premières rencontres secrètes avec Fritz Kolbe, en 1943.
© Seeley G. Mudd Library, Université de Princeton. Archives Allen Dulles

À 9 heures tapantes, le téléphone sonne dans le bureau de Mayer. Quelques minutes plus tard, Kocherthaler est en face de Gerald Mayer et dépose devant lui une liasse de télégrammes diplomatiques venus de Berlin (combien de documents : trois, seize, vingt-neuf ? Les chiffres divergent). Il lui propose une rencontre avec un ami diplomate de l'Auswärtiges Amt, « un antinazi convaincu, disposé à travailler pour les Alliés en fournissant des informations ». Cette rencontre devra avoir lieu « avant vendredi midi ».

Kocherthaler ne connaît pas Gerry Mayer, un homme élégant (fine moustache, regard pétillant, sourire en coin), qui porte comme Allen Dulles le titre d'« assistant spécial » de l'envoyé américain à Berne, Leland Harrison. En fait, Mayer est le spécialiste local de la propagande américaine, employé par l'Office of War Information (OWI)[29]. À ce titre, il travaille en étroite collaboration avec Allen Dulles et l'OSS, dont les bureaux occupent le même bâtiment que les siens au numéro 26 de la Dufourstrasse. Dulles apprécie beaucoup son jeune collègue de l'OWI, notamment pour sa bonne connaissance de l'Allemagne.

Sans savoir que son interlocuteur parle allemand, c'est en anglais que Kocherthaler s'adresse à Gerry Mayer. La conversation n'est pas longue. Elle demeure suffisamment floue pour que rien de confidentiel ne transperce. Le nom de Fritz Kolbe n'est pas mentionné, ni sa fonction. Kocherthaler se contente de dire qu'il s'agit d'un « oiseau rare ». Mais l'objet de la proposition est clair. Il y a un élément solide sur la table : un paquet de copies de télégrammes allemands classés « top secret » (*geheime Reichssache*). Gerry Mayer les feuillette distraitement. Il adopte une attitude distanciée, comme s'il en avait vu d'autres. Pourtant, il commence à trouver tout cela très intéressant. Il demande à son mystérieux interlocuteur de patienter un instant dans un vestibule.

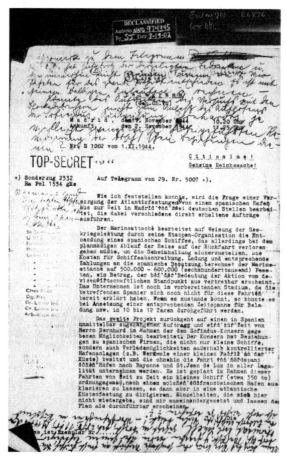

Un document transmis par Fritz Kolbe aux Américains à la fin de 1944. Ce télégramme, annoté de la main de Fritz, a été photographié par lui avant d'être envoyé à Berne. Il s'agit d'un message « top secret » (*geheime Reichssache*) sur les relations économiques entre l'Espagne franquiste et l'Allemagne nazie.
© Archives nationales américaines. National Archives and Records Administration (NARA). College Park, Maryland. Record Group 226. Entry 210

Tout désormais va aller très vite.

Il est à peu près 9 h 30. Mayer se précipite chez Allen Dulles, à l'étage du dessus, et lui fait part de l'étonnante offre de son « visiteur allemand », un « homme aux allures de général prussien, rasé de près, droit comme un "i" »... Dulles écoute attentivement, la pipe à la bouche. Il demande une ou deux heures de temps à Gerry Mayer. La veille, il a entendu parler de Kocherthaler par le plus grand des hasards, en croisant dans la rue son collègue britannique le colonel Cartwright. Avant de redescendre au rez-de-chaussée, Mayer pose sur le bureau de Dulles les télégrammes apportés de Berlin. C'est une série de documents exceptionnels. Chacun de ces textes est signé par un ambassadeur allemand, et adressé personnellement au ministre Ribbentrop. Dans l'un d'entre eux, Otto Abetz, l'ambassadeur du Reich à Paris, évoque la mise en place par le régime de Vichy d'un réseau d'agents pro-allemands à l'arrière des lignes alliées en Afrique du Nord. Dans un autre, l'ancien ministre Konstantin von Neurath, devenu plénipotentiaire à Prague, décrit la montée de la résistance anti-allemande dans la population tchèque. D'Ankara, l'ambassadeur allemand Franz von Papen lance un signal d'alarme à propos des agents britanniques qui sont de plus en plus nombreux à gagner la Turquie par Istanbul. Devant ces documents, Allen Dulles demande à Gerald Mayer de garder le contact avec Kocherthaler et de lui faire savoir qu'on le rappellera dans la journée.

Une fois Mayer sorti de son bureau, Dulles prend son téléphone et appelle le colonel Cartwright, à la légation britannique. « Puis-je vous rendre visite tout de suite ? » Le colonel est prêt à le voir dans la demi-heure. Il est 11 h 30. Dulles se rend chez l'attaché militaire britannique, qui lui offre un whisky et lui raconte l'entrevue de la veille avec Kocherthaler, l'incitant à ne pas prendre cette offre au sérieux.

En rentrant à son bureau, Dulles pèse le pour et le contre. Sa pipe à la bouche, il regarde distraitement par la fenêtre, entièrement plongé dans ses pensées. « S'agit-il d'une provocation ? Les Suisses essayent-ils de nous tendre un piège pour nous prendre la main dans le sac et nous expulser du pays ? Cela leur permettrait de montrer aux Allemands qu'ils sont aussi sévères avec nous qu'avec les agents de renseignement de l'Axe... Dans ce cas je risque gros : l'espionnage est illégal en Suisse, je ne pourrai pas bénéficier de l'immunité diplomatique. Ou bien s'agit-il d'un piège tendu par les Allemands eux-mêmes ? Imaginons qu'ils essayent de nous fourguer des informations sans importance pour les aider à recouper nos messages vers Washington et trouver la clé de notre méthode de chiffrement. Un coup classique. Tout cela, finalement, est trop beau pour être vrai. »

Cependant, Dulles se souvient d'une expérience qui a marqué sa vie professionnelle. Alors qu'il se trouvait déjà en poste à Berne, au début de 1917, il avait été sollicité par un obscur révolutionnaire russe qui désirait le rencontrer. C'était un dimanche. Dulles n'avait même pas pris la peine de lui parler, préférant ne pas annuler la partie de tennis qu'il avait prévu de faire ce matin-là avec une ravissante jeune femme. Quelques semaines plus tard, il s'était rendu compte que l'homme qui avait souhaité le voir n'était autre que Vladimir Ilitch Oulianov, dit Lénine. Depuis ce jour-là, Allen Dulles s'était promis de ne plus jamais refuser le moindre rendez-vous avec un inconnu. Sans remonter aussi loin dans ses souvenirs, il pense à une phrase prononcée quelques mois auparavant par le général Donovan, le patron de l'OSS : « Tous ceux qui nous aident à battre les Huns sont les bienvenus[30]. »

Il faut accepter de voir ce diplomate venu de Berlin. C'est un risque à prendre, par conscience professionnelle. Revenu dans son bureau, Dulles fait savoir à Gerry Mayer qu'il souhaite rencontrer l'Allemand et son intermédiaire, le Dr Kocherthaler, dès que cela serait possible. « D'ici là, ajoute Dulles, faites donc une petite enquête sur ce Kocherthaler. »

Berne, jeudi 19 août 1943

La suite des événements fait l'objet de versions contradictoires. D'après la plus courante, « rendez-vous fut pris à minuit dans l'appartement de l'assistant de Dulles [il s'agit de Gerry Mayer], dans le quartier de Kirchenfeld[31]. Dulles, incognito, devait les rejoindre à minuit et demi. Quand il arriva, le Dr O. [il s'agit de Kocherthaler] et le courrier secret, un homme en veste de cuir noir, étaient déjà là. Dulles fut présenté comme étant un certain Mr. Douglas, prétendument assistant de légation[32] ».

Fritz Kolbe et, très probablement, Ernst Kocherthaler (bien que sa présence ne soit pas absolument certaine) arrivent tous deux chez Gerald Mayer. Fritz Kolbe est vêtu d'une veste en cuir noir sans doute un peu chaude pour la saison. Les deux hommes portent un chapeau. L'atmosphère, au début, est assez glaciale. On se jauge, on se « renifle ». Personne ne s'est serré la main pour se dire bonjour. Pendant une heure ou un peu plus, Ernst et Fritz s'entretiennent avec Gerry Mayer, en allemand. Au bout d'un certain temps, Allen Dulles entre dans la pièce. L'ambiance se détend un peu. Même si tout le monde reste sur ses gardes, Dulles répand autour de lui une atmosphère sympathique. L'homme paraît bienveillant et ses phrases sont souvent ponctuées d'un rire puissant et communicatif.

« Mr. Douglas » a l'air d'un géant à côté de Gerald Mayer et de Fritz, qui est séduit par cet homme à l'allure de gentleman. Il lui trouve quelques points communs avec Ernst

Kocherthaler : même classe, même aisance chaleureuse, et même taille imposante. Mais Dulles parle très mal allemand, son accent est épouvantable. Il se fait traduire en anglais une partie des propos de Fritz par Gerald Mayer. Avant toute autre chose, il regarde ce petit homme venu de Berlin et analyse silencieusement la physionomie de Fritz Kolbe : « Il était petit et robuste, et chauve. On aurait dit plutôt un ancien boxeur qu'un diplomate. Ses yeux étaient vifs, perçants, avec un regard de détermination et d'honnêteté[33]. » Dulles, qui laisse aller provisoirement son intuition, ne porte pas un jugement *a priori* négatif sur l'inconnu.

Fritz, à ce moment, sort de la poche intérieure de son veston une grande enveloppe de papier kraft, de couleur beige, marquée d'un sceau de cire rouge frappé d'une croix gammée. L'enveloppe est ouverte, le sceau déjà brisé. Fritz sort du paquet une liasse de documents[34]. Il pose le paquet sur la table.

Un silence incrédule accueille ce geste inattendu. Dulles se met à feuilleter quelques-uns des télégrammes. Certains d'entre eux sont des copies carbones de documents originaux (ou en tout cas présentés comme tels par cet inconnu dont on se méfie encore énormément), d'autres sont des notes manuscrites presque illisibles. L'écriture de Fritz Kolbe est particulièrement difficile à déchiffrer. Un des télégrammes porte sur le moral des troupes allemandes sur le front russe, un autre dresse un bilan provisoire des actions de sabotage de la résistance anti-allemande en France, un autre encore porte sur une conversation secrète entre le ministre Ribbentrop et l'ambassadeur du Japon à Berlin...

Une longue conversation s'engage entre Dulles et Fritz sur l'Allemagne, Berlin, les coulisses du régime... Fritz raconte l'ambiance à Berlin, le sentiment de peur qui grandit, les émissions des programmes allemands de la BBC

Une carte géographique de la région de Rastenburg, en Prusse orientale (aujourd'hui en Pologne). Les annotations à la main ont été faites par Fritz Kolbe : elles indiquent où se trouvent le QG d'Hitler, les trains spéciaux de Göring, Himmler et Ribbentrop, et les bâtiments réservés aux fonctionnaires en visite auprès de la « tanière du loup » (*Wolfsschanze*). Malgré ces indications précises, les Américains ne bombardèrent jamais le QG d'Hitler.
© Archives nationales américaines. National Archives and Records Administration (NARA). College Park, Maryland. Record Group 226. Entry 210

qu'on écoute en cachette. Il évoque en détail le mini « putsch » du sous-secrétaire d'État Martin Luther[35] et répond aux questions des deux Américains sur la puissance de l'appareil SS. Il décrit l'ambiance morose de la légation allemande de Berne (« Le moral y est bas »).

L'un des moments forts de cette soirée, c'est quand Fritz se met à décrire de manière très précise l'emplacement du QG d'Hitler en Prusse orientale, et en fait une esquisse au crayon, à l'aide d'une carte géographique dépliée sur une table basse. « Le QG est en Masurie du nord, à sept kilomètres à l'est de Rastenburg et à 28 kilomètres au sud d'Angerburg, sur la rive est du lac Schwenzeitsee. Tout est extrêmement bien camouflé. Ici, vous avez le bunker du Führer, ici le train de Ribbentrop et celui d'Himmler, là l'hôtel Jägerhöhe, où sont hébergés les diplomates de l'Auswärtiges Amt[36]... »

L'ambiance se détend. On sert des drinks. Fritz continue à livrer diverses révélations de la plus haute importance. Les Allemands, explique Fritz, ont réussi à décrypter un message diplomatique américain envoyé du Caire à la date du 7 août 1943[37]. Dulles et Mayer découvrent ainsi que le chiffre du Département d'État a sans doute été « cassé ». Il y a urgence à informer Washington de cette faille de sécurité, qui menace les communications secrètes des États-Unis.

Et ce n'est pas fini. On dirait un magicien sortant de sa manche des dizaines de petits paquets surprises[38]. Révélations stratégiques (« comment les Espagnols livrent du tungstène aux Allemands[39] », « retrait prévu des troupes allemandes jusqu'au Dniepr », « sous-marins allemands et japonais au cap de Bonne-Espérance »). Indications sur l'emplacement de sites industriels méritant d'être bombardés (« l'usine Telefunken de Lichterfelde, près de Berlin, qui fournit des équipements de précision pour la Luftwaffe »). Détails sur la désorganisation grandissante de l'appareil industriel allemand (« Il n'y a plus aucune prévision à long terme, beaucoup de femmes qui sont employées dans les usines n'ont rien à faire pendant des semaines et tricotent pendant leurs heures de travail[40] »).

À un moment avancé de la soirée, Fritz Kolbe indique que les Allemands ont un espion qui dispose d'informations de première main en provenance de Londres (nom de code « Hector », ou « Hektor »). La source a un accès direct à Stafford Cripps, le ministre de la Production aéronautique[41]. À Dublin sévit un autre espion allemand, un certain « Dr Gôtz », et les Allemands possèdent dans la capitale irlandaise un émetteur radio clandestin[42]. À l'autre bout du monde, la colonie portugaise du Mozambique est une importante base d'observation allemande. Le consulat du Reich à Lourenço Marques livre notamment des informations précises et régulières sur les mouvements des navires alliés dans les mers australes[43]. Les Américains sont vivement intéressés. Si elles sont vraies, ces informations sont d'une importance capitale pour la suite de la guerre.

Pour couronner le tout, Fritz donne les détails de la cryptographie utilisée par le ministère des Affaires étrangères allemand. Il s'agit d'un système de codage très efficace. Il en explique le fonctionnement : chaque mot du dictionnaire correspond à un nombre de cinq chiffres. Une deuxième série de nombres à cinq chiffres est superposée à la première ligne, pour obtenir un résultat encore plus complexe. Cette deuxième ligne, elle, change tout le temps et n'est utilisable qu'une fois. On obtient le message original en faisant une soustraction, mais on ne peut le faire qu'en possédant, à chacun des deux bouts de la chaîne, les précieux codes consignés dans d'épais cahiers[44]. C'est le système dit du « masque jetable » (*one time pad*), qui est beaucoup plus sûr que les méthodes de chiffrement américaines (où chaque lettre correspond à un chiffre donné).

Malheureusement, Fritz ne peut en dire plus. Les codes changent tout le temps et les Américains ne peuvent pas exploiter très concrètement ces révélations. Ils communiqueront à Londres, pour contre-expertise, les éléments fournis par Fritz Kolbe.

Les Américains invitent l'inconnu de Berlin à décliner son identité et à parler de lui[45]. Fritz Kolbe joue cartes sur table, il révèle son identité, raconte sa vie, parle des Oiseaux migrateurs, expose quel est son travail auprès de l'ambassadeur Karl Ritter... Il explique qu'il est bien vu de ses supérieurs. « Sinon, dit-il, je n'aurais pas ce poste auprès du département politico-militaire. » Il donne des dates, résume son *curriculum vitae* et apporte des détails sur les activités subversives auxquelles il se livre en cachette depuis le début de la guerre. Il raconte notamment l'utilisation frauduleuse de divers passeports ramenés du Cap, qu'il dit avoir donné à des Juifs pour les aider à s'enfuir d'Allemagne. Il indique le montant de son traitement mensuel (sept cents marks de traitement de base par mois, plus deux cents marks de primes diverses). Il parle même de son fils, dont il donne l'adresse en Afrique australe (« chez Ui et Otto Lohff, à Swakopmund ») pour asseoir sa crédibilité et servir de garantie[46]. Il cite aussi le nom de Toni Singer, son meilleur ami du Cap. On l'interroge sur ses motivations. Veut-il de l'argent ? Fritz Kolbe dit non, en expliquant la raison de ses choix : « Ce que je fais, je le fais par idéal. Je ne réclame aucune rétribution, sinon le remboursement éventuel de modestes frais[47]. »

Cette intervention étonne les deux Américains (« *Is this a joke ?* » disent-ils tous deux[48]). Ernst défend la bonne foi de son ami : « Il pense qu'il faut se battre et ne veut pas se contenter de serrer son poing dans sa poche en maugréant. » Fritz, à son tour, ajoute quelques mots : « Ce n'est pas seulement mon droit mais mon devoir de combattre le régime nazi. Je suis un patriote allemand doté de conscience humaine. Mon souhait est d'écourter la guerre. Et j'espère qu'à la fin de ce conflit, tous les mots en "-isme" disparaîtront : nazisme, fascisme, et tout le reste... J'espère aussi que les Américains nous protégeront contre les Russes. C'est la raison qui fait que je désire entrer en contact avec les démocraties occidentales. La seule chose que je demande en retour de ma collaboration, c'est votre aide et votre encouragement après la guerre. » « La guerre, dit Dulles, il faut déjà la gagner. Il est trop tôt pour parler de la suite.[49] »

Malgré l'heure qui avance (il est trois heures du matin, d'après les souvenirs de Dulles), Fritz continue à être bombardé de questions : peut-il livrer d'autres informations ? Vient-il souvent à Berne ? Fritz répond qu'il reviendra peut-être, mais que ce n'est pas sûr. Il faut organiser un système de communication entre Berlin et Berne. Afin de finaliser tous ces aspects pratiques, un deuxième rendez-vous est pris pour le vendredi matin, toujours dans l'appartement de Gerald Mayer. Les quatre hommes se séparent. En rentrant à son hôtel, ce soir-là, Fritz – comme il le dira plus tard ressent une « profonde satisfaction[50] ». Il se demande néanmoins s'il n'a pas été trop pressé de confier tout ce qu'il savait. « Peut-être cette hâte a-t-elle été mal jugée ? » s'interroge-t-il. De leur côté, les deux Américains, qui sont restés dans l'appartement de Gerry Mayer, partagent brièvement leurs premières impressions sur cet homme dont ils prononcent le nom « Fritz Colby ». Ils tombent d'accord pour constater que l'Allemand n'a pratiquement pas posé de questions ni essayé d'entraîner la conversation sur un sujet précis. C'est plutôt bon signe, mais il ne faut pas se laisser endormir par ce qui pourrait être un piège emballé dans une remarquable mise en scène.

De retour dans sa chambre d'hôtel, Fritz ne se couche pas immédiatement. Il s'assied à la petite table faiblement éclairée qui fait face à son lit et écrit ses dernières volontés, qu'il entend confier aux Américains avant son départ. Ces quelques lignes (une page et demie) devront être transmises à qui de droit, « le jour où »...

« Pour le cas où je devrais quitter cette vie d'une manière ou d'une autre, écrit Fritz, je voudrais que le petit Peter soit remis en de bonnes mains [...]. Peter devra être éduqué dans mon esprit. Ne lui insufflez pas la haine de l'ennemi ni la haine de mes éventuels assassins, mais bien plutôt la volonté inconditionnelle de se battre et de défendre nos idéaux [...]. Personne ne peut nier que c'est l'idéal qui guide mon action. L'existence a-t-elle un sens quand on n'a plus la liberté, comme c'est le cas actuellement en Allemagne ? »

Ensuite, Fritz donne la liste des personnes à qui son fils pourra être confié : Peter, s'il le souhaite, pourra rester dans la famille Lohff (chez « Ui et Ott ») à Swakopmund dans le Sud-Ouest africain, ou bien rentrer un jour à Berlin chez l'un ou l'autre des proches amis de Fritz (« Walter Girgner, Lankwitz, Leonorenstrasse », ou « Leuko », un surnom qui désigne Kurt Weinhold, l'ami ingénieur de chez Siemens). Maria Fritsch (« surnommée "petit lapin[51]", secrétariat du professeur Sauerbruch »), pourra éventuellement « devenir une bonne mère » pour lui. « De toute façon, ajoute Fritz, je l'aurais épousée un jour ou l'autre. » Peter pourra aussi être élevé par Ernst Kocherthaler : « Ce dernier, écrit-il en s'adressant directement à son fils, pourra en particulier subvenir à tes besoins, et financer ton éducation. » Fritz demande ensuite à Peter de « bien écouter Mamie Kolbe », la mère de Fritz. « Elle est vieille, mais elle a un sens des réalités étonnamment bon et juste. »[52] Et Fritz ajoute une phrase sur son propre frère, Hans, « avec lequel nous nous sommes disputés, parfois, mais qui reste quand même un bon frère[53] ».

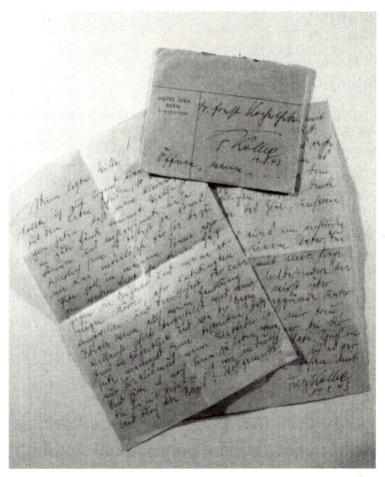

Le testament de Fritz Kolbe, rédigé dans un petit hôtel de Berne dans la nuit du 19 au 20 août 1943. L'enveloppe est adressée à Ernst Kocherthaler : « ouvrir au cas où... »
© Peter Endersbee. Collection Peter Kolbe, Sydney

Les recommandations à Peter se font ensuite très précises. « À propos de ton futur métier, mon cher Peter ! J'ai toujours pensé que tu pourrais devenir médecin sportif, au cas où tu aurais des dispositions pour cela. Peut-être que tes dons pour les mathématiques te permettront de devenir ingénieur. Cela me conviendrait bien, ou alors juriste. En tout cas pense surtout à devenir un homme droit, garde ton enthousiasme de jeunesse et conserve le cœur pur ! Respecte les femmes. La meilleure d'entre elles était ta mère. Pense toujours à cela quand tu seras avec une jeune fille. Et lutte toujours pour la justice et la vérité. Même quand cela te paraît sans espoir. Va à la rencontre de l'ennemi avec les mêmes armes que lui, et n'oublie pas le but : notre victoire finale [*Endsieg*]. »

Pour finir, Fritz rend hommage à son propre père (« je me sens uni à lui dans le respect de ce qui est droit »), et invite son fils à faire de même avec lui-même (« informe-toi auprès de mes amis sur mes motivations »). Le testament se termine par un appel émouvant à Peter : « Je reste ton papa. Parle avec moi, la nuit, comme je le fais avec toi si souvent depuis quelques années[54]. »

Berne, vendredi 20 août 1943

Le lendemain, on se retrouve comme convenu chez Gerry Mayer au début de la matinée (à huit heures)[55]. Sans doute Fritz est-il alors libéré de ses obligations professionnelles et a-t-il quartier libre pour flâner à Berne. Malgré le risque d'être vu, il a accepté ce rendez-vous matinal en plein quartier diplomatique américain. Il n'est pas impossible qu'un taxi le dépose discrètement. Gerry Mayer et « Mr. Douglas » (Allen Dulles) sont là. Fritz a bien compris que ce mystérieux « Douglas » n'est pas un simple assistant de légation, mais il ne connaît pas encore son véritable nom. Ernst Kocherthaler est sans doute présent.

À la demande des deux Américains, Fritz a profité de la journée de jeudi pour recueillir quelques éléments d'information auprès de ses collègues diplomates de Berne sur le réseau d'espionnage allemand en Suisse. Ce dernier, explique Fritz, est divisé en deux services, la collecte de renseignements organisée par les services d'Himmler (SD pour Sicherheitsdienst) et le contre-espionnage (KO, Kriegsorganisation), dépendant de l'Abwehr. Cela, les Américains le savent certainement déjà, mais ils prennent quand même des notes.

Ensuite, Fritz donne quelques noms de diplomates qu'il croit être des espions déguisés (par exemple « le conseiller de légation Frank »), mais il ne semble pas très sûr de lui. Fritz affirme ensuite avec certitude que « les Allemands disposent d'hommes bien placés dans chacune des légations ennemies de Berne », mais là encore, il ne donne pas de nom (sans doute parce qu'il ne les connaît pas).

« Qui pourrait éventuellement travailler pour nous ? » lui demandent les deux Américains. « Peut-être l'attaché commercial, le consul général Reuter, qui est nazi par nécessité plus que par conviction. Je sais qu'il aime les femmes. Ou bien encore Kapler, secrétaire au consulat, qui a vécu dix ans aux États-Unis et qui est également un nazi assez tiède. »[56]

Le temps passe vite. Allen Dulles propose qu'on en vienne aux détails techniques : comment organiser la future collaboration entre Fritz et ses nouveaux « amis » de Berne ? Il faut un mot de passe, au cas où Fritz se rendrait dans une autre capitale d'un pays neutre, ce qui lui permettrait de contacter à nouveau les Américains. « Prenons le chiffre 25 900, puisque c'est votre date de naissance », propose Dulles, qui ajoute aussitôt : « Si vous revenez ici, vous n'aurez qu'à vous présenter comme

Mr. Kônig. » On évoque la possibilité de renouer contact à Stockholm, dans l'hypothèse où Fritz serait envoyé là-bas comme courrier. À un autre moment, on avance le surnom de « Georg Sommer », sans autre raison sinon qu'on se trouve au milieu de l'été. Finalement on décide que Fritz, quand il essaiera d'entrer en contact avec des Américains, se présentera sous celui de « George Merz ». Et puis, si par hasard les Américains cherchaient à contacter Fritz à Berlin, il faudra que leur agent prétende être un certain « Georg Winter » (« Anita Winter », si c'est une femme).

Pour l'instant, on en reste là. Sait-on si on se reverra un jour ? Avant de prendre congé, Fritz donne aux Américains une enveloppe marquée à l'en-tête de son hôtel (*Hôtel Jura*), et qui contient les deux pages de son testament – sans avoir omis d'en faire un double qu'il a gardé sur lui. Il leur demande s'il peut leur dicter le texte d'un télégramme pour son fils, à Swakopmund. Les Américains lui déconseillent fortement de s'exposer de la sorte : « c'est de la folie, ne faites pas cela. » Fritz n'insiste pas.

En le quittant, les deux Américains donnent à Fritz une somme d'argent relativement importante : deux cents francs suisses[57]. Fritz accepte cet argent pour « couvrir ses frais de taxi présents et à venir », mais aussi pour acheter des cigares et du chocolat qui feront le plus grand plaisir à ses supérieurs du ministère, à Berlin. Dans l'esprit de Dulles, cet argent doit servir à entretenir les relations avec Mme von Heimerdinger, qui détient la clé des futurs voyages de Fritz Kolbe à Berne.

Les trois hommes se séparent vers 10 h 30. « Revenez vite et apportez-nous le plus de télégrammes possibles » : tel est, en substance, le message d'adieu des deux Américains à leur nouvel ami de Berlin. En repartant de chez Gerry Mayer, Fritz Kolbe a le sentiment d'une immense réussite[58]. Les Américains le prennent au sérieux et comptent sur lui. Reste à alimenter leur curiosité.

Fritz a peu de temps pour vagabonder dans le centre-ville de Berne, regarder les vitrines et entrer dans les magasins. Sachant qu'il n'a pas le droit de conserver sur lui des devises étrangères, il a remis la plus grosse part de la somme de deux cents francs suisses à son ami Ernst Kocherthaler. Avec le reste, il a fait quelques emplettes afin de ramener quelques petits cadeaux à Berlin. Il prend un train vers midi. Même trajet que le dimanche précédent, mais en sens inverse. L'express pour Berlin part de Bâle en milieu d'après-midi. Le passeport de Fritz est tamponné par la douane allemande, en gare de Bâle, à 16 h 46. Le trajet est rapide, mais il a eu le sentiment d'être observé pendant le voyage qui l'a mené de Berne à Bâle. L'homme qui le surveillait n'a l'air ni d'un Suisse ni d'un Allemand. Était-ce un Américain ? « Ne me font-ils donc pas confiance ? » se dit Fritz avec inquiétude[59]. Après le passage de la frontière allemande, il se sent plus léger. Comme à l'aller, il n'y a guère de contrôles dans le train. Le lendemain matin, il arrive à Berlin à 7 h 41 (quai 9, Anhalter Bahnhof, selon la brochure des horaires valables depuis novembre 1942). En descendant du train, Fritz commence par acheter un journal. Ce matin-là, il y a un éditorial de Goebbels dans le *Berliner Lokalanzeiger* à propos de la débâcle de Sicile et des bombardements alliés sur Peenemünde, le site de production des V2. « Parfois, écrit Goebbels ce samedi 21 août, alors que nous allons vers la victoire finale [*Endsieg*], on peut se trouver au milieu d'un chemin creux d'où on n'aperçoit plus l'objectif de notre marche. Mais cela ne veut pas dire qu'il est perdu. »

8

« George Wood »

Swakopmund, septembre 1943

Pendant ce temps-là, le petit Peter Kolbe vivait sa vie d'enfant dans les lointains espaces du Sud-Ouest africain. Heureuse et insouciante, son existence était celle d'un « libre enfant de Summerhill » avant la lettre. À Swakopmund, il vivait dans la maison de Mamie Kahlke, sa grand-mère d'adoption, qui était d'une gentillesse excessive et n'avait pas la force de lui imposer la moindre discipline. Ses parents adoptifs, Otto et Ui Lohff, venaient le voir tous les week-ends et repartaient le dimanche soir à Walvis Bay, à trente kilomètres de là, où ils vivaient pendant la semaine. Peter passait son temps à jouer dans les dunes et à faire du vélo le long des immenses plages de l'Atlantique. À bicyclette, il partait loin de la ville, souvent seul dans la nature sauvage, avec une petite provision de viande séchée (du *biltong*, encore bien connu de nos jours en Namibie). Observer les baleines dans l'océan était un de ses passe-temps favoris. Les animaux du désert n'étaient jamais loin. Un jour, il aperçut à distance un lion venu se rafraîchir au bord de l'eau. Il aimait ce paysage « dur comme du bois d'acacia, aux rivières asséchées, aux falaises grillées par le soleil[1] »... Le soir, il dévorait les romans de Karl May (les aventures de Winnetou l'Indien).

Il lisait très tard en cachant une lampe de poche sous ses draps. La nuit, il lui arrivait aussi de sortir en douce de la maison pour aller à la pêche en bord de mer, après s'être assuré que sa grand-mère ronflait paisiblement. Sur un mur de sa chambre, il y avait une photo qui représentait un garçon jouant du tambour, vêtu de l'uniforme des Jeunesses hitlériennes. Le portrait avait été accroché là par Mamie Kahlke, qui idéalisait naïvement le Führer à dix mille kilomètres de distance.

Les événements d'Europe étaient bien loin. Les Allemands, en Afrique du Sud, n'avaient pas le droit de posséder un appareil radio. Les nouvelles circulaient de bouche à oreille. Quelques rares postes TSF écoutés clandestinement permettaient de recevoir des bribes d'information venues du Reich. Peter Kolbe se souvient qu'il sautait de joie à chaque fois qu'un U-Boot coulait un navire allié (l'événement était annoncé à la radio allemande par un coup de gong, et il y avait autant de coups que de bateaux coulés). Tout cela ne l'empêchait pas d'aller assister à des matchs de football où des camarades allemands un peu plus âgés que lui jouaient contre des marins britanniques en permission.

Peter n'avait pas de nouvelles de son père. Peu à peu il l'oubliait, même s'il lui envoyait de temps en temps, à la demande insistante de ses tuteurs, une lettre impersonnelle pour lui dire qu'« il faisait des progrès à l'école allemande » et qu'il « se tenait bien en classe ». Parce qu'il occupait des fonctions importantes dans l'économie locale, le papa adoptif du petit Peter, Otto Lohff, avait la chance de ne pas avoir été envoyé dans un camp par les autorités sud-africaines, au contraire de la plupart des Allemands restés dans le Commonwealth. Les camarades de classe de Peter avaient à peu près tous un père interné, tandis que les mères continuaient à s'occuper de l'exploitation agricole familiale.

Un jour de septembre 1943, alors que Peter (âgé de onze ans) rentrait de l'école, il rencontra chez sa grand-mère deux policiers sud-africains en civil. Pour une famille allemande, il n'était pas inhabituel en ce temps-là de recevoir une visite de ce genre. Les autorités de Pretoria recueillaient toutes les informations possibles sur cette population *a priori* suspecte. Après avoir longuement interrogé Mamie Kahlke, l'un des policiers se tourna vers l'enfant et lui posa quelques questions précises : « Comment t'appelles-tu ? Qui est ton père ? Où est-il ? Qui est ta mère ? » Terrorisé par ce questionnaire inattendu, Peter crut qu'il avait été fiché comme un mauvais garçon. Il avait brisé d'un coup de fronde la fenêtre d'une maison voisine quelques jours auparavant.

Mais l'interrogatoire resta sans suite. Après quelques semaines, Peter et sa grand-mère adoptive finirent par oublier cet épisode désagréable. Ce n'est que beaucoup plus tard, après la guerre, que le fils de Fritz réalisa que cet épisode avait un lien avec les activités clandestines de son père à Berlin et à Berne. Allen Dulles, avec l'aide de ses collègues britanniques et sud-africains, avait voulu faire valider les propos de Fritz Kolbe. Il fallait authentifier l'existence du fils, voir si son adresse était la bonne, l'interroger sur sa vie, vérifier les dates et recouper les informations avec les experts du contre-espionnage…

Berne et Londres, fin août 1943

Dès le 20 août 1943, à Berne, Allen Dulles et Gerry Mayer s'étaient en effet lancés dans une enquête aussi précise que possible sur leur visiteur de Berlin. Rien ne pouvait être laissé de côté, tous les indices devaient être rassemblés et toutes les hypothèses couchées sur le papier. Un long travail de vérification commença. Pour ce faire, ils demandèrent l'aide de leurs collègues du contre-espionnage (le département X-2 de l'OSS[2]). Toutes les informations sur le nouvel agent furent centralisées à Londres, la centrale européenne de l'organisation, et les Américains n'hésitèrent pas à solliciter leurs collègues britanniques du MI6, qui disposaient sur l'Allemagne de plusieurs longueurs d'avance grâce à leur propre réseau et leurs archives d'une richesse exceptionnelle. Les Britanniques mirent également à disposition des Américains leurs moyens de transmission entre la Suisse et Londres, car la sécurité de leurs communications était meilleure. C'est par les services du chiffre britannique, en Suisse, que parvinrent à Londres tous les documents concernant la biographie de Kolbe : ces éléments sensibles ne devaient surtout pas tomber entre les mains des Allemands.

À Berne, le dossier « Fritz Kolbe » avait été créé avant même son départ pour Berlin. Dès le jeudi 19 août au soir, Allen Dulles et Gerry Mayer se mirent au travail et consignèrent sur papier tout ce qu'ils avaient retenu de leur conversation avec lui. Plusieurs mémos furent rédigés par Allen Dulles entre le 19 et le 31 août, dans l'intention de dresser un portrait-robot du personnage et d'évaluer son crédit. D'abord, il fallait donner un pseudonyme à Kolbe : après avoir pensé l'appeler « Kônig », « Kaiser » ou encore « George Winter », on décida finalement qu'il serait « George Wood ». Pourquoi ce nom ? Mystère[3]. Pour assurer la protection de leurs agents, les Américains choisissaient des sobriquets au hasard, sans rapport avec le contexte. George Wood était le nom d'un célèbre avocat du barreau de New York au XIXe siècle. Peut-être Allen Dulles pensa-t-il à lui. Par ailleurs, comme toutes les autres sources de Dulles à Berne, « Wood » reçut un numéro : désormais, il serait le « 674 » (et parfois le « 805 », deux numéros valant mieux qu'un[4]). Là encore, c'était un choix purement aléatoire.

La première fiche, datée du 19 août, n'est encore qu'un descriptif sommaire du personnage[5]. Date et lieu de naissance de Fritz Kolbe. Études. Scoutisme (« Les Oiseaux migrateurs était un mouvement foncièrement antinazi », avait dit Fritz aux Américains). Carrière et postes. Mariage. Éléments sur le fils resté en Afrique du Sud. Remariage avec Lita Schoop (« *a swiss girl* »), fille d'Ulrich Schoop, domicilié à Zurich. Détails très précis sur les frères et sœurs de Lita, qui vivaient aussi en Suisse : un frère de Lita était marié à une Américaine, une sœur à un Anglais qui servait dans l'armée britannique. On nota aussi que Fritz Kolbe avait travaillé avec Rudolf Leitner (« dix ans de carrière aux États-Unis »), et qu'il était un proche collaborateur de Karl Ritter, qu'on qualifia d'un seul mot : « corrompu ». La notice contenait des erreurs, qui allaient être corrigées petit à petit par la suite. La date d'entrée de Fritz au ministère des Affaires étrangères, notamment, était fausse. Les Américains avaient noté « 1935 » à la place de 1925.

Un premier portrait physique de Fritz Kolbe, *alias* George Wood, fut rapidement établi : « En ce qui concerne son physique, nous sommes d'accord pour dire ceci : selon Gerry, sa taille est environ d'un mètre soixante. Gerry ajoute qu'il est chauve. Cheveux courts et bruns, du moins ceux qui lui restent. Allure typiquement prussoslave. Yeux assez fortement écartés, de couleur bleu-gris, expression franche dans le regard. Personnalité simple (*unworldly*), mais acquiert de l'aisance au cours de la conversation. Tête ronde, oreilles pas larges mais bien décollées par rapport au crâne. Le seul point de désaccord entre Gerry et moi porte sur la couleur des cheveux, mais cela ne m'a pas marqué, et de toute façon il n'a pas beaucoup de cheveux. Toujours à propos des oreilles : nous sommes d'accord pour dire qu'elles ne sont pas spécialement larges, mais qu'elles sont exceptionnellement décollées. »

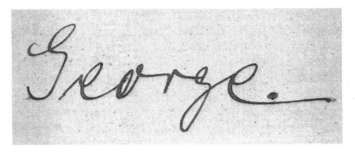

Le surnom de « George Wood » fut donné par Allen Dulles à Fritz Kolbe dès 1943, sans qu'il soit possible de dire quelle en était l'origine.
© Archives nationales américaines. National Archives and Records Administration (NARA). College Park, Maryland. Record Group 226. Entry 210

Quant à la personnalité de Fritz Kolbe, le diagnostic fut ainsi formulé : « Il nous a donné l'impression d'être un peu naïf. Un idéaliste romantique. Il ne semble pas être d'une intelligence particulière, il n'a pas l'air d'être rusé. Un exemple : lors de sa visite à Berne, il a voulu envoyer un télégramme "en clair" à la personne qui s'occupe de son fils en Afrique du Sud, et il voulait y faire figurer son adresse. Il a même laissé à Allen Dulles une lettre avec ses dernières volontés au cas où il serait pris et exécuté. »

Très vite, la centrale de l'OSS de Londres se mit au travail à partir des premiers éléments envoyés de Berne. Le colonel David Bruce, chef de l'OSS-Londres, ne savait trop quoi faire de ce dossier. Il le fit immédiatement parvenir aux Britanniques. Le lieutenant-colonel Claude E. M. Dansey fut sollicité en personne. Vice-directeur du Secret Intelligence Service (SIS)[6], sir Claude Edward Majoribanks Dansey n'était pas seulement le numéro deux des services de renseignement britanniques. C'était aussi un personnage au caractère bien trempé. Unanimement détesté de ses collaborateurs pour ses manières brutales et méprisantes, il avait néanmoins une compétence reconnue sur tout ce qui relevait de l'Allemagne. Pour observer le Reich, il avait monté son propre réseau d'espionnage en Suisse avant la guerre (l'« organisation Z. »). Le dossier qui lui fut remis par l'OSS comprenait quatre pages au total : deux sur la biographie de Fritz Kolbe et deux de télégrammes officiels allemands résumés en anglais, comme exemple du « matériel » proposé par Kolbe. L'un de ces télégrammes provenait d'« Hektor », agent de l'Abwehr basé à Stockholm, et disait ceci : « Josephine nous informe que l'activité du port de Liverpool a été particulièrement intense au mois de juin. Embarquement de matériel militaire et d'hommes à destination du Moyen-Orient. » L'autre provenait de Dublin et parlait d'une tentative d'évasion de « Götz », agent allemand à Dublin.

Il ne fallut que quelques jours à Dansey pour exprimer une première expertise sur le dossier[7]. Avis négatif, en attendant d'en savoir plus. « Je crois que nous avons une trace de ce Kolbe, mais ce n'est pas une trace qui va dans le bon sens, écrit Dansey le 25 août 1943 dans sa lettre de réponse au colonel Bruce. Kolbe a rejoint la marine allemande en 1917. En 1924, il avait un poste de commandement dans les défenses côtières. On sait qu'il a été associé à un certain lieutenant de marine (Protze, des services d'espionnage allemands), pour répandre de fausses informations auprès de la commission de contrôle inter-alliée en Allemagne. En 1927, il a abandonné la marine à la suite d'un accident et s'est rendu au Brésil pour y devenir aviateur. À la fin de 1930, il est revenu en Allemagne pour prendre un poste dans les services de renseignement. Il a été attaché au bureau de Kiel du renseignement naval et militaire, en tant qu'enseigne de vaisseau première classe. »

Dansey avait mélangé ses fiches. Il confondait Kolbe avec un de ses homonymes dont la description physique correspondait à peu près à la sienne (les deux Kolbe mesuraient environ un mètre soixante et avaient une calvitie assez avancée). La parole de Dansey avait du poids, et ce premier avis d'expert émis sur Fritz Kolbe troubla certainement les Américains. Claude Dansey, de son côté, détestait les gens de l'OSS et Allen Dulles en particulier. Il considérait que la Suisse était son domaine privé, au point de porter à ce pays une attention « quasi obsessionnelle[8] ». Il n'était pas mécontent, sans doute, de démontrer que les Américains, ces amateurs, étaient tombés sur un « os ».

En réalité, Dansey était furieux. « La vue des papiers de Berlin doit avoir été un choc sévère pour Dansey [...], il était impossible que Dulles lui ait sifflé un tel "scoop". Ce coup était clairement un piège, et Dulles était tombé dedans comme un idiot [*like a ton of bricks*]. » L'auteur de ces observations n'est pas un inconnu puisqu'il s'agit de Kim Philby[9]. Ce dernier, alors le numéro deux du contre-espionnage britannique (la Section Cinq du SIS), fut chargé du dossier Kolbe par son chef, Felix Cowgill. Cowgill se montra très intéressé par le potentiel de « 674 » (Fritz Kolbe)[10]. Mais il ne souhaitait rien faire qui pût indisposer ses supérieurs hiérarchiques. « Dansey et Cowgill, raconte Philby, se contentèrent de feuilleter les documents en cherchant à y débusquer des invraisemblances et des contradictions, afin de corroborer leurs arguments en faveur de la théorie du "piège". Pour eux, les informations livrées par "Wood" étaient du "grain pour des poules" [*chicken feed*] », autrement dit un moyen alléchant inventé par les Allemands pour attirer les Alliés sur de fausses pistes[11].

Quant à Philby, qui travaillait déjà dans l'ombre pour les Soviétiques, il avait pour mission occulte d'informer le Kremlin de toute approche entre les Allemands et les Anglo-Saxons. Par lui, Moscou fut sans doute au courant, dès la fin du mois d'août 1943, de l'existence d'un diplomate allemand, en poste à Berlin, désireux de travailler pour les Américains[12].

Kim Philby décida de garder un œil sur le dossier « George Wood ». Il s'empressa d'en transmettre des extraits significatifs aux experts de Bletchley Park (spécialisés dans le déchiffrage des communications allemandes), afin de voir si certaines informations livrées par le mystérieux agent de Berlin pouvaient être d'une quelconque utilité pour Moscou. Les dirigeants des services secrets britanniques avaient estimé pour leur part que « George Wood » était un imposteur, même si quelques-unes de ses informations furent notées avec le plus grand intérêt : « Qui est Josephine, qui est Hektor ? » se demandèrent-ils, en relevant que des fuites importantes en provenance de Londres passaient par Stockholm.

Mais ils ne pouvaient pas considérer qu'un agent bénévole comme Kolbe pût être quelqu'un de sérieux. « En général, le SIS préfère avoir des agents payés, parce que cela permet un contrôle accru sur eux. Un agent qui ne se fait pas rétribuer est amené à agir de manière indépendante, et peut devenir une nuisance infernale. Dans la plupart des cas, il est animé par ses propres priorités politiques, et sa sincérité est à la mesure des inconvénients qu'il peut causer », explique Kim Philby dans ses souvenirs[13]. Il ne manquait pas d'agents attirés par l'argent, notamment en Suisse, parmi les Allemands ayant quitté le Reich pour une raison ou pour une autre.

Dans son récit, Kim Philby consacre une ou deux pages à Fritz Kolbe (sans citer son nom ni son surnom de George Wood). Il se souvenait avec quel désintérêt l'agent de Berlin avait été accueilli à Londres : « À la fin de 1943, il était clair que l'Axe allait perdre la guerre, et beaucoup d'Allemands commencèrent à reconsidérer leur loyauté à l'égard d'Hitler. En conséquence de quoi, on vit apparaître un certain nombre de gens qui étaient prêts à faire défection et venaient frapper aux portes des missions diplomatiques alliées pour proposer leur aide et demander l'asile. […] Un jour, un Allemand se présenta en personne à la légation britannique de Berne et demanda à voir l'attaché militaire. Il expliqua qu'il était un fonctionnaire du ministère des Affaires étrangères allemand et qu'il avait apporté de Berlin une valise pleine de documents. En l'entendant tenir ce propos hallucinant, l'attaché le jeta promptement dehors. [...] Il était à peine croyable que quelqu'un pût avoir suffisamment de nerfs pour passer la frontière allemande avec une valise pleine de documents secrets. »

À Berne, l'opinion d'Allen Dulles était rigoureusement opposée à celle de Kim Philby. Le meilleur des agents, pour lui, était celui qui était animé par « la haine, la revanche, la passion[14] ». Rien ne pouvait être plus souhaitable qu'une communauté d'intérêts entre l'espion et son officier traitant. À l'inverse, un espion vénal était capable de trahir tout le monde, comme l'avait prouvé l'histoire du colonel Redl à la veille de la Première Guerre mondiale en Autriche-Hongrie[15]. « La foi est plus importante que l'intelligence, et la force morale est la seule force qui puisse accomplir de grandes choses dans le monde[16] », avait-on coutume de penser chez les Dulles, imprégnés de culture presbytérienne. Contrairement à la plupart des Britanniques, et en particulier à ses collègues des services secrets, Allen Dulles croyait à l'existence de « deux Allemagnes », une bonne et une mauvaise. Dès le début, le chef de l'OSS à Berne avait analysé l'enjeu de la guerre mondiale comme un bras de fer pour la conquête des âmes allemandes. Avec un peu de chance, Fritz Kolbe appartenait à la « bonne Allemagne », encore fallait-il s'assurer de sa bonne foi grâce à une enquête approfondie.

L'opinion que Dulles se faisait de l'Allemagne était assez largement influencée par ses conversations quotidiennes avec un Allemand émigré en Suisse, et qu'il avait embauché à la fin de 1942 pour en faire un de ses plus proches collaborateurs à Berne. Gero von Schulze-Gaevernitz (né en 1901) avait tout pour lui plaire : une grande culture, un esprit cosmopolite, une grande capacité à se faire des amis... Ce financier épris de sport et de philosophie, qui partageait son temps libre entre le ski et la lecture de Sénèque, était le fils d'un économiste allemand qui avait été député du parti démocrate sous Weimar. Dulles l'avait bien connu à Berlin dans les années 1920[17].

Dans la famille von Schulze-Gaevernitz, on avait toujours été partisan d'une alliance germano-anglo-américaine pour barrer la route à la Russie soviétique. Mais on était tout autant opposé au nazisme. Bien que mêlé aux cercles les plus influents du pays (sa sœur était mariée à un membre de la famille Stinnes[18]), le jeune Gero von Schulze-Gaevernitz avait quitté l'Allemagne pour se réfugier en Suisse dès 1933. Sa mère était juive. Lui-même, qui avait vécu plusieurs années aux États-Unis, avait abandonné sa nationalité allemande et se définissait comme un « chrétien libéral ». Il ne supportait pas la moindre compromission avec le régime hitlérien.

« Gaevernitz était fortement motivé par la conviction que l'Allemagne n'était pas aussi fortement imprégnée de nazisme qu'on voulait bien le croire et qu'il y avait des gens en Allemagne, y compris dans des postes élevés de l'administration civile ou militaire, qui étaient prêts à soutenir toute entreprise sérieuse susceptible de débarrasser l'Allemagne d'Hitler et des nazis et de mettre un terme à la guerre », raconte Allen Dulles dans un de ses livres de souvenirs[19].

À l'OSS de Berne, Gero von Schulze-Gaevernitz s'occupait de la plupart des dossiers concernant l'Allemagne. Il recevait régulièrement des informateurs ou des émissaires venus de Berlin[20]. Occupé par ses contacts au plus haut niveau, il n'était pas directement concerné par Fritz Kolbe, et il n'est pas sûr que Dulles l'ait informé en détail de ce dossier unique en son genre. Cependant, au hasard d'une conversation, le mardi 31 août 1943, il s'avéra que Schulze-Gaevernitz connaissait bien Ernst Kocherthaler.

Dulles prit immédiatement des notes car il ne savait rien de ce personnage mystérieux qui, en tant qu'intermédiaire de Fritz Kolbe, représentait une pièce importante du puzzle en construction. D'après Gaevernitz, Kocherthaler était un homme auquel on pouvait faire confiance. « *A man of excellent reputation and of considerable business standing in Switzerland* », expliqua-t-il à son propos. « Gero a une opinion très favorable de Kocherthaler, qu'il connaît bien pour l'avoir rencontré avant guerre grâce au banquier Sigmund Warburg[21], qui se trouve aujourd'hui à Londres [...]. D'après Gero, Kocherthaler est Juif, ou partiellement. Disons qu'il est de race juive et de religion chrétienne. Il est très actif dans les cercles religieux. On le connaît dans l'entourage de Visser't Hooft à Genève. Apparemment, il a été associé au projet de créer une université chrétienne en Suisse pour assurer l'instruction des enseignants allemands après la guerre[22]. » Allen Dulles nota que Gero von Schulze-Gaevernitz « n'avait aucun doute sur la sincérité de l'engagement antinazi de Kocherthaler », et il transmit ces éléments à ses collègues de Londres afin de nourrir l'enquête en cours[23].

Berlin, fin août 1943

De retour à Berlin le samedi 21 août 1943, Fritz fut accueilli par l'un des plus terribles bombardements que n'ait jamais vécus la capitale du Reich. Entre le 20 et le 23 août, les quartiers de Charlottenburg, Steglitz et surtout Lankwitz furent très durement touchés. Le dimanche soir, il se trouvait justement à Lankwitz, chez son ami Walter Girgner, quand un énorme grondement de moteurs se fit entendre. C'étaient les avions de la RAF. Fritz était en train de raconter son voyage à Berne et sa rencontre avec les Américains. Était aussi présent Hans Kolbe, l'unique frère de Fritz[24].

Ce fut un déluge de bombes. Aucun des trois amis n'avait jamais rien vécu de pareil. Comme tous les Berlinois, ils savaient reconnaître à l'oreille les différents types de bombes (explosives ou incendiaires). Mais là, ils n'eurent pas le temps de se livrer à cet exercice. Tout d'un coup, le tonnerre s'abattit sur eux. Le quartier tout entier sembla s'enfoncer sous terre dans un déluge de feu. Les deux maisons mitoyennes de celles où ils se trouvaient, dans la Leonorenstrasse, furent touchées sous leurs yeux. Les trois hommes se réfugièrent dans la cave. À cinq heures du matin, lorsque les avions furent partis, Fritz et ses amis sortirent de leur trou et constatèrent avec stupéfaction qu'une bombe explosive, tombée tout près de la maison de Girgner, n'avait pas détoné. Il s'en était fallu de peu. Le quartier de Lankwitz était détruit.

Fritz rentra chez lui à pied, passant à travers un paysage de désolation, au milieu des cris des survivants et dans la chaleur des ruines en feu. Les équipes de secours étaient dépassées par les événements. Il mit plus d'une heure à regagner le Kurfürstendamm, sans savoir si la maison qu'il habitait était toujours debout. « *Gott sei Dank* », se dit-il en arrivant chez lui. L'immeuble était toujours là, et surtout l'eau courante arrivait encore dans les étages. Il prit rapidement une douche froide et se rendit au ministère à neuf heures.

Le matin même, son ami Karl Dumont vint le trouver à son bureau. Parlant à voix basse, il voulut tout savoir du voyage en Suisse. De tous les collègues de Fritz à l'Auswärtiges Amt, Dumont était le seul qui fût informé des intentions réelles de Fritz[25]. Depuis qu'ils s'étaient connus à Madrid, il existait une complicité parfaite entre les deux hommes. Dumont avait été absent pour cause de maladie la semaine précédente. Il pensait que son ami avait échoué, et était prêt à l'accabler de reproches. Sur le moment, Fritz ne put lui raconter les détails de son voyage, mais il le retrouva en fin d'après-midi, à l'heure où les bureaux étaient déjà largement déserts, pour lui faire un rapport circonstancié de sa visite à Berne[26].

Berne, septembre 1943

Au début du mois de septembre 1943, Allen Dulles avait mis fin à la première étape de son enquête sur Fritz Kolbe. Il n'excluait toujours pas la théorie d'un piège. Il attendait de voir si son informateur allait se manifester à nouveau et de quelle manière. Ce fut une lettre adressée à Ernst Kocherthaler, écrite à Berlin le 16 septembre 1943, qui révéla que Fritz n'avait pas dit son dernier mot[27].

Dans ce courrier, il y avait matière à lire pour les Américains : quelques copies de télégrammes, un nouveau plan du QG d'Hitler (le même qu'en août, corrigé de quelques erreurs initiales) et les horaires du train quotidien entre Berlin et Rastenburg, autrement dit la « Tanière du loup » en Prusse orientale. Le courrier contenait aussi quelques éléments sur les résultats du bombardement allié au-dessus de l'usine de roulements à billes de Schweinfurt, quelques semaines auparavant. Fritz se permettait de suggérer d'autres cibles et livrait un avis personnel sur les armes secrètes du Reich (« du bluff », écrivait-il à tort).

À la fin de sa lettre, Fritz avait griffonné quelques mots rapidement, de son écriture difficilement lisible : « J'écris ces quelques lignes à la va-vite, un œil sur les documents et l'autre sur ma main en train d'écrire. » Pour finir, il prenait congé de ses lecteurs de Berne en leur livrant les « salutations d'Hektor » (allusion à l'agent de l'Abwehr basé à Stockholm), et signait « George M. », pour « George Merz », pseudonyme provisoire adopté lors de la visite du mois d'août.

Comment ce message était-il parvenu à Berne ? Mystère. Étant donné son contenu, il n'avait pas pu être acheminé par le courrier ordinaire. Sans doute avait-elle été postée de Berne par un collègue de Fritz chargé du transport de la valise diplomatique – expédition de routine qui avait lieu toutes les semaines, exactement comme celle de Fritz en août. À chaque fois qu'un diplomate partait à l'étranger pour une mission de ce type, il emportait et rapportait des dizaines et des dizaines de lettres privées et bien d'autres colis n'ayant rien à voir avec son domaine professionnel. Ces paquets prenaient place dans le compartiment à bagages du train, bénéficiaient du régime de l'immunité diplomatique et n'étaient pas contrôlés lors du passage à la frontière. D'Allemagne vers la Suisse, on passait des livres, des appareils de TSF, des tourne-disques[28]... Il est probable que si Fritz Kolbe avait confié une lettre personnelle à un collègue en mission pour Berne, le « facteur » ignorait tout du contenu de ce qu'il transportait.

Une autre hypothèse peut être avancée : Fritz connaissait une personne de confiance qui, grâce à sa qualité de chirurgien, avait de grandes facilités pour voyager régulièrement entre Berlin, l'Alsace annexée et parfois même la Suisse. Il s'agissait d'Albert Bur, un ami d'Adolphe Jung, ancien chirurgien-chef de l'hôpital de Sélestat démis de ses fonctions à la fin de 1941 pour « francophilie ». Albert Bur habitait à Obernai (*Ober-Ehnheim* en allemand). Il était spécialiste de photographie et consacrait beaucoup de son temps à l'émergence de la technique du film en couleurs et à ses applications au domaine médical. À ce titre, il fréquentait les milieux de l'industrie chimique (notamment la firme Agfa). Fritz avait naturellement sympathisé avec lui. Les deux hommes partageaient une même passion pour le sport : Bur avait été, avant la guerre, président du Sport Club de Sélestat[29].

Le Dr Bur était prêt à prendre des risques pour la cause alliée. Il était en contact avec les milieux de la résistance française mais également avec des agents britanniques actifs en France. Sa propre femme était une Américaine née à Chicago. Il se fit naturellement l'intermédiaire de Fritz pour diffuser des informations, notamment à propos de « Josephine », et voulut même le convaincre de se rendre clandestinement à Londres[30]. Trop dangereux, avait estimé Fritz, qui avait néanmoins décidé d'associer étroitement son ami alsacien à ses projets. Grâce à ses déplacements fréquents, Albert Bur était une perle rare[31].

Berne, octobre 1943

Le 10 octobre 1943, l'OSS de Londres reçut un mystérieux télégramme en provenance de Berne : Allen Dulles y disait qu'il venait de recevoir « deux cents pages *d'alpha* », et comme il n'était pas très sûr de *beta*, il lui faudrait des semaines de travail. Il ajoutait qu'il était entièrement sûr de *delta*, après avoir organisé une procédure *gamma* la veille. Globalement, il se disait convaincu par « la cohérence interne de l'ensemble ». La clé de ce message étrange ne fut reçue que le lendemain à Londres. On y apprenait que *alpha* signifiait « télégrammes diplomatiques secrets allemands », que *beta* signifiait « la sécurité des moyens de transmission », que *delta* voulait dire la « valeur et la qualité de ce matériel ». Enfin, *gamma* signifiait « l'interrogatoire de Wood »[32].

Fritz Kolbe était arrivé à Berne quelques jours plus tôt, à l'occasion d'une nouvelle mission de courrier diplomatique[33]. Fräulein von Heimerdinger avait su se montrer très efficace pour obtenir que cette deuxième mission fût confiée à son protégé. Peut-être les menus cadeaux ramenés de Berne en août avaient-ils facilité les choses. Un cigare par-ci, un paquet de chocolat par-là : Fritz Kolbe avait été généreux. Pourquoi ne pas lui faire une fleur en lui permettant d'aller souffler un peu à l'étranger ? À Berlin, en octobre 1943, on ne pouvait même plus faire semblant de vivre normalement. Le pilonnage de l'aviation alliée venait s'ajouter au durcissement permanent du régime. Non seulement planait la crainte permanente des bombardements, mais un tout petit rien suffisait désormais pour être envoyé à l'échafaud. Combien de gens, déjà, avaient été exécutés pour avoir tenu une parole « défaitiste »[34] ?

La veille du jour où il devait partir pour Berne, Fritz avait échappé de peu à la mort. C'était un soir, en pleine alerte aérienne. En tant que fonctionnaire ministériel, Fritz avait un laissez-passer lui donnant le droit de circuler pendant le couvre-feu. Il revenait de la Charité à bicyclette (où il était allé dire au revoir à Maria) et se rendait à son bureau pour y classer quelques documents. Les sirènes se mirent à hurler. C'était une attaque de la RAF. On voyait s'approcher les éclats blancs des bombes incendiaires au magnésium. Juste au moment où l'alarme avait commencé, Fritz était au carrefour de Unter den Linden et de la Wilhelmstrasse. Une sentinelle armée lui donna l'ordre de s'arrêter et de ne pas traverser la rue. Fritz descendit de vélo et lui montra son laissez-passer. La sentinelle examina le document avec sa lampe-torche. C'est à ce moment-là qu'un projectile tomba à moins de cinquante mètres des deux hommes, un peu plus bas dans la Wilhelmstrasse, les projetant violemment à terre. Après quelques secondes d'hébétude, ils se remirent debout, titubants, couverts de débris et de poussières, mais sains et saufs. Fritz remercia chaleureusement la sentinelle de l'avoir stoppé quelques minutes au carrefour. S'il avait poursuivi sa marche, il se serait trouvé au point d'impact de la bombe, à l'endroit où désormais il y avait un large cratère fumant. Il sortit de sa poche un havane acheté en Suisse et l'offrit au soldat en guise de remerciement, avant de poursuivre son chemin vers le ministère. Le soldat souriait, il paraissait aux anges[35].

Le lendemain matin, ce furent les préparatifs du départ. Fräulein von Heimerdinger remit à Fritz, comme la première fois, une enveloppe scellée contenant le courrier diplomatique à destination de Berne. Après avoir signé le registre qui indiquait qu'il en avait désormais la responsabilité, il se rendit à son bureau pour compléter son bagage avec les documents personnels qu'il destinait aux Américains. Cette fois, il n'avait pas envie de ficeler des papiers autour de ses cuisses. Méthode dangereuse et peu digne de lui, se disait-il. Mais comment faire autrement ? Après son retour du premier voyage à Berne, en septembre, il avait réussi à se procurer sous le manteau un sceau officiel du ministère, en échange d'une boîte de chocolats suisses. Les petits trafics de ce genre étaient très courants et n'attiraient guère l'attention. L'enveloppe scellée qui venait de lui être remise pouvait être glissée dans une pochette un peu plus large, avec d'autres documents en double fond. Il suffisait de cacheter dans les règles de l'art la nouvelle enveloppe, même si celle-ci était devenue plus épaisse que l'originale[36].

Fritz réalisa toute l'opération en manipulant les papiers dans un tiroir de son bureau, à l'abri des regards indiscrets. Malheureusement, la cire prit feu et l'opération faillit tourner au désastre[37]. Il réussit de justesse à sauver son emballage et parvint à maîtriser les flammes. Seule l'enveloppe extérieure fut détruite, ainsi que la corbeille à papiers dans laquelle il l'avait jetée. Après s'être épongé le front et avoir ouvert la fenêtre pour faire fuir l'odeur de papier brûlé, Fritz se remit au travail le cœur battant. Enfin, le paquet fut terminé. Fritz ne fut pas mécontent du résultat : le sceau marqué de l'aigle et de la croix gammée avait l'air rigoureusement authentique. Quant au poids du paquet, Fritz savait que le courrier diplomatique n'était jamais pesé, ni au départ ni à l'arrivée.

Fritz prit le train mercredi 6 octobre en début de soirée à la gare d'Anhalt, comme la première fois (départ 20 h 20).

En temps normal, il fallait seize heures pour faire le trajet Berlin-Bâle. Mais en raison des raids aériens, les retards étaient devenus très fréquents. Il n'était pas exclu que le voyage prît trois jours. Une fois dans son compartiment, Fritz fit un signe à l'employé du wagon-lit qui était responsable de sa voiture et lui demanda – moyennant pourboire – d'être prévenu avant tout le monde en cas d'alerte aérienne. « J'ai une peur panique des bombes, et je serais un peu rassuré si vous me préveniez en avance », lui dit-il. En fait, Fritz voulait avoir le temps de se débarrasser de ses documents en cas de danger.

À quatre heures du matin, l'employé frappa brutalement à la porte de son compartiment particulier. « Alerte bleue, monsieur », le prévint-il. L'expression signifiait l'arrivée prochaine d'un raid. Ce n'était pas encore une « alerte rouge », mais il fallait faire vite. Le train était à l'arrêt. Fritz avait gardé ses habits sur lui. Il descendit rapidement du train en tenant bien contre lui son porte-documents. L'endroit était désert. On se trouvait en pleins bois, « sans doute entre Francfort et Karlsruhe ». La lune éclairait les rails. À ce moment-là, les autres passagers commencèrent à sortir du train en se bousculant. Un bébé pleurait. Un homme criait qu'il avait perdu quelque chose dans la cohue. Fritz alla se cacher dans un fossé en contrebas de la voie ferrée.

C'est alors qu'un avion arriva droit sur le train. Il s'agissait d'un bombardier léger anglais, de type Mosquito, un avion isolé volant à basse altitude. L'avion tira quelques salves sur la locomotive. Il n'y eut pas de contre-feu : un train de voyageurs comme celui-là était dépourvu de défense antiaérienne. L'appareil disparut aussitôt après dans le ciel. Mais quelques minutes plus tard, on entendit une énorme explosion à quelques centaines de mètres à l'avant du train. L'avion avait lâché une bombe au-dessus d'un viaduc ferroviaire. Sans le détruire totalement, le projectile avait sérieusement atteint la voie, rendant la poursuite du voyage impossible. Il fallut attendre très longtemps avant qu'un autre train vienne prendre le relais du premier, de l'autre côté du viaduc. La nuit passa, puis la matinée et l'après-midi. Enfin, le voyage put reprendre. Les passagers durent traverser le viaduc à pied, au-dessus d'un précipice, ce qui prit beaucoup de temps. Fritz était énervé d'avoir déjà perdu une journée entière sur son programme[38].

Le passage de la douane, à Bâle, fut éprouvant. Autant, sinon plus que la première fois. Fritz avait de violentes douleurs à l'estomac et transpirait si fort qu'il eut peur d'attirer l'attention des douaniers. Il savait qu'en cas de fouille approfondie, il n'aurait aucune chance de s'en sortir. Rien n'était pire que ce moment précis. Un douanier allemand le regardait avec un air particulièrement méfiant. Avait-il des soupçons ? Fritz tenta de maintenir toute la contenance dont il était capable. Il fixa droit dans les yeux l'homme en uniforme, s'efforçant d'adopter un regard aussi froid que possible, tenant sa serviette bien en évidence sous le bras (« surtout ne pas paraître avoir quelque chose à cacher », se disait-il). On lui fit signe de passer.

Même s'il était encore dans la « gare allemande » de Bâle, Fritz se trouvait désormais en Suisse. Il se dirigea vers les toilettes et ferma la porte à double tour derrière lui. Il déchira la première enveloppe, retira les documents qui n'étaient pas destinés à la légation allemande de Berne, et les glissa dans son manteau[39]. L'enveloppe officielle retrouva sa place dans sa serviette. Quant à l'emballage devenu inutile, Fritz le détruisit en y mettant le feu. Il jeta les cendres dans la cuvette des toilettes[40]. Il sortit, prit un taxi pour se rendre de l'autre côté du Rhin, dans la gare suisse de Bâle (Basel SBB), d'où partait le train pour Berne. Avant de monter dans le train, il trouva une cabine téléphonique d'où il se fit mettre en relation avec le « 146 » à Adelboden, le numéro d'Ernst Kocherthaler. Les Américains furent aussitôt prévenus de l'arrivée de « Wood ».

On était le jeudi 7 octobre, tard le soir, quand Fritz arriva à Berne. Son ami Ernst était déjà en ville. Le lendemain matin, après avoir remis le courrier diplomatique à la légation allemande, Fritz et lui se retrouvèrent dans un café, comme la première fois. Ernst fit savoir à Fritz que les Américains avaient attendu impatiemment son retour, et qu'ils désiraient le voir le soir même. « Rendez-vous à 23 h 30, ce soir, sur le pont de Kirchenfeld. Gerald Mayer viendra vous prendre dans sa voiture. Il s'agit d'un véhicule sport de marque Triumph. Vous resterez à l'ombre, au bout du pont, côté sud. Pour vous aider à l'identifier, il allumera ses phares une fois qu'il sera au milieu du pont. Ce sont des phares bleus, à cause du couvre-feu[41]. »

Le soir même, le rendez-vous eut lieu comme prévu. À 23 h 30, Fritz sauta dans la voiture de Gerry Mayer. « Content que vous ayez réussi à revenir ! », lui dit amicalement l'Américain, avant d'ajouter qu'« on allait chez Mr. Douglas ». Fritz admirait la belle Triumph de Gerry Mayer, voulut lui parler de sa Horch dont il avait dû se séparer pour cause de guerre, mais malheureusement l'expédition fut de très courte durée. Après avoir pris quelques petites rues étroites et pavées dans la vieille ville, Mayer engagea sa voiture sur un chemin qui longeait la rivière (l'Aare). La Triumph roulait tous feux éteints, très lentement. Bientôt, elle arriva en contrebas du pont de Kirchenfeld dont on distinguait la silhouette métallique quarante mètres plus haut. Il paraissait d'une hauteur vertigineuse. Mayer arrêta le moteur. À cet endroit précis, très sombre, il y avait peu de passants et il était facile d'échapper aux regards indiscrets[42]. Mayer demanda à Fritz de sortir seul et lui expliqua comment rejoindre la maison de Dulles par le jardin de derrière, grâce à un chemin qui remontait en côte abrupte au milieu d'épais taillis et buissons. « Allez-y seul. Je vous rejoins là-haut tout à l'heure. Vous êtes attendu. »

Herrengasse 23 à Berne. Photo prise vers 1935. L'appartement d'Allen Dulles se trouvait au rez-de-chaussée de la maison. C'est là qu'il recevait ses visiteurs après le couvre-feu. La plupart du temps, Fritz Kolbe venait par le jardin de derrière, caché par d'épais buissons.
© Bibliothèque de la Bourgeoisie de Berne, album Max Keller

Quelques minutes plus tard, Fritz Kolbe se trouvait au 23 de la Herrengasse[43]. Un verre à la main, il savourait ce moment de liberté volée et appréciait le confort très « vieille Angleterre » du salon du rez-de-chaussée. Le principal éclairage de la pièce venait d'un grand feu de cheminée. Allen Dulles – un tisonnier à la main, sa pipe dans l'autre – ranimait régulièrement la flamme et ajoutait des bûches quand il le fallait. Gerald Mayer arriva quelques minutes plus tard. Dulles contemplait le paquet de documents que Fritz venait de déposer sur une table basse. Il y avait là deux cents pages de texte, pour moitié des copies de télégrammes, pour moitié des notes manuscrites rédigées en allemand par Fritz, d'une écriture serrée que seul Ernst Kocherthaler était capable de déchiffrer. Dulles n'avait pas le temps de lire les documents en détail ce soir. Par curiosité, il feuilleta rapidement la « livraison ».

L'ambassadeur du Reich à Paris, Otto Abetz, donnait une liste de Français qu'il suspectait de sympathies pro-alliées et qu'il suggérait de faire arrêter. Depuis l'Espagne, on signalait que les autorités franquistes s'engageaient à effectuer de nouvelles livraisons d'« oranges » à destination de l'Allemagne. Les « oranges », comme devait l'expliquer Fritz un peu plus tard, désignaient le tungstène, matériau stratégique dont l'industrie de l'armement du Reich avait le plus grand besoin[44]. D'Amérique latine, on apprenait que telle ou telle route maritime alliée était menacée par les U-Boote dans l'Atlantique[45]... Dulles était-il intéressé ? Il n'en laissa rien transparaître.

La conversation se poursuivit tard dans la nuit. Plus encore que les documents apportés de Berlin, c'est l'avis de Fritz qui semblait passionner les Américains. On lui posa beaucoup plus de questions encore qu'en août. Il indiqua sur une carte de Berlin quelques sites qui méritaient, selon lui, d'être bombardés. « Cette usine Telefunken est spécialisée dans la fabrication d'instruments de précision pour la Luftwaffe. Là, dans le quartier de Lichterfelde, se trouve la caserne où est établie la Leibstandarte SS[46], la garde personnelle du Führer[47]. »

Fritz eut le temps de revenir assez longuement sur ses motivations, sa famille, ses opinions[48]. Les Américains voulaient accumuler de l'information, mais ils voulaient aussi vérifier si Fritz se contredisait et si ses explications étaient plausibles. Il fut à nouveau question des Oiseaux migrateurs, on reparla longuement de Madrid et du Cap… On fit comprendre à Fritz qu'aucun détail n'était superflu. Dulles et Mayer s'intéressaient à tout, y compris à des détails qui pouvaient paraître futiles. « Où se trouvent les principales usines de chaussures en Allemagne ? » lui demandèrent-ils au cours de la conversation[49].

La vie à Berlin et l'ambiance générale de la capitale du Reich semblaient les passionner tout autant que les révélations de caractère politique ou militaire. Fritz fut invité à parler de ses contacts et de ses amis à Berlin. Il cita naturellement son ami Karl Dumont, du ministère, mais aussi le comte Waldersee, l'officier de la Wehrmacht qu'il avait croisé dans l'entourage du professeur Sauerbruch et avec lequel il avait sympathisé au cours de l'été 1943.

Entre le vendredi 8 octobre et le mardi 12 octobre, date de son départ pour Berlin, Fritz vint plusieurs fois chez Dulles, en employant toutes les astuces possibles pour éviter d'être suivi. Il se glissait furtivement à l'ombre des arcades de la vieille ville, s'engouffrait dans certaines boutiques pourvues d'une porte du fond et multipliait les parcours en zigzag pour arriver, toujours par l'arrière, au 23 de la Herrengasse[50]. La plupart du temps, les rencontres avaient lieu tard le soir. Lors de ses déplacements nocturnes à Berne, Fritz avait son chapeau bien penché sur le front et utilisait un manteau différent de celui qu'il portait dans la journée. Pour éviter d'attirer le moindre soupçon, il acceptait toutes les invitations à dîner de ses collègues de la légation[51]. Dulles et Mayer ne le voyaient jamais arriver avant 23 heures et ne le laissaient pas repartir avant 2 ou 3 heures du matin. Lors de ses visites à Dulles, il venait en compagnie d'Ernst Kocherthaler. Les deux amis avaient cessé de se donner rendez-vous dans la journée, ayant jugé que leur relation pouvait attirer les soupçons[52].

Cette activité nocturne était mauvaise pour la réputation de Fritz. Les tenanciers de l'hôtel Jura le regardaient d'un drôle d'œil. Manifestement, ils se méfiaient de lui. L'hôtel était-il en relation avec la Gestapo ? Pour prévenir toute mauvaise surprise, Fritz décida de se faire passer pour un amateur de parties de jambes en l'air. Lors de ses discussions avec ses collègues de la légation allemande, il parlait volontiers d'un air taquin des « jolies Suissesses, qui n'étaient pas si timides que ça ». Il passa quelques heures, une nuit, dans une maison close de Berne (le café Colombine), à la suite de quoi il prit rendez-vous chez un médecin de Berne spécialiste des maladies vénériennes[53]. À la fin de la consultation, il se fit délivrer une facture qu'il conserva précieusement afin de disposer d'une pièce à conviction dans l'hypothèse d'un futur interrogatoire[54].

Le mardi 12 octobre 1943, Fritz dut repartir pour Berlin. Avant son départ, les Américains s'entendirent avec lui sur les moyens d'améliorer leur collaboration future. Il n'était pas certain que Fritz pût revenir à Berne de sitôt : les missions de courrier diplomatique étaient délivrées au compte-gouttes. Pouvait-on imaginer un moyen de communication sûr et régulier ? Envoyer du courrier à Ernst Kocherthaler, comme Fritz l'avait fait avec sa lettre du 16 septembre, était bien trop dangereux pour tout le monde. « Il faut être beaucoup plus prudent ! » dirent les Américains sur le ton de l'admonestation.

Une idée fut retenue : Fritz pourrait envoyer de temps en temps à une tierce personne basée à Berne un mot parfaitement anodin sur une simple carte postale. Informés par ce signal, les Américains sauraient que le Dr Bur avait rapporté chez lui, à Obernai, du « matériel » fourni par Fritz à Berlin. Un agent des Américains pourrait venir quelques jours plus tard chercher le paquet en Alsace. Cet envoyé se présenterait comme étant « Mr. ou Mme König ». Il fut décidé que la « boîte aux lettres » de Fritz à Berne serait celle du beau-frère de Kocherthaler, Walter Schuepp. Bibliothécaire de métier, Walter Schuepp était, d'après le témoignage de Fritz, un « brave Suisse » sans histoire. Il avait le double avantage de passer parfaitement inaperçu dans le paysage local et d'habiter tout près des bureaux de l'OSS, à Berne (son adresse était Gryphenhübeliweg 19). Même s'il n'était pas vraiment proche de lui, Ernst Kocherthaler avait suffisamment confiance en lui pour l'associer à cette délicate entreprise.

Et si les Américains souhaitaient contacter leur agent à Berlin ? Fritz proposa un scénario : « Il suffit qu'un de vos contacts à Berlin m'appelle à mon bureau (numéro de téléphone : 11.00.13) en se présentant sous le nom de "Georg Merz". Nous prendrons rendez-vous à mon domicile, sur le Ku'damm[55]. » Dulles et Mayer prirent bonne note de cette proposition. Ce que Fritz ignorait, c'est qu'à part lui les Américains n'avaient aucun contact à Berlin. Quand bien même cela aurait-il été le cas, jamais ils n'auraient envoyé un de leurs agents au domicile de Fritz, ne pouvant pas encore affirmer avec certitude s'il était un ami sincère des Alliés ou bien un agent double au service de la Gestapo.

Fritz, lui, était ravi de ces arrangements secrets. Plus il y avait de combines et d'astuces compliquées, plus il était content. Il insista pour qu'on lui fît savoir par certains signaux codés si ses messages avaient été bien reçus. Grâce à ses contacts dans les milieux d'affaires qui circulaient en permanence entre la Suisse et le Reich, Ernst Kocherthaler pouvait faire parvenir à Fritz des colis alimentaires, comme des sardines, du beurre, du café…

Ces colis, proposa Fritz, pourraient être envoyés à intervalles réguliers mais ne comporteraient du café que si les messages de Berlin avaient été bien reçus à Berne. Les Américains et Kocherthaler n'étaient pas enthousiastes mais ils promirent à Fritz de faire comme il le souhaitait.

Avant de partir, « Kaiser » voulut rembourser les 200 francs suisses qui lui avaient été donnés la première fois par Allen Dulles. Pour ce faire, il avait apporté avec lui deux anneaux d'or (sans doute les alliances portées après chacun de ses deux mariages). Il souhaitait les échanger contre de l'argent liquide chez un joaillier de Berne. Les Américains l'en dissuadèrent, lui disant qu'il devait utiliser son temps à des choses plus utiles. Ils acceptèrent néanmoins de garder les deux anneaux en souvenir de lui.

Fritz demanda aux Américains s'ils pouvaient lui donner un revolver, mais Dulles et Mayer estimèrent qu'une arme à feu ne ferait qu'aggraver son cas s'il était pris. « Tant pis, se dit-il, de toute façon j'ai de quoi me débrouiller à Berlin. » Il gardait chez lui, dans un tiroir, un petit revolver rapporté d'Afrique du Sud et comptait bien s'en servir le jour où la Gestapo viendrait l'arrêter[56].

Le retour en train entre Berne et Berlin se passa sans incidents ni alertes aériennes. Parti le jeudi dans l'après-midi, Fritz arriva à Berlin le lendemain matin. Parmi les télégrammes diplomatiques qu'il transportait dans sa serviette, il y avait un texte du chef de la légation allemande en Suisse, Otto Köcher, qui écrivait à Ribbentrop que la neutralité suisse serait préservée envers et contre tout. « La Suisse ne peut pas se ranger du côté de la cause alliée », écrivait-il dans ce télégramme daté du 7 octobre 1943. À Berlin, on savait que les Américains faisaient pression sur la Suisse, dont ils voulaient utiliser les terrains d'aviation pour lancer des raids sur l'Allemagne. Otto Köcher était bien informé : les dirigeants de Berne n'avaient nullement l'intention de se fâcher avec l'Allemagne.

Londres, novembre 1943

Le colonel David K. E. Bruce, chef de l'OSS à Londres, était un multimillionnaire démocrate, fils de sénateur et gendre de Andrew Mellon, le magnat américain de l'acier et ancien secrétaire au Trésor. Toutes les informations en provenance d'Europe passaient par lui et par ses services avant d'être communiquées à la centrale de l'OSS à Washington. À la fin du mois de novembre 1943, David Bruce reçut une note de Norman Holmes Pearson, son collègue responsable du contre-espionnage (X-2) à Londres. Cette note de huit pages était consacrée à Fritz Kolbe (« *Subject : Wood case*[57] »). Il s'agissait d'une synthèse de tout ce qui avait pu être écrit par les Américains et les Anglais depuis le mois d'août sur « George Wood ».

Le texte était bourré d'erreurs, y compris dans l'exposé des faits : « Le 16 août 1943, un individu connu sous le nom de Wood fit son apparition à Genève *[sic]*. Il transportait la valise diplomatique du ministère des Affaires étrangères allemand. [...] Il nous fut présenté par l'intermédiaire d'un Juif allemand nommé Kochenthaler *[sic]*. » Dans ce texte, Fritz Kolbe était présenté comme un « idéaliste romantique et naïf », « n'ayant pas l'air de faire la distinction entre les télégrammes importants et les autres », mais n'essayant pas non plus de « faire porter la discussion sur tel point plutôt qu'un autre ».

La théorie de Claude Dansey, numéro deux des services secrets britanniques, selon laquelle Kolbe aurait été un officier de marine et un agent double dans les années 1920, était reprise comme une hypothèse plausible. Que pouvait-il donc se cacher derrière « George Wood » ? Une tentative allemande pour déchiffrer les messages de l'OSS-Berne ? Pour échapper à ce risque, tout avait été fait pour brouiller les pistes : aucun des télégrammes transmis par

« Wood » n'avait été retranscrit tel quel, ni en allemand ni en anglais, dans les communications entre Berne et Londres. Chaque nom propre avait été transformé, qu'il s'agît d'un nom de personne ou de lieu. « Nous sommes très attentifs au *re-wording* », écrit Dulles dans un de ses courriers secrets à Washington. En vertu de ces précautions élémentaires, le mot *Grand* désignait le ministère allemand des Affaires étrangères, *Porto* désignait une ambassade ou une légation allemande à l'étranger, *Grimm* était mis pour « Allemagne » ou « allemand », *Zulu* était l'équivalent de « Royaume-Uni », *Red* était la France, *Storm* désignait la légation allemande à Berne, *Vinta* était Ribbentrop, *Apple* était Otto Abetz, *Fat boy* était Goering... Hitler n'avait pas de surnom.

Autre hypothèse : « Wood » était au service d'une opération sophistiquée visant à attirer les Américains dans un piège. Il ne serait venu à Berne que pour éveiller l'intérêt des Américains afin de mieux les tromper un peu plus tard. Cela ne pouvait pas être exclu. Mais l'analyse des messages de Wood ne permettait pas de soutenir, pour l'instant, cette hypothèse. « Au contraire, écrivait Pearson, une certaine quantité d'informations intéressantes, d'un point de vue du contre-espionnage, ont été révélées par cette source. »

Fritz Kolbe avait notamment permis d'aider à identifier « Josephine », une mystérieuse « taupe » bien placée à Londres qui livrait des informations de tout premier plan aux Allemands. Grâce à « Wood » et à la machine Ultra[58], les Britanniques identifièrent l'espion, dont ils savaient qu'il était suivi à distance par le bureau de l'Abwehr à Stockholm. Les services secrets britanniques découvrirent que « Josephine » n'était autre que l'attaché naval suédois à Londres, Johann Gabriel Oxenstierna, un diplomate particulièrement bien informé des mouvements et préparatifs de la Royal Navy[59].

Le comte Oxenstierna n'était pas lui-même un agent du Reich, mais son courrier professionnel était lu, au ministère de la Défense à Stockholm, par une secrétaire qui travaillait pour les Allemands. L'agent de liaison de l'Abwehr à Stockholm était un certain Karl-Heinz Krâmer, appelé « Hektor » dans les documents secrets allemands. En septembre 1943, Londres exigea le départ de l'attaché naval auprès des autorités suédoises. Ces dernières réagirent très vivement et mirent plusieurs mois à accéder à cette demande. Finalement, le comte Oxenstierna fut expulsé au printemps de 1944. Un certain nombre de hauts fonctionnaires britanniques, qui avaient été particulièrement bavards dans leurs discussions avec « Josephine », furent rappelés à l'ordre[60].

La crédibilité de Fritz Kolbe fut sans doute renforcée par la découverte de « Josephine ». Pourtant, Claude Dansey avait estimé au début du mois de novembre que les informations de « Wood » n'étaient pas « de nature à modifier le cours de la guerre[61] ». D'autres que lui, à commencer par Allen Dulles, se montraient moins catégoriques. Fritz Kolbe avait permis aux Américains de faire pression sur l'Irlande afin qu'elle mît un terme aux activités d'espionnage allemandes sur son sol. Les autorités de Dublin avaient été incitées à confisquer un émetteur radio clandestin dont Kolbe avait révélé l'existence[62]. Et puis Kolbe permettait de vérifier l'impact de certains bombardements alliés sur les grandes villes allemandes. Un exemple : les raids des 2 et 3 octobre 1943. Résultat : « chantiers navals durement touchés à Emden », « à Munich, IG Farben a été durement touchée, ainsi que Dynamit AG, Allgemeine Transport Gesellschaft, Metzeler Gummi Werke […] mais aussi les abattoirs et la gare centrale », « à Kassel, les usines Junkers n'ont pas été touchées[63] ».

Afin de déterminer si « Wood » était digne de confiance, chacun des textes qui venaient de lui était passé à la loupe par les services de l'OSS à Londres. Les dossiers étaient transmis à Washington avec de longs commentaires. Paragraphe par paragraphe, mot par mot, tout était passé au crible en fonction d'un stock d'informations glanées par d'autres sources. « Le paragraphe 1 est probable mais peu vérifiable », « le paragraphe 2 a été vérifié, son contenu est vrai », « le paragraphe 3 est correct[64] », etc. Si les Alliés n'excluaient toujours pas la théorie du piège, ils en doutaient néanmoins de plus en plus. Rien dans l'attitude de « Wood » ne permettait de déceler un comportement suspect. Dans l'hypothèse d'une opération de manipulation, il y avait lieu de parler de « la stratégie la plus élaborée, et de très loin, qui ait été mise en œuvre jusqu'ici par les Allemands », écrivait Norman Pearson dans son mémorandum du 23 novembre 1943.

Les motivations de « Wood » semblaient être purement individuelles. « Au total, pouvait-on lire dans ce document, Wood pense peut-être qu'après la défaite allemande, il pourra faire l'objet d'une certaine considération de la part des vainqueurs. Ceci est indépendant de la question de savoir s'il agit ou non en raison des idéaux qu'il professe et du refus de sa part de recevoir le moindre argent pour ses services. » La conclusion était terrible : « On sait bien la façon dont se comportent les rats sur les navires qui sont en train de couler. »

9

Les « dossiers Kappa »

Ankara, octobre 1943

« Quand on est un gentleman, on ne lit pas le courrier destiné à autrui », avait dit le secrétaire d'État américain Henry Stimson en 1929. Ce dédain fondamental pour l'espionnage était très répandu dans les milieux diplomatiques anglo-saxons. Sir Hughe Knatchbull-Hugessen, ambassadeur britannique en Turquie (depuis 1939) et diplomate de la vieille école, partageait cette façon de penser. Le renseignement était banni de son horizon de travail et il ne voulait pas en entendre parler. Cette indifférence confinait à de la négligence. Il avait un domestique albanais du nom d'Elyesa Bazna. Il ne fit faire aucune enquête approfondie sur ce personnage venu de nulle part, sans se douter qu'il était en train d'embaucher un dangereux espion à la solde de l'Allemagne[1].

À la fin du mois d'octobre 1943, Bazna décida de prendre contact avec les Allemands pour leur proposer des documents secrets en provenance de l'ambassade britannique. Bazna avait réussi à subtiliser la clé du coffre personnel de l'ambassadeur Knatchbull-Hugessen pendant que ce dernier dormait. Il en avait fait faire un double et avait pu ainsi mettre la main sur des pièces confidentielles de la plus haute importance. Il pensa immédiatement en faire profiter les ennemis de l'Angleterre contre espèces sonnantes et trébuchantes. Le soir du mardi 26 octobre, il se rendit à l'ambassade allemande (boulevard Atatürk). Il y rencontra Ludwig Moyzisch, un ancien journaliste viennois qui avait officiellement le titre d'attaché commercial mais qui était en fait un agent permanent des services de renseignement. Au cours de leur entretien, Bazna s'exprima en français et prétendit s'appeler « Pierre » Il disait haïr les Anglais qui avaient jadis « tué son père ». Proposant contre de l'argent des documents d'une « qualité exceptionnelle », il n'avait toutefois rien à montrer dans l'immédiat. Les sommes demandées étaient faramineuses (vingt mille livres britanniques pour deux rouleaux photographiques non développés). « Pierre » donna deux jours de réflexion à Moyzisch en lui faisant comprendre qu'il n'hésiterait pas à chercher un meilleur client – par exemple les Soviétiques – en cas de refus de la part des Allemands.

Moyzisch, quelque peu sceptique, fit part de cette offre étonnante à l'ambassadeur, Franz von Papen, qui était grand amateur d'intrigues en tous genres et qui croyait, lui, aux vertus combinées de l'espionnage et de la diplomatie[2]. En raison de l'ampleur de cette affaire, von Papen en référa directement au ministre Ribbentrop, à Berlin, qui confia le dossier à son collaborateur Horst Wagner, l'homme de liaison entre le ministère et la SS. Très vite, le dossier fut confié à Walter Schellenberg, patron de l'espionnage extérieur[3]. Ce dernier décida de payer une première somme de vingt mille livres « pour voir », et ne fut pas déçu du résultat. La première « livraison » du domestique albanais contenait beaucoup de détails sur les conversations au plus haut niveau entre dirigeants britanniques et turcs. Ces négociations portaient sur une question hautement stratégique : la Turquie allait-elle enfin abandonner sa neutralité de fait ? Allait-elle basculer dans le camp des Alliés, et si oui à quel prix[4] ? Son intérêt stratégique était de rester en dehors de la guerre même si elle rêvait secrètement d'une double défaite : celle des Soviétiques d'abord, puis celle de l'Allemagne nazie.

L'ambassadeur von Papen put s'appuyer sur les documents photographiques du valet albanais pour tenter de déjouer les manœuvres anglo-saxonnes. Ayant toujours une longueur d'avance grâce aux informations de son espion, il était en mesure d'exercer des pressions très ciblées sur les autorités turques afin de les forcer à maintenir leur neutralité. Il décida d'appeler « Cicéron » cet espion exceptionnel, en raison du caractère particulièrement éloquent du matériel fourni. À Berlin, Walter Schellenberg espérait utiliser Cicéron pour déchiffrer les codes secrets anglais. Le 4 novembre 1943, un avion venu de Berlin atterrit à Ankara avec une somme de deux cent mille livres sterling à bord. Ce trésor devait servir à payer l'espion pendant plusieurs mois. Il s'avéra bien plus tard qu'il s'agissait de billets de contrefaçon, fabriqués avec un grand savoir-faire par une officine secrète des services d'espionnage du Reich.

Au cours de l'automne 1943 et de l'hiver 1943-1944, Cicéron livra énormément d'informations extrêmement précieuses aux Allemands. L'ambassadeur von Papen considérait qu'il s'agissait d'une source de tout premier plan et l'utilisait quotidiennement pour alimenter ses télégrammes diplomatiques à destination de Berlin. Il informa Hitler en personne de l'existence du dossier Cicéron au cours d'une entrevue qu'il eut avec lui durant le mois de novembre 1943. Mais le ministre Ribbentrop, qui détestait von Papen en qui il voyait un rival, avait tout intérêt à minimiser l'importance de cette affaire. « Trop beau pour être vrai », estimait pour sa part Ernst Kaltenbrunner, le chef des services secrets allemands[5]. Un piège n'était pas à exclure... Il n'est donc pas certain qu'à Berlin on ait tiré tout le parti possible des informations livrées par l'espion d'Ankara.

Pourtant, Cicéron avait de quoi nourrir la curiosité des dirigeants du Reich. Il livra notamment des comptes rendus assez détaillés des grandes conférences au sommet du camp allié (Le Caire et Téhéran, novembre et décembre 1943), à propos desquelles les dirigeants turcs savaient beaucoup de choses grâce à leurs contacts étroits avec les Britanniques. Grâce à Cicéron, les dirigeants allemands pouvaient apercevoir les grandes lignes du jeu diplomatique de leurs ennemis : Churchill voulait ouvrir un front en Europe du Sud-Est, en essayant (sans y parvenir) d'inclure la Turquie dans une vaste offensive méditerranéenne contre l'Allemagne. Les Américains ne partageaient pas cette vision. Roosevelt se désintéressait relativement de la Turquie et se concentrait sur l'invasion du continent européen par la Grande-Bretagne. En dépit de quelques divergences de vues non négligeables, la détermination des Alliés à écraser les forces de l'Axe était totale. Ceux des dirigeants allemands qui prêtaient attention aux révélations de Cicéron ne pouvaient se faire aucune illusion là-dessus. « Les documents de Cicéron décrivaient avec clarté le destin qui attendait l'Allemagne », écrivit Franz von Papen dans ses Mémoires d'après-guerre[6]. « Je tremblais d'émotion au spectacle des vastes perspectives historiques ouvertes devant moi par ces documents volés », écrivit Ludwig Moyzisch bien des années après les événements.

Berne, décembre 1943

Les Alliés apprirent l'existence de l'espion d'Ankara grâce à « George Wood ». La première mention de Cicéron dans un document allié fit suite à une nouvelle visite de Fritz Kolbe à Berne, qui eut lieu pendant les fêtes de Noël.

De Berlin, Kolbe apportait aux Américains une série de télégrammes dont une partie provenait de l'ambassade allemande à Ankara. Parmi ces documents transmis à Washington par Allen Dulles, plusieurs mentionnaient l'existence de Cicéron.

Le 29 décembre, l'OSS Berne envoya à la centrale de Washington un message chiffré qui mentionnait le nom de Cicéron, sans aucune précision sur la nature de cette source mystérieuse[7]. Quelques jours plus tard, dans un télégramme du 1er janvier 1944, Allen Dulles donnait des précisions à ses collègues de Washington, en évoquant une série de documents qui étaient « considérés par *Milit* [l'ambassadeur von Papen] comme ayant une grande valeur » et qui avaient été « apparemment recueillis à l'ambassade *zulu* [britannique] par une source désignée comme Cicéron »[8]. Ces éléments avaient immédiatement été transmis, ajoutait Dulles, aux services de renseignement britanniques basés en Suisse (désignés par le chiffre 521 en langage OSS), afin qu'ils soient transmis à Londres.

En apprenant le contenu des informations livrées par Cicéron, les responsables du renseignement allié eurent froid dans le dos : l'espion avait confié à ses contacts allemands une liste de documents préparés par l'« ambassadeur zulu » (autrement dit sir Hughe Knatchbull-Hugessen) en vue de la seconde conférence du Caire (début décembre 1943), conférence au cours de laquelle avait été discutée, sans succès, l'entrée de la Turquie dans la guerre aux côtés des Alliés. Également inclus dans les « livraisons » de l'espion d'Ankara : un mémorandum daté du 7 octobre 1943, intitulé *Évaluation à long terme des relations turco-britanniques*. Toutes les mesures prises par les Anglais auprès de la Turquie pour favoriser son entrée en guerre étaient exposées en détail. Ces éléments ultra-confidentiels avaient été transmis par von Papen au ministère des Affaires étrangères à Berlin (*Grand*), entre le 3 et le 5 novembre 1943.

Qui était Cicéron ? Que savaient vraiment les Allemands grâce à lui ? Au cours des premières semaines de 1944, ces deux questions remontèrent au plus haut niveau du commandement allié. Mais les Britanniques furent lents à réagir. Ils attendirent la fin du mois de janvier pour demander à Dulles de solliciter son agent de Berlin afin qu'il livre d'autres éléments d'information en provenance de la « source dite Cicéron[9] ». Presque un mois plus tard, ils sollicitèrent d'autres précisions sur l'heure exacte des télégrammes du mois de novembre[10].

Trop tard : à cette date, Fritz Kolbe n'était pas joignable. On ne pouvait guère l'interroger à distance. Dans les messages qu'il continuait à faire parvenir à Berne, il n'était pas en mesure de livrer aux Américains l'identité réelle de l'espion d'Ankara. Le 10 janvier 1944, l'OSS Berne informa Londres et Washington que « Wood ignorait l'identité de Cicéron[11] ». Quelques semaines plus tard, à la fin du mois de février 1944, Dulles écrivit que « Wood n'avait pas le moyen de savoir qui était Cicéron ni d'où venaient ses informations sur les conférences du Caire et de Téhéran ». Wood suggérait cependant que la fuite pouvait venir d'un « secrétaire privé d'origine albanaise » au service du président turc Inönü[12]. Bien qu'assez proches de la réalité, ces éléments ne permirent pas d'identifier l'espion.

Sentant l'étau se resserrer autour de lui, Elyesa Bazna quitta de lui-même son poste en mars 1944. Depuis la mi-janvier 1944, les Britanniques cherchaient activement l'origine de la fuite[13]. Au moment même où Allen Dulles avait informé Washington et Londres de l'existence d'une « taupe » au sein de l'ambassade britannique à Ankara – au tout début du mois de janvier 1944 –, l'ambassadeur Knatchbull-Hugessen avait appris par ses interlocuteurs turcs que von Papen « en savait trop pour être honnête ».

Deux agents du contre-espionnage britannique furent envoyés à Ankara pour effectuer une enquête dans son entourage. À Berne, Allen Dulles leur avait demandé d'être discrets et de faire comme si cette visite était une inspection de routine. Son souci était de protéger sa source, Fritz Kolbe, qui pouvait être identifiée par les Allemands en cas de démantèlement du réseau. Les deux agents britanniques durent également ménager la grande susceptibilité de l'ambassadeur britannique qui ne comprenait pas qu'on pût soupçonner son ambassade. Les détectives interrogèrent Elyeza Bazna mais le trouvèrent trop stupide et trop peu à l'aise en anglais pour le considérer comme suspect…

L'affaire Cicéron aurait pu être un désastre si la fuite n'avait pas été découverte à temps grâce à « George Wood ». « Rien n'indique que les Allemands aient obtenu grâce à Cicéron la moindre information sur le projet de débarquement en Europe, sinon peut-être le nom de code de l'opération : *Overlord* », écrivit Allen Dulles après la guerre[14].

Berlin, décembre 1943

Après sa visite du mois d'octobre à Berne, Fritz ne pensait pas qu'il pourrait retourner à Berne avant longtemps. Allen Dulles, lui non plus, ne s'attendait pas à le revoir. Il avait été convenu que Fritz ferait désormais passer ce qu'il savait par l'intermédiaire de son ami le chirurgien alsacien Albert Bur. Ce moyen de transmission compliqué, reliant Berlin à Berne en passant par l'Alsace, ne fut sans doute jamais utilisé.

À Berlin, c'était le chaos. Les bombardements étaient de plus en plus terribles. La fin du mois de novembre fut particulièrement dure, avec des milliers de morts, plus de deux cent mille personnes sans abri et des dizaines de milliers de bâtiments détruits. Les quartiers du centre de la ville, l'Alexanderplatz et Charlottenburg (le quartier où habitait Kolbe) furent les plus gravement touchés. Les gares furent l'une des cibles privilégiées des « forteresses volantes ». Même le zoo fut atteint. Une bombe tomba en plein sur le pavillon des crocodiles dans la nuit du 23 au 24 novembre. On murmurait que des animaux sauvages erraient dans les rues de la ville.

Le ministère des Affaires étrangères fut la cible de plusieurs raids destructeurs. Seuls les bureaux du premier étage pouvaient encore être utilisés. Cet hiver-là, certains lustres du ministère se mirent à ressembler à des fontaines[15]. Les tapis étaient imbibés d'eau. Des cartons étaient cloués aux fenêtres en guise de vitres. Il faisait froid. Les diplomates travaillaient en manteau. Certains départements du ministère furent évacués vers la Silésie[16]. Mais la plupart des directeurs restèrent à Berlin. Fritz Kolbe, du coup, resta lui aussi dans la capitale du Reich.

L'hôpital de la Charité, où vivait Maria Fritsch, n'était pas sorti indemne de ce déluge de feu. « Toutes les vitres étaient cassées, se souvient le chirurgien Adolphe Jung dans ses notes du mois de décembre 1943. La plupart des cadres des fenêtres et des portes, arrachés. Les rideaux et les toiles de camouflage des fenêtres, arrachés aussi. Les armoires, ouvertes et renversées. Les plâtres, tombés des plafonds et des murs. Un fort vent chargé de fumée et de suie soufflait à travers les corridors et chambres ouvertes de tous les côtés. [...] Tous les malades étaient dans les caves. Les pièces servant de lingerie ou de réserves furent vidées et les lits des malades y furent disposés. De longues rangées de lits se trouvaient dans les corridors, hommes, femmes, soldats, pêle-mêle[17]. »

De plus en plus, les biens et les services de base commençaient à faire défaut. La vie ne cessait d'être rythmée par les collectes au profit de la collectivité : tissus, vieux papiers, chaussures, matériaux en tous genres, et y compris les animaux (notamment les chiens, réquisitionnés pour l'armée). Le charbon se faisait rare[18]. Interdiction de faire couler de l'eau pendant les attaques aériennes. Elle devait rester en réserve pour combattre le feu. Mais ce n'était pas toujours suffisant : « Çà et là une pompe à eau, servie par des soldats ou les pompiers, projetait des jets d'eau sur les maisons, écrit Adolphe Jung. L'eau était fournie par la Spree au moyen de longs tuyaux qui plongeaient dans le fleuve, car, bien entendu, les canalisations ordinaires, moins d'une heure après les bombardements, n'avaient plus aucune pression. C'était à peine si, dans les caves, on pouvait obtenir une petite quantité d'eau. »

La vie de Fritz Kolbe et de ses proches amis se passait à moitié dans les abris. Une « vie de bunker », comme il le dit lui-même à propos de ces nuits de l'hiver 1943 passées dans des sous-sols à l'air vicié. Il fallait ne jamais se séparer de son paquet de défense passive[19] au contenu strictement défini par l'administration : une valise contenant des habits, du linge de rechange, des produits d'entretien pour les chaussures, un nécessaire de couture, du savon et un paquet de biscottes par personne, une boîte de lait, du sucre, des flocons d'avoine, une bouteille d'eau, une petite casserole, des couverts et des allumettes… Un viatique bien dérisoire. De toute façon les abris n'offraient qu'une sécurité toute relative : « Des cas de mort brutale ont été signalés lorsque l'abri, dehors, a été touché par une bombe sans qu'il y ait de dégât à l'intérieur. Certaines personnes seraient tombées, saignant du nez et de la bouche et mourant de fracture du crâne. Il s'agit du contrecoup transmis directement à la tête appuyée contre la paroi du bunker », se souvient Adolphe Jung.

Les Berlinois finissaient par vivre au jour le jour, dans la perspective d'une mort prochaine. La vie, cependant, continuait bon an mal an. Le professeur Sauerbruch et ses amis de la Société du mercredi continuaient de se réunir pour débattre de divers sujets une ou deux fois par mois. Outre une intervention remarquée du physicien Werner Heisenberg sur « L'évolution du concept de réalité en physique » (30 juin 1943), l'année 1943 fut marquée par un exposé de l'ancien ambassadeur à Rome Ulrich von Hassell[20] sur « La personnalité du roi Alexandre de Yougoslavie » (15 décembre 1943). Les membres du club appréciaient plus que jamais l'ambiance amicale de leurs réunions. Un soir, chez Sauerbruch, l'austère Ulrich von Hassell monta même sur une table en titubant un peu et se mit à chanter de vieux refrains d'étudiants[21]...

On commençait à observer un peu partout un net relâchement des contraintes sociales. Après l'été 1943, avec les départs massifs des familles à la campagne, Berlin était devenue une ville de célibataires. De soirées bien arrosées en flirts de passage, les hommes avaient décidé de profiter de la vie. « Si leurs femmes savaient ! » écrivait la journaliste Ursula von Kardorff dans ses « Carnets berlinois[22] ». L'argent n'avait plus beaucoup d'importance, jamais les pourboires n'avaient été aussi généreux dans les cafés ou les restaurants encore ouverts. Le centre de cette vie mondaine un peu décadente était l'hôtel Adlon, tout près de la porte de Brandebourg. Par ailleurs, une nombreuse population étrangère donnait un nouveau visage à la capitale du Reich. Le travail forcé amenait des gens de toute l'Europe pour remplacer les Allemands partis au front. De l'ouvrier au médecin, tous les métiers étaient représentés. Berlin était en train de devenir une sorte de « melting pot » involontaire.

Les dirigeants du Reich ne savaient plus quoi inventer pour mobiliser les esprits dans un engagement « fanatique » en vue de la « victoire finale ». En décembre, une directive de Goebbels demanda aux journalistes de bannir le mot « catastrophe » de leur vocabulaire[23].

Berne, fin décembre 1943

Pendant ce temps, à Washington et à Londres, « George Wood » commençait à se faire désirer. Certains responsables des services secrets souhaitaient poser à l'agent de Berlin des questions sur tel ou tel point précis. Mais Dulles faisait régulièrement savoir à ses collègues de l'OSS qu'on ne pouvait pas adresser de demandes à « 805 » sans mettre sa vie en danger. « À moins qu'il revienne nous voir, ce qui est peu probable », écrivit-il à ses collègues de Washington[24]. De son côté, Fritz enrageait de ne pouvoir communiquer régulièrement à Berne tout ce qui lui passait entre les mains[25].

Soudain, une lettre écrite le 18 décembre 1943 informa les Américains de l'arrivée prochaine de leur ami de Berlin. Comme il en avait été convenu au mois d'octobre, le message fut adressé sous la forme d'un courrier anodin à Walter Schuepp, le beau-frère d'Ernst Kocherthaler. « Cher Walter, je voulais vous dire que nous sommes encore en vie malgré le dernier bombardement. À part quelques fenêtres cassées, il ne nous est rien arrivé. J'en profite pour vous dire que je serai vraisemblablement chez vous le 27 décembre. Gardez donc un morceau de l'oie de Noël pour moi ! Saluez bien Ernesto et les siens. Joyeux Noël[26] ! » Cette lettre, signée « Georges » *(sic)*, avait été écrite par Fritz à Berlin, puis confiée à un courrier diplomatique en mission à Berne (d'où le cachet de la poste suisse du 21 décembre). Une fois arrivée à destination, elle fut transmise par Walter Schuepp à Ernst Kocherthaler, qui envoya immédiatement un télégramme à Gerald Mayer : « J'ai entendu dire qu'un ami qui vient de loin sera probablement à Berne le 27 […]. J'espère que vous serez disponible pour que nous puissions parler de nos affaires. »

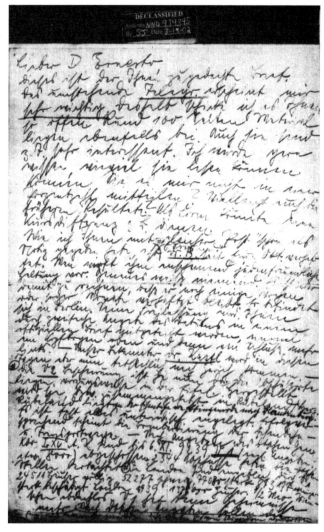

Une lettre manuscrite envoyée par Fritz à Ernst Kocherthaler
(« Dr. Ernesto »), 1944.
© Archives nationales américaines. National Archives and Records
Administration (NARA). College Park, Maryland. Record Group
226. Entry 210

Fritz avait réussi à obtenir une mission en Suisse. C'était sa troisième visite à Berne depuis le mois d'août[27]. En raison des fêtes de fin d'année, il n'y avait pas d'autre candidat que lui pour se rendre là-bas. Ce faisant, il rendait service à Fräulein von Heimerdinger, à qui il avoua qu'il allait « discuter avec des cercles d'émigrants allemands en Suisse », ne cherchant plus à justifier son voyage par les formalités de son divorce. La seule difficulté fut de motiver cette nouvelle absence auprès de son chef, Karl Ritter. Ce dernier finit par remplir l'ordre de mission et demanda à Fritz de lui rapporter une bonne boîte de cigares du Brésil, qu'il lui paya comme d'habitude par avance[28]. Fritz mit deux jours pour faire le trajet entre Berlin et Berne. La gare d'Anhalt avait été bombardée : le bâtiment tenait toujours debout mais toutes les voies ferrées étaient détruites. Il fallait se rendre à Potsdam pour prendre le train.

Fritz resta à Berne pendant la période des fêtes. Chaque nuit, il voyait les Américains pendant de longues heures. C'est à l'occasion de ce voyage qu'il donna à Allen Dulles les télégrammes de von Papen faisant allusion à Cicéron. Et bien d'autres choses encore... Jamais Allen Dulles et Gerald Mayer n'avaient eu à traiter autant d'informations d'un seul coup. Fritz avait apporté plus de deux cents documents, non seulement des copies de télégrammes mais également des notes manuscrites que seul Ernst Kocherthaler était en mesure de déchiffrer.

Au cours de cette troisième rencontre avec Kolbe, les Américains recueillirent des éléments de toute nature. Nuit après nuit, Fritz déroulait un tapis roulant d'informations. Les révélations à caractère militaire étaient particulièrement intéressantes. Kolbe indiqua l'emplacement d'une usine Junkers où étaient assemblés les moteurs du nouveau Messerschmitt 262[29], le premier avion à réaction de la Luftwaffe (à Dessau, au sud de Berlin). Il donna également l'un des lieux où étaient stockées les nouvelles fusées secrètes allemandes. Fritz Kolbe ignorait le nom de ces armes mais le professeur Sauerbruch lui avait parlé d'un site où il avait vu des rampes de lancement dirigées vers l'Angleterre, au cours d'un déplacement en Belgique[30]. Il s'agissait sans doute d'Helfaut-Wizernes, près de Saint-Omer, dans le nord de la France rattaché à la Belgique. La position fut bombardée quelques semaines plus tard (à partir du samedi 11 mars 1944 jusqu'au 1er septembre 1944), sans qu'on puisse dire si les informations de Fritz avaient aidé à l'identification de la cible.

Fritz Kolbe était bien informé sur le résultat des bombardements alliés les plus récents en Allemagne et en Europe. Il parla longuement des ruines de Berlin et décrivit la vie quotidienne dans la capitale du Reich. Il révéla que les champs pétroliers de Ploesti, en Roumanie, avaient repris leur activité après avoir été durement bombardés en août 1943[31]. Il parla aussi des atrocités commises dans les pays occupés. Un télégramme d'Athènes, daté du 2 janvier 1944, révélait par exemple qu'à titre de représailles contre la résistance, tous les habitants mâles du village de Kalavrita (Péloponnèse) avaient été massacrés, y compris les jeunes garçons[32].

Les informations les plus riches de Kolbe concernaient les relations internationales du Reich, en particulier ses liens avec les membres de l'Axe ou autres pays neutres proches de l'Allemagne, comme l'Espagne ou le Portugal. Cette Europe-là, on le percevait bien à la lecture des dépêches de Berlin, commençait à se disloquer et ne tenait plus que par la force. Même la peur des Soviétiques n'était plus un ciment suffisant.

À propos de l'Italie, les télégrammes apportés par Fritz dessinaient l'image d'un pays défait, déchiré, livré à la main de fer des nazis (le Nord et la capitale étaient occupés par la Wehrmacht depuis septembre 1943). Une dépêche faisait état de récentes discussions à Belluno, dans les

Alpes italiennes, entre Mussolini et Rudolf Rahn, ambassadeur allemand à Rome. « Le Duce, y était-il dit, critique sévèrement la politique de la terre brûlée mise en œuvre par les Allemands, et souligne que les Italiens risquent de ne pas avoir envie de se battre auprès d'eux dans ces conditions[33]. »

Sur l'Espagne, une dépêche livrait en quelques mots l'état des relations entre les deux pays : « Franco souhaite la victoire de l'Allemagne mais aimerait avoir plus de précisions sur les développements du front[34]. » Certes, l'Espagne continuait à livrer des matériaux stratégiques à l'Allemagne – une dépêche donnait le tonnage du tungstène livré de l'Espagne à l'Allemagne entre janvier et septembre 1943 (plus de sept cents tonnes)[35]. Ces exportations étaient déguisées en « livraisons de sardines », parfois on parlait de « livraisons d'oranges », un peu plus tard il serait question de « livraisons de plomb »… Mais les ministres de Franco n'étaient pas tous d'accord sur la poursuite de ces exportations et certains commençaient à penser qu'il fallait basculer du côté des Alliés. À la même date, le baron Oswald von Hoyningen-Huene, envoyé du Reich à Lisbonne, avertissait Berlin que le Portugal avait l'intention de faire monter les prix de ses matières premières (du tungstène, surtout) à destination de l'Allemagne[36].

Les Américains furent sans doute un peu déçus que Fritz ait apporté si peu de chose en provenance du Japon. Mais, il y avait un télégramme intéressant émanant de Tokyo, daté du 20 décembre 1943, dans lequel l'ambassadeur du Reich au pays du Soleil levant rapportait avoir entendu dire que Staline avait des problèmes de santé (« asthme cardiaque ») et que ses médecins « lui conseillaient de se reposer »[37].

Les hésitations des pays d'Europe centrale alliés de Berlin apparaissaient en pleine lumière. Tout d'un coup, grâce à Kolbe, on pouvait apercevoir le délitement progressif des alliances hitlériennes, préalable à une reprise en main directe par les autorités du Reich. La Bulgarie et la Roumanie semblaient être les premières à vouloir changer de camp. Sofia, 29 octobre 1943 : « L'état d'esprit de la population bulgare empire beaucoup. » Bucarest, novembre 1943 : « La situation en Roumanie devient grave. Les armes fournies par l'Allemagne restent dans le pays et ne sont pas utilisées dans la lutte contre la Russie. » Les indices d'un détachement progressif de chacun de ces pays alliés s'accumulaient dans la presse (on n'y attaquait plus Staline, la propagande de guerre s'affaiblissait et on traitait mieux les Juifs, d'après les documents apportés par Kolbe). À propos de la Hongrie, Fritz livra des rapports plus ambigus. « La Hongrie reste fermement du côté du Reich. Que peuvent nous offrir les Américains ? Garantir nos frontières[38] ? » expliquait le colonel Otto Hatz, un haut responsable des services de renseignement hongrois, à la mi-décembre.

Beaucoup de documents concernaient la France. Fritz Kolbe donnait à voir, quasiment au jour le jour, la grave crise de confiance de l'automne 1943 entre Vichy et le Reich, qui allait déboucher sur une mainmise renforcée de Berlin sur le régime et la création progressive d'un « État milicien »[39]. À la fin du mois d'octobre 1943, l'ambassadeur allemand à Paris Otto Abetz révélait à Ribbentrop que Pétain cherchait à prendre des contacts du côté des Alliés. L'entourage direct du Maréchal faisait l'objet d'une méfiance redoublée de la part des Allemands[40]. À l'inverse, Pierre Laval avait la confiance des autorités allemandes et cherchait en permanence le soutien de Berlin dans ses luttes d'influence contre Pétain[41]. D'ailleurs, il se proposait de « nettoyer » lui-même le petit cercle des amis du Maréchal, dans une conversation avec Roland Krug von Nidda, le représentant d'Otto Abetz à Vichy (27 octobre 1943)[42]. Un autre télégramme signé Otto

Abetz, le 3 décembre, s'interrogeait sur les possibilités de forcer Pétain à la démission sans heurter de front l'opinion publique française. Pourquoi pas, interrogeait Abetz, « accuser le Maréchal de favoriser la stagnation et d'incarner la trahison des intérêts français dans le contexte de la nouvelle Europe[43] » ?

Abetz, toujours, le 14 décembre 1943 : « La misère croissante des masses ouvrières françaises fait craindre un basculement progressif vers le communisme. » 16 décembre 1943 : « Doriot pourrait entrer au gouvernement, mais n'accepte de le faire que s'il en prend la tête. » Le 19 décembre, une dépêche faisait le bilan statistique des attentats commis par la Résistance française. Les chiffres faisaient apparaître une progression continue[44].

Et puis il y avait ce document étonnant, daté du 24 décembre 1943 : une liste de trente-cinq personnalités françaises que la Gestapo proposait de faire arrêter sans toutefois parvenir à ses fins, « les diverses autorités allemandes n'ayant pas réussi à se mettre d'accord » sur ces arrestations. Du coup, Otto Abetz décidait d'envoyer la liste à Berlin pour recevoir des instructions définitives de son ministère. La liste, présentée dans l'ordre alphabétique, ne comportait aucun nom d'homme politique, à part celui d'un ancien ministre, Lucien Lamoureux[45], qualifié de « radical-socialiste actif » mais défendu par les autorités militaires allemandes contre la Gestapo. Étaient surtout visés les maires d'un certain nombre de villes de France qualifiés d'« opposants à la collaboration », de « gaullistes pro-juifs », voire de « francs-maçons » ou même de « membres du Rotary Club »... Les maires de Caen, Rennes, Rouen, Poitiers, Abbeville, Lunéville, Versailles, Fontainebleau, Chartres, Pontivy... et même de Vichy étaient soupçonnés. Ou encore certains préfets (Alpes-Maritimes, Hérault, Calvados). Mais à chaque fois l'ambassadeur Otto Abetz ou les autorités militaires d'occupation soulignaient qu'il n'y avait « pas d'éléments à charge » et refusaient d'autoriser les arrestations. Il y avait aussi des personnalités importantes du monde financier, comme Henri Ardant[46], l'influent président de la Société générale (la Gestapo dénonçait son « attitude anti-allemande », mais les autorités militaires le défendaient) ou Yves Bréart de Boisanger[47], gouverneur de la Banque de France (qualifié d'« illoyal » par la Gestapo mais Hans-Richard Hemmen, délégué du Reich pour les questions économiques et financières auprès des autorités françaises, s'opposait à son arrestation). Il y avait aussi plusieurs comédiens : Jean-Louis Barrault, Marie Bell, Béatrice Bretty[48] (« l'ambassade émet des réserves, car politiquement sans importance ; très appréciés en tant qu'artistes »), et des personnalités du monde intellectuel comme l'éditeur Jean Fayard, que l'ambassade défendait car il avait « publié des livres favorables au national-socialisme avant la guerre ». Finalement, la rédaction de cette « liste noire » resta sans suite. La faiblesse des accusations, la concurrence entre les différentes autorités occupantes et la complexité des réseaux de protection furent plus fortes que la Gestapo[49].

Berne/Berlin, début janvier 1944

Grâce aux fêtes de fin d'année, Fritz était resté une semaine entière à Berne. Il retourna à Berlin le dimanche 2 janvier. Plus tard, en parlant de ce voyage, il se souviendrait être rentré chez lui dans un état de fatigue avancé, « pas du tout reposé ni ayant repris des forces, mais blême de fatigue, n'ayant pas dormi pendant plusieurs nuits, et toujours un peu nerveux[50] ». Ce dernier adjectif est un euphémisme : à chaque retour en Allemagne, Fritz était terrorisé à l'idée d'être cueilli par la Gestapo à sa descente du train. Mais, cette fois-ci encore, il put rentrer chez lui comme si de rien n'était[51].

À Berne, les Américains croulaient sous le travail. Toutes les nuits entre Noël et le Nouvel An avaient été passées à discuter avec Kolbe. Pendant la journée, Allen Dulles et Gerald Mayer rédigeaient des synthèses qu'ils confiaient ensuite à leur équipe technique spécialisée dans le chiffrement. Dulles faisait plusieurs rapports à Washington après chacune de ses conversations avec « Wood ». Il utilisait certains éléments généraux d'analyse pour alimenter ses conversations téléphoniques avec la centrale de Washington, qui avaient lieu tous les soirs sous forme de « flashs » d'information. Les télégraphes crépitaient jour et nuit. À partir des « télégrammes secrets du Reich » (*geheime Reichssachen*) apportés par Fritz, on élaborait des messages Kappa[52] à l'intention de Londres et Washington. Une fois sur place, ils seraient retravaillés et résumés pour prendre le nom de « série Boston ». Comme d'habitude, les experts de l'OSS Berne devaient être particulièrement attentifs à maquiller tous les noms propres. Von Papen devenait *Milit* et Şükrü Saracoğlu, le premier ministre turc, *Harem*. Numan Menemencioğlu, le ministre des Affaires étrangères, était *Penni*. Quant à Otto Köcher, envoyé du Reich à Berne, il s'appelait *Lomax* et la Suisse était désignée par *Rasho*... L'OSS Berne, pendant une période qui alla de Noël à la moitié du mois de janvier, tourna à plein régime. Il lui fallait au moins deux semaines, après chaque visite de Kolbe, pour traiter l'ensemble des documents qu'il avait apportés.

Pour faire parvenir les pièces de « George Wood » à Londres et à Washington, les Américains disposaient depuis l'automne 1943 d'un nouveau moyen de communication. Certes, le télégraphe restait l'instrument de transmission privilégié – il n'y avait rien de plus rapide et de plus sûr. Mais depuis la libération de la Corse[53], en octobre, les troupes alliées n'étaient plus très loin de la Suisse et les contacts de l'OSS dans la Résistance française permettaient d'assurer une transmission des documents par Genève, Lyon, Marseille et Calvi ou Bastia. Ce système était utile pour faire transiter des copies de documents originaux ou des cartes. Les dossiers étaient d'abord microfilmés. Puis le précieux petit colis était remis à un conducteur de locomotive du train assurant la liaison entre Genève et Lyon. Le cheminot plaçait le paquet dans une petite trappe au-dessus de la chaudière, prêt à le détruire rapidement en cas de visite inopinée de la Gestapo. À Lyon, un « ami » réceptionnait le pli et le transportait jusqu'à Marseille à bicyclette. De là, un bateau de pêche l'emportait vers la Corse, d'où il était mis à bord d'un avion pour Alger, puis Londres ou Washington. Entre le départ et l'arrivée du colis, il s'écoulait dix à douze jours[54].

La quantité et la qualité des documents fournis par « George Wood » au cours de cette visite de Noël accrurent considérablement sa crédibilité. Avant même le départ de Fritz pour Berlin, Allen Dulles avait pris la plume pour faire le bilan de leur troisième rencontre. « Désormais je suis persuadé de la bonne foi de Wood et je suis prêt à engager ma réputation sur le fait que ces documents sont authentiques. J'appuie mes conclusions sur des indices intrinsèques aux documents (*internal evidence*) et sur la nature même des pièces fournies », écrivait-il le 29 décembre 1943 à ses interlocuteurs réguliers de l'OSS[55]. À Washington aussi, on commençait à se persuader de la bonne foi de l'agent de Berlin. « Apparemment authentique et de plus en plus intéressant », disait-on désormais dans l'entourage du général Donovan (télégramme envoyé par la centrale de Washington au bureau de l'OSS de Londres, 7 janvier 1944).

Le 10 janvier, le directeur de l'OSS décida de faire parvenir les quatorze premiers télégrammes Kappa/Boston au président Roosevelt[56]. À dossier ultra-confidentiel, diffusion très restreinte : il y avait une copie pour la Maison Blanche, une autre pour le Département d'État, une pour le Département de la Guerre et une pour la Marine. Et puis quelques morceaux choisis pour tel ou tel département de l'OSS, surtout le contre-espionnage (X-2), mais aussi le département de la recherche et des analyses (R&A). Quelques fragments étaient communiqués aux services de renseignement de l'armée (G2). Au total, une petite dizaine de personnes seulement étaient tenues informées des révélations de « George Wood[57] ».

Berlin/Berne, février-mars 1944

Impossible pour Fritz de retourner en Suisse après le long séjour de Noël. Trop d'absences auraient été remarquées. Pour contourner la difficulté, il s'approcha d'un collègue qui avait eu la chance, en ce début 1944, d'être placé sur une liste de courriers réguliers pour Berne. Membre du parti nazi, Willy Pohle présentait toutes les qualités requises pour cette fonction[58]. Mais Fritz lui faisait confiance, sachant pouvoir lui remettre sans aucune crainte sa correspondance personnelle. Fritz osa même lui dire, comme il l'avait déjà confié à Mlle von Heimerdinger, qu'il souhaitait informer certains « milieux d'émigrés allemands en Suisse » de ce qui se passait vraiment en Allemagne. Willy Pohle accepta bien volontiers de lui rendre service. Après tout, ce genre de petit geste était courant au sein du ministère. Fritz sut se montrer reconnaissant. Il pria son collègue de se rendre personnellement chez Walter Schuepp, à Berne (Gryphenhübeliweg 19), pour y retirer une somme de cinquante francs suisses « due par un ami » (sans lui dire, évidemment, que c'était un reste des deux cents francs offerts par Dulles). Fritz proposa à Pohle d'utiliser une partie de cet argent pour ses dépenses personnelles et d'acheter des cigares avec le reste, afin de pouvoir en offrir à Karl Ritter[59].

Le professeur Sauerbruch, lui aussi, avait l'occasion de se rendre de temps en temps en Suisse pour des conférences ou des interventions chirurgicales. La plupart du temps, il se rendait à Zurich. Quand cette occasion se présentait – et ce fut le cas par exemple à la mi-février 1944 –, Fritz lui demandait de poster une lettre adressée à Walter Schuepp. L'explication qu'il donnait au chirurgien était la même que celle qu'il avait fournie à Pohle : il disait entretenir des liens réguliers avec des « cercles d'Allemands émigrés ». Fritz n'aurait jamais osé dire la vérité au chirurgien[60].

« Si jamais vous êtes en contact avec Sauerbruch, ne lui dites rien. Il serait profondément choqué », écrivit Fritz dans un courrier qu'il fit passer aux Américains par Ernst Kocherthaler vers le milieu du mois de février 1944. Suivait une lettre de huit pages rédigée d'une écriture très serrée, et qui n'était accompagnée d'aucune copie ni d'aucun document original[61]. Une fois de plus Ernst Kocherthaler fut sollicité pour déchiffrer le message. Il s'agissait d'un texte un peu bizarre : deux interlocuteurs imaginaires échangeaient leurs impressions sur l'issue prochaine de la guerre et faisaient un tour d'horizon assez large de la situation mondiale. Leurs propos étaient alimentés par des informations tirées des télégrammes diplomatiques sélectionnés par Fritz. Fritz avait sans doute voulu s'amuser en utilisant le registre de la fiction littéraire. Si le but avait été de camoufler la nature de son message, ce n'était pas très prudent : une missive comme celle-là, si elle avait été ouverte, l'aurait conduit à l'échafaud. « Je traversais bien des nuits blanches quand le "matériel" était en chemin », avouera Fritz après la guerre[62]. La lettre s'achevait brusquement avec ces mots : « Je dois m'arrêter là. Dommage ! À quoi bon tous ces bombardements ? »

À Berne, cette lettre plongea Allen Dulles dans l'embarras et la perplexité : « Il est difficile de faire la part des choses entre les documents du ministère des Affaires étrangères et les opinions personnelles de Wood », écrivait-il le 21 février à ses collègues de Washington. Quelques jours plus tard, Dulles précisait que « la lettre de Wood a sans doute été écrite pendant un raid aérien et dans la précipitation. Ne vous étonnez pas s'il y a des incohérences[63] ».

En dépit de ces quelques bémols, Allen Dulles réussit à tirer du texte de Fritz une série d'éclairages intéressants sur certains dossiers très sensibles. Des agents allemands stationnés en Irlande livraient une série d'observations précises sur une série de sites militaires en Angleterre (aérodromes, usines d'armement, dépôts de munitions...). D'autres passages faisaient état d'un renforcement du Mur de l'Atlantique en France. Il apparaissait clairement que les préparatifs d'une vaste opération d'invasion du continent, « entre avril et juin 1944[64] », étaient connus des Allemands. Mais les dirigeants du Reich ignoraient le lieu du futur débarquement (« on parle de la Hollande », rapportaient les espions basés en Irlande[65]), et rien n'indiquait qu'ils en connaissaient la date.

Ce n'était pas tout. Pour la première fois, Fritz donnait des informations concernant le Japon (*Scarlet* dans les télégrammes Kappa) à partir d'éléments recueillis par l'ambassade allemande à Tokyo. Il révélait notamment que Tokyo encourageait en sous-main ses alliés de Berlin à faire la paix avec Moscou. Il transmettait aussi des informations sur certaines positions japonaises dans le Pacifique (Nouvelle-Angleterre, Birmanie, Nouvelle-Guinée).

Au début du mois de mars, une nouvelle carte postale de Fritz arriva à l'OSS Berne par le circuit diplomatique habituel. Elle représentait un bouquet de narcisses assorti de quelques bourgeons printaniers. À première vue, il s'agissait d'un chaleureux message d'anniversaire adressé à Walter

Schuepp. Mais ce dernier était né un 28 avril. Or, la carte avait été écrite le 22 février. Fritz avait été particulièrement précoce ! En fait, ces vœux comportaient un message caché. Un assemblage de lettres apparemment incohérent avait été tapé sur le bord droit de la carte : *D xzrfgx aqh ADX Thfokf tlhjlnlva hcy Htvkpz Alml Gsyfji Oxsuch Wkmybdcebzp*. S'agissait-il d'une faute de frappe ? Fritz présentait ses excuses. « Un enfant s'était amusé à taper à la machine » juste au moment où la carte allait être envoyée, et Fritz ajoutait « ne pas avoir d'autre carte sous la main, hélas »[66].

Cette formule étrange fut déchiffrée par les Américains grâce au code dont Fritz leur avait donné la clé lors d'un de ses précédents passages à Berne. Le message était le suivant : « Un certain Yolland, de l'OWI, est en train de négocier sa défection avec le consul Wolff, à Ankara. » Fritz n'avait pas même pris la peine de glisser la carte dans une enveloppe. Il était confiant dans le caractère indéchiffrable de son code secret personnel[67]. Il avait raison. La carte arriva à destination sans susciter le moindre soupçon. Elle avait été postée de Berne, comme d'habitude, par Willy Pohle ou un autre collègue de Fritz en mission auprès de la légation allemande en Suisse[68].

Désormais, le courrier de Fritz arrivait régulièrement à Berne. Sa correspondance pouvait être dissimulée dans une paire de chaussures ou un vêtement, mais les envois arrivaient toujours chez le beau-frère de Ernst Kocherthaler par la valise diplomatique. Une nouvelle lettre arriva bientôt chez Walter Schuepp (elle avait été écrite le 6 mars 1944), avec, une fois de plus, des dizaines d'extraits de télégrammes confidentiels. « Pauvres de vous qui devez lire tout cela ! Je n'ai laissé passer aucune occasion de recueillir des informations, et j'en ai eu beaucoup », écrivait Fritz. Parmi les quelques « perles » de cette livraison printanière, les Américains trouvèrent le résumé d'une conversation entre l'envoyé allemand à Berne Otto Köcher et Marcel

Un bouquet de narcisses assorti de quelques bourgeons printaniers. Cette carte postale codée fut envoyée en mars 1944 par Fritz Kolbe à Walter Schuepp, beau-frère de Ernst Kocherthaler, à l'intention de l'OSS. Le message caché se présentait comme un assemblage de lettres apparemment incohérent tapé au revers de la carte. « Un enfant s'était amusé à taper à la machine », expliquait Fritz. En fait, le message codé révélait qu'un agent américain à Ankara était en train de faire défection et qu'il allait passer sous la protection du Reich.
© Archives nationales américaines. National Archives and Records Administration (NARA). College Park, Maryland. Record Group 226. Entry 210

Pilet-Golaz, le chef de la diplomatie suisse. Ce dernier considérait comme probable, en cas d'échec de l'invasion alliée, un « accord anglo-allemand » visant à empêcher l'installation d'un régime soviétique en Allemagne[69]. Numan Menemencioğlu, le ministre turc des Affaires étrangères, exprimait exactement la même opinion (d'après un télégramme du 12 février 1944 en provenance d'Ankara).

Fritz Kolbe relayait certaines rumeurs faisant état de tensions entre les Alliés. Dans un courrier arrivé en février[70], il avait révélé que la diplomatie allemande s'intéressait à l'attitude antisoviétique d'un certain « Dallas », homme clé de la légation américaine à Berne. Il s'agissait d'Allen Dulles. Les propos de ce dernier sur l'« excès de puissance soviétique » étaient arrivés à l'oreille d'Otto Abetz par Jean Jardin, ancien directeur de cabinet de Pierre Laval en poste à Berne depuis l'automne 1943[71]. Par ailleurs, dans sa lettre du 6 mars, Fritz croyait savoir, à partir d'un récent télégramme de von Papen, que Roosevelt avait été extrêmement critique à l'égard de Staline lors de la conférence de Téhéran (28 novembre au 1er décembre, première rencontre au sommet de Roosevelt, Churchill et Staline). Les milieux diplomatiques allemands semblaient ne pas exclure le scénario d'une rupture entre Américains et Russes, préalable à une « paix de compromis » entre les Allemands et les Anglo-Saxons.

En se faisant le relais de telles informations, Fritz avait-il des intentions politiques et agissait-il pour le compte d'un haut dirigeant de Berlin souhaitant demeurer dans l'anonymat ? À l'OSS, on se posait naturellement ce genre de questions. Certains télégrammes communiqués par Fritz pouvaient passer pour des messages politiques déguisés, tel celui du 2 janvier 1944, écrit par l'envoyé allemand à Bucarest Manfred Freiherr von Killinger. Ce dernier transmettait, d'après une source roumaine en poste à Rome, que « le Pape était hautement perturbé par le comportement des Britanniques et des Américains en Italie, qui serait selon lui susceptible de faire basculer ce pays dans le bolchevisme ».

Toutefois, la lettre du 6 mars avait de quoi rassurer les Américains sur la bonne foi de « Wood ». Fritz avait glissé une seconde enveloppe à l'intérieur de la première et sur laquelle on pouvait lire ceci : « confidentiel/ pour Ernesto ». Elle contenait quatre pages rédigées en tout petits caractères. En les lisant avec une loupe, les Américains découvrirent une liste complète des hommes du contre-espionnage allemand (l'Abwehr) en Suisse[72]. Déjà assez bien informés sur ce sujet, ils purent croiser ces informations très précieuses avec ce qu'ils savaient par ailleurs, et connaître l'organigramme à peu près complet des agents ennemis qui évoluaient dans leur environnement immédiat. Le plus intéressant, sans doute, était une information glanée par Fritz selon laquelle les Allemands ignoraient l'existence du bureau de l'OSS à Berne. À Berlin, on pensait que la centrale des renseignements américains en Suisse se trouvait à Zurich[73].

Pour faire plaisir à Fritz et le remercier de son aide, les Américains lui répondirent en suivant un code précis qui avait été défini par lui. Ils firent envoyer à Berlin une carte de montagne, postée de la station de ski de Parsenn près de Davos. Le message était le suivant : « J'ai réussi à faire trois sauts à ski. Comme tu le sais, je ne suis pas un débutant. Il fait beau. » Les « trois sauts réussis » signifiaient que les Américains avaient bien reçu les trois derniers courriers de Fritz. « Je ne suis pas un débutant », voulait dire qu'ils avaient réussi à décrypter sa carte postale du 22 février. « Il fait beau » : les informations avaient été utiles. C'était la plus belle carte postale que Fritz ait jamais reçue[74].

10

Malentendus à répétition

Washington, janvier-mars 1944

Bien que le président Roosevelt, en janvier 1944, ait reçu certains télégrammes envoyés par Kolbe, l'espion de Berlin continue de faire l'objet d'une forte suspicion dans les milieux du renseignement américain. « Les messages Kappa sont probablement authentiques. Mais bien que notre enquête ne permette pas de prouver le bien-fondé de nos doutes, nous pensons que tout ceci ressemble fort à l'amorce d'un remarquable coup monté », écrivent encore, le 22 janvier 1944, les experts du département Secret Intelligence (SI) de l'OSS[1]. Si cette façon de voir s'impose aussi durablement à Washington, c'est que les Alliés font eux-mêmes un grand usage du subterfuge et du leurre (*deception*) dans leur guerre contre l'Allemagne.

Le 28 janvier 1944, la centrale de l'OSS de Washington veut tester les connaissances du mystérieux agent de Berlin. Elle envoie à son bureau de Berne un étrange message qui ressemble à un jeu de devinettes. « Quelles sont les relations actuelles entre Himmler et Ribbentrop ? Est-ce que l'organisation d'Himmler recueille du renseignement à caractère politique ? Si tel est le cas, quel est le nom des agences chargées de ce travail ? [...] Est-ce que les services d'espionnage de l'Auswärtiges Amt et ceux du

Sicherheitsdienst travaillent en coordination ? [...] Quelle est la différence entre la Gestapo (*Geheime Staatspolizei*) et le SD (*Sicherheitsdienst*) ? Essayez de demander à Wood de répondre à toutes ces questions. En ce qui nous concerne, nous connaissons les réponses[2]. »

Allen W. Dulles ne tient pas compte de ce curieux questionnaire et jette immédiatement ce document grotesque dans sa corbeille à papier[3]. Progressivement, il se lasse de toute cette méfiance et s'impatiente devant le scepticisme de ses collègues de Washington. Mais les esprits n'évoluent guère à la centrale de l'OSS, bien au contraire. Les obstacles à la diffusion du matériel de Fritz Kolbe s'accumulent. Au fil du temps, l'agence dirigée par le général Donovan devient un appareil de moins en moins souple et les experts en espionnage étendent leur pouvoir, parfois bureaucratique et tatillon, sur la plupart des opérations en cours. À partir de la fin de 1943, l'OSS demande systématiquement l'avis des services de renseignement de l'armée (Military Intelligence Service, ou MIS) avant d'autoriser la diffusion des papiers Kappa/Boston auprès des décideurs de Washington. Or, les professionnels de l'« intelligence » militaire sont encore plus circonspects que leurs collègues de l'OSS. Ils confient le dossier à leur département spécialisé dans le décryptage des messages ennemis (Special Branch), placé sous l'autorité du colonel Alfred McCormack, ancien avocat de Chicago[4]. Les hommes du colonel McCormack ont les moyens d'entrecroiser d'énormes quantités de communications allemandes interceptées partout dans le monde et bénéficient d'un accès privilégié aux très précieuses informations des Britanniques (glanées par le système « Ultra »). Pendant plusieurs mois, le colonel McCormack et ses assistants travaillent avec un sérieux et une précision d'entomologistes sur le matériel Kappa. Ils lisent et relisent, paragraphe par paragraphe, tous les télégrammes qui leur sont confiés par l'OSS. Des centaines de documents sont étudiés et passés au crible. Résultat : la distribution des documents est considérablement freinée.

À partir du mois de février 1944, les informations de « Wood » ne circulent plus hors d'un circuit très fermé, limité au monde du renseignement et du contre-espionnage[5]. Le président Roosevelt cesse d'être informé du contenu des *Boston Reports*. Au niveau politique, seul le secrétaire d'État adjoint Adolf Berle continue à figurer sur la liste des récipiendaires. Adolf Berle est un brillant économiste proche de Roosevelt, chargé de coordonner tous les « dossiers spéciaux », mais il est avant tout en charge des problèmes de l'Amérique latine. On peut se demander s'il est le mieux placé pour appréhender le contenu du matériel fourni par Kolbe.

À force de chercher une faille dans les documents de « George Wood », le colonel McCormack finit par en trouver une. « Voilà quelque chose qui sent mauvais [*It's a bad fish*] », dit-il à la lecture d'un télégramme diplomatique allemand en provenance de Rome, reçu de Berne à la fin du mois de février 1944[6]. Ce document fait mention d'un décret du maréchal Kesselring, commandant en chef de la Wehrmacht pour tout le Sud-Ouest de l'Europe. Le texte en est le suivant : « En cas d'évacuation de Rome, il faudra démolir toutes les centrales électriques à l'exception de celles qui alimentent le Vatican, toutes les voies ferrées et les usines extérieures à la ville, tous les ponts sur le Tibre sans exception, y compris les canalisations de gaz et d'eau qui passent par ces ponts. » En lisant ce télégramme, Alfred McCormack pense immédiatement qu'il s'agit d'un faux. Il estime que les Allemands ont tout intérêt à faire passer ce genre d'informations aux Alliés afin de ralentir leur ardeur guerrière dans la campagne d'Italie en cours. Il constate que d'autres éléments d'information en provenance d'Italie contredisent la teneur de ce message. Enfin, il juge que le maréchal Kesselring n'a pas les compétences nécessaires pour prendre une décision aussi lourde de conséquences. L'ordre de destruction (même partielle) d'une ville comme Rome devrait logiquement venir du Führer et de lui seul. Les Britanniques, interrogés par McCormack, trouvent eux aussi ce message suspect.

Du coup, pendant de longs mois encore, tout ce qui vient de « George Wood » est lu avec une prudence redoublée. À Washington ou à Londres, on est encore et toujours dans l'attente d'un piège. Dans une note interne du 24 mars 1944, un expert de l'OSS explique que « les *Boston Reports* ne sont pas authentifiés, et que leur utilité est avant tout valable pour le contre-espionnage ». Au même moment, cependant, Washington adresse une demande à Allen Dulles : sa source ne pourrait-elle pas fournir des éléments d'informations sur le Japon et l'Extrême-Orient[7] ?

La requête de Washington est un appel à l'aide. Pendant toute la durée de la guerre, le réseau d'espionnage américain en Asie demeure très faible. Il n'y a pas l'équivalent d'un Fritz Kolbe à Tokyo et Washington ne dispose d'aucune « taupe » dans la haute administration japonaise[8]. Allen Dulles est sans doute satisfait de constater qu'on fait appel à lui, l'homme de Berne, pour récolter des données à l'échelle planétaire. Mais comment transmettre la commande à Fritz Kolbe, à Berlin ? Il décide de lui faire parvenir un message par carte postale. Un classique paysage de montagne, une fois de plus, fera parfaitement l'affaire. La signature est féminine. Le message en allemand, au dos de la carte, est suffisamment anodin pour ne pas attirer la suspicion des censeurs. « Une de mes amies possède une boutique à Berne. Elle vendait des babioles japonaises avant la guerre. Les affaires marchaient bien. Mais elle ne trouve plus de quoi alimenter son stock pour satisfaire la demande des clients. Est-ce qu'il y aurait moyen de se fournir à Berlin ? Avec les liens particuliers entre le

Reich et le Japon, peut-être qu'on peut encore trouver ce genre de bibelots en Allemagne ? Dis-le moi vite ! » En recevant cette carte postée de Zurich, Fritz comprend immédiatement de quoi il s'agit et commence à rassembler des télégrammes en provenance de Tokyo. Il les range soigneusement dans son coffre-fort pour les transmettre à Berne dès qu'une occasion se présentera[9].

Berlin, mars 1944

La scène se passe aux alentours du mois de mars 1944. On ne sait pas très bien si Fritz Kolbe, cet après-midi-là, se trouve chez lui ou bien à l'hôpital de la Charité, dans l'appartement de Maria Fritsch qui lui sert de refuge privilégié. Toujours est-il qu'il n'est pas au ministère. Ses collègues l'ont vu travailler entre huit heures et midi, comme tous les matins, mais il a quitté son bureau au moment de la pause déjeuner, invoquant un léger malaise pour avoir l'autorisation de sortir pendant quelques heures. Il a emporté avec lui, dans sa serviette, un mémorandum confidentiel sur la Hongrie dont il compte faire un résumé pour les Américains. Le document a été rédigé par les services d'Heinrich Himmler. Il s'agit d'un argumentaire détaillé sur les activités anti-allemandes de Miklós Kállay, le premier ministre de Hongrie[10]. Le Reichsführer SS a envoyé ce dossier à Ribbentrop. Tout naturellement, l'enveloppe (classée *geheime Reichssache*) s'est retrouvée chez Karl Ritter, qui l'a confiée à Fritz Kolbe pour archivage. Ce n'est pas la première fois que Fritz ose prendre le risque de sortir des documents de la Wilhelmstrasse. En travaillant à la maison ou chez Maria, il se concentre mieux pour étudier des textes importants. Naturellement, cela lui est strictement interdit. S'il était surpris hors du ministère en possession de dossiers secrets, il serait immédiatement livré à la Gestapo. Mais personne ne contrôle jamais le contenu de sa serviette.

Le rapport de la SS sur la Hongrie illustre les craintes du régime hitlérien à l'égard des pays satellites du Reich. Depuis l'hiver 1942-1943 et la déroute de la Deuxième Armée hongroise sur le Don, Budapest est en proie au doute. « Le moindre soldat hongrois comprend qu'on lui demande de se sacrifier pour des intérêts qui ne sont pas les siens [...]. Si une nation commence à se libérer du joug haï, l'ensemble du dispositif va craquer », écrit Ruth Andreas-Friedrich dans son Journal à la date du 22 mars 1944[11].

Depuis l'été 1943, les autorités de Budapest cherchent à secouer le joug de leur alliance avec Berlin. Elles refusent de se conformer systématiquement aux ordres. Les mesures anti-juives ne sont que mollement suivies, une presse relativement indépendante continue de paraître, certains partis d'opposition ne sont pas interdits... Mais, surtout, les dirigeants hongrois multiplient les contacts secrets avec les Alliés. À Ankara, à Berne ou à Lisbonne, des envoyés de Miklós Kállay discutent avec les représentants diplomatiques de Londres et Washington. À partir de la deuxième moitié de 1943, Hitler fait constamment pression sur l'amiral Horthy pour qu'il change de premier ministre.

Ces éléments, et bien d'autres, figurent dans le dossier que Fritz extrait du ministère ce matin-là. Il pense avoir tout loisir d'étudier le mémorandum à l'abri des regards indiscrets. Mais alors qu'il travaille dans une chambre où il croit avoir la paix, le téléphone sonne. Au bout du fil, un collègue lui parle sur un ton affolé : « Où est le dossier Kállay ? Ribbentrop se rend tout à l'heure à une réunion avec Himmler. Il a besoin de ce papier tout de suite. » Kolbe répond que le fameux dossier est dans son coffre-fort personnel, à l'Auswärtiges Amt. Il est seul à en détenir la clé. Curieusement, il garde son sang-froid (après coup, il s'étonnera lui-même de n'avoir pas cédé à la panique). Il revient au ministère en courant. Au bout d'un quart d'heure, il est de retour, essoufflé, sa sacoche à la main. Il monte quatre à quatre les escaliers et pénètre en trombe dans son bureau. Là, il parvient à faire semblant de sortir le document de son coffre et le tend enfin à un collègue qui se tient près de lui et trépigne d'impatience. Il apprend, quelques minutes plus tard, que Karl Ritter, furieux, se répand depuis une heure en vociférations violentes contre ses collaborateurs et frôle la crise de nerfs à cause de cet incident[12].

Le « dossier Kállay » ne parviendra pas entre les mains de l'OSS. Dommage, car Fritz sait que les Américains de Berne sont vivement intéressés par tout ce qui concerne l'évolution des États alliés de l'Allemagne. Il leur a livré déjà, depuis la fin de 1943, des informations de première importance concernant la Hongrie. Grâce à Fritz, les Américains savent que les Allemands sont au courant de certaines de leurs conversations secrètes avec des envoyés du gouvernement Kállay. Pendant la dernière semaine de 1943, Adolf Beckerle, envoyé allemand à Sofia, a transmis à Berlin un rapport de l'Abwehr faisant état de propos très confidentiels tenus par un lieutenant-colonel des services secrets hongrois bien connu des services secrets à Washington. L'homme s'appelle Otto Hatz. Il a raconté aux Allemands le contenu intégral de ses discussions avec un diplomate américain à Istanbul. Le document est parvenu entre les mains de l'OSS par les bons soins de Fritz[13]. À Washington, on découvre ainsi que certains interlocuteurs hongrois des États-Unis mènent un double jeu. Beckerle parle de ce lieutenant-colonel Hatz comme d'un « homme de confiance », résolument « pro-allemand ». Dans un télégramme Kappa envoyé à Washington à la fin du mois de décembre 1943, les responsables de l'OSS de

Berne soulignent que *Trude* (Otto Hatz) est « peut-être en train de se moquer de nous[14] ».

Ces informations de tout premier plan ne sont pas utilisées comme elles devraient l'être et les Américains se laissent prendre dans un piège aux terribles conséquences[15]. Le 16 mars 1944, une équipe de trois espions américains, équipée d'un émetteur radio, est parachutée clandestinement en Hongrie pour préparer un renversement d'alliance (l'opération, baptisée *Sparrow*, est télécommandée depuis l'OSS Berne). Mais les trois agents sont capturés peu après leur arrivée sur le territoire hongrois et envoyés à Berlin pour y être interrogés[16]. Furieux des tractations secrètes de certains milieux dirigeants de Budapest avec les Alliés, Hitler a décidé de frapper un grand coup. Le 19 mars 1944, l'Allemagne envahit la Hongrie et met un terme à toute velléité d'émancipation du pays. À la place du gouvernement Kállay, un pouvoir collaborationniste est mis en place sous la direction du général Dôme Sztójay. L'homme fort de la Hongrie est désormais un Allemand de l'Auswärtiges Amt, le ministre plénipotentiaire et SS Brigadeführer Edmund Veesenmayer, diplomate de carrière spécialisé dans les basses œuvres du régime (en poste dans les Balkans à partir de 1941, il a été chargé d'éliminer les Juifs de Serbie).

Hitler savait que les dirigeants hongrois étaient en discussion avec les Alliés. C'est ce qui a motivé sa décision d'envahir la Hongrie. Les Américains, eux, savaient grâce à Kolbe que les Allemands suivaient de près leurs négociations avec le gouvernement Kállay. Mais ils n'ont pas pris de précautions pour neutraliser le lieutenant-colonel Hatz. S'ils avaient tenu compte des informations de « George Wood », peut-être auraient-ils évité à la Hongrie un sort funeste : à partir de la fin mars 1944, le pays est placé sous la coupe de la SS. Un impitoyable appareil de répression se met en place. Les opposants sont envoyés en camp de concentration. La déportation systématique de la population juive commence.

Après l'occupation du pays par l'Allemagne, les Américains continuent d'être très bien informés, par Fritz Kolbe, de ce qui se passe en Hongrie. À l'Auswärtiges Amt, l'ambassadeur Karl Ritter est l'interlocuteur privilégié d'Edmund Veesenmayer, proconsul du Reich dans la capitale hongroise[17]. Mais on dirait que tout cela ne sert à rien. À Washington, « George Wood » n'est pas encore considéré comme une source sûre à 100 %.

Au début du printemps 1944, à Berlin, tout le monde savoure un certain répit dans les bombardements alliés. À la fin du mois de mars, Fritz apprend qu'il va bientôt obtenir une mission pour Berne. La perspective de reprendre contact avec les Américains le remplit tout à la fois d'enthousiasme et d'inquiétude. Depuis quelques semaines, les contrôles à la frontière ont été renforcés. Les dirigeants nazis se méfient plus que jamais des personnes en contact avec l'étranger en général (et avec les pays neutres en particulier). Ils savent, par leurs services de renseignement, que des « fuites » provenant du quartier général d'Hitler se répandent dans les pays neutres[18]. Heureusement pour Fritz, personne n'a l'idée de le soupçonner lui en particulier. Mais il n'est pas rare, désormais, que les courriers diplomatiques soient soumis à une fouille corporelle au passage à la frontière. Parfois, ils doivent même exposer le contenu de leur serviette.

Fritz craint que ses voyages à Berne aient attiré l'attention de la Gestapo. Toujours très bien informé, le chirurgien Ferdinand Sauerbruch a averti Fritz que le chef du protocole de l'Auswärtiges Amt, Alexander von Dörnberg, s'intéresse à ses allées et venues en Suisse[19]. « Quelque chose est dans l'air », se dit Fritz avec un mauvais pressentiment. Intuition d'autant plus fondée qu'il est désormais introduit dans un cercle de résistance active...

Pour la première fois, il participe à des réunions clandestines fréquentées par des hommes d'influence. Il voit de plus en plus souvent le comte Alfred von Waldersee, ancien commandant dans la Wehrmacht, antinazi, qui est en train de se reconvertir dans les affaires grâce à ses liens familiaux dans la Ruhr. Il a fait la connaissance, grâce à Ernst Kocherthaler, de Walter Bauer, une personnalité résolument disposée à agir, proche de Carl Goerdeler[20].

Walter Bauer, économiste et intellectuel, est un ancien élève de Husserl et Heidegger à l'université de Fribourg. Il a été responsable d'une grande compagnie charbonnière de Prague contrôlée par une famille juive[21]. Au moment de l'« aryanisation » de l'entreprise, les nazis lui ont proposé d'en devenir le patron mais il a refusé et a démissionné de ses fonctions. Devenu indépendant, il est demeuré actif dans l'industrie mais il passe beaucoup de son temps dans les milieux de l'Église protestante opposés au régime. Fritz l'admire beaucoup. C'est quelqu'un qui s'est fait tout seul. Il a passé le baccalauréat en cours du soir après avoir été formé, comme Fritz, à l'école des mouvements de jeunesse. Les deux hommes ont à peu près le même âge.

L'appartement de Walter Bauer, au numéro 28 de l'avenue Unter den Linden, sert de lieu de rencontres et de discussions. Fritz est très souvent présent là-bas. Ceux qui fréquentent cette adresse ne sont pas des anonymes : on y croise Goerdeler, Dietrich Bonhoeffer et d'autres personnalités éminentes de l'antinazisme chrétien. Fritz n'a pas de contact direct avec ces grandes figures de l'époque mais il apprend à les identifier[22]. Sans doute ne se sent-il pas toujours à l'aise au milieu de cette communauté intellectuelle habituée aux débats de haute volée. C'est ainsi qu'il choisit de rester en marge de la Société du mercredi devant laquelle il a le privilège d'être invité à s'exprimer en 1944 par le professeur Sauerbruch. « Ces gens-là m'intimident ! » dit-il pour s'excuser auprès du chirurgien. Ce qu'il ne dit pas à Sauerbruch, c'est qu'il trouve que les membres de la Société du mercredi sont « trop vieux » à son goût[23].

Pourtant Fritz se sent parfaitement à l'aise avec un homme de soixante-dix ans, Paul Löbe, grande figure du SPD et incarnation vivante de la République de Weimar[24]. Les circonstances de la rencontre sont impossibles à préciser (sans doute en janvier 1944, peut-être chez Walter Bauer, peut-être chez des amis du milieu social-démocrate d'avant-guerre...). Paul Löbe a été le dernier président du Reichstag démocratique. Remplacé au perchoir de l'assemblée par Hermann Göring en 1932, il a été envoyé dans un camp de concentration de Silésie au moment de l'arrivée au pouvoir des nazis. Maltraité, torturé, il a finalement été relâché au bout de quelques mois de détention. Ancien ouvrier typographe, il survit avec trois cents marks par mois (le tiers du traitement de Fritz) en occupant des fonctions de correcteur chez un éditeur berlinois. Fritz est impressionné par la simplicité de Löbe, une personnalité éminente restée proche du peuple et qui sait travailler de ses mains. Même s'il est impossible de préciser si les deux hommes se rencontrent souvent et s'ils ont des discussions approfondies, Fritz le considère comme un proche, mieux : comme un frère d'armes[25].

Berne, printemps 1944

Partout en Europe, en ce printemps de 1944, on commence à réfléchir aux contours de l'Allemagne post-hitlérienne. À Berlin, autour de Ludwig Beck, Carl Goerdeler, Julius Leber et de quelques autres, un programme de gouvernement se met en place et l'organigramme d'une future équipe gouvernementale existe déjà sur le papier. À Berne, les Américains de l'OSS se livrent au même genre d'exercice. Une liste de personnalités allemandes susceptibles de se voir confier un rôle de premier plan après la chute du nazisme a été préparée par Allen Dulles à l'intention de ses supérieurs hiérarchiques de Washington[26]. Sont évoqués les noms de diverses figures exilées en Suisse. La plupart sont des références démocratiques incontestables comme Otto Braun, ancien ministre-président social-démocrate de la Prusse ou l'économiste libéral Wilhelm Röpke. Mais on trouve aussi le nom d'un informateur de l'OSS comme Hans-Bernd Gisevius, vice-consul du Reich à Zurich, ancien de la Gestapo devenu antinazi convaincu au sein de l'Abwehr. S'il avait connu l'existence de cette liste, Fritz Kolbe n'aurait sans doute pas trouvé anormal d'y figurer, mais son nom ne s'y trouve pas.

Dans le milieu des Allemands exilés en Suisse, on bouillonne d'idées et on multiplie les projets d'avenir. Ernst Kocherthaler, par exemple, noircit beaucoup de papier pendant cette période. De sa propre initiative, il rédige à l'intention d'Allen Dulles une série de notes de synthèse sur les priorités de l'après-guerre. Comment dénazifier l'Allemagne ? Il faudra avant tout, dit-il, « créer des universités démocratiques » et aider les Allemands à repousser l'attrait du communisme, sachant que « seule une minorité d'entre eux comprend l'individualisme de la civilisation occidentale[27] ». Kocherthaler écrit aussi sur les problèmes économiques de l'Europe et du monde au lendemain du conflit. Il suggère qu'on s'oriente vers la création d'un « gouvernement économique mondial » agissant « dans un esprit de coopération plutôt que de compétition ».

Au cours de cette période, Ernst Kocherthaler envoie à Allen Dulles un mémorandum intitulé « La question juive dans l'Europe de l'après-guerre[28] ». Voici ce qu'il écrit : « En ce printemps 1944, la plupart des Juifs d'Europe ont été tués ou ont émigré loin d'Europe. Entre 3 et 5 millions ont été exterminés. En Pologne et en Ukraine, seuls ceux qui ont rejoint les mouvements de résistance ont survécu.

En ce qui concerne les Juifs allemands, quelques-uns sont encore épargnés à Theresienstadt (Tchécoslovaquie). Mais à quelques exceptions près, le programme d'extermination voulu par Hitler a été entièrement réalisé en Europe du Centre et de l'Est, partiellement réalisé à l'Ouest. [...] Quand on en viendra au processus de liquidation de l'idéologie nazie, la question de l'antisémitisme sera importante. Toute une génération de jeunes gens a été nourrie d'images diaboliques du "Juif". Il est donc important, dans l'optique de la lutte future contre l'idéologie nazie en Allemagne, que ceux des Juifs qui voudront retourner en Allemagne soient bien choisis et n'y reviennent que petit à petit. Pour les autres, un foyer national quelque part dans le monde offrirait la meilleure solution. En Palestine, une immigration massive de Juifs provoquerait un conflit avec les Arabes et les Musulmans dans le monde entier, car le panislamisme a été renforcé durant cette guerre. [...] Un foyer juif doit donc être trouvé dans un lieu peu peuplé, où il serait possible de procéder à un minimum d'expropriations. » La meilleure solution selon Kocherthaler : « Madagascar, où serait créé un État juif sous souveraineté française, occupant la moitié de l'île. »

Fritz est très éloigné de ce genre de réflexions lorsqu'il arrive à Berne, le 11 avril 1944, pour sa quatrième visite depuis le mois d'août 1943. Exténué par le voyage en train effectué dans des conditions toujours plus difficiles, il a surtout ressenti la peur panique de l'arrestation[29]. Arrivé en Suisse sans avoir été fouillé, il s'est senti tellement soulagé après le dernier passage de douane qu'il a laissé tomber la clé de la valise diplomatique dans les toilettes de la gare de Bâle (la dame-pipi a accepté d'aller la ramasser au fond de la cuvette contre un fort pourboire)[30]. Forcé de passer un moment avec un collègue du consulat allemand de Bâle venu chercher un paquet de dépêches, Fritz s'est attablé au restaurant de la gare avec lui. Il a avalé coup sur coup plusieurs verres de schnaps avant de repartir en direction de Berne.

« Wood est arrivé avec plus de deux cents œufs de Pâques de toute première qualité », écrit Allen Dulles à ses collègues de Washington le 11 avril 1944 (« *What a bunny !* », lui répond un télégramme de la centrale)[31]. Les visites de Fritz se déroulent désormais selon une mécanique bien huilée, toujours à peu près selon le même scénario. Le soir, on se retrouve clandestinement chez Allen Dulles, dans la Herrengasse. Les quatre protagonistes de l'été 1943 sont toujours là : Dulles et Kolbe, mais aussi Gerald Mayer et Ernst Kocherthaler. Parmi les surprises que Fritz sort de son escarcelle, dans la nuit du 11 au 12 avril, il y a les fameux « bibelots japonais » réclamés par voie de carte postale quelques semaines plus tôt. Et quels bibelots ! À la grande satisfaction d'Allen Dulles, Fritz a apporté de Berlin plusieurs télégrammes extrêmement intéressants en provenance de Tokyo. Un paquet de dépêches se détache du lot. Il s'agit d'un long rapport sur les principales bases militaires japonaises en Asie, rédigé à la suite d'une mission d'étude effectuée entre le 28 janvier et le 25 février 1944. Les télégrammes sont signés par l'ambassadeur Heinrich Stahmer, mais on apprendra un peu plus tard à Washington que le texte s'appuie sur le témoignage du général Kretschmer, attaché militaire allemand à Tokyo, et son collègue le général Gronau, de l'Armée de l'Air – ce qui ne change rien à la qualité exceptionnelle du document[32].

Les deux hommes ont parcouru la quasi-totalité de l'Asie et toutes les portes se sont ouvertes devant eux. Ils sont allés en Birmanie (Mandalay, Rangoon, Prome), à Formose, Singapour, Saïgon, Bangkok, en Indonésie (Macassar, Madium, Manado), en Malaisie orientale (Kuching et Labuan), aux Philippines (Davao, Manille)… À chaque étape de leur excursion, ils ont eu droit à une visite guidée des installations militaires. Ils ont consciencieusement noté tout ce qu'ils voyaient : l'emplacement des différentes bases de l'armée nippone, les forces et faiblesses de chacune d'entre elles, le nombre de divisions stationnées sur chaque site, le nom des principaux commandants de chaque place, les voies d'approvisionnement, l'état des connaissances japonaises sur les forces alliées, les relations entre l'armée de terre et la marine japonaises... Quelques télégrammes d'Heinrich Stahmer font état de conversations en tête-à-tête avec des leaders politiques asiatiques inféodés à Tokyo : le général Pibul Songgram, premier ministre thaïlandais[33], semble démoralisé par les bombardements sur Bangkok et ne plus croire à la victoire des puissances de l'Axe. Le président José Laurel, des Philippines, est confronté à d'énormes difficultés économiques...

Pour les Américains, la valeur de ces informations est inestimable. Immédiatement transmises aux équipes de traduction et de chiffrement du bureau de l'OSS, elles nécessiteront une semaine de travail avant de pouvoir être transmises à Washington[34]. Pas une miette du texte n'est laissée de côté. Dans sa version anglaise, le document final fait au total plus de vingt pages, réparties en plus de dix chapitres[35]. Les rédacteurs de l'OSS ont été tellement débordés par la tâche qu'ils ont laissé un certain nombre de mots en allemand sans prendre la peine de les traduire.

Mais déjà Fritz parle d'autre chose. Il a d'autres « perles » à proposer : une liste des principaux membres de l'espionnage allemand en Suède[36] et un document du même type pour l'Espagne[37]. Les deux textes donnent beaucoup de noms et décrivent en détail les mesures de réorganisation en cours (éclatement des structures visant à renforcer la clandestinité du dispositif, l'Abwehr étant désormais entièrement contrôlé par la SS).

« Parlez-nous de l'opinion qu'on se fait à Berlin des projets alliés d'invasion du continent européen », lance

Dulles un peu plus tard au cours de cette soirée. Fritz dit tout ce qu'il sait : « Bien que le ministère des Affaires étrangères pense que le débarquement aura lieu prochainement, les nazis viennent de déplacer un peu plus de vingt divisions de l'Ouest vers l'Est car le Führer a estimé qu'il était un peu à court de troupes sur le front russe[38]. » En ce qui concerne le lieu de l'invasion, les dirigeants allemands « pensent surtout à la Méditerranée – peut-être la Corse –, ou bien à Anvers, ou bien encore à la Norvège[39] ». Rassurant ! Ce qui est préoccupant, en revanche, c'est que l'Irlande continue à jouer le rôle de base arrière de l'espionnage allemand vers l'Angleterre. Fritz pose sur la table une dizaine de télégrammes assez bien informés sur les préparatifs militaires britanniques en cours. Tous sont signés par Eduard Hempel, envoyé du Reich à Dublin[40].

Les deux Américains remplissent des carnets de notes en écoutant Fritz. Ils l'interrogent sur les derniers développements de l'industrie d'armement du Reich. Fritz évoque la construction de nouveaux sous-marins de poche dans le pays de Bade (« près de Karlsruhe »). Ces sous-marins n'ont qu'un homme à bord et peuvent menacer les routes maritimes empruntées par les Alliés[41]. « La principale préoccupation de l'armée, ajoute Fritz en changeant de sujet, c'est que nous manquons de puissance aérienne. C'est ce qui rend le pays si vulnérable aux attaques de l'aviation alliée, et cela pourrait bien précipiter la défaite de l'Allemagne avant même que l'opération d'invasion ait commencé[42]. »

Et les États alliés de l'Allemagne ? « La Roumanie est en pleine déliquescence. Le maréchal Antonescu ne fait plus confiance aux Allemands. Des troupes de la Wehrmacht qui refluent du front russe se livrent à des pillages et des viols en Moldavie[43]. » Parmi plusieurs télégrammes de Bucarest (signés par l'envoyé Manfred Freiherr von Killinger), l'un d'entre eux mentionne les activités conspiratrices d'un cercle d'aristocrates roumains pro-alliés, réunis autour d'une certaine Marthe Bibesco[44]...

Fritz sort ensuite de sa serviette une épaisse série de télégrammes sur la Hongrie. Il y a là plus de cent pages signées Edmund Veesenmayer, le proconsul allemand à Budapest. L'extrait qui intéresse le plus Allen Dulles est aussi bref que lapidaire : « L'amiral Horthy est un menteur invétéré, et il n'est physiquement plus capable d'exercer ses fonctions. Il se répète tout le temps, se contredit souvent d'une phrase à l'autre et perd le fil de la conversation. Tout ce qu'il dit ressemble à des formules apprises par cœur et je crains qu'il devienne difficile de le convaincre, encore moins de le gagner à notre cause[45]. »

En lisant ces mots et en additionnant tout ce qu'il vient d'apprendre (de la Thaïlande à la Hongrie en passant par la Roumanie), Dulles réalise d'un coup que la dynamique de l'Axe est définitivement brisée. Il est stupéfait. Impossible de dire si son attention est retenue par un autre passage de la prose de Veesenmayer, où celui-ci laisse entrevoir le sort de la population juive de Hongrie : « Le gouvernement [hongrois] prend des initiatives pour régler la question juive. On observe sur ce dossier un savoir-faire inhabituel dans ce pays, bien qu'il faille s'assurer que les mesures prévues – dont certaines sont inadaptées – seront appliquées de manière plus sévère[46]. » Un peu plus loin, un autre document : « 3 451 Juifs ont été arrêtés jusqu'au 1er avril. Des ghettos ont été mis en place, avec des Conseils d'Anciens pour les représenter, dans les villes de Beregszasz, Munkacs et Ungvar, où il y a d'importantes communautés juives [...]. La population semble assez satisfaite des mesures prises à l'encontre des Juifs, surtout quand ce sont les plus riches d'entre eux qui sont arrêtés. Mais les plus pauvres sont l'objet de pitié[47]. »

Les informations livrées par Fritz sont tellement nombreuses qu'elles ont tendance à défiler un peu toutes sur le même plan. Après avoir parlé du sort des Juifs, on évoque l'effet des récents bombardements alliés sur Budapest. « Le 3 avril, l'usine Messerschmitt de la capitale hongroise a été sévèrement touchée. Les experts disent que l'usine pourra reprendre à 60 % de ses capacités dès le 1er mai[48]. » Fritz ajoute que telle usine d'engrais chimiques ou telle raffinerie de Budapest ont été détruites. En Bulgarie, « la ville de Sofia est quasiment en ruines, à l'exception de quelques banlieues », écrit l'envoyé du Reich Adolf Beckerle suite à l'énorme bombardement allié du 30 mars. Mais le diplomate allemand précise que les membres du conseil de régence, Bogdan Filov et le prince Cyril, « restent avec nous ».

Et la Yougoslavie ? Là encore, Fritz a de quoi nourrir la curiosité de ses interlocuteurs. Les télégrammes en provenance de Belgrade ou de Zagreb (Agram en allemand) décrivent le rapprochement progressif entre les Tchetniks du général Mihailovich et les Allemands[49]. En Croatie, la population manifeste une méfiance croissante à l'égard de la Wehrmacht en raison des pénuries alimentaires mais aussi parce qu'elle soupçonne les Allemands de vouloir « favoriser l'autonomie des Musulmans[50] ».

Fritz n'est présent à Berne que le temps de trois rencontres. Mais il donne à ses amis américains de quoi travailler pendant un mois. Lorsqu'il est là, les nuits de Berne sont courtes. Arrivé le mardi 11 avril, il repart pour Berlin le vendredi 14. En partant, les Américains lui font savoir poliment que ses variations « littéraires » (du type « tour d'horizon de la situation mondiale vu par deux Allemands ») ne sont pas autant appréciées que les documents originaux. « George » ne se vexe pas. Pour sa part, il suggère qu'on communique désormais avec lui en faisant passer des messages codés dans les colonnes du *Times* de Londres (qu'il reçoit avec une semaine de retard), ou bien dans les émissions du soir sur les ondes de la BBC (mot de passe *Peter, Peter*, le prénom de son fils)[51].

Autre précaution pour faciliter les choses : il emporte avec lui un appareil photo fourni par les Américains. L'appareil est de grande qualité puisqu'il s'agit d'un Robot de fabrication allemande (d'une capacité de soixante poses). Les rouleaux de négatifs seront plus faciles à faire transiter par la frontière que des kilos de papier. Avec le volume colossal des documents qu'il traite désormais, cette solution devrait lui faciliter le travail (« autrement, ce n'était plus possible », devait expliquer Fritz quelques années plus tard[52]). Pour les Américains, cette méthode présente bien des avantages : au lieu d'envoyer des manuscrits difficiles à déchiffrer du fait de son écriture serrée, Fritz écrira désormais ses commentaires à la machine et les photographiera[53].

Quand Fritz s'en va, un sentiment d'excitation et de frénésie continue à flotter dans l'air des bureaux de l'OSS. Des dizaines et des dizaines de messages Kappa sont télégraphiés à Washington et à Londres à un rythme quotidien, et ce jusqu'à la fin du mois. Allen Dulles donne à ces dépêches l'appellation de *Kapril* (compression de *Kappa* et *April*) pour bien les distinguer des précédents. Précaution utile et nécessaire car certains sujets récurrents, comme les livraisons de tungstène espagnol vers l'Allemagne, génèrent à chaque fois des kilomètres de télégrammes[54].

Washington, 16 avril 1944

Dès le 16 avril, deux jours après le départ de Fritz pour Berlin, ses propos remontent jusqu'aux plus hautes autorités des États-Unis. Pour la première fois depuis le 10 janvier, le président Roosevelt reçoit ce jour-là sur son bureau un rapport à en-tête Boston analysé et commenté.

À l'OSS, on juge que la dernière visite de « George Wood » à Berne est suffisamment importante pour justifier qu'un *Memorandum for the President* soit envoyé à la Maison Blanche. Tant pis pour les préventions et les doutes des experts ! Une copie est également envoyée au secrétaire d'État (Cordell Hull), au chef d'état-major des armées américaines (George C. Marshall), au commandant en chef de l'US Navy (l'amiral Ernest J. King), au chef des armées alliées en Europe (le général Eisenhower), ainsi qu'aux plus hautes autorités britanniques... Le document est rédigé par le colonel G. Edward Buxton, l'un des bras droits du général Donovan.

De tout ce qui vient d'être révélé par « George Wood » à Berne, ce n'est ni le dossier sur le Japon ni celui sur la Hongrie qui remontent jusqu'au président. Rien de tout cela mais bien plutôt ce que Fritz a raconté au coin du feu chez Allen Dulles, de manière spontanée, sur l'ambiance qui règne en Allemagne, l'état d'esprit des dirigeants du Reich et l'évolution des sentiments de la population ordinaire. « 80 % des gens, maintenant, sont opposés aux nazis », a dit Fritz à ses interlocuteurs américains, en ajoutant aussitôt qu'« on ne pouvait pas s'attendre à une révolution active dans les semaines à venir, car Himmler et son appareil d'espionnage et de terreur contrôlent tout ». Fritz a ajouté une précision très inquiétante pour les Américains : « Le communisme progresse en Allemagne. La Russie dispose déjà en sous-main d'éléments bien infiltrés en vue de contrôler la révolution, quand le moment sera venu. Des éléments des SA et des SS sont même en train de travailler pour Moscou[55]. »

Les Alliés sont friands de ce genre d'indications, car ils n'ont aucun moyen de savoir ce qui se passe à l'intérieur du pays. L'Allemagne, en ce début d'année 1944, ressemble à une forteresse impénétrable. Seules quelques très rares personnes, parmi lesquelles Fritz Kolbe, permettent de lever un peu le voile. À part lui, il y a Hans-Bernd Gisevius et ses amis de l'Abwehr[56], parfois un ou deux hommes d'affaires[57] et quelques bateliers qui naviguent sur le Rhin et que des agents de l'OSS interrogent dans les cafés de Bâle[58].

« Notre représentant en Suisse vient de recevoir deux cents télégrammes (quatre cents pages) en provenance de Berlin, peut-on lire dans le document adressé au président Roosevelt. Je vous transmets ci-joint son analyse de la situation allemande, élaborée à partir des nouveaux éléments dont il dispose. En raison de la très grande portée de ce message, nous lui avons demandé de relire attentivement son texte et de nous dire s'il souhaite en corriger tel ou tel passage après mûre réflexion. Vous serez informé des éventuelles modifications qu'il nous fera parvenir. Quoi qu'il en soit, avec les quatre cents pages de matériel qui viennent d'arriver entre ses mains, il dispose du recul nécessaire pour décrire l'état général de la situation. »

L'OSS reprend ensuite *in extenso* un message Kappa rédigé par Dulles le 12 avril : « Je regrette sincèrement, écrit Dulles, que vous ne puissiez voir le matériel de Wood dans son intégralité. Ces quatre cents pages offrent une vue d'ensemble sur les manœuvres diplomatiques allemandes depuis deux mois, et présentent l'image d'un régime en état de décomposition avancée. Les lamentations des postes diplomatiques allemands à l'étranger remontent jusqu'au plus haut niveau. Le QG d'Hitler est en pleine déroute. Le ministère des Affaires étrangères est mort-vivant. Les services secrets allemands et quelques postes diplomatiques font de vains efforts pour contrer le défaitisme et la désertion des États satellites de l'Allemagne ou des États neutres de plus en plus récalcitrants. […] Canaris a disparu du paysage. Une conférence vient d'avoir lieu à Berlin pour colmater les brèches au sein de l'Abwehr. Ribbentrop vit désormais retiré dans son château de Fuschl et ses principaux collaborateurs se trouvent à Salzburg. Le reste du ministère est disséminé entre le nord-est de la Bohême (région du Rie-sengebirge) et la capitale. Dans la partie du ministère restée à Berlin, il est devenu pratiquement impossible de travailler. Les abris souterrains servent de bureaux permanents aux services du chiffre. Une fois qu'un message a été reçu et déchiffré par un de ces bureaux, la recherche du destinataire s'avère très difficile. »

Bref, conclut Dulles, ces documents en provenance de Berlin « illustrent les convulsions finales d'une diplomatie en putréfaction. En les lisant, on est transporté d'un extrême à l'autre de la gamme des émotions, entre le rire et les larmes, à voir de quelles cruautés s'accompagne le chant du cygne du régime. Les gens sont pris entre les griffes de la Gestapo après cinq ans de combat pour rien. Quelle absurdité, quand on pense que la diplomatie allemande ne peut désormais plus rien faire, ni à l'intérieur ni à l'extérieur de la "Forteresse Europe" ![59] ».

Si ce texte est considéré comme exceptionnel par les plus hauts responsables de l'OSS, c'est que la plupart des analyses officielles, jusque-là, considèrent que les nazis tiennent encore solidement le pouvoir. Le 3 avril 1944, le général Donovan a envoyé une lettre au président Roosevelt, dans laquelle il résume ainsi l'état d'esprit dans la capitale du Reich : « C'est comme si les Berlinois étaient sous l'effet de la morphine. Aucun signe d'effondrement, on veut se battre jusqu'au bout et pourtant personne ne croit plus à la victoire[60]. » Alors que la guerre paraît devoir durer encore longtemps, le message de Dulles du 12 avril laisse entendre pour la première fois qu'on aperçoit peut-être le bout du tunnel.

Le 20 avril 1944, un nouveau message de l'OSS parvient sur le bureau du président Roosevelt. On lui fait savoir qu'Allen W. Dulles persiste et signe dans son analyse : l'Allemagne, dit-il, est à bout de souffle, même si rien n'est encore gagné pour les Alliés. « Le précédent message du 12 avril ne doit pas être interprété comme une annonce de la chute imminente de l'armée nazie (à l'exception peut-être des éléments non allemands qui la composent). Notre représentant en Suisse, écrivent les dirigeants de l'OSS dans leur courrier au président, ne pense pas qu'il existe un seul général de l'armée allemande qui soit prêt à nous laisser arriver sans réagir sur le front occidental. Au contraire, il pense que toute tentative alliée d'envahir le continent rencontrera une forte opposition. Cependant, une fois que les Alliés auront posé un pied à l'Ouest et tiendront fermement leur position, la chute de l'Allemagne ne devrait pas être longue à suivre. Le calendrier de notre tentative d'invasion est important. Le peuple allemand en a assez de la guerre et se montre apathique. On observe des signes de grande faiblesse psychologique depuis quelques mois, y compris dans les milieux nazis. Toutefois, si l'Allemagne parvenait à stabiliser le front russe une nouvelle fois encore, le régime pourrait alors disposer d'un sursis et renforcer ses défenses contre une invasion alliée à l'ouest[61]. »

Washington/Berne, 26 avril 1944

Le mercredi 26 avril 1944, Washington envoie à Allen Dulles un message encourageant : « Nos félicitations particulières pour les données concernant le Japon. Les gens de l'armée apprécient beaucoup. Toute information concernant l'Extrême-Orient est prioritaire, au même titre que tout élément inédit concernant le débarquement[62]. » Les généraux américains en Asie sont désormais informés des principales révélations Kappa concernant leur théâtre d'opérations. Quelques jours plus tard, le colonel Alfred McCormack rend son rapport final sur « George Wood ». Un rapport globalement prudent et réservé, mais laudatif en ce qui concerne le Japon : « Ces informations ont une valeur appréciable sur le plan du renseignement. Il y a là des éléments nouveaux [...], notamment en ce qui concerne l'identification d'un grand nombre de commandants de divisions en Birmanie », écrit-il[63].

En revanche, McCormack considère que le reste du matériel Kappa n'est pas d'une grande utilité : « En raison du délai important entre la date d'émission des télégrammes et le moment où nous les recevons, les informations qui auraient pu présenter un intérêt ont souvent été obtenues par d'autres moyens ou bien sont devenues inutiles. » Par ailleurs, « il s'agit souvent d'un matériel de seconde main, comme c'est souvent le cas avec les documents diplomatiques. Or, sur la plupart des sujets abordés, une information de première main est disponible. Enfin, ces documents reflètent souvent l'opinion de personnes dont l'avis sur les dossiers concernés est de peu d'intérêt ».

Au même moment, les Britanniques commencent à s'intéresser au dossier « George Wood ». Une enquête faite à Londres révèle, en avril, que seulement 4 % des informations livrées par Wood sont fausses ou inexactes[64]. Le 12 mai 1944, David Bruce, chef de l'OSS à Londres, transmet à Allen Dulles les « félicitations spéciales » de ses collègues britanniques à propos du dossier sur le Japon[65]. Kim Philby, du MI6, a adressé de sa propre initiative une copie des documents de Fritz concernant l'ordre de bataille des troupes japonaises à Alastair Denniston, le patron de Bletchley Park, l'officine spécialisée dans le déchiffrement des messages ennemis. Les services de Denniston, enthousiastes, en demandent davantage. Bientôt, ce sont les hauts-commandements de l'Armée (Terre, Marine et Royal Air Force) qui « crient pour en avoir plus », comme le racontera Philby dans ses Mémoires. Claude Dansey, le numéro deux de l'Intelligence Service (MI6), est absolument furieux de constater qu'un agent de Dulles obtient autant de succès à Londres. Mais il se calme lorsque Philby lui explique qu'il a tout fait pour dissimuler l'origine américaine de « Wood ». « Pourquoi ne présenterions-nous pas "Wood" comme un de nos agents ? Personne n'est obligé de connaître le dessous des cartes », dit-il à son supérieur hiérarchique. À partir de ce moment-là, Dansey se frotte les mains et félicite son jeune collègue (Philby est alors âgé de trente-deux ans). La carrière de Philby progresse, et sa réputation grandit au sein de la communauté du renseignement britannique. Personne ne sait qu'il travaille pour Moscou. Philby se souviendra plus tard avec émotion, dans ses Mémoires, de « notre ami allemand et de sa valise bien utile[66] ».

À Washington comme à Londres, on commence à abandonner l'hypothèse d'un « piège » au cours du printemps de 1944. Il y a dans la dernière livraison de « George Wood » tellement d'informations dommageables aux intérêts allemands… L'informateur allemand de Dulles devient enfin une source digne de foi.

Dans un message adressé le 26 avril 1944 à un des directeurs de l'OSS (Whitney H. Shepardson[67], ou « Jackpot » en interne), Dulles écrit ceci : « Je reconnais le danger d'être amoureux de ses sources et de tomber dans un piège. Cependant, je tiens à préciser ceci : jusqu'ici, rien ne permet d'identifier un coup monté dans le matériel qui nous a été livré par Wood. Après avoir analysé avec un œil critique des centaines de documents, et confronté leur contenu avec ce que je savais par ailleurs, je suis convaincu de leur authenticité. Je rappelle que le contact avec Wood a été rendu possible par l'intervention d'un intermédiaire en qui j'ai toute confiance, même si évidemment on ne peut exclure qu'il soit victime lui-même d'un piège. […] Ayant analysé la façon dont les documents nous sont parvenus, je suis arrivé à la conclusion qu'il n'y a rien d'illogique ou d'inconcevable là-dedans […]. Je reconnais que tout ce que je viens d'expliquer relève plus de la conviction que de la preuve, et je suis d'accord avec vous pour continuer à soumettre les informations de Wood à un examen critique. Le seul élément qui me gêne avec lui, jusqu'ici, c'est sa tendance à la précipitation. Mais c'est assez souvent le cas avec les conspirateurs de ce genre[68]. »

Berlin, fin avril 1944

Lorsque Fritz revint à Berlin, il y avait dans la ville un soleil magnifique. La météo officielle avait annoncé pour cette troisième semaine d'avril un « temps digne du Führer [*Führerwetter*] ». La capitale était presque vide, notamment le jour de l'anniversaire d'Hitler, le 20 avril, jour férié dans l'Allemagne nazie. Partout, la propagande de Goebbels se répandait en jubilations factices, paroles surgonflées et certitudes inébranlables. Tout était « fanatique », « héroïque » ou « tragique ».

Fritz était amer, presque en colère. Pour la première fois, il se sentait inutile. Le rôle de l'espion ne lui convenait plus. Il voulait passer à l'action. Sans doute pressentait-il qu'on lui reprocherait, après la guerre, d'avoir été l'agent d'une puissance étrangère. Résister les armes à la main était beaucoup plus noble. Mais il venait de comprendre que les Américains ne l'aideraient pas à s'engager sur cette voie. À Berne, il avait fièrement présenté à Allen Dulles un projet qui lui tenait beaucoup à cœur : la création d'une « milice du peuple [*Volksmiliz*] » réunissant des Allemands opposés au nazisme, et dont il se présentait comme le chef de troupe. Il avait prévu d'enrôler dans ce bataillon de choc tous ses amis. Mais, surtout, il voulait mobiliser toutes les personnes qu'il connaissait dans les réseaux sociaux-démocrates ou proches des anciens syndicats. L'esprit du projet était de faire revivre les ligues de défense républicaine de l'époque de Weimar[69]. Dans l'idée de Fritz, « sa » milice était capable de contrôler un certain nombre de points névralgiques de la capitale du Reich (les aéroports, mais aussi certains lacs autour de Berlin, comme le Wannsee et le Schlachtensee) en appui d'une opération parachutée de grande envergure menée par les Alliés. Les membres de cette brigade devaient se reconnaître à l'aide d'un bandeau au bras marqué des initiales VM (pour *Volksmiliz*). Le réseau aurait été mobile, Fritz ayant pensé distribuer des bicyclettes aux uns et aux autres. « Nous aurions besoin de pistolets mitrailleurs, de munitions, de rations alimentaires, de signaux de fumée, de casques et de bracelets avec le sigle VM », avait-il dit à Dulles. Pour les communications, un code secret était prévu (le mot de passe devait être *George 25900*). Le bureau de Walter Bauer, au 28 de l'avenue Unter den Linden, devait servir de QG à cette petite armée de l'ombre[70].

« Qu'en pensez-vous, monsieur Douglas ? » avait dit Fritz à Allen Dulles, les yeux brillants d'enthousiasme. L'Américain n'avait pas répondu tout de suite. Il avait tiré sur sa pipe, en silence, et puis il avait rapidement parlé d'autre chose. La seule chose qui avait paru l'intéresser, dans toute cette histoire, c'était l'identité des conjurés de la « milice populaire » dirigée par Fritz Kolbe. Ce dernier, un peu décontenancé par le peu d'effet de sa proposition, donna la liste de ses « camarades de combat » : Walter Bauer, Paul Löbe, Alfred comte Waldersee[71]... Allen Dulles avait conseillé à Fritz de ne rien entreprendre qui pût mettre sa vie en danger : « Nous avons besoin de vous là où vous êtes. Continuez à nous informer de ce que vous savez au ministère des Affaires étrangères, c'est vraiment là que vous êtes le plus utile pour nous[72]. »

Très déçu de cette fin de non-recevoir, Fritz était rentré à Berlin avec le sentiment d'avoir été « lâché ». Mais il était quand même décidé à continuer le jeu de l'espionnage, puisqu'il n'y avait pas d'autre moyen d'agir. Peut-être, se disait-il, fallait-il encore attendre un peu et s'armer de patience avant de pouvoir convaincre les Américains de la nécessité d'une action commune à Berlin. Il n'était pas prêt à renoncer à son idée de « milice du peuple ».

À son retour dans la capitale du Reich, Fritz Kolbe fut informé (sans doute par Gertrud von Heimerdinger) qu'il n'aurait plus aucune chance de se rendre en Suisse avant longtemps. De nouvelles dispositions avaient été prises pour réduire au minimum la liste des personnes autorisées à se déplacer à l'étranger[73]. Par ailleurs, il apprit que les autorités suisses faisaient désormais des difficultés pour lui délivrer un visa. Que s'était-il passé ? Impossible de le savoir. Peut-être ses visites nocturnes dans certains lieux de perdition avaient-elles été observées. Dans le pire des cas, les Suisses étaient au courant de ses contacts avec les Américains et souhaitaient éviter tout problème avec les autorités du Reich. Après quelques moments d'angoisse, Fritz finit par apprendre que les autorités suisses étaient devenues généralement plus tatillonnes et que les restrictions s'appliquaient à tout le monde.

Fritz était coincé à Berlin. À défaut de Berne, il aurait aimé aller à Stockholm ou à Lisbonne, mais ces déplacements ne furent pas autorisés non plus. Il aurait aimé faire passer des messages par le docteur Albert Bur, en Alsace (mot de passe envisagé : « foie gras de Strasbourg »), mais ce système ne fonctionna pas. Cela ne l'empêcha pas de continuer à travailler pour les Américains. Il mit du temps à savoir utiliser l'appareil photo qui lui avait été donné et continua à travailler sur du papier jusqu'à l'automne de 1944. Pour envoyer des documents à Berne, il avait toujours des solutions de rechange. Certains de ses amis continuaient à assurer le transport du courrier diplomatique vers Berne – comme Willy Pohle, ou encore un certain Hans Vogel. D'autres fois, le professeur Sauerbruch se rendait en Suisse (ce fut le cas à la Pentecôte 1944 par exemple[74]).

À plusieurs reprises, Fritz fit appel à une autre de ses connaissances, Wilhelm Mackeben, qui habitait un chalet en Bavière, dans la région de l'Allgäu, non loin du lac de Constance. Mackeben voyageait un peu partout en Europe en tant qu'« agent commercial indépendant ». C'était un ancien de l'Auswärtiges Amt, politiquement conservateur mais très opposé aux nazis. Après un bout de carrière en Amérique latine, il s'était retrouvé dans l'équipe de Karl Ritter à partir de septembre 1939. C'est là que Fritz l'avait connu. Mais le NSDAP avait fini par obtenir sa tête en 1942, date à laquelle il avait été forcé de quitter le ministère[75].

Au cours du printemps 1944, Mackeben accepta de passer du courrier de Fritz en Suisse. Apparemment, il bénéficiait toujours d'un statut particulier qui lui permettait de passer la douane sans contrôle. Il ne savait pas ce qu'il transportait avec lui. Quoi qu'il en soit, Fritz avait suffisamment confiance en lui pour lui donner le nom et l'adresse d'Ernst Kocherthaler. Mackeben était ravi de le rencontrer car ce dernier était un « contact utile », disposant d'un épais carnet d'adresses un peu partout en Europe. À l'aller, les messages de Fritz étaient enfouis dans quelque doublure de vêtement ou semelle de chaussure. Au retour, les réponses des Américains étaient dissimulées dans des paquets de café, de cigares ou de cigarettes.

La première fois que Mackeben fit la navette entre Berlin et Berne, ce fut en mai 1944. Grâce à lui, un courrier de Fritz, daté du 10 mai, parvint entre les mains de Dulles. Dans cette lettre, Fritz donnait une liste des principaux espions travaillant pour l'Allemagne en Afrique du Nord (Tanger, Tétouan, Casablanca). On y trouvait le nom de plusieurs diplomates, membres des services consulaires ou journalistes de toutes nationalités (y compris des

Français, des Italiens, et même celui d'un ancien consul de Norvège)[76]. Dans ce courrier, il n'y avait pas que des informations. Fritz exprimait pour la première fois de l'énervement. Il demandait pourquoi les Américains n'avaient toujours pas suivi ses conseils en bombardant par exemple une fabrique de condensateurs Siemens à Gera (Thuringe), les usines pétrochimiques de Leuna ou encore un centre de communications de l'état-major de la marine à Eberswalde (nord-est de Berlin)[77]. Il s'étonnait aussi de constater que rien n'avait été fait pour interrompre le trafic de tungstène entre l'Espagne et l'Allemagne (« Que faites-vous ? Vous dormez ? » disait-il[78]).

« Si vous êtes contents de moi, envoyez-moi du Nescafé. Si vous ne voulez plus que je vous envoie d'informations, faites-moi parvenir une paire de ciseaux », avait ajouté un Fritz décidément un peu boudeur, qui ne savait plus très bien si les Américains avaient toujours besoin de lui. « Si vous avez des choses à me demander, envoyez-moi des cigarettes et mettez quelque chose dedans s'il vous plaît, car je les fumerai moi-même », avait-il ajouté dans une de ces formules codées qu'il affectionnait. La lettre se terminait par ces mots : « Je ne laisserai passer aucune occasion prochaine de vous écrire, même si c'est pour me mettre au travail au petit matin, après un bombardement. Désolé pour mon écriture décousue. Je suis tellement surchargé que je ne sais plus ce que je fais. Quelle vie terrible ! Ma fiancée se plaint de ce que je la délaisse. Et pourtant je l'aime[79] ! »

La réponse des Américains, glissée dans un paquet de cigarettes, se voulait réconfortante : « Essayez de venir voir votre ex-beau-père à Zurich. Trouvez un prétexte lié au règlement de votre divorce. » Mais Fritz ne reçut pas ce message. À la fin du mois de mai, alors que Mackeben s'apprêtait à retourner en Allemagne avec les « cigarettes » destinées à Fritz, Ernst Kocherthaler reçut de Berlin un télégramme laconique : « *Please no cigarettes* », signé « *Georg* » (orthographe allemande pour « George »)[80].

Berlin, 31 mai 1944

Réunion, ce soir à Berlin, de la Société du mercredi chez Sauerbruch. Le quartier de Grunewald est à moitié en ruines, mais la maison de Sauerbruch, dans la Herthastrasse, tient toujours debout. L'orateur est le général Beck. Il présente un exposé sur le maréchal Foch, « notre grand adversaire français », qu'il s'honore d'avoir connu personnellement. Malgré ses réserves sur le traité de Versailles et « les erreurs de la politique française en Rhénanie après 1918 », le général Beck fait un discours très élogieux sur l'ancien adversaire des armées de von Klück et de Moltke. Certes, dit-il en substance, on peut reprocher à Foch d'avoir été impulsif, entêté et parfois un peu rigide dans son approche de l'offensive. Mais Beck est plein d'admiration pour cet homme qui a toujours agi dans le cadre du possible et qu'il décrit en conclusion comme « un grand homme et un grand général ». Les applaudissements sont chaleureux. Ensuite les huit convives passent à table et on parle rapidement d'autre chose. « Chez Sauerbruch, on boit toujours du mousseux. Et comme on n'a pas grand-chose dans le ventre, l'ambiance est vite animée », témoigne une des personnes présentes ce soir-là, le philosophe Eduard Spranger[81].

Certains membres de la Société du mercredi savent que le général Beck est mêlé à un groupe de conspirateurs qui ont l'intention d'éliminer Hitler, de renverser le régime nazi et de négocier une paix séparée avec les puissances occidentales. Si ce scénario réussit, Ludwig Beck est appelé à devenir chef de l'État en remplacement du Führer. Ulrich von Hassell, qui se trouve également chez Sauerbruch ce soir, est pressenti comme ministre des Affaires étrangères. C'est ici même, dans la maison de Ferdinand Sauerbruch, que Ludwig Beck a rencontré pour la première fois un jeune et brillant officier qui doit devenir secrétaire d'État d'un futur ministère de la Guerre après le coup d'État : le colonel von Stauffenberg[82], chef d'état-major à l'Office général de l'armée. Le comte Stauffenberg a été soigné à Munich par le professeur Sauerbruch à la suite d'une grave blessure en Afrique. Atteint par l'explosion d'une mine, il a perdu un œil, la main droite et deux doigts de la main gauche. Stauffenberg ne participe pas aux soirées de la Société du mercredi. Mais la plupart des membres du club le connaissent bien et savent qu'il représente, avec Carl Goerdeler (futur chancelier dans l'hypothèse d'un coup d'État réussi), un élément central de la résistance au régime.

Par l'intermédiaire de leur ami Hans Bernd Gisevius, en Suisse, le général Beck et Carl Goerdeler ont adressé plusieurs messages à Allen Dulles, au début du mois d'avril et au début du mois de mai 1944. Au nom de leur organisation de résistance, qui réunit des dizaines de hauts militaires et diverses personnalités politiques conservatrices ou proches de l'ancien parti social-démocrate, ces hommes demandent l'aide des États-Unis en cas de succès de leur putsch. Ils proposent aux Américains la capitulation de la Wehrmacht à condition de pouvoir poursuivre la guerre à l'Est contre les Soviétiques. Ils sont favorables à un débarquement massif de forces occidentales en Allemagne et demandent notamment le parachutage de plusieurs divisions aéroportées américaines à Berlin. Mais la réponse de Dulles n'a pas été encourageante : « Mes ordres sont clairs : la capitulation de l'Allemagne sera inconditionnelle et rien ne pourra se faire sans les Soviétiques », leur a-t-il fait savoir en substance.

Le projet de putsch est néanmoins suivi de près par les Américains. Alors que les Britanniques se refusent à accepter l'idée même d'une « résistance allemande », Dulles transmet à ses supérieurs hiérarchiques les noms des principaux conjurés et le contenu de leurs projets. Depuis longtemps déjà, il est en contact avec un autre membre de la conspiration qui fait appel en vain, lui aussi, à l'aide des Alliés pour renverser Hitler : le diplomate Adam von Trott zu Solz, qui s'est rendu plusieurs fois à Berne au cours de l'année 1943 et au début de 1944. En langage OSS, les conjurés deviennent les « Breakers », le général Beck devient « Tucky », Goerdeler devient « Lester ». Quant à Adam von Trott, il est « 800 ».

Berlin, juin-juillet 1944

La vie à Berlin est de plus en plus dangereuse pour Fritz. À la fin du mois de juin, il envoie un nouveau message à Berne dans lequel il avoue : « Les derniers jours ont été très difficiles pour moi. Des soupçons ont paru peser sur moi, entre-temps ils semblent s'être atténués. En tout cas je n'ai plus rien entendu. » Il continue néanmoins à donner des informations. La qualité du « matériel » ne baisse pas, bien au contraire[83]. En cette fin juin 1944, il révèle que « les Allemands attendent toujours un débarquement dans le Pas-de-Calais, même après le 6 juin, et ne dégarnissent pas la côte belge pour cette raison ». Début juillet, il livre une série de données sur les V1 et les futurs V2 : « Les mécanismes de guidage sont fabriqués dans les usines Ascania de Gdingen/Gdynia, sur la Baltique (près de Danzig). Les tuyères sont fabriquées chez Krupp à Wuppertal, les instruments de mesure chez Siemens au nord d'Augsburg […]. La fabrication des fusées a lieu dans le bas Danube, près de St Valentin[84]. »

D'autres équipements électroniques destinés aux V2 sont fabriqués « à l'usine Siemens de Arnstadt, en Thuringe, à quarante-cinq kilomètres à l'ouest d'Orlamünde ». « À la différence du V1, le V2 s'élève jusqu'à la stratosphère. Son guidage est radio-contrôlé, c'est une arme plus précise et sa portée est plus longue. Ce nouveau modèle entrera en action dans soixante jours au plus tard[85]. »

Fritz aide les Américains à identifier la région de repli de toutes les industries de pointe allemandes : la Thuringe et ses profonds sous-sols. Toujours au début du mois de juillet, Fritz donne la localisation d'une usine où est fabriqué le premier avion supersonique de l'histoire. Il ne donne pas son nom, mais il s'agit du Messerschmitt 262. L'usine est située à Kahla, en Thuringe : « près d'Orlamünde, entre Rudolstadt et Jena. Usine en partie souterraine. Déjà bombardée fin juin, mais les dégâts sont minimes, et l'usine entrera bientôt en phase de production[86] ».

Fritz n'oublie jamais de parler de Berlin, où un bombardement américain, le 21 juin 1944, a été particulièrement dévastateur. « La principale usine qui fabrique les moteurs diesel pour les sous-marins a été détruite, fait savoir Fritz dans un message reçu à Berne au cours du mois de juillet. Certaines usines AEG continuent à fonctionner, mais l'usine de câbles a été détruite. L'hôtel Continental n'existe plus. La gare de la Friedrichstrasse a été sérieusement endommagée et la gare de Silésie (Schlesischer Bahnhof) a été touchée pendant le raid. L'usine Osram a été touchée mais continue de produire [...]. L'usine de Siemensstadt est pratiquement à l'arrêt. [...] L'usine AEG près du Treptower Park (instruments de précision pour les sous-marins) et l'usine Knorr-Bremse, dans le même quartier, n'ont pas été touchées[87]. »

Dulles est satisfait. Ses collègues de Washington aussi. Ce qu'ils ne savent pas, c'est que Fritz Kolbe est mêlé, lui aussi, à des projets séditieux. Le télégramme de Fritz reçu le 20 mai (« *Please, no cigarettes* ») laissait pressentir qu'il se trouvait en danger. Au cours du printemps, il devait se rendre avec Walter Bauer à une réunion secrète à Potsdam, à laquelle participaient quelques conspirateurs civils et militaires, proches du comte Waldersee. À la suite d'une erreur d'organisation due à une mauvaise communication interne, ni lui ni Walter Bauer n'y sont allés. Waldersee a également manqué cette réunion. Bien leur en a pris, car la liste des personnes présentes à ce meeting clandestin finit par tomber entre les mains de la Gestapo. Quelques mois plus tard, tous devaient être exécutés[88].

11

Ultimes révélations

Berlin, fin juillet 1944

Après le débarquement allié en Normandie, les armées du Reich opéraient un vaste repli défensif mais elles se battaient encore. Était-ce le début de la fin ? L'attentat manqué contre Hitler, le 20 juillet 1944, avait de quoi faire perdre tout espoir aux ennemis du nazisme. Le seul mérite du putsch avait été, en dépit de son échec, de « prouver à la face du monde et devant l'histoire que la résistance allemande avait tenté le tout pour le tout[1] ». Pour tous ceux qui rêvaient de la chute du régime, il ne semblait pas y avoir d'autre issue que de se replier sur soi-même, d'« aimer en silence son pays et mépriser en silence ses chefs[2] ». Les plus incrédules étaient obligés de convenir qu'Hitler paraissait protégé par la providence.

Autre miracle : les activités clandestines de Fritz Kolbe restaient inaperçues. Fritz avait même bénéficié d'une promotion interne au début du mois de juillet en passant du grade de « secrétaire de consulat » à celui de « secrétaire de chancellerie » (*Kanzler*). Le parti, comme il était d'usage, avait un droit de veto sur cet avancement. Le ministère avait adressé un formulaire de quatre pages à la direction régionale du NSDAP (14, rue Hermann Göring, à Berlin), document dans lequel il était assuré que Fritz n'était pas membre du parti mais qu'il était « de sang allemand » et qu'il s'« engageait sans relâche et à fond pour l'État national-socialiste ». Même s'il s'était écoulé quatre mois avant que le parti daigne répondre à cette demande, tous les tampons réglementaires avaient été obtenus et la décision du ministère avait été entérinée[3]. Fritz continuait de donner le meilleur de lui-même dans son travail pour être bien vu par ses supérieurs.

Cependant, le climat d'angoisse ne cessait de croître. Bien que n'étant mêlé de près à aucun des conjurés, Fritz se sentit directement concerné par l'hécatombe qui frappa les rangs de la rébellion au cours de ces semaines sanglantes. Plusieurs membres de l'Auswärtiges Amt furent très rapidement arrêtés et condamnés à mort. Ferdinand Sauerbruch fut interrogé par la Gestapo pour avoir été en contact régulier avec les amis du comte Stauffenberg. « Sauerbruch pense que nous sommes perdus, lui et moi. Il a peut-être raison », écrivit Fritz dans un de ses messages à Berne[4]. Si quelqu'un comme le professeur n'était même plus en sécurité, le pire était à craindre.

Adolphe Jung raconte comment le chirurgien sauva sa peau : « Sauerbruch, à la suite de cet attentat manqué, vivait dans l'angoisse. Il se rendit à la campagne dans la propriété de sa femme, près de Dresde, et y séjourna une huitaine de jours. En fait, il était au courant de ce qui avait été tenté, sans y avoir participé lui-même. Après coup, quelques-unes de ses allusions faites avant l'attentat et relatives à "des événements de grande portée qui allaient survenir sous peu" prenaient un sens pour moi. Cinq personnes de son entourage immédiat et de ses amis intimes y avaient participé et furent fusillées ou pendues. Par ailleurs, l'un des trois fils de Sauerbruch, officier de carrière, ayant obtenu le grade de lieutenant-colonel, était un ami intime du comte von Stauffenberg. Ainsi fut-il peu après incarcéré et sérieusement questionné pendant trois semaines. Sauerbruch, très inquiet, s'adressa par téléphone ou par lettre à des amis ou collègues membres du parti ou de la SS. Le temps pressait. Une fois son fils incarcéré, pour lui les choses auraient pu rapidement se gâter. En tout cas, son fils n'aurait pu être relâché si vite si Sauerbruch ne s'était pas mis en rapport immédiatement avec, entre autres personnes, Max de Crinis[5], professeur de neurologie, ami d'Hitler et important personnage du parti, et avec le professeur Gebhardt[6], médecin général (avec le rang d'un général d'armée) [...]. C'est sans doute grâce à leur appui discret et efficace que Sauerbruch ne fut pas emprisonné et put échapper aux représailles qui suivirent l'attentat[7]. »

Sauerbruch fut épargné mais beaucoup de ses amis ne survécurent pas à la répression de l'été 1944. Le 12 juillet, la Société du mercredi s'était réunie comme si de rien n'était, avec un exposé de Werner Heisenberg sur l'histoire de l'astronomie. La séance s'était terminée par un festin de framboises fraîches ramassées dans le jardin de l'institut de physique Kaiser-Wilhelm, à Dahlem. Ce fut la dernière séance où le général Beck fut présent : il se suicida d'une balle dans la tête le soir du 20 juillet 1944 à Berlin. Johannes Popitz fut arrêté le 21 juillet, Ulrich von Hassell le 28. Leur éxécution prochaine ne faisait guère de doute. Le 26 juillet, la Société du mercredi fut convoquée pour la dernière fois. La séance eut lieu chez le journaliste et critique Paul Fechter, qui parla de littérature dans un salon aux trois quarts vide.

Berne, août 1944

L'échec du putsch était une catastrophe pour les Américains. Même si Allen Dulles se méfiait du comte Stauffenberg, vaguement soupçonné de vouloir pactiser avec les Soviétiques, la nouvelle de ce fiasco le remplit d'amertume et de perplexité. « Jamais je n'ai vu Dulles et Gaevernitz aussi déprimés », raconta plus tard le social-démocrate bavarois Wilhelm Hoegner[8], qui les rencontra à Berne peu après les événements du 20 juillet[9]. Si Hitler avait été assassiné, la guerre aurait pu être terminée rapidement. Par ailleurs, ce mauvais coup du sort allait sans doute faciliter la montée en puissance des éléments les plus durs du régime nazi. Dans un message à Washington daté du 8 août 1944, Dulles écrivait qu'« Himmler et la Gestapo avaient pris prétexte du putsch pour achever leur besogne [*to finish off the job*] ». Du côté de la résistance aussi, une radicalisation était à prévoir. Le 9 août, Dulles écrivait que « les communistes allaient sans doute prendre l'initiative désormais ». Quant à la situation militaire, elle prenait un tournant dangereusement favorable à Staline. À la mi-août 1944, les premiers soldats soviétiques atteignirent les frontières du Reich en Prusse orientale. Les Américains, eux, n'étaient encore qu'à Paris.

Après le 20 juillet, les Américains n'eurent pas de nouvelles de Fritz jusqu'à la mi-août. Connaissant son caractère imprudent, ils se demandèrent avec inquiétude s'il avait été pris dans les filets de la Gestapo. Mais, à la mi-août, l'OSS Berne reçut enfin une lettre de Berlin par l'intermédiaire de Ernst Kocherthaler. Allen Dulles put envoyer un message rassurant à Washington : « La position de Wood, apparemment, n'est pas affectée par le putsch mais il nous donne peu d'informations sur le sujet. Il nous dit seulement qu'en dépit du 20 juillet il continue d'œuvrer à la mise en place de sa "milice populaire"[10]. »

Dans le courrier reçu par Kocherthaler, Fritz disait que son plus fort espoir était de voir la guerre s'achever rapidement à l'Ouest mais se poursuivre à l'Est : « Le communisme n'est pas ce qu'il faut pour l'Allemagne... Ici, de plus en plus, les gens s'en rendent compte. » Sur la base de cette conviction, Fritz avait concocté son propre plan de bataille : « Quand les Russes traverseront l'Oder, les Américains parachuteront leurs troupes au-dessus de Berlin. Au jour J, je serai présent sur le terrain avec trente à cent types futés et qui connaissent bien les lieux. Pouvez-vous me faire savoir par radio quand et où vous arriverez ? Le signe de reconnaissance sera : *Peter, Peter*, sur les programmes du soir de la BBC, à vingt-deux heures ou minuit. Je suis le seul à connaître mon plan. Je n'ai dévoilé les détails à personne[11]. »

Ernst Kocherthaler se fit un devoir de transmettre aux Américains les codes secrets compliqués que Fritz voulait utiliser dans ses contacts avec l'armée américaine : « La phrase "*N* arbres poussent" signifiera que des troupes américaines seront parachutées sur Berlin dans *N* heures divisées par deux. La phrase "*N* arbres en fleurs poussent" signifiera que Allen Dulles sera présent parmi les troupes parachutées dans *N* heures divisées par deux. La phrase "*N* arbres fleurissent" signifiera que Dulles arrivera à Berlin dans *N* heures divisées par deux[12]. »

Allen Dulles et Gerald Mayer eurent sans doute un sourire en prenant connaissance de ce message naïf et sympathique. Ce qui les intéressait, dans ce courrier de la mi-août 1944, ce n'étaient pas les plans de bataille personnels de Fritz mais les précieuses informations qu'il continuait de délivrer.

À la fin du mois d'août, une nouvelle série de télégrammes Kappa fut envoyée à Londres et Washington (ces messages prirent le titre de *Kagust*, pour *Kappa* et *August*). Dans ce nouveau paquet, il y avait des éléments inquiétants sur la réalité du pouvoir soviétique, à l'exemple de ce qui se passait en Pologne. Staline avait brutalement lâché ses alliés de l'« Armée nationale polonaise » et Ribbentrop s'était empressé de diffuser cette nouvelle auprès des principaux postes diplomatiques allemands.

Fritz Kolbe dans l'uniforme américain, après la guerre. Il servit d'informateur à la CIA pendant quelques années et ne perdit jamais le contact avec Allen Dulles.
© Collection Martin et Gudrun Fritsch, Berlin

Une simple dépêche du *Deutsches Nachrichten-Büro* (DNB, l'agence de presse officielle) datée du 9 août 1944, faisait état du désarmement et de l'emprisonnement des unités polonaises à l'arrière du front russe. Les officiers avaient été déportés vers Kiev. Parmi eux, les non-communistes avaient disparu du jour au lendemain. Ribbentrop voyait dans cet événement l'émergence d'un nouvel « esclavage polonais ». Pour une fois, les Américains furent tentés de croire la propagande allemande.

Les autres éléments de cette « livraison » étaient plus classiquement consacrés au Reich et à ses satellites ou alliés. Par « George Wood », les Américains apprirent notamment que les Allemands avaient l'intention de ressusciter l'Assemblée nationale de la IIIe République en France, dans l'espoir de mettre la légalité française de leur côté[13]. Dans le même temps, les autorités allemandes voulaient installer les principales institutions françaises « dans une grande ville de l'Est », peut-être Strasbourg. La Banque de France, les services secrets, les services radiophoniques, le 1er Régiment de France[14], la milice et le journal officiel devaient ainsi être déménagés... Efforts surprenants et désormais dérisoires.

En lisant ces documents, les Américains de Berne se posaient une question toute simple : comment faire revenir « Wood » en Suisse ? Allen Dulles voulut utiliser un levier d'action qui avait déjà fait ses preuves : le divorce de Fritz. Lita Schoop, la deuxième femme de Fritz, vivait en Afrique de l'Est, où elle était maintenue en détention comme des milliers d'autres Allemands vivant en territoire britannique. En utilisant ses contacts professionnels quotidiens avec Londres, Dulles s'efforça d'organiser le rapatriement de Lita Schoop en Suisse, pensant que Fritz pourrait ainsi plus facilement justifier un déplacement à Zurich « pour raisons personnelles ». Régulièrement, l'Allemagne et l'Afrique du Sud procédaient à un échange de ressortissants. Pendant l'été 1944, quelques paquebots suédois arrivèrent dans le port de Lisbonne avec des dizaines de familles allemandes à bord. Lita Schoop ne se trouvait pas parmi les passagers. Allen Dulles ne sut jamais pourquoi son plan avait échoué[15].

Berne/Washington, septembre 1944

En septembre 1944, la Suisse bascula dans un nouveau monde. Annemasse et Annecy avaient été libérées le 18 août, Paris le 25 août, Lyon le 3 septembre. En septembre 1944, la Septième Armée américaine, sous les ordres du général Alexander Patch, arriva à la frontière suisse, près de Genève. À la suite des débarquements alliés en Normandie et sur la côte méditerranéenne, un grand courant d'air frais déferlait à l'Ouest. L'enclavement de la Suisse prenait fin.

Allen Dulles profita de ce contexte nouveau pour rentrer à Washington en passant par Londres. Il fit tout le voyage en compagnie du général Donovan qui était désireux de s'entretenir avec lui de diverses questions d'avenir. Dulles fut absent de Berne entre le début du mois de septembre et la fin du mois d'octobre. Il passa quelques semaines à New York et visita le siège de l'OSS à Washington, qu'il eut du mal à reconnaître tant les lieux avaient changé[16]. Désormais, il fallait arborer un badge à l'entrée pour être autorisé à entrer dans le bâtiment, devenu une véritable forteresse. Les espions amateurs étaient devenus des professionnels[17].

Avec le général Donovan, Dulles s'entretint du futur de l'OSS. L'idée de Donovan, partagée par Dulles, était la suivante : une fois la paix revenue, les États-Unis auraient plus que jamais besoin d'une agence de renseignement hautement spécialisée, directement rattachée au président et travaillant à l'échelle mondiale. Déjà, l'OSS commençait à s'intéresser autant sinon plus à l'Union soviétique qu'à l'Allemagne nazie. Ces perspectives nouvelles rendaient urgente la question du reclassement des hauts responsables du renseignement américain. Il fut beaucoup question, pendant ce voyage, de l'avenir professionnel d'Allen Dulles. Ce dernier voulait devenir le patron européen de l'organisation en remplacement de David Bruce à Londres. Mais le général Donovan ne l'entendait pas de cette oreille : il voulait confier à Dulles la direction de l'antenne allemande de l'OSS dès la capitulation du régime hitlérien.

Prié de suggérer des priorités d'action pour l'Allemagne de l'après-guerre, Dulles proposa de prolonger le travail qu'il avait réalisé en Suisse. « Il faudra immédiatement, dit-il, contacter une série de personnes qui occupent déjà des positions stratégiques en Allemagne. Des personnes dont l'existence n'est connue que de nous et que nous sommes seuls à pouvoir contacter grâce aux relations que nous avons patiemment créées depuis deux ans. Ces individus, s'ils survivent à la chute de l'Allemagne, pourraient être très utiles pour obtenir des documents secrets dans les archives des ministères allemands. Ils pourront aussi nous donner des informations confidentielles sur l'organisation et la localisation de certaines organisations secrètes liées au gouvernement[18]. »

De retour en Europe, Allen Dulles passa par Paris où venait d'ouvrir un important bureau de l'OSS, situé au 70, avenue des Champs-Élysées. À Berne, il réorganisa profondément sa « boutique » qui avait été tenue pendant son absence par son adjoint, Gero von Schulze-Gaevernitz. Dulles commença par équiper son bureau d'un somptueux parc automobile. Avant cette date, il n'avait à sa disposition qu'une petite Ford dont l'utilisation était limitée par manque de coupons d'essence[19]. Après septembre 1944, il fit l'acquisition d'une Chevrolet et d'une Packard ainsi que d'une Citroën traction-avant équipée d'un gazogène. Au même moment, la légation américaine, elle, ne disposait que d'une seule voiture, réservée à l'envoyé Leland Harrison[20].

Dulles créa de nouveaux postes à Berne, Genève, Zurich ou Bâle... Il fit venir autour de lui de nouvelles recrues chargées de créer des réseaux en Allemagne, sur le modèle de ce qui avait été fait en France avant le débarquement du 6 juin. Une intellectuelle suisse rencontrée à New York, Emmy Rado, fut chargée de prendre des contacts dans les églises allemandes. Un autre esprit brillant, l'avocat Gerhard van Arkel, reçut le même type de mission auprès des milieux ouvriers et des ex-syndicats de l'époque de Weimar[21]. Tout devait être construit à partir de zéro. À part Fritz Kolbe, l'OSS n'avait aucune source d'information régulière au cœur du Reich. Hans-Bernd Gisevius et ses amis de l'Abwehr avaient été neutralisés après l'attentat manqué du 20 juillet[22]. Ceux qui n'avaient pas été exécutés se battaient pour survivre et n'étaient plus opérationnels.

L'OSS dut rapidement avoir recours à un nouveau type de source : les prisonniers de guerre allemands. Avec la reconquête de la France, les Américains avaient capturé des dizaines de milliers de soldats ennemis. Les généraux alliés voulurent profiter de ce vivier. Ils eurent l'idée de transformer quelques officiers de la Wehrmacht en agents secrets et de les envoyer derrière les lignes ennemies avec leurs uniformes d'origine mais sous de fausses identités, munis de faux documents de mission et d'équipements de radio clandestins.

Les nouveaux agents choisis par l'OSS dans les camps de prisonniers avaient un rôle exclusivement opérationnel : on leur demandait d'indiquer l'emplacement de telle ou telle usine d'armements, de telle ou telle unité de la Wehrmacht, etc. « Ces informateurs ne pouvaient pas remplacer une source comme Fritz Kolbe mais ils étaient néanmoins très utiles », explique Peter Sichel, qui faisait partie de la poignée d'officiers américains d'origine allemande chargés de la sélection de ces agents d'un nouveau type. Peter Sichel était originaire d'une famille juive de Mayence qui avait fui l'Allemagne en 1934. De retour en Europe sous l'uniforme américain, membre de l'OSS, il était arrivé à Annemasse en octobre 1944 avec la Septième Armée du général Patch. C'est là qu'il avait appris l'existence de « George Wood », « un espion qui contribuait beaucoup au prestige de Dulles », se souvient Sichel[23].

Toujours au cours de l'automne 1944, quelques Allemands émigrés à Londres ou aux États-Unis commencèrent à retourner sur le territoire du Reich afin d'y œuvrer secrètement pour la cause des Alliés. Un social-démocrate, Jupp Kappius, fut parachuté au-dessus de l'Allemagne par l'OSS en septembre 1944. Caché dans la région de la Ruhr, il vécut à Bochum d'où il envoya des rapports réguliers aux Américains. Kappius était étonné par la relative « normalité » des conditions de vie du peuple allemand. Les usines fonctionnaient, le courrier arrivait, le téléphone n'était pas coupé, ni le gaz ni l'électricité. La nourriture était rationnée mais personne ne mourait de faim. Les gens étaient bien habillés. « On mange du beurre et pas de la margarine ! » écrivait-il tout en constatant l'étonnant appauvrissement spirituel de la population, qui vivait dans le doute, le cynisme et l'esprit du « chacun pour soi »[24].

Rastenburg, septembre 1944

Fritz passa la fin du mois d'août et presque tout le mois de septembre 1944 à la « Tanière du loup » (*Wolfsschanze*), le QG d'Hitler en Prusse orientale[25].

L'ambassadeur Karl Ritter avait besoin de lui pour assurer le remplacement d'un collègue souffrant. Là-bas, tout près du front, il eut le sentiment très désagréable de n'avoir aucune prise sur les événements. À Berlin, il pouvait agir. Là, il se sentait devenir spectateur de l'histoire. Plus aucune liaison possible avec Berne. Et la conscience douloureuse du temps qui passe. La guerre allait-elle encore durer un mois ou un an ? Impossible de faire le moindre pronostic. À quelques dizaines de kilomètres de là, les soldats de l'Armée rouge préparaient leur prochaine grande offensive.

Au cours de ce long séjour à la « Tanière du loup », Fritz passa son temps à rédiger des rapports pour son chef. Il s'ennuyait et n'avait qu'une seule envie : repartir à Berlin le plus tôt possible. Les parfums de la nature et le bruit du vent dans les bois de bouleaux, au lieu de l'apaiser, ne faisaient que renforcer sa contrariété. Il eut cependant la chance de croiser par hasard le chemin d'un personnage aussi mystérieux qu'intéressant, et dont le physique rappelait celui d'un compositeur ou d'un chef d'orchestre (Fritz remarqua qu'il avait « de longs doigts » et un visage « semblable à celui de Wilhelm Furtwängler »[26]). Il apprit que ce haut fonctionnaire se rendait régulièrement à Stockholm où il entretenait des contacts depuis plus d'un an avec des diplomates soviétiques. Qui était cet homme ? Quel était l'objet de ses négociations avec les Russes ? Qui lui avait demandé d'entreprendre de telles démarches : Ribbentrop ou Hitler en personne ? Fritz fut stupéfait de découvrir l'existence d'échanges secrets entre Berlin et Moscou. Il ne sut pas, sur le moment, quels étaient les véritables enjeux des discussions entre les émissaires des deux capitales.

Au bout de quelques jours, il apprit que l'homme s'appelait Peter Kleist et qu'il s'agissait d'un proche de Ribbentrop. Au début du mois de septembre, Kleist s'était rendu à Stockholm pour y rencontrer des diplomates russes, mais ces derniers avaient refusé de le recevoir. La volonté de négocier venait donc de Berlin ! Fritz crut comprendre que la haute diplomatie allemande n'était pas prête à abandonner ses efforts et que d'autres tentatives allaient être lancées en secret à Stockholm. Sans pouvoir en apprendre davantage, Fritz fut néanmoins très satisfait d'avoir entre les mains une information de toute première importance, qu'il allait transmettre aux Américains de Berne dès son retour à Berlin.

N'ayant plus rien à faire au QG du Führer, il décida de tout faire pour regagner la capitale. Il simula une maladie à l'estomac et cessa de s'alimenter en dépit de la qualité supérieure des repas de la « Tanière du loup ». Il se plaignit des suites d'une opération de l'appendicite qu'il avait subie en 1940. Ses collègues se rendirent compte que Fritz était vraiment malade en le voyant, un matin, refuser de prendre du poulet froid au petit déjeuner. Bientôt muni d'un certificat médical, il retourna à Berlin vers le 20 septembre 1944. Dès son retour, il se fit soigner par ses amis médecins de la Charité, qui acceptèrent de lui prescrire des soins fictifs[27].

Berne, septembre-octobre 1944

« Au début du mois de septembre 1944, le Dr Bruno [*sic*] Kleist, chef de division au ministère des Territoires occupés à l'Est[28], est allé à Stockholm, envoyé par de hauts dirigeants allemands [...] pour prendre contact avec les Russes. Mais à Stockholm, le conseiller de l'ambassade soviétique (Semionov) n'a pas donné suite à cette démarche. Cependant, les Allemands n'abandonnent pas leurs efforts [...]. On pense qu'Hitler cherche à arriver à un accord avec les Soviétiques[29] » : ce document de l'OSS fut écrit à la suite des informations livrées par Fritz Kolbe au début du mois d'octobre 1944. Il suscita l'incrédulité des experts de Washington, qui jugèrent que cet élément, « s'il était authentique, serait d'une grande importance ». L'équipe du colonel McCormack fit la fine bouche et considéra qu'il fallait prendre ce télégramme avec des pincettes. McCormack considérait qu'il était impossible que les autorités allemandes entrent en contact avec les Soviétiques, en dépit du fait que les Japonais souhaitaient une paix avec les Russes. Moins négatif que McCormack, Allen Dulles considérait que le scénario d'un nouvel accord germano-soviétique faisait désormais partie du possible et qu'il fallait tout faire pour l'empêcher. Il n'apprécia pas du tout, à la fin du mois de septembre, l'annonce du « plan Morgenthau » qui prévoyait de désindustrialiser l'Allemagne et de la transformer en vaste zone agricole[30]. Ce genre d'initiative américaine ne pouvait que renforcer, selon lui, certaines tendances pro-soviétiques qui commençaient à se manifester au sommet de l'État allemand.

Les informations que Fritz avait glanées à la Wolfsschanze parvinrent à Berne au début du mois d'octobre. Willy Pohle, courrier de l'Auswärtiges Amt, confia lui-même le paquet confidentiel à Ernst Kocherthaler. Au lieu d'utiliser la boîte aux lettres habituelle, les deux hommes se rencontrèrent dans un restaurant de Berne le vendredi 6 octobre à l'heure du déjeuner. Il y avait dans l'enveloppe une trentaine de documents sur négatifs photographiques – c'était la première fois que cette méthode fonctionnait – dont un mot de la main de Fritz daté du 3 octobre. C'était peu par rapport à d'habitude. Fritz s'en excusa en expliquant qu'une quantité croissante de télégrammes diplomatiques ne parvenaient plus à l'Auswärtiges Amt et qu'ils étaient acheminés directement auprès d'Hitler. Le document le plus important de cette livraison était celui qui révélait les activités de Peter Kleist à Stockholm. Mais il y avait aussi des éléments très intéressants sur l'ambiance au QG du Führer : « le climat y est de moins en moins bon », écrivait Fritz, qui ajoutait que, là-bas, « la pression était incroyablement forte ». « *Der Druck ist unerhört stark* » : cette phrase fut reprise en allemand dans la synthèse rédigée par Allen Dulles[31]. Par ailleurs, Fritz ne parlait plus de sa « milice » mais demandait aux Américains s'il serait désormais plus utile à Berne qu'à Berlin. « Recommandez-moi une réconciliation avec ma femme, et cela voudra dire que je dois vous rejoindre[32]. »

Berlin, octobre 1944

La lecture et le traitement des lettres de « George Wood » faisaient désormais partie du travail ordinaire du bureau de Berne de l'OSS. Pendant ce temps-là, à Berlin, la vie de Fritz devenait, elle, toujours plus pénible et plus dangereuse. Aux premières pénuries sérieuses de produits alimentaires, apparues à partir de la fin du mois d'octobre, s'ajouta l'arrivée d'un des hivers les plus froids que l'Allemagne ait connus depuis longtemps. Mais, surtout, le danger d'être découvert ne cessait de s'accroître.

Fritz commençait à savoir se servir de l'appareil photo fourni par les Américains[33]. Son lieu de travail privilégié était la chambre d'Adolphe Jung à la Charité. Le chirurgien français témoigne : « À l'intérieur de la clinique, on travaillait sur les documents jusque tard dans la nuit. Parfois, il [Fritz] se mettait immédiatement à photographier en les fixant à l'aide de trombones ou avec des punaises sur un carton bien exposé à la lumière du jour ou à l'aide de plusieurs lampes électriques. Il avait un excellent petit appareil qui prenait des clichés de deux centimètres sur deux centimètres d'une extraordinaire précision. Je l'aidais de mon mieux. Quand il devait partir, il me laissait les documents, surtout ceux qui n'avaient pas été photographiés. J'étais souvent fort embarrassé. Je n'avais dans ma chambre qu'un vieux secrétaire fermant mal à clef. D'habitude, je prenais les papiers et les enfermais dans une enveloppe que je collais. J'écrivais dessus *Manuscrit pour le Journal de Médecine* et je l'enfermais. La nuit je sursautais, les sirènes hurlaient. Je m'habillais en hâte, je descendais avec une mallette et une serviette en cuir renfermant mes papiers essentiels, et dans laquelle je fourrais également les documents. Parfois, j'étais obligé de les laisser là-haut. Je m'imaginais une bombe tombant dans la clinique, démolissant à moitié la chambre, et je voyais le personnel et les pompiers vider toute ma chambre pour sauver livres et papiers et jetant tout sur un tas. Que m'arriverait-il si j'étais blessé ? Et si on découvrait alors tous les documents en ma possession ? Qu'arriverait-il si, un jour, l'idée venait à un de ces nazis de fouiller ma chambre pendant que je travaillais[34] ? »

À la veille du départ de la valise diplomatique pour la Suisse, le 4 octobre 1944, Fritz se rendit au service du courrier de l'Auswärtiges Amt pour faire enregistrer un ou deux colis qu'il souhaitait envoyer à Berne. Il se trouva en présence d'un nouvel employé qu'il ne connaissait pas, un jeune homme plein de zèle qui se mit à fouiller minutieusement le contenu des paquets – il s'agissait de vêtements censés appartenir à un collègue de la légation de Berne qui les avait oubliés à Berlin. L'employé soupçonneux retourna les chemises, les pantalons et même les paires de chaussettes pour en inspecter les moindres recoins. Fritz constata avec angoisse que le jeune homme s'apprêtait à déplier un manteau dont les poches intérieures contenaient les rouleaux photographiques destinés aux Américains. Déjà, Fritz avait la main sur un petit revolver qu'il gardait toujours sur lui. Mais tout d'un coup, un autre collègue pénétra dans la pièce. Fritz engagea le nouveau venu dans

« une conversation intéressante ». L'employé consciencieux prit part à la discussion et cessa de se concentrer sur son travail. Il referma les colis, procéda à leur plombage réglementaire et les plaça dans un grand sac en toile destiné à prendre le train pour Berne dès le lendemain. Après ce moment de tension extrême, Fritz s'enferma dans son bureau et prit un double cognac. « Mes genoux étaient un peu mous », avoua-t-il bien des années plus tard[35].

Un autre jour de l'automne 1944, Fritz reçut la visite à domicile de son *Blockwart*, le contrôleur local du parti qui était chargé entre autres choses de surveiller la population du quartier[36]. Cet interrogatoire de routine pouvait être dangereux. Fritz ignorait si des soupçons pesaient sur lui après l'attentat manqué du 20 juillet. Mais il fut rassuré en constatant que le *Blockwart* était un brave chauffeur d'autobus sans malice ni brutalité. Fritz ne cacha pas qu'il n'était pas membre du parti. Mais il se défendit d'écouter la BBC et s'afficha comme n'étant ni un « râleur » ni un « colporteur de fausses rumeurs ». À la fin de l'entretien, le *Blockwart* demanda à Fritz son opinion sur la guerre : « Je souhaite de tout cœur notre victoire finale », dit Fritz. Le contrôleur était visiblement très satisfait. Le mot de « victoire finale [*Endsieg*] » avait fait de l'effet. Le petit fonctionnaire du parti nota consciencieusement la formule sur son carnet et fit comprendre à Fritz que son rapport ne serait pas négatif.

Une autre fois encore, alors qu'il se rendait à pied chez sa mère en transportant du « matériel » (autrement dit des documents à photographier) sur lui, un raid aérien important le surprit en train de traverser l'Alexanderplatz[37]. Il fut obligé de trouver refuge dans un souterrain public. En descendant les marches de l'abri, il pria pour ne pas perdre connaissance. Dans ce cas-là, les documents auraient pu être trouvés et c'en était fini de lui.

Berne, novembre 1944

Au cours du mois de novembre 1944, Allen Dulles continua d'améliorer les conditions de travail du bureau bernois de l'OSS. L'antenne fut équipée d'un émetteur radio qui fut installé dans un grenier des bâtiments de la Dufourstrasse[38]. Pour la première fois, il n'était plus besoin de passer par les postes suisses ni d'utiliser la « couverture » de la représentation diplomatique américaine pour transmettre des informations à Washington ou à Londres. Les services secrets suisses, qui étaient sans doute au courant de l'existence de cet émetteur illégal et non déclaré, firent comme si de rien n'était et n'entreprirent aucune perquisition[39].

Allen Dulles gagnait en autonomie et en pouvoir d'influence. Il recevait de plus en plus de visites dans son bureau de Berne. Il était loin, le temps où ses informations étaient considérées avec un peu de dédain par la centrale de Washington. Et pourtant il était loin d'être infaillible. Dulles était excessivement optimiste par nature et considérait que la fin de la guerre était proche. Certes, Aix-la-Chapelle était tombée le 21 octobre 1944. Mais l'Allemagne disposait encore de dix millions d'hommes en uniforme. Et les Alliés, qui commençaient à avoir de sérieux problèmes d'approvisionnement, ralentissaient leur avance. Le bureau de l'OSS à Berne n'anticipa en rien les préparatifs de la contre-offensive des Ardennes, qui allait démarrer au milieu du mois de décembre.

Vers la mi-novembre, un nouveau message de Fritz parvint à Berne. Cette fois, les rouleaux de photos avaient été dissimulés dans une boîte contenant une montre à réparer[40]. Le courrier de l'Auswärtiges Amt, comme d'habitude, n'était pas au courant du contenu réel de ce qu'il transportait. Une centaine de pages de documents avait été photographiée. Les messages les plus intéressants portaient sur le Japon, la Hongrie et les derniers développements de l'armement allemand.

À propos des fusées V2, Fritz révélait des détails précis et ajoutait des commentaires personnels pour suggérer telle ou telle priorité d'action : « Les rampes de lancement se trouvent surtout dans la région de l'Eifel. La fabrication se fait dans la ville de Rübeland, dans le Harz (entre Elbingerode et Blankenburg). Production presque entièrement souterraine [...]. Il serait bon de bombarder les voies ferrées et les voies de communication [...]. A4 est la désignation de la bombe V2 dans le langage des experts. Elle est construite à Saint Gallen à quarante kilomètres au sud-est de Steyr, en Autriche. Les pièces détachées sont construites par les usines Mitteldeutsche Werke dans le Hartz, en Allemagne. Toutes les installations sont souterraines. Le bombardement des rails serait le meilleur moyen d'enrayer la production. » Un peu plus loin, on apprenait que « le général Jodl avait envoyé un message au commandant en chef des armées de l'Ouest, pendant la première semaine d'octobre 1944, lui disant que le moment n'était pas propice, politiquement, pour envoyer ces bombes sur Paris[41]. »

À propos du Japon, il y avait des dizaines de données utilisables par les armées alliées. Les Japonais attendaient un débarquement américain aux Philippines à la mi-novembre et ils se préparaient à une offensive britannique de grande ampleur sur Rangoon, Bangkok et Saigon. Le maréchal Terauchi, commandant suprême des forces japonaises dans le Sud-Ouest du Pacifique, préparait le repli de son QG de Manille à Saïgon. Les autorités japonaises commençaient à vouloir préparer leur opinion publique à l'idée d'une défaite allemande[42]...

Les éléments sur la Hongrie n'étaient pas de nature militaire, mais concernaient le sort de la population juive.

Fritz Kolbe avait fait parvenir aux Américains quelques télégrammes de Budapest, dont l'un disait ceci : « La communauté juive de Budapest est estimée à cent vingt mille personnes y compris les enfants non aptes au travail. Leur sort n'a pas encore été décidé, tout dépendra des moyens de transport disponibles. La personne responsable de ce dossier serait un certain Eichmann[43]. » Un autre document, s'appuyant sur des informations datant de la fin octobre 1944, indiquait que « les Juifs encore présents à Budapest » devaient être placés dans des ghettos en lisière de la ville. Certains d'entre eux, selon un autre document, devaient être « emmenés à pied vers le Reich pour y servir de main-d'œuvre ». Il n'était pas question clairement de l'extermination des Juifs, mais de mesures de travaux forcés et de « conscription »[44]. À chaque fois, on trouvait le nom d'Eichmann, SS-Obersturmbannführer. Cette personne n'était « pas identifiée par ailleurs [*not identified further*] », comme l'indiquait une note en bas de page dans un télégramme de la série Boston[45].

À cette date-là, les dirigeants américains étaient suffisamment bien informés pour savoir ce qui attendait les déportés. Mais les télégrammes Boston reprenaient mot à mot le vocabulaire des télégrammes diplomatiques allemands : « Au cours de l'été 1944, les mesures de conscription en province ont concerné quatre cent quarante mille personnes[46] ». En fait, ces quatre cent quarante mille Juifs avaient été envoyés à Auschwitz. Ne subsistait plus que la communauté juive de Budapest. Celle-ci avait été provisoirement préservée par l'évolution des circonstances politiques à Budapest. Au début du mois de juillet, le maréchal Horthy avait décidé de mettre un terme aux déportations afin de faciliter un rapprochement de la Hongrie avec les Alliés et il avait progressivement annoncé son intention de quitter l'Axe. Berlin ne le laissa pas faire sans réagir. Le 15 octobre 1944, Horthy fut brutalement remplacé par un homme entièrement à la botte de Berlin, Ferenc Szálasi, leader du mouvement des Croix fléchées. Dès lors, la Hongrie fut un des derniers remparts du Reich et la « solution finale » y fut poursuivie de manière systématique, à commencer par l'élimination des Juifs de Budapest[47].

Washington, décembre 1944

Qu'allait devenir Fritz Kolbe après la guerre ? Cette question commença à se poser à la fin de 1944 à Washington. « Que sommes-nous prêts à faire afin d'aider les Allemands que nous avons recrutés et qui travaillent loyalement pour nous derrière la ligne du front ? Pouvons-nous leur donner des garanties de protection et leur promettre des privilèges pour la période qui suivra l'armistice ? Nous pourrions par exemple leur permettre de venir aux États-Unis après la guerre, de placer leurs économies dans des banques américaines, etc. Sur ce point, il n'y a que vous qui puissiez prendre une décision. » Ces quelques lignes furent adressées au président Roosevelt par le général Donovan, dans un courrier daté du 1er décembre 1944[48].

Quelques jours plus tard, le président des États-Unis donna une réponse négative au directeur de l'OSS : « Je ne crois pas que nous devrions offrir la moindre garantie de protection aux Allemands qui travaillent pour votre organisation. Je pense que les promesses de ce genre seront difficiles à respecter et qu'elles seront probablement mal comprises aux États-Unis et à l'étranger. Nous pouvons nous attendre à ce qu'un nombre croissant d'Allemands viennent rejoindre les Alliés au dernier moment pour sauver leur tête et leurs biens. Parmi eux, il est probable qu'il y aura des gens coupables de crimes de guerre ou qui mériteraient d'être arrêtés pour leur participation active au régime nazi. Même si des mesures de contrôle doivent être mises en place, je ne suis pas prêt à donner la moindre garantie de ce genre[49]. »

Il n'y aurait pas de sanctuaire américain pour les amis allemands des Alliés. De telles dispositions auraient pu s'appliquer à Fritz Kolbe ou à Hans-Bernd Gisevius, auxquels Allen Dulles souhaitait pouvoir promettre une perspective pour l'après-guerre. L'intransigeance du président américain était conforme à la politique qui était officiellement la sienne depuis janvier 1943 : la reddition de l'Allemagne devait être « inconditionnelle » et rien ne devait être fait pour encourager une hypothétique résistance intérieure.

L'évaluation technique de la source nommée « George Wood » s'acheva à la fin de l'année 1944. Le lieutenant Thomas Dunn, un des meilleurs spécialistes du matériel Kappa au département du contre-espionnage de l'OSS, reçut un inventaire récapitulatif des meilleures livraisons de « Wood »[50]. Cet inventaire avait été établi par le colonel McCormack. Ce document (une sorte de « *best of* »), indiquait quels avaient été les messages d'une « valeur considérable » envoyés par l'agent de Berlin depuis sa première visite à Berne en août 1943. Les dossiers n°s 215 à 218, qui correspondaient aux rapports des généraux Kretschmer et Gronau sur le Japon, arrivaient en tête de liste. Suivaient les messages Kappa consacrés aux livraisons clandestines de tungstène de l'Espagne vers l'Allemagne (n°s 373 et 402). L'inventaire de McCormack évoquait ensuite tout ce qui concernait le « grand jeu » diplomatique en Europe. L'évolution des alliances en Europe centrale (Hongrie, Roumanie, Bulgarie) et les coulisses de tous les régimes fantoches contrôlés par le Reich (en particulier celui de Vichy) avaient pu être suivies avec une grande précision grâce à « Wood ». Le colonel McCormack citait en exemple le télégramme n° 386, qui illustrait avec beaucoup de détails les angoisses de Berlin, en juillet 1944, concernant la Bulgarie et ses velléités de quitter l'Axe (qu'elle abandonna effectivement à la fin de l'été 1944). Il mentionnait aussi le télégramme n° 388 qui parlait des projets allemands de déplacer vers l'Est de la France certaines institutions clés du régime de Vichy. Curieusement, le colonel McCormack ne retenait aucun télégramme Kappa concernant les sites de production militaire, notamment sur les V1 et les V2. On ne trouvait pas non plus de référence, dans l'inventaire de McCormack, au sort des Juifs de Rome ou de Hongrie.

Berne, janvier/février 1945

Fritz Kolbe put revenir à Berne à la fin du mois de janvier 1945. Il avait essayé de passer les congés de Noël en Suisse, mais le visa lui avait été refusé de manière inexplicable par les autorités de la Confédération helvétique. Le 28 janvier 1945, Allen Dulles écrivit à Washington que « George Wood » était arrivé avec deux cents documents photographiques. Beaucoup de clichés avaient sans doute été pris dans la précipitation : la mise au point était mauvaise et une bonne part des pellicules était illisible. « Ces textes sont plus durs à déchiffrer que des mots croisés », écrivit Dulles à ses collègues de Washington[51].

Le voyage avait été encore plus inconfortable qu'en avril 1944, date de sa dernière visite. Fritz avait fait le trajet en compagnie d'un autre collègue de l'Auswärtiges Amt, la règle voulant désormais qu'un courrier ne voyageât jamais seul[52]. La durée du périple entre Berlin et Bâle avait été de soixante heures au lieu de seize heures en temps normal. Deux jours et deux nuits dans un wagon sans fenêtre. La liaison ferroviaire passait désormais par Nuremberg, Ulm et Friedrichshafen, au bord du lac de Constance. Là, Fritz et son collègue avaient passé la nuit dans un hôtel infesté par la Gestapo. Le lendemain, ils avaient traversé le lac en bateau pour passer en Suisse.

Fritz vécut plusieurs années en Suisse après la guerre. On le voit ici plongé dans la lecture du quotidien de Bâle, le *Basler Zeitung*.
© Collection Martin et Gudrun Fritsch, Berlin

Comme au premier jour, Fritz transportait les documents dans une petite boîte cachée entre ses jambes : heureusement, les pellicules photographiques étaient beaucoup moins encombrantes que des liasses de papier. Dans cette livraison, Fritz apportait une série de télégrammes portant sur de récentes négociations à haut niveau entre la Banque nationale suisse et la Reichsbank allemande. Ernst Weber, président de la Banque nationale suisse, avait offert un dîner le 10 décembre 1944 à Emil Puhl, vice-président de la Reichsbank. Il y avait principalement été question d'achats d'or allemand par la Suisse. Le président de la Banque nationale suisse souhaitait, pour des raisons de sécurité, « s'occuper lui-même du transfert de l'or par la frontière ». La Reichsbank s'engageait en échange à faciliter les livraisons de charbon allemand vers la Suisse. Les discussions avaient eu lieu dans « l'atmosphère de confiance habituelle », comme le précisait Otto Köcher, chef de la légation allemande à Berne[53].

Quelques mois plus tôt déjà, en mai 1944, Fritz avait fait passer à l'OSS un télégramme signé Otto Köcher qui révélait que l'Allemagne vendait six mille kilos d'or par mois à la Banque nationale suisse. Ernst Weber, son président, se disait même prêt à accepter des volumes d'or « supérieurs au quota mensuel » fixé dans l'accord bilatéral entre les deux banques centrales. Il était qualifié par Otto Köcher d'« ami personnel » d'Emil Puhl[54].

L'existence d'intenses relations économiques et financières entre la Suisse et l'Allemagne provoquait la colère des Alliés. Mais il y avait plus grave encore que les transactions d'or entre Berlin et Berne. Un télégramme apporté par Fritz en janvier 1945 dévoilait l'existence de négociations de haut niveau entre fonctionnaires et industriels des deux pays sur des questions d'armement et de haute technologie militaire. Les Suisses désiraient acquérir un savoir-faire en matière de propulsion chimique des fusées et s'entretenaient de manière régulière avec les directeurs d'une importante société allemande (Köln-Rottweil, appartenant au conglomérat IG Farben)[55].

Ces données furent transmises à Washington au début du mois de février (messages *Jakka*, pour *January* et *Kappa*). Au cours de son séjour à Berne, Fritz ne se contenta pas de partager ses informations avec Allen Dulles et Gerald Mayer. À la légation allemande, il fit ouvertement propagande auprès de certains de ses collègues pour un renversement du régime nazi. Deux diplomates, au moins, lui dirent en chuchotant qu'ils étaient bien de son avis et qu'il fallait faire quelque chose pour en finir. Ils avaient envie de démissionner de leurs fonctions mais ne savaient pas s'ils pourraient trouver l'asile politique en Suisse[56]. Jamais l'ambiance de la légation allemande n'avait été aussi crépusculaire. Fritz, quant à lui, repartit à Berlin le 2 février 1945. Le voyage de retour se fit dans un wagon de marchandises. Muni d'un sac à dos, il s'en servit comme oreiller et dormit pendant la plus grande partie du trajet[57].

À son retour dans la capitale du Reich, Fritz vécut les bombardements les plus violents qu'il eût jamais connus. Les raids alliés du 3 février 1945 restèrent dans les mémoires comme exceptionnellement meurtriers et dévastateurs. À cette occasion, la chancellerie du Reich fut touchée, mais également les bâtiments de la Gestapo et le Tribunal du Peuple[58]. La ville était méconnaissable. Dans les gares, on assistait à des scènes d'apocalypse et d'hystérie. Les rues étaient engorgées par des masses de réfugiés et de troupes en partance pour le front. Le 30 janvier, l'Armée Rouge avait traversé l'Oder, provoquant la fuite de millions d'Allemands vers l'Ouest. Il en arrivait cinquante mille par jour dans la capitale du Reich, fuyant l'avance rapide et terrifiante des chars T-34, des cosaques à cheval et de l'infanterie russe dont on murmurait qu'elle était composée, surtout à l'arrière, d'innombrables soudards et violeurs.

En traversant Berlin pour rentrer chez lui, Fritz eut le sentiment d'être dans une ville en état de siège. Des cadavres gisaient un peu partout, à peine enveloppés dans des sacs en papier, avec la tête et les pieds qui dépassaient à chaque bout. Le 7 février 1945, Adolphe Jung décrivait dans son journal le nouveau visage de Berlin : « On construit des barricades dans les rues, avec des objets trouvés sur place et provenant de maisons démolies par des bombardements. Tout est bon. Grosses et petites pierres de maçonnerie ou pierres de taille du bord du trottoir ; poutres de bois ou barres de fer que l'on sort des ruines environnantes. Des arbres, s'il y en a, sont abattus et utilisés. Ainsi naissent des barricades larges de deux mètres, hautes d'autant, qui ferment la rue presque complètement[59]. »

Et pourtant les Berlinois, dans l'ensemble, restaient calmes. Les restaurants étaient pleins même si les menus étaient maigres. Et surtout personne ne parlait de la guerre. Les gens paraissaient résignés, mais pas du tout défaitistes ou même rebelles. Dans le discours officiel de la propagande nazie, on reconnaissait l'existence d'une « crise » mais on ne parlait pas encore de défaite. Le dernier slogan de Goebbels était simple : « Nous gagnerons car nous devons gagner ! »

En rentrant dans son bureau de la Wilhelmstrasse, Fritz se rendit compte que tous les télégrammes qu'il avait précieusement conservés dans son coffre avaient été détruits par un collègue. Il avait dû lui laisser sa clé en partant pour la Suisse, et le ministre avait ordonné de détruire dans tous les bureaux de l'Auswärtiges Amt « les documents qui n'étaient pas d'un intérêt immédiat[60] ».

Berne, février 1945

À Berne, Allen W. Dulles en avait assez de constater que les livraisons de « George Wood » étaient considérées par ses collègues de Washington comme des « pièces de musée » et regrettait que leur « pleine valeur opérationnelle » n'ait pas été exploitée[61]. Il disait n'« avoir jamais compris » pourquoi le dossier « Wood » était prioritairement traité par le contre-espionnage, ce dernier étant interminablement occupé à vérifier l'authenticité de la source. Dulles se plaignait enfin des querelles de compétence entre l'armée, l'OSS et le Département d'État. L'information ne circulait pas. Résultat : on traitait sa source privilégiée avec une grande négligence : « Je répète que pour tirer le maximum de parti de ce matériel, il nous faut une équipe de spécialistes germanophones, ayant une connaissance assez bonne du dossier "Wood" mais aussi du monde politique allemand et des usages diplomatiques du Reich. Des gens qui soient capables de déchiffrer des mots croisés[62]. »

À Washington, la négligence à l'égard de « George Wood » n'était pas le fait du hasard. Certains membres de la communauté du renseignement ou de l'armée étaient enthousiastes à l'égard de cette source miraculeuse. Le général Donovan était de ceux-là. Mais d'autres avaient un sentiment mitigé sur la qualité générale des informations Kappa. L'un d'entre eux pensait que « ce matériel a certes été intéressant et important à bien des égards, mais à quelques exceptions près il n'a pas été de tout premier plan. Je dirais qu'il s'agit du type de communications que s'échangeaient jadis les chefs de division du Département d'État. On n'est pas en présence d'informations du niveau de celles qui sont échangées au niveau ministériel ou présidentiel [...][63] ».

Quelques jours plus tard, le 16 février 1945, Dulles se plaignait à nouveau auprès du général Donovan : « vous nous avez demandé de faire en sorte que Wood se concentre sur le matériel en provenance d'Extrême-Orient. Nous avons suivi vos instructions et donné la priorité absolue à la transmission de ce type d'informations. Mais j'ignore si cela a été d'aucune utilité pour vous. »

Le coup de poing sur la table d'Allen Dulles fut-il entendu ? Bientôt, une « unité spéciale » chargée d'analyser les messages Kappa fut créée à l'OSS[64]. Le dossier « George Wood » avait cessé d'être confié au contre-espionnage de l'OSS et se trouvait désormais domicilié au département du « renseignement » (*secret intelligence*). Une cellule administrative à part entière était spécialement consacrée à l'analyse des informations fournies par Fritz Kolbe, avec près de quinze personnes au total, se répartissant les dossiers par zones géographiques, dont deux colonels chargés d'élucider les questions les plus techniques.

Allen Dulles considérait que ces initiatives arrivaient trop tard. Puisque Washington n'avait pas su exploiter les informations de « George Wood », le chef de l'OSS Berne était désormais décidé à prendre des initiatives personnelles pour accélérer la fin de la guerre. Plus que jamais, il était prêt à contourner sa hiérarchie et à agir de son propre chef. C'est ainsi qu'il décida, à la fin du mois de février 1945, de ne pas refuser la main qui lui fut tendue par le commandant des troupes SS en Italie, l'Obergruppenführer Karl Wolff, ancien bras droit d'Heinrich Himmler[65]. Wolff agissait seul. Comme d'autres hauts responsables politiques ou militaires du Reich, il pensait que « si l'Allemagne avait perdu la guerre, elle pouvait encore choisir son vainqueur ».

Après avoir communiqué par l'intermédiaire d'un officier des services de renseignement suisses et d'un industriel italien, Allen Dulles et Karl Wolff se rencontrèrent en personne à Zurich, le 8 mars 1945, puis à Ascona, le 19 mars. Ces deux rencontres eurent lieu dans la clandestinité la plus totale. Les contacts se poursuivirent pendant tout le mois de mars et le mois d'avril. Dans les messages de Berne à Washington, Wolff était désigné sous le nom de code de « Critic » et les discussions avec Karl Wolff prirent le nom d'« opération Sunrise ». Le président Roosevelt, déjà mourant, ne s'opposa pas à ces négociations lorsqu'il en apprit l'existence. Le 29 avril 1945, la Wehrmacht rendit les armes en Italie. Capitulation sans conditions. Les Soviétiques furent prévenus au dernier moment et eurent le sentiment d'avoir été victimes d'un coup de poignard dans le dos. Le Kremlin réagit très violemment à cette tentative de « paix séparée » des Occidentaux avec les Allemands. Les derniers contacts écrits de Staline avec Roosevelt portèrent sur les manœuvres secrètes de Dulles en Italie. Le ton de ces messages, d'une très grande dureté, annonçait déjà la guerre froide.

Berlin, mars 1945

Mars 1945 : débandade générale à Berlin. Les Russes étaient en train de reprendre la Pologne. Beaucoup de gens, notamment des fonctionnaires importants du parti nazi, cherchaient à quitter la ville. Les autres étaient enrôlés de force dans le Volkssturm, une dérisoire milice populaire armée de bric et de broc[66]. Rien n'avait plus de prix à ce moment-là qu'un véhicule rempli de carburant. On ne pouvait pas obtenir de voiture, même dans un piteux état, à moins de quinze mille ou vingt mille marks (rappelons que le salaire mensuel de Fritz Kolbe était de neuf cents marks). Le prix d'un litre d'essence était de quarante marks ou vingt cigarettes. Les faux papiers et les laissez-passer se monnayaient très cher.

C'est à ce moment précis que Fritz se vit confier une mission de confiance par son chef. Rien de professionnel : Karl Ritter avait une maîtresse qu'il souhaitait à tout prix mettre à l'abri chez lui, en Bavière. C'était une chanteuse de musique légère[67], habituée à s'habiller à la dernière mode et ne se séparant jamais de sa trousse de maquillage. Elle avait un bébé en bas âge, une fillette âgée de deux ans. Fritz fut chargé de conduire à l'autre bout du Reich la jeune femme et son enfant dans la Mercedes de fonction de l'ambassadeur. Pour permettre le passage du véhicule aux postes de contrôle, il reçut un ordre de mission pour la Suisse, dûment tamponné par les services compétents du ministère.

La Mercedes de fonction de Karl Ritter, dans laquelle Fritz Kolbe traversa toute l'Allemagne en mars 1945, escorté par un camion de la SS. On aperçoit, sur le coffre du véhicule, un landau appartenant à la maîtresse de Karl Ritter.
© Collection Martin et Gudrun Fritsch, Berlin

« En mars 1945, Kolbe vint une dernière fois à la clinique, se souvient Adolphe Jung. Il avait reçu un ordre de mission pour aller en Suisse [...]. Toute la nuit, des documents furent photographiés. Tout ce qui avait quelque importance pour l'ambassade américaine fut fixé sur le chevalet en face de l'appareil. Il était nerveux et inquiet. Il nous quittait sachant que bientôt Berlin allait être littéralement écrasé par les aviations alliées, que sans doute nous aurions à subir la dernière lutte des nazis contre les armées russes. Sa fiancée pleurait. Moi-même j'étais inquiet. Pourrais-je revoir mon pays et les miens ? Il nous promit de nous faire chercher aussitôt que possible en avion par notre ami D. [Dulles][68]. » Fritz, en partant, donna une consigne à ses trois amis du ministère (Mlle von Heimerdinger, Karl Dumont, Willy Pohle) : « À l'arrivée des Américains, il faudra vous rendre auprès d'un officier américain et vous réclamer d'un groupe de résistance en donnant le mot de passe suivant : "George 25900"[69]. »

Fritz quitta Berlin le 16 ou le 18 mars 1945. Le professeur Sauerbruch lui avait demandé d'emmener son épouse, si bien qu'en comptant le bébé, il y avait quatre personnes à bord du véhicule[70]. Tout le monde était serré sur le siège avant, les places arrière étant occupées par une quantité impressionnante de valises et de tapis d'Orient appartenant à Karl Ritter et à sa jeune compagne. Les passagères devaient pousser leurs jambes sur la droite pour que Fritz puisse actionner le levier de vitesses. Cocasse au début, cette situation devint rapidement embarrassante.

Au départ, Fritz avait l'intention de partir à l'heure du petit déjeuner mais un raid aérien américain l'obligea à ne prendre la route que vers midi. Le temps était gris, le froid mordant, il y avait du gel sur les routes. Fritz ne voyait rien dans le rétroviseur de la limousine à cause de toutes les affaires qui étaient entassées à l'arrière (y compris un landau accroché au toit du véhicule). Le voyage promettait d'être ardu : il fallait rouler tôt le matin ou en début de soirée pour éviter les attaques de chasseurs ennemis volant en rase-mottes. Les freins de la Mercedes ne fonctionnaient pas bien et la voiture tomba en panne dès le premier soir. Ils durent se faire remorquer par un camion appartenant à la SS, obtenu grâce à l'entregent de Karl Ritter. Le camion SS fonctionnait avec un gazogène à bois et ne dépassait pas les trente kilomètres/heure (avec une pause régulière pour nettoyer la tuyauterie), si bien qu'il fallut presque quatre jours pour aller de Berlin en Bavière ! Entre Berlin et Munich, il y eut quatre à six contrôles d'identité, effectués soit par l'armée, soit par des unités SS[71].

En traversant le pays du nord au sud, on avait l'impression de se trouver dans un tableau de la guerre de Trente Ans. Des familles de réfugiés marchaient sans but précis, on apercevait des cadavres d'animaux dans les prairies, on croisait des véhicules calcinés sur le bas-côté des routes... Les branches des arbres étaient souvent couvertes de bandes de papier d'aluminium que jetaient les escadres ennemies afin de brouiller les radars allemands. La chanteuse et son bébé passèrent tout le voyage à hurler et à pleurer. Fritz était plus qu'impatient d'arriver en Bavière.

Arrivé dans la ville de Kempten, dans la région de l'Allgäu bavarois, Fritz put enfin se débarrasser de la maîtresse de Karl Ritter, du bébé, du landau, de la voiture et des SS. Dommage pour la voiture, se dit-il, mais l'escorte était un peu encombrante. Toujours accompagné par l'épouse du professeur Sauerbruch, il se rendit ensuite à Ottobeuren, non loin de là, où l'attendait le prélat Georg Schreiber qui vivait caché dans un grand monastère bénédictin. À Ottobeuren, Fritz put se reposer un jour ou deux sans pour autant cesser de poursuivre ses activités. Il prit le temps de photographier, dans la bibliothèque du monastère, certains documents qu'il avait apportés avec lui de Berlin. Grâce à la protection des moines, il ne fut pas obligé de s'inscrire comme voyageur de passage sur le fichier local de la police[72]. L'ambiance du cloître l'impressionna beaucoup, surtout les repas dans la grande salle de la communauté monastique. L'atmosphère était apaisante. En Bavière, on mangeait mieux qu'à Berlin : les pommes de terre n'étaient pas rationnées.

La pause fut de courte durée. Quelques jours plus tard, Fritz Kolbe et Margot Sauerbruch prirent le train pour se rendre d'Ottobeuren à Weiler, un village de l'Allgäu où vivait Wilhelm Macke-ben, homme d'affaires, ancien diplomate et ami de Fritz. Malgré la courte distance, il fallait changer de train deux fois. En prenant la correspondance à Memmingen, Fritz et Margot Sauerbruch eurent la terrible surprise d'être interpellés par une brigade de la Gestapo qui les emmena dans un bureau sans fenêtres pour un interrogatoire. Au bout de quelques minutes effrayantes, Fritz comprit qu'il s'agissait sans doute d'une simple mesure de routine. La valise de Margot Sauerbruch fut inspectée mais pas le sac de Fritz, dans lequel se trouvaient quelques pellicules photo hautement compromettantes. Fritz se mit en colère en exigeant d'être traité avec tous les respects dus à un courrier officiel du ministère des Affaires étrangères, et en soulignant que ses papiers étaient en règle, y compris son visa de sortie d'Allemagne. Le policier appela la Gestapo de Munich pour vérifier que Mr. Fritz Kolbe était bien quelqu'un de l'Auswärtiges Amt en mission officielle. Ils purent finalement repartir sans être inquiétés[73]. Le professeur Sauerbruch, qui se trouvait dans la région, retrouva son épouse et Fritz continua le voyage seul.

Arrivé dans le village de Weiler, Fritz rejoignit son ami Wilhelm Mackeben, dont le chalet ouvrait ses portes à toutes sortes de gens dans un va-et-vient étonnant : au moment où Fritz y séjourna, il y rencontra une femme péruvienne, un étudiant iranien de Téhéran resté coincé en Allemagne depuis le début de la guerre ainsi que deux officiers allemands avec lesquels il eut une longue conversation nocturne[74]. Ces deux membres de la Wehrmacht faisaient partie d'une équipe chargée de transporter par camions un important volume d'archives secrètes destinées à être cachées dans le Sud de l'Allemagne. D'un air entendu, Fritz fit semblant de savoir de quoi il s'agissait, ce qui lui permit d'obtenir davantages de confidences. Ces camions transportaient des documents sur l'Union soviétique, l'Armée Rouge et même un fichier d'agents pro-allemands infiltrés en URSS. Ils appartenaient à un service d'espionnage militaire spécialisé sur la Russie, et dont les responsables avaient l'intention de monnayer leur trésor auprès des Alliés une fois la guerre terminée[75].

Très satisfait d'avoir recueilli ces informations, Fritz reprit le chemin de la Suisse. Il se rendit à Bregenz à bicyclette, utilisant un vélo que lui avait gracieusement prêté l'étudiant iranien ami de Mackeben. À Bregenz, le consulat de Suisse tamponna son passeport diplomatique sans difficultés et confirma la validité de son visa, valable pour une durée de cinq jours. On était le 2 avril 1945. Le lendemain, il prit le train à St-Margrethen pour Zurich et Berne. Le confort était inattendu et il n'y avait plus de barrages policiers. Le seul contrôle auquel Fritz dut se soumettre fut un contrôle médical à l'entrée du territoire suisse : on vérifia qu'il n'avait ni la dysenterie, ni la variole, ni la gale[76].

Berne, avril 1945

« Wood est arrivé la nuit dernière de Berlin, qu'il a quitté vers le 16 mars » : ce message fut câblé par Allen Dulles à Washington le 4 avril 1945[77]. Ce jour-là, les dernières poches de résistance allemande étaient en train de tomber dans la Ruhr et les Alliés se trouvaient déjà au centre du Reich (Kassel, Gotha et Erfurt étaient en train d'être prises). Fritz fut « débriefé » comme d'habitude, mais les Américains de Berne avaient moins besoin de lui. Allen Dulles, lui, était entièrement occupé par ses négociations secrètes avec Karl Wolff, l'ancien bras droit d'Himmler. Cette fois, ce fut Ernst Kocherthaler qui se chargea de prendre des notes à partir des conversations avec Fritz[78].

Ce dernier avait encore des choses à dire, notamment concernant le Japon. L'ambassadeur d'Allemagne Heinrich Stahmer décrivait la montée d'un climat de crise politique à Tokyo et se disait convaincu que les dirigeants japonais étaient de plus en plus impopulaires auprès de leur peuple. Dans un autre télégramme, Stahmer exposait en détail les derniers développements techniques de l'aviation japonaise[79]... Sur l'Allemagne, Fritz donnait les derniers exemples de la déliquescence du pouvoir hitlérien.

Tout cela était fort intéressant mais pour Allen Dulles, l'utilité de « George Wood » avait désormais changé de nature. Le chef du bureau de Berne de l'OSS voulait faire de lui un collaborateur permanent, basé auprès des Américains et susceptible de retourner en Allemagne pour y remplir des missions précises et sur commande. Dans un premier temps, il voulut l'envoyer en reportage dans le Sud de la Bavière pour y enquêter sur la mise en place d'un « réduit » alpin où Dulles était convaincu que les dirigeants nazis allaient trouver refuge pour y mener leur dernier combat. « Quasiment wagnérien », disait-il dans ses télégrammes à Washington. Comme Dulles, les plus hauts généraux américains croyaient dur comme fer à ce scénario[80]. Dans l'immédiat, Fritz resta à Berne. Dulles lui demanda d'enquêter sur les coulisses de la légation du Reich, d'encourager ses compatriotes diplomates à démissionner et à récupérer des pièces d'archives qui pouvaient intéresser les Alliés, notamment sur les affaires financières des dirigeants nazis qui espéraient placer leurs avoirs en Suisse après la défaite.

Au bout de cinq jours passés à Berne, le visa de Fritz n'était plus valable. À partir de ce moment-là, son sort fut entièrement entre les mains de ses amis américains. « George Wood » était devenu un passager clandestin vivant sous la protection personnelle d'Allen Dulles[81].

Berlin, avril 1945

Le 21 avril 1945, Walter Bauer – l'entrepreneur antinazi complice de Fritz – sortit de prison[82]. Il avait été arrêté en septembre 1944 (dans le cadre de l'enquête sur l'attentat du 20 juillet) et soumis à des traitements inhumains pendant plusieurs mois. Le jour de sa libération, la Gestapo eut la délicatesse de lui donner deux tickets de métro pour qu'il puisse rentrer chez lui, au 28 avenue Unter den Linden[83]. Trois jours plus tard, le 24 avril 1945, les troupes russes arrivèrent dans Berlin. Pillages et viols se multiplièrent. Maria Fritsch était restée seule dans la capitale du Reich et Fritz n'avait pas de nouvelles. Elle n'a pas laissé de témoignage sur cette période terrible et nul ne saura jamais comment elle vécut ces journées de douleur, de honte et de délivrance. On apercevait à chaque coin de rue des corps écrasés par les chars, « vidés comme des tubes de dentifrice[84] ». Le parfum de la mort se mêlait à celui du printemps. Au milieu des ruines, les oiseaux, les fleurs et les arbres fruitiers vivaient leur vie comme si de rien n'était.

L'hôpital de la Charité continuait tant bien que mal à remplir sa mission. Les médecins et le personnel médical se nourrissaient de whisky et de biscottes et passaient autant de temps dans le bunker souterrain de l'hôpital que dans les étages, aux trois quarts détruits. Le professeur Sauerbruch était de retour à Berlin. Adolphe Jung, toujours membre de son équipe, se souvient des blessés qui ne cessaient d'affluer : « Sans discrimination, on nous livre au bloc opératoire : soldats et civils, femmes et enfants, blessés. Sur la place, devant la Charité, la foule malgré le danger fait encore la queue devant la boulangerie. Un obus est tombé sur la foule des femmes et enfants. Il faut opérer sans relâche » (22 avril 1945). « Il n'y avait plus guère dans la ville de Berlin de maisons non touchées. La plupart se sont effondrées. Parmi celles qui restent encore debout, il est exceptionnel qu'on puisse habiter au-dessus du premier étage. Il n'y a, bien entendu, plus de téléphone, ni lumière, ni eau, car même là où les canalisations sont intactes la pression est si faible que l'on peut à peine recueillir quelques gouttes dans les caves » (21 avril). « Toutes les deux minutes, un gros obus tombe dans l'enceinte de la Charité... Quand serai-je touché ? » (24 avril)[85].

Le mardi 1er mai, à 21 h 30, la radio de Hambourg annonça au peuple allemand qu'une nouvelle grave allait être annoncée. Des extraits de la Septième Symphonie de Bruckner furent diffusés. Enfin, une déclaration de l'amiral Dönitz fit connaître la mort du Führer, survenue la veille à Berlin. À l'hôpital de la Charité, où étaient désormais soignés des soldats soviétiques, on n'avait pas beaucoup le temps d'écouter la radio. Le IIIe Reich était déjà pour ainsi dire oublié, tout le monde y était hostile, y avait toujours été hostile.

12

La disgrâce

Berne, fin avril 1945

À la fin du mois d'avril 1945, Fritz Kolbe fut chargé d'une mission très délicate par les Américains. Il ne se doutait pas que cet épisode allait infliger un coup sévère à sa réputation et ruiner définitivement sa carrière. La guerre était en train de s'achever. Les Américains préparaient les dossiers dont ils allaient se servir pour instruire le procès des dirigeants allemands. Ils s'intéressaient de près aux avoirs financiers des nazis à l'étranger, particulièrement en Suisse. Or, l'OSS avait appris que la légation allemande de Berne était en train de détruire ses archives en prévision d'une capitulation imminente. Allen Dulles envoya Fritz comme émissaire auprès d'Otto Köcher, l'envoyé du Reich, pour le convaincre de stopper la suppression des documents[1].

Otto Köcher fut extrêmement irrité de recevoir la visite de Kolbe, qu'il considérait jusqu'ici comme un subalterne et qui s'avéra ce jour-là être un traître. Il lui répondit très sèchement, affirmant qu'il n'avait aucun ordre à recevoir de la part des Américains, encore moins de la part d'un Allemand passé au service des Alliés. Mais Fritz Kolbe ne se découragea pas : il voulut convaincre Köcher qu'il avait tout intérêt à démissionner de ses fonctions. Les

Américains lui proposaient de faire partie d'un embryon de gouvernement pro-allié qui pourrait mettre rapidement fin à la guerre. « Vous devez choisir entre Hitler et l'Allemagne. Le monde entier a les yeux tournés vers vous », tenta d'expliquer Fritz à son interlocuteur. Colère et indignation d'Otto Köcher. À la différence de Fritz Kolbe, lui, Köcher, avait le sens du devoir et de la patrie. Son fils servait dans la Wehrmacht. Il resterait à son poste jusqu'au bout, conformément au serment de fidélité qu'il avait prononcé vis-à-vis du Führer. Il n'y avait pas lieu de discuter davantage. Fritz Kolbe fut mis à la porte sans ménagement.

En sortant du domicile de l'envoyé du Reich, Fritz fut arrêté par deux policiers suisses en civil qui surveillaient les allées et venues d'Otto Köcher. Ce dernier était soupçonné depuis quelque temps de se livrer à d'importantes manipulations financières au service des dirigeants de Berlin. Une partie du trésor de l'Auswärtiges Amt (des dizaines de kilos de pièces d'or) venait de parvenir clandestinement à Berne[2]. La capitale suisse allait-elle devenir la base arrière des irréductibles du Reich ? L'or allait-il servir à financer, depuis la Suisse, une « cinquième colonne » pro-nazie ? Telles étaient les craintes des autorités suisses, largement partagées par les Américains. Grâce à l'intervention d'Allen Dulles (chez qui Fritz était hébergé), les soupçons de la police suisse à propos de Kolbe furent rapidement levés. Mais ils ne voulurent pas le relâcher tout de suite. Ils l'envoyèrent eux aussi auprès d'Otto Köcher pour essayer d'obtenir une réponse à cette simple question : où est l'or du Reich ? Le lendemain soir, Fritz Kolbe effectua une seconde visite en service commandé auprès du diplomate. Naturellement, il ne reçut aucune information de sa part. Tout juste eut-il le temps de le mettre en garde, au nom des autorités suisses, contre d'éventuelles malversations financières qui pourraient lui être sévèrement reprochées plus tard. Pour la deuxième fois en vingt-quatre heures, le représentant de Ribbentrop lui claqua la porte au nez[3].

Ces visites n'avaient servi à rien, sinon à aggraver le cas d'Otto Köcher aux yeux des Américains. Ceux-ci firent tout pour obtenir que le diplomate allemand ne puisse pas trouver asile en Suisse après la capitulation du Reich. Köcher disposait de solides amitiés dans la classe politique de Berne et il avait reçu la promesse qu'il pourrait rester en Suisse sans être livré aux Alliés. Mais la pression combinée des Américains et d'une partie de l'opinion publique suisse firent plier le Conseil fédéral et il fut expulsé vers l'Allemagne en juillet 1945. L'ancien chef de la légation allemande à Berne fut placé dans un camp d'internement américain à Ludwigsburg, au nord de Stuttgart[4]. Les autorités militaires alliées commencèrent à l'interroger sur les relations secrètes entre le Reich et la Suisse pendant la guerre. Mais ils ne purent achever leur enquête : le 27 décembre 1945, on retrouva le corps d'Otto Köcher pendu dans sa cellule. Le « dossier Köcher », si prometteur pour les enquêteurs chargés de décortiquer les rouages du IIIe Reich, conserva tous ses mystères.

Dans l'enceinte du camp d'internement de Ludwigsburg, la mort d'Otto Köcher fit l'objet de vives discussions parmi les prisonniers allemands, dont quelques-uns étaient d'anciens membres de l'Auswärtiges Amt. L'un d'entre eux diffusa une rumeur qui allait faire du chemin et porter grand tort à Fritz Kolbe. Il raconta que Köcher avait été trahi par un Allemand. Une crapule. Un traître qui travaillait pour les Américains depuis un bon moment. « Son nom : Fritz Kolbe[5]. »

Hegenheim, mai 1945

Fritz resta à Berne jusqu'à la mi-mai 1945. C'est là, alors qu'il logeait chez Allen Dulles, qu'il apprit la capitulation de l'Allemagne. Il ne célébra pas l'événement à sa juste mesure tant les soucis du quotidien, déjà, reprenaient le dessus. Le visa de Fritz avait expiré depuis longtemps. Il fallait quitter la Suisse. Allen Dulles fit conduire clandestinement son agent dans une caserne de l'OSS à Hegenheim (en Alsace, tout près de la frontière suisse). Même s'il était confiant dans son avenir[6], Fritz commençait à s'ennuyer et se sentait isolé loin des siens. Pour s'occuper, il ne lui suffisait pas de pratiquer la gymnastique et la course à pied. Il prit quelques leçons d'anglais et il écrivit divers rapports et mémoires à l'intention des Américains.

En avril, Allen Dulles lui avait demandé de fournir un état des lieux du ministère des Affaires étrangères. Le dossier était assorti d'un commentaire de Fritz Kolbe sur chacun de ses membres, avec distribution de bons et de mauvais points (« Celui-ci est un fieffé nazi, celui-là peut éventuellement être réemployé au ministère[7]... »). Avant de quitter Berne pour Hegenheim, Fritz avait été prié de livrer par écrit un résumé de sa propre histoire. Le résultat fut un texte de sept pages qui fut sans doute rédigé en anglais par Ernst Kocherthaler avec pour titre *The Story of George*[8]. Allen Dulles versa ce document dans ses archives personnelles avec l'intention de s'en servir un jour. À Hegenheim, Fritz continua à se livrer à ses exercices d'écriture, jetant sur le papier d'autres détails de sa vie d'espion, parlant des amis qui l'avaient aidé pendant la guerre, donnant leur nom et leur adresse afin de les recommander aux bons soins de l'administration américaine...

Mais Fritz réclamait de l'action. Bientôt, une nouvelle mission lui fut confiée par Dulles : il devait se rendre en Bavière à la recherche de Karl Ritter et surtout de Ribbentrop, qui avaient disparu dans la nature et qui étaient activement recherchés par les autorités d'occupation. On lui demanda aussi de retrouver la trace des archives secrètes sur la Russie dont il avait révélé l'existence quelques semaines plus tôt. Les Américains mirent à sa disposition une jeep et un chauffeur. Fritz partit mener l'enquête au début du mois de juin. Il se fit aider par le prélat Schreiber qui l'accompagna pendant une partie du voyage. Mais il ne ramena aucune information solide et livra même sans le savoir quelques « tuyaux crevés » (« Eva Braun, disait-il, a été arrêtée récemment au bord du Tegernsee[9] »). Il aperçut le *Gauleiter* de Munich en fuite (« On l'a vu à pied, avec un sac à dos, du côté de Wiessee. Il est parti ensuite du côté de Kreuth[10] »). À part ça, aucune trace de Ribbentrop, ni de Ritter, ni des archives secrètes sur la Russie. Fritz Kolbe pensait que l'ancien ministre des Affaires étrangères du Reich s'était réfugié en Italie. Il se trompait. Ribbentrop fut retrouvé par les Britanniques à Hambourg et arrêté le 14 juin 1945[11].

Wiesbaden, 30 juin 1945

Même s'il avait cessé d'être un espion au sens strict, « George Wood » ne cessait pas d'être utile aux Américains. Au contraire. Il était considéré comme une « personne de référence » dont l'avis pouvait être sollicité à tout moment pour guider l'action des autorités américaines d'occupation. Dans le cadre de la mise en place du tribunal international qui allait juger les criminels nazis, l'OSS lui demanda de venir témoigner devant le juge Robert H. Jackson, qui préparait les dossiers de l'accusation. La rencontre eut lieu au début du mois de juillet 1945 à Wiesbaden, dans les locaux des établissements Henkell (champagne, vins et spiritueux), choisis un peu par hasard pour servir de nouvelle base de l'OSS en Allemagne[12].

En entrant dans le bureau du juge Jackson, Fritz Kolbe fut présenté, pour la première fois, au général Donovan[13]. Ce dernier était impatient de rencontrer le fameux « George Wood » qui venait d'être qualifié de « meilleure source de l'espionnage de toute la guerre » par les services secrets britannique[14]. « J'ai été introduit par Allen Dulles avec des mots très chaleureux », écrivit Fritz Kolbe à son ami Kocherthaler. La discussion porta sur les criminels de guerre. Le juge Jackson interrogea Kolbe sur la personnalité de Ribbentrop et de ses plus proches collaborateurs. Fritz raconta ce qu'il savait des faits et gestes de l'ancien ministre et décrivit le climat qui régnait au ministère pendant la guerre. Il estimait que le premier crime de Ribbentrop avait été de « convaincre Hitler d'envahir la Pologne, tout en assurant que la Grande-Bretagne ne réagirait pas ». Il parla ensuite de Karl Ritter, qu'il présenta comme un « suiviste » dont le rôle avait été d'encourager Ribbentrop dans ses pires initiatives (notamment le traitement inhumain réservé aux prisonniers de guerre, surtout soviétiques).

Fritz Kolbe n'était pas le seul représentant de la résistance allemande à se trouver dans le bureau du juge Jackson. Il y avait à ses côtés Eugen Gerstenmaier, un responsable de l'Église protestante qui avait échappé de peu à la condamnation à mort après l'attentat manqué contre Hitler[15]. Gerstenmaier fut interrogé sur la place de la religion sous le nazisme. Il répondit en disant que les Églises avaient été le principal foyer d'opposition à Hitler. Fritz n'était pas du tout d'accord avec lui et il ne se gêna pas pour le faire savoir[16].

Ce qui commençait à l'agacer prodigieusement, c'était la quantité incroyable de personnalités allemandes qui prétendaient avoir joué un rôle de premier plan dans la lutte contre Hitler. « À qui le tour ? » se disait-il en croisant les uns et les autres dans les couloirs des établissements Henkell. Il avait beaucoup de mal à supporter Hans-Bernd Gisevius, également présent à Wiesbaden. Il considérait que cet informateur privilégié des Américains était un véritable imposteur. Il n'oubliait pas que Gisevius avait commencé sa carrière à la Gestapo dans les premières années du régime nazi[17].

Berlin, juillet 1945

Le 17 juillet, Fritz retourna à Berlin à bord d'un avion C-47 de l'US Army[18]. Il retrouva enfin Maria, dont il était sans nouvelles depuis trois mois. Elle était dans un état d'épuisement total. À aucun moment elle n'avait abandonné son travail à l'hôpital de la Charité[19]. Lourde mission : l'hôpital ne désemplissait pas de blessés, de réfugiés presque morts d'épuisement et de victimes de l'épidémie de typhus qui venait de se déclarer dans la capitale. Le professeur Sauerbruch occupait de hautes fonctions à l'administration de Berlin, en zone soviétique[20]. Adolphe Jung était reparti en France[21]. Maria raconta à Fritz ce qui se passait dans la zone soviétique : viols à grande échelle, démontages d'usines et pillage systématique de tous les biens. Le chaos était total. Fritz n'en croyait pas ses oreilles, lui qui pensait que les Russes – qui n'avaient pas bombardé les villes allemandes – seraient accueillis en libérateurs par les Allemands. À ce moment précis, il réalisa que la page du nazisme était définitivement tournée. Même si les « escadrons de la mort » nazis n'avaient pas totalement disparu[22], le danger avait changé de nature et se trouvait désormais à l'Est. Le 20 juillet 1945, on célébra le premier anniversaire du putsch manqué contre Hitler. La presse était pleine de témoignages élogieux pour le comte

Stauffenberg et ses amis. Fritz était stupéfait de voir à quelle vitesse tournait la roue de l'histoire.

« Cette nouvelle vie ne nous semblait pas valoir la peine d'être vécue », dira Maria beaucoup plus tard en se souvenant de l'année 1945[23]. Pourtant, par rapport à la plupart des Berlinois, Fritz et Maria avaient conscience de se trouver dans une situation privilégiée. Ils n'avaient pas besoin de carte de rationnement pour vivre et ils étaient logés par les Américains. Allen Dulles, qui venait de prendre la direction de l'OSS pour toute l'Allemagne, habitait à deux pas de chez eux, prenait régulièrement de leurs nouvelles et leur faisait passer des paquets CARE[24] contenant des rations alimentaires. Fritz disposait d'une voiture et – comble du luxe – d'une entière liberté de circulation. Il ne lui déplaisait pas de faire profiter ses amis de son influence auprès des autorités d'occupation américaine. On venait le voir pour obtenir un laissez-passer, une carte de rationnement, un médicament ou un emploi[25]… La question de son devenir professionnel ne se posait pas encore : pour l'instant, Fritz était employé par l'administration militaire américaine (l'OMGUS, Office of Military Goverment for Germany, United States), même s'il ne savait pas combien de temps cela allait durer.

S'il arrivait parfois à Fritz d'endosser un uniforme américain lorsqu'il circulait en ville incognito, il ne clamait pas sur tous les toits qu'il travaillait pour les vainqueurs[26]. « Valet des Alliés » ou « traître à la patrie » commençaient à devenir des injures courantes[27]. Les regards étaient souvent pesants. Un peu partout, on semblait considérer Fritz comme un « corps étranger ». La famille de Maria, notamment, le regardait avec méfiance. Lui s'en moquait mais elle en souffrait énormément[28]. Quand on demandait à Fritz Kolbe quelle était son occupation présente, il prétendait qu'avec la chute du ministère des Affaires étrangères il voulait mettre à profit ses compétences d'ancien fonctionnaire des voies ferrées. « J'essaye de monter des firmes de transport », disait-il[29]. Seuls ses proches savaient quelle était sa mission officielle. Il était membre d'un bureau de l'OMGUS chargé de régler le sort des réfugiés et des personnes déplacées, mais il servait aussi d'interprète et de chauffeur pour les Américains. Quelques mois plus tard, il fut même accrédité comme journaliste auprès du service de presse allié, ce qui lui permit d'interviewer de grandes personnalités politiques allemandes[30].

Au fond, la réalité de son travail demeurait très floue. Tout le monde savait – et c'était là l'essentiel – que Fritz disposait d'un statut de première classe et qu'il avait le bras long. Il se faisait appeler « George ». Sa maison, dans le quartier du Nikolassee, devint le point de rendez-vous d'une ribambelle d'amis ravis d'échapper aux privations, ne serait-ce que le temps d'une soirée. On y croisait souvent le professeur Sauerbruch, Gertie von Heimerdinger, les vieux amis d'enfance et de nouveaux venus dans le « cercle » comme l'industriel Viktor Bausch et son épouse Erika von Hornstein, artiste-peintre[31], ou l'écrivain à succès Felicitas von Reznicek[32]. Parmi les habitués de la maison il y avait aussi un ou deux jeunes officiers américains de l'OSS : le bon vivant Harry Hermsdorf faisait la liaison avec Allen Dulles et Tom Polgar, voisin de Fritz, passait des heures à jouer avec lui au train électrique[33].

Fritz continuait à fournir des éléments d'informations aux Américains et à rédiger des rapports à leur intention. Son domaine d'expertise était le parti social-démocrate, au sein duquel il disposait d'un riche réseau de contacts, notamment en zone soviétique. Il observait de près la prise de contrôle progressive du parti social-démocrate par le parti communiste, à l'Est[34]. Dans les analyses qu'il remettait à l'OSS, il n'hésitait pas à assimiler les « bolcheviques » aux nazis. Il estimait même les communistes « plus brutaux

Le professeur Sauerbruch après la guerre.
© Collection Martin et Gudrun Fritsch, Berlin

et plus primitifs » et regrettait qu'on n'eût pas continué la guerre contre l'URSS[35].

Le 7 août 1945, un accident faillit lui coûter la vie. Alors qu'il circulait dans une jeep de l'armée américaine, Fritz fut percuté violemment par un camion à un carrefour de Berlin. Bilan : traumatisme crânien, fracture de la mâchoire et plusieurs côtes cassées[36]. Il resta trois semaines à l'hôpital et eut besoin d'une longue convalescence avant de pouvoir être remis sur pied.

Wiesbaden, 26 septembre 1945

À peine rétabli, Fritz fut à nouveau convoqué à Wiesbaden pour témoigner devant une commission dirigée par DeWitt C. Poole[37], du Département d'État américain, qui interrogeait le plus grand nombre possible d'anciens membres de l'Auswärtiges Amt en marge des procès qui allaient bientôt commencer à Nuremberg[38]. De Berlin à Wiesbaden, ce fut le jeune officier de l'OSS Peter Sichel, désormais en poste à Berlin, qui accompagna Fritz en jeep. Pendant ce long trajet, les deux hommes parlèrent essentiellement de sport et de culture physique. Fritz Kolbe exhiba une ou deux médailles sportives qu'il avait remportées au fil des ans. « C'était son principal objet de fierté », se souvient Peter Sichel[39].

Le 26 septembre 1945, Fritz fut interrogé à Wiesbaden par un collaborateur de la commission Poole[40]. Il parla de ses activités pendant la guerre. Il expliqua qu'il avait eu une vingtaine d'« amis » qui partageaient ses convictions et qui l'avaient aidé à agir. Il fit à nouveau un exposé précis sur chacune des personnalités du ministère des Affaires étrangères. Il parla longuement de l'organisation clandestine des trafics de matières sensibles entre l'Allemagne nazie et l'Espagne franquiste. Pour les Américains, il était capital d'avoir des informations de première main pour nourrir l'accusation à Nuremberg.

L'OSS, pourtant, craignait pour la sécurité de son protégé et ne voulait pas multiplier les occasions de laisser « George Wood » prendre la parole. Allen Dulles avait cherché à le dissuader de se rendre devant la commission Poole. Fritz avait insisté, désireux qu'il était de participer à l'œuvre de justice menée par les Alliés. Mais contrairement à d'autres (et notamment Hans-Bernd Gisevius), il ne fut pas appelé à la barre des témoins devant le tribunal militaire international, qui commença ses travaux en novembre 1945. N'ayant été qu'un espion sans responsabilité politique, son témoignage devait rester secret[41].

Berlin, 1946 à 1948

Même s'il était relativement protégé par son anonymat, Fritz Kolbe n'était pas dans une situation confortable. Sa collaboration avec les Américains le rendait particulièrement vulnérable dans le contexte naissant de la guerre froide. À la fin du mois de juin 1946, le général Donovan lança un signal d'alarme à Allen Dulles : « Les gens qui ont travaillé pour vous à Berlin pourraient être en danger. Certaines personnes qui ont aidé les Alliés pendant la guerre et dont les noms circulent dans la presse ont disparu du jour au lendemain[42]. » Dans sa réponse, Dulles abordait explicitement la question du sort de Fritz Kolbe : « La possibilité que vous évoquez existe certainement et on m'a dit que des mesures sont prises pour extraire "Wood" de Berlin et l'amener ici [aux États-Unis] pour le "mettre au frais" pendant quelque temps. On m'a dit qu'il était toujours l'homme le plus utile que nous ayons dans la capitale allemande mais certains événements amènent nos collègues de Berlin à penser qu'il n'est plus en sécurité là-bas[43]. »

Les Américains commençaient à craindre que les Soviétiques puissent kidnapper Kolbe. Ce dernier n'était-il pas, comme l'écrivait Dulles, « l'homme le plus utile » des Américains à Berlin[44] ? Fritz lui-même commençait à envisager de vivre aux États-Unis. En février 1946, il écrivit à Ernst Kocherthaler qu'il envisageait d'abandonner définitivement la nationalité allemande et de s'installer outre-Atlantique pour y commencer une « nouvelle vie ». Il espérait, avec son optimisme habituel, trouver là-bas « un travail dans l'industrie ou au State Department[45] ». Impatient de revoir son fils Peter, il pensait qu'il lui serait plus facile de rejoindre l'Afrique du Sud depuis les États-Unis[46]. En Allemagne, il lui était impossible de se procurer les devises étrangères dont il avait besoin pour ce voyage.

Fritz à Berlin, peu après 1945. L'habit bavarois convenait bien à l'esprit randonneur de Kolbe.
© Collection Martin et Gudrun Fritsch, Berlin

Mais les choses n'étaient pas aussi simples. Il fallut trois ans de démarches à Fritz avant de pouvoir se rendre en Amérique. Son départ fut d'abord retardé à cause de son divorce, dont la procédure était toujours en cours. Mais la principale difficulté se trouvait ailleurs. Conformément aux instructions données par le président Roosevelt avant sa mort, aucune garantie d'avenir n'avait été donnée à Fritz de la part des autorités américaines. D'une manière générale, un Allemand était suspect aux yeux des autorités d'immigration américaines[47]. L'obtention d'un visa de longue durée se heurtait à d'énormes difficultés administratives. Il manquait toujours une pièce au dossier. « Comment avez-vous établi le contact avec lui, grâce à qui, dans quelles circonstances ? Quelle est l'idéologie de George, comment expliquez-vous les raisons de son comportement et de sa trahison à l'égard de son propre pays ? Il est particulièrement important que vous expliquiez les motivations de George dans son désir de coopérer avec les Alliés. Il faut que vous fournissiez une attestation montrant qu'il avait sincèrement le désir de provoquer la chute du régime nazi et qu'il voulait servir son pays en aidant à l'établissement d'un gouvernement démocratique en Allemagne » : telles furent quelques-unes des questions auxquelles dut répondre Allen Dulles au cours de l'année 1947[48].

Le 15 janvier 1948, Dulles témoigna de la bonne foi de Fritz Kolbe dans une déclaration déposée devant un notaire de New York[49]. Cet *affidavit* expliquait que Fritz avait pris des « risques incalculables » pour aider la cause alliée. « Kolbe agissait entièrement pour des raisons idéologiques. Il a refusé l'argent que nous lui proposions pour son travail. Après la guerre, quand Kolbe a été volontaire pour continuer à travailler pour nous sur des missions difficiles et dangereuses, j'ai mis à sa disposition, avec l'accord du général Donovan, un compte fiduciaire de vingt mille francs suisses. Ce compte était conçu essentiellement pour protéger son fils en cas d'accident. Fritz Kolbe n'a pas touché à cet argent, qui a été mis de côté sans qu'il demande quoi que ce soit [...]. Je veux tout faire pour l'aider [...]. J'affirme sans aucune hésitation que Fritz Kolbe est un homme courageux, aux principes élevés, et que c'est quelqu'un qui croit profondément aux valeurs qui sont les nôtres. Il est digne de tout notre respect [*he deserves well of us*]. » Quelques semaines plus tard, toujours devant notaire, Allen Dulles s'engageait à soutenir Fritz financièrement en cas de difficultés (*affidavit* daté du 26 avril 1948)[50].

Fritz n'était pas encore autorisé à entrer aux États-Unis mais bien décidé à quitter l'Allemagne. Au début du mois d'avril 1948, Fritz et Maria s'installèrent en Suisse, où d'autres formalités pénibles les attendaient. En raison du suicide d'Otto Köcher, l'ancien envoyé du Reich à Berne, les autorités fédérales soupçonnaient Fritz d'avoir joué un rôle trouble pendant les derniers jours de la guerre[51]. Il fut soumis à un long interrogatoire par la justice suisse avant de pouvoir être libre de ses mouvements. Pendant quelques mois, il travailla pour la Commercial Development Corporation, une entreprise d'import-export que son ami Ernst Kochertaler venait de fonder à Zurich[52]. Son divorce avec Lita Schoop ayant été prononcé en juillet, plus rien ne s'opposait à son départ. L'atmosphère en Allemagne devenait très lourde. On était en plein blocus de Berlin[53]. Mais l'attente se prolongea encore de longs mois. Fritz et Maria eurent le temps de se marier, en décembre 1948. Enfin, le 16 mars 1949, ils prirent un paquebot pour l'Amérique au départ de Cuxhaven.

New York, printemps 1949

À New York, Peter Sichel était là pour accueillir le couple à la descente du bateau. C'était une période de canicule épouvantable. Dans leur petit hôtel près

Fritz Kolbe et Maria Fritsch en partance pour les États-Unis. La photo date peut-être de mars 1949, lors du premier voyage de l'autre côté de l'océan Atlantique.
© Collection Martin et Gudrun Fritsch, Berlin

Fritz à New York, au sommet de l'Empire State Building. Années 1950.
© Collection Martin et Gudrun Fritsch, Berlin

de Washington Square dépourvu de climatisation, l'atmosphère était irrespirable. Dès le départ, la « nouvelle vie » de Fritz et Maria ne ressembla en rien aux illusions qu'ils avaient pu avoir. Le Département d'État n'avait évidemment aucun poste à offrir à ce petit fonctionnaire allemand. Ne maîtrisant la langue anglaise que de manière approximative, Fritz ne se sentait pas du tout aussi à l'aise qu'il l'avait espéré. En avril 1949, Allen Dulles écrivit à Fritz Kolbe qu'il cherchait pour lui un emploi à Yale ou à l'université du Michigan, « comme bibliothécaire ou assistant de recherches[54] ». Mais ces pistes, pourtant modestes, ne débouchèrent sur rien. Dès le mois de mai, Fritz écrivit à son vieil ami Walter Bauer pour lui dire qu'il avait l'intention de rentrer en Allemagne. Ce dernier lui conseilla de rester aux États-Unis. « À votre place, avec vos possibilités, je ne rentrerais pas dès les premières difficultés », lui dit-il[55]. Ernst Kocherthaler lui adressa le même message, lui conseillant de « se faire embaucher par la Standard Oil ou Texaco[56] ». Mais Fritz détestait la société américaine et son appétit de consommation effrénée (« Les gens n'arrêtent pas de bouffer », constatait-il avec dépit).

Il tenta pourtant sa chance dans le commerce, croyant avoir accumulé assez de savoir-faire entrepreneurial auprès de la Commercial Development Corporation de son ami Kocherthaler. Avec le petit pécule qu'il avait constitué grâce à l'aide d'Allen Dulles, il se lança dans une petite affaire de négoce d'amiante. Une vieille connaissance rencontrée jadis en Afrique du Sud lui avait proposé de se lancer dans l'aventure. Mais ce partenaire se révéla être un escroc et partit sans laisser d'adresse, emmenant avec lui le capital de Fritz (une somme de vingt-cinq mille dollars)[57]. C'en était trop. Fritz et Maria décidèrent de rentrer immédiatement en Allemagne. Ils étaient restés à peine trois mois aux États-Unis. En juillet 1949, le couple s'installa près de Francfort. « Le voyage de Fritz aux États-Unis ne s'est pas passé aussi bien qu'on aurait pu l'espérer », constata sobrement Allen Dulles quelques mois plus tard[58]. Comme le dit Ernst Kocherthaler en conclusion de toute cette affaire : « George n'était pas du genre businessman[59]. »

Francfort, été 1949

Le blocus de Berlin par les Soviétiques venait de s'achever lorsque Fritz et Maria rentrèrent des États-Unis. Ils avaient été absents d'Allemagne pendant un an, rêvant en vain d'une « autre vie ». Une bonne part de leurs économies était perdue. Aucune perspective d'avenir. Pour survivre, Fritz effectuait quelques missions commerciales pour le compte de son ami Ernst Kocherthaler, qui brassait des affaires de toute nature à Zurich. À sa demande, il cherchait des débouchés pour toutes sortes de produits (moteurs diesel, armatures pour le béton, acier, machines d'imprimerie...). Accumulant les soucis matériels, il n'avait pas encore cherché à revoir son fils qui se trouvait toujours en Afrique australe et qui attendait désespérément que son père daignât s'intéresser à lui. Peter Kolbe, qui entrait dans l'adolescence (il avait eu treize ans en avril 1945), ressentait envers son père absent de l'indifférence mêlée à du ressentiment.

Alors qu'il se trouvait encore aux États-Unis, Fritz avait répondu à une offre d'emploi pour un poste auprès de l'administration de la République fédérale naissante. Le nouvel État allemand ne disposait pas encore d'une diplomatie autonome mais avait le droit d'ouvrir à l'étranger des consulats ou des antennes commerciales. Des dizaines de postes étaient en train de se créer. Dans sa première lettre de candidature (9 mai 1949)[60], Fritz expliquait qu'il avait les connaissances linguistiques nécessaires, l'expérience requise et un « passé politique » qui le rendait apte à remplir une mission dans les nouveaux services consulaires. Pour soutenir sa démarche, il demanda de l'aide à Walter Bauer, qui connaissait beaucoup de monde dans l'embryon de la future administration allemande. Cette dernière n'avait pour l'instant qu'un rôle économique et était basée à Francfort[61].

Cet été-là, Fritz multiplia les candidatures spontanées. Il écrivit au député SPD Carlo Schmid (qui n'eut pas le temps de le recevoir), à l'administration du plan Marshall, au département de politique étrangère du parti social-démocrate[62]... Dans ses courriers, il n'hésitait pas à évoquer le fait qu'il n'avait jamais été membre du parti nazi, précisant qu'il avait entretenu des « contacts » étroits avec les Américains pendant la guerre et qu'il avait fait partie de l'« autre Allemagne ». Il croyait que ces éléments allaient renforcer ses chances d'être pris. N'avait-il pas lu dans un journal allemand, en juillet 1949, que le gouverneur militaire britannique sir Brian Robertson exigeait que les futurs diplomates allemands fussent « absolument propres politiquement[63] » ? Le dossier de Fritz Kolbe était sans doute trop propre : non seulement il n'était jamais entré au NSDAP, mais il n'avait jamais été emprisonné pour faits de résistance. Quelle ne fut pas sa surprise quand il apprit que ses interlocuteurs auprès du plan Marshall « ne comprenaient pas pourquoi il n'avait pas été membre du parti[64] » !

Walter Bauer se démenait pour venir en aide à Fritz. Mais lorsqu'il interrogeait les dirigeants de l'administration de Francfort, ceux-ci lui répondaient qu'il manquait des pièces au dossier. « Fritz Kolbe pourrait-il citer davantage de "personnalités de référence" pour faire valoir sa candidature ? Pourrait-il notamment donner le nom d'anciens membres de l'Auswärtiges Amt ? » lui fit-on savoir en novembre 1949. Fritz Kolbe se plia à cette demande et donna une liste de personnes dont il espérait qu'elles témoigneraient en sa faveur. Parmi ces « parrains » putatifs, on trouvait Hans Schrœder (l'ancien chef du personnel de l'Auswärtiges Amt sous Ribbentrop), le comte Welczeck et Karl Ritter en personne. Karl Ritter ! Il fallait oser donner ce nom... Les nécessités du moment exigeaient de mettre de l'eau dans son vin. Fritz était persuadé que Karl Ritter ne lui voulait pas de mal (« Il changeait de collaborateurs comme de chemise. Mais moi il m'a gardé[65] »). Fritz Kolbe reprit contact avec lui à la fin de 1949. Ritter venait de sortir de prison après avoir purgé une peine de quatre ans pour « crimes de guerre » et vivait retiré dans sa maison de Bavière[66]. Fritz eut le sentiment qu'il pourrait compter sur lui (« Nous sommes en relations épistolaires, et il m'écrit très amicalement »).

Francfort, printemps 1950

« Nous sommes dans le regret de vous annoncer que le poste référencé ci-dessus a été attribué à quelqu'un d'autre que vous. » Ce courrier laconique de l'administration économique de Francfort, daté du 4 février 1950, mit fin aux espoirs de Fritz de retrouver un poste dans les services consulaires de la nouvelle Allemagne[67]. Il estimait avoir encore des chances au futur ministère des Affaires étrangères, dont la renaissance était activement préparée à la chancellerie fédérale de Bonn[68]. En octobre 1949, Fritz avait écrit à Hans-Heinrich Herwarth von Bittenfeld, chef du protocole à la chancellerie de Bonn[69], pour lui demander officiellement sa « réadmission dans les services de l'Auswärtiges Amt ». Cette fois, au lieu de faire valoir sa qualité d'ancien « contact allié » pendant la guerre, il s'était contenté de dire qu'il représentait en Allemagne les intérêts d'une société basée en Suisse (« Maurer & Co, Berne, exportation de métiers à tisser la laine », société contrôlée par Ernst Kocherthaler). Il avait ajouté une copie d'un document qui certifiait qu'il « n'était pas concerné par les mesures de dénazification ». Mais il ne reçut jamais la moindre réponse à sa demande.

Manifestement, on cherchait à lui barrer la route. Qui ? Fritz ne le sut jamais. Quant aux raisons du blocage, elles étaient évidentes : les anciens réseaux de l'époque nazie reprenaient le contrôle du ministère et cherchaient à tout faire pour en éloigner ce « traître ». Le conseiller du chancelier Adenauer pour les questions de politique étrangère, Herbert Blankenhorn[70], était un ancien de la légation allemande à Berne. Il affirmait haut et fort que les nouveaux membres de la diplomatie allemande devaient être des « gens nouveaux [...], démocrates et pro-occidentaux » mais dans les coulisses, la réalité était très différente.

Démocrate et pro-occidental, Fritz Kolbe l'était sans aucun doute. Son seul tort avait été de l'être avant tout le monde. Quelques mois plus tard, en mai 1950, Walter Bauer parla du « cas Kolbe » au ministre de l'Économie Ludwig Erhard en personne : « Je lui ai dit que votre embauche dans les services consulaires posait problème parce qu'apparemment, on ne veut pas reconnaître votre activité politique depuis 1942. Cela me choque profondément », expliqua Bauer à Fritz Kolbe peu après cette entrevue à Bonn[71]. Et si Allen Dulles ou son frère John Foster Dulles, le secrétaire d'État américain, avaient vent de cette histoire ? « On peut imaginer quel impact cela aurait sur la confiance entre l'Allemagne et les États-Unis ! » soulignait Bauer. Apparemment, Ludwig Erhard était conscient du problème et partageait cette façon de voir les choses. Au cours de l'entretien avec Walter Bauer, le ministre de l'Économie s'était tourné vers son secrétaire d'État et lui avait demandé de noter le nom de Fritz Kolbe. Le dossier devait être transmis à la chancellerie fédérale. Cette affaire devait être éclaircie. Mais on en resta là et la démarche resta sans suite.

Le 1er juin 1950, Walter Bauer écrivit au député Robert Tillmanns, un des cofondateurs de la CDU, qui lui avait promis de l'aider. Walter Bauer lui avait expliqué que Fritz Kolbe « avait agi exclusivement par patriotisme » et qu'il était « effrayant » que la candidature de Fritz fût bloquée à cause de son activité pro-Alliés pendant la guerre[72]. Le 14 juin 1950, Fritz – toujours optimiste – écrivit à Walter Bauer pour lui dire que le Dr Tillmanns semblait avoir du succès dans son action : « Plusieurs députés se seraient exprimés en ma faveur[73] », expliquait-il.

Fritz Kolbe avait tort d'espérer. Il ne lui fallut pas très longtemps pour comprendre l'origine de l'ostracisme dont il faisait l'objet. Dans une lettre du 30 juillet 1950, Walter Bauer écrivit à Fritz pour lui demander des précisions sur un épisode précis de sa biographie : « On me dit que vous vous êtes rendu à la légation allemande de Berne peu avant la capitulation pour exiger de Köcher qu'il vous remette l'or de la légation. On me dit aussi que la mort de Köcher ne serait pas sans lien avec vous. Pouvez-vous m'en dire plus[74] ? » La mésaventure fatale avait donc eu lieu pendant les derniers jours de la guerre. Fritz avait eut tort de jouer l'émissaire des Américains auprès de l'envoyé du Reich, qui s'était plaint de lui auprès de plusieurs de ses collègues avant de se suicider. Cinq ans plus tard, Fritz était non seulement considéré comme un traître mais comme un assassin. Les Américains ne purent rien faire pour aider leur ancien agent à retrouver un poste. Au début du mois d'août 1950, Allen Dulles rencontra Herbert Blankenhorn à Bonn mais rien de concret ne sortit de cette entrevue[75]. Il était évident que Fritz ne retrouverait jamais de poste au ministère[76].

Francfort, juillet 1950

Dès la fin de la guerre, Allen Dulles et Gerald Mayer avaient réussi à convaincre Fritz de raconter ses souvenirs même si, pour des raisons de sécurité, il n'était pas prévu de les publier[77]. Ernst Kocherthaler avait recueilli le témoignage de Fritz et l'avait traduit en anglais dans un document de sept pages (*The Story of George*)[78]. « L'important, avait dit Kocherthaler pour convaincre son ami de s'exprimer, c'est que les Américains sachent qu'il existait une face positive de l'Allemagne. » Fritz n'en doutait pas. Il considérait même qu'il avait joué un rôle de « leader » dans la résistance allemande[79], et il était flatté qu'on pût s'intéresser à lui. Mais, en même temps, sa fierté l'amenait à ne pas vouloir se mettre en avant. « Que veut faire Allen de tout cela ? » disait Fritz en mai 1945. « À la différence d'autres personnes, je ne veux pas acquérir de la célébrité grâce à mon histoire », ajoutait-il dans une lettre à Ernst Kocherthaler (juillet 1945[80]). Constatant que les « souvenirs de résistance au nazisme » étaient en train de devenir un genre littéraire à part entière, Fritz avait des raisons de ne pas vouloir s'associer à une vaste entreprise de mystification collective[81].

L'idée d'une publication sur Fritz continua cependant à faire son chemin dans l'esprit de Gerald Mayer, qui avait quitté l'univers du renseignement pour l'industrie du cinéma (il dirigeait le bureau parisien de la Motion Picture Association). En septembre 1949, Mayer suggéra à Fritz de raconter son histoire pour en faire « un film ou un livre »[82]. Fritz ne voulut pas en entendre parler et refusa d'aller discuter du projet à Paris, comme le lui proposait Gerald Mayer. Ce dernier ne se découragea pas et mit Fritz en contact avec un journaliste américain, Edward P. Morgan, qui écrivait pour le magazine *True*[83]. Fritz se montra d'abord réticent.

TRUE, July 1950

the SPY
the Nazis missed

In the last two years of World War II, "George Wood" brought the Allies no fewer than 2,600 secret documents from Hitler's Foreign Office, some of them of the highest importance. Eisenhower called him one of the most valuable agents we had during the entire war. Here's how he did it

by Edward P. Morgan

Illustrated by John Clymer

When I first heard the story about George Wood, I wouldn't believe it. I was having lunch in one of those Paris sidewalk restaurants with a friend of mine, an American who had been in intelligence work in Europe during the war.

"This guy was a German diplomat," he explained. "Wood was not his real name, of course. That was the security alias General Bill Donovan's espionage boys gave him after he made his first contact with the Office of Strategic Services in Switzerland. He had a job in the Auswärtige Amt—the Foreign Office—in Berlin. A real inside job.

"All Wood did," he went on, "was to establish a secret line of communication between himself in Berlin and the OSS in Bern, right in the middle of the war. Via this pipeline he managed to siphon out of the Foreign Office files the contents of no less than 2,600

He spread the papers in front of the OSS men. There were 186 separate, highly-secret items.

Cet article paru dans le magazine américain *True*, en juillet 1950, fut écrit à partir du témoignage de Fritz Kolbe. L'article était bien informé mais les illustrations étaient fantaisistes : Kolbe est ici représenté en uniforme d'aviateur, face à Allen Dulles et Gerald Mayer. À l'arrière-plan, Ernst Kocherthaler est représenté sous les traits d'un général prussien.
© Seeley G. Mudd Library, Université de Princeton. Archives Allen Dulles

Autre illustration parue dans *True* en juillet 1950. L'image représente Fritz Kolbe interrogé par la Gestapo dans une gare de Bavière, à la fin du mois de mars 1945. « C'est une insulte au service diplomatique du Führer ! » s'écrie Kolbe pour protester contre l'interrogatoire auquel on veut le soumettre. À sa droite, Margot Sauerbruch, la femme du chirurgien de Berlin, est assise sur une valise.
© Seeley G. Mudd Library, Université de Princeton. Archives Allen Dulles

« Qui se soucie encore des événements de l'époque ? disait-il. Tout ça c'est du passé. » Finalement, il accepta de le recevoir. La rencontre eut lieu au début de 1950 près de Francfort, dans l'appartement de Fritz.

« Pendant les deux dernières années de la Seconde Guerre mondiale, "George Wood" livra aux Alliés pas moins de deux mille six cents documents secrets du ministère allemand des Affaires étrangères, certains d'entre eux de la plus haute importance. Eisenhower le considérait comme l'un des agents les plus valables que nous ayons eus pendant toute la guerre. » Ces quelques lignes introduisaient le reportage qui fut publié dans *True* en juillet 1950. Son titre : « L'espion qui ne fut pas pris par les nazis » (« The Spy the Nazis Missed »). L'article faisait quatorze pages ! Un véritable produit « à l'américaine », avec un titre alléchant, des illustrations dignes d'un roman policier, un style enlevé... Edward P. Morgan ne citait pas le vrai nom de Fritz Kolbe mais l'article circula dans les milieux diplomatiques allemands qui n'eurent aucune difficulté à identifier le personnage. Ce fut encore plus vrai quand, un an plus tard, ce texte fut traduit et publié intégralement dans l'hebdomadaire suisse germanophone *Die Weltwoche* sous un titre moins lumineux que sa version américaine : « Le double jeu du diplomate[84] ». Cette publication en allemand, à laquelle Allen Dulles avait tenté en vain de s'opposer[85], contribua à détruire la réputation de Fritz Kolbe : au lieu de voir en lui un résistant, la plupart de ses anciens collègues le considéraient comme un délateur et un renégat.

Francfort, octobre 1950

Fritz avait-il été un traître à son pays ? Face au mur de silence qui se dressait devant lui, il commençait à avoir des raisons de s'interroger. Heureusement, il n'était pas

Rudolf Pechel et son épouse. Après la guerre, Fritz travailla plusieurs années comme gestionnaire de la revue *Deutsche Rundschau*, dirigée par cet intellectuel conservateur mais antinazi.
© Collection Martin et Gudrun Fritsch, Berlin

seul face à sa conscience. Certains de ses amis l'aidaient à réfléchir à son passé, à légitimer son action et à préserver sa dignité personnelle. L'un d'entre eux était un grand intellectuel, Rudolf Pechel[86], que Fritz avait sans doute rencontré par l'intermédiaire du professeur Sauerbruch. Rudolf Pechel incarnait la continuité de la pensée allemande : il dirigeait depuis 1919 la rédaction de la *Deutsche Rundschau*, une prestigieuse revue mensuelle fondée en 1874, comparable à la *Revue des Deux Mondes* en France. Interdite par les nazis en 1942, la *Deutsche Rundschau* avait été relancée en 1946 grâce à l'obtention d'une licence britannique. Fritz Kolbe devint collaborateur permanent de la revue en octobre 1950. Il était chargé d'assurer la gestion des abonnements et la diffusion au numéro, notamment dans la zone soviétique où la revue circulait sous le manteau[87].

Alors que Fritz était mis au ban de son milieu professionnel, il trouva dans ce nouveau travail un réconfort spirituel bienvenu. Rudolf Pechel était une autorité morale incontestée. Ce n'était pas un homme de gauche (il venait du « conservatisme révolutionnaire » des années 1920) mais il avait été persécuté par les nazis, qui l'avaient envoyé en camp de concentration entre 1942 et 1945. La *Deutsche Rundschau* publiait des témoignages de victimes du nazisme et des textes d'auteurs prestigieux (Carlo Schmid, Golo Mann, Wilhelm Röpke[88]...) qui s'exprimaient avec une certaine hauteur de vues sur les grandes questions du temps : résistance, trahison, démocratie... Grâce à la revue, Fritz Kolbe aiguisa sa réflexion sur les thèmes qui le préoccupaient constamment. La *Deutsche Rundschau* se battait pour défendre l'honneur des résistants allemands au IIIe Reich. Elle dénonçait régulièrement le retour des nazis aux postes clés de la RFA. Elle donnait la parole aux anciens conjurés du 20 juillet 1944, qui expliquaient pourquoi leur « trahison » avait été un geste patriotique[89].

Fritz Kolbe n'avait jamais douté, de son côté, avoir agi en patriote[90]. Mais il avait besoin de comprendre pourquoi cette accusation de « trahison » lui collait à la peau. Le « droit à la résistance » contre la dictature n'était-il pas inscrit dans la Loi fondamentale de la nouvelle République fédérale[91] ? Ce qu'on lui reprochait, au fond, c'était peut-être d'avoir fourni des informations ayant provoqué la mort de centaines d'Allemands. Au tribunal de Nuremberg, le diplomate Hasso von Etzdorf avait déclaré « avoir respecté certaines limites qui font la différence entre un traître et un patriote » et « n'avoir pas vendu l'Allemagne à des pays étrangers », en précisant qu'il lui aurait été facile « de livrer des informations à caractère militaire à Lisbonne, Stockholm ou Madrid »[92]. Hans-Bernd Gisevius, lui aussi, avait toujours pris garde de ne pas dire tout ce qu'il savait aux Américains, gardant pour lui certaines informations dans le but de préserver des vies[93]. Fritz Kolbe, lui, n'avait pas eu les mêmes scrupules. Il avait donné des cibles industrielles ou militaires, conscient que les bombardements alliés feraient beaucoup de victimes innocentes. En définitive, il était allé jusqu'au bout de son métier d'espion, se comportant comme l'aurait fait un soldat américain ou britannique[94].

Francfort, septembre 1951

En septembre 1951, un quotidien de Francfort, la *Frankfurter Rundschau*, publia une enquête retentissante qui révélait que les anciens nazis reprenaient le pouvoir au sein du nouveau ministère allemand des Affaires étrangères. Ce dernier avait été autorisé à renaître quelques mois plus tôt et se trouvait sous la responsabilité directe du chancelier Adenauer. Le tollé provoqué par cette série d'articles fut tellement énorme qu'une commission d'enquête parlementaire fut créée au Bundestag.

Moins d'un an plus tard, en juin 1952, cette commission rendit son rapport final, exigeant beaucoup plus de rigueur dans les futures nominations et recommandant la suspension de quatre hauts fonctionnaires de l'Auswärtiges Amt qui étaient particulièrement compromis[95]. Dans un débat qui eut lieu au Bundestag en octobre, le chancelier Adenauer ne chercha pas à dissimuler les faits et reconnut que la grande majorité des nouveaux diplomates allemands (66 %) étaient d'anciens membres du NSDAP. Il ajouta cependant qu'à ses yeux, « il n'était pas possible de faire autrement » et que le pays avait besoin de ces gens qui avaient « une expérience et du métier ». Après avoir été suspendus pendant un ou deux ans, les principaux diplomates incriminés par la commission d'enquête parlementaire furent partiellement réhabilités. Le chancelier Adenauer nomma un nouveau chef du personnel de l'Auswärtiges Amt à qui il donna pour mission d'extirper « l'esprit de la Wilhelmstrasse » du ministère. Ce dernier constata rapidement que « c'était déjà trop tard[96] ».

Francfort, 1953

Fritz continuait à multiplier les petits boulots. Les honoraires de la *Deutsche Rundschau* ne suffisaient pas pour vivre et les Américains ne le payaient plus depuis qu'il avait quitté Berlin en avril 1948[97]. Au début de 1953, il essaya de se faire nommer comme correspondant d'une agence de presse allemande en Suisse. Sa candidature avait été retenue, le contrat était prêt à signer mais au dernier moment, sans qu'il ne sût jamais pourquoi, l'employeur mit un terme aux discussions[98]. Fritz ne s'étonnait plus de rien : son nom semblait avoir été inscrit sur une liste noire.

Heureusement, la vie ne se résumait pas à ces déconvenues répétées. Fritz restait amoureux de la vie et ne se plaignait jamais[99]. En avril 1953, son fils avait eu vingt et un ans, l'âge requis pour obtenir un passeport sud-africain et pouvoir se rendre en Europe. Fritz avait mis de l'argent de côté pour financer le voyage. Les retrouvailles eurent lieu le 6 juillet 1953 dans le port de Hoek en Hollande. Fritz et Maria étaient venus chercher Peter en voiture. Maria raconte que « Fritz était impatient de revoir son fils[100] ». Peter, quant à lui, n'a jamais pensé que c'était le cas. Les sentiments du fils à l'égard du père étaient pour le moins « mitigés » : « Il m'était complètement étranger. J'étais étonné de voir combien il était petit. Il avait de moi une image idéale, abstraite, il me traitait comme un enfant. Il voulait que je mette un pull pour ne pas prendre froid et tenait absolument à porter mes valises. Je détestais la façon qu'il avait de vouloir réparer les dégâts après une si longue absence. Après la guerre, il aurait pu m'écrire. Or, il ne l'a pas fait, se contentant de me faire quelques signes de vie très lointains. J'attendais de sa part quelque chose qui n'est pas venu[101]. »

Ce n'est pas la présence de la nouvelle femme de Fritz qui le gênait. Peter rencontrait Maria pour la première fois. Au contraire, le courant passa très bien entre les deux. Il l'appela très vite « Muschka ». « Si elle n'avait pas été là, ça se serait mal passé avec mon père », avoue Peter cinquante ans plus tard. Fritz n'arrêtait pas de faire la leçon à son fils, comme s'il voulait rattraper les années d'éducation perdues. « Il faut faire son devoir tous les jours sans se plaindre », lui disait-il en lui donnant en exemple tous ces ouvriers qui arrivaient très tôt à l'usine le matin, comme pressés de se mettre à l'ouvrage. Cette frénésie de travail était impressionnante. À Francfort, il y avait des chantiers partout, grouillant d'activité à toutes les heures du jour et de la nuit. Peter n'avait jamais vu cela en Afrique du Sud.

Peter Kolbe, fils de Fritz, lors de son premier voyage en Allemagne (1953).
© Collection Martin et Gudrun Fritsch, Berlin

Peter avoue avoir été davantage intéressé par le voyage en Europe que par la rencontre avec Fritz. Après quatorze ans de silence, les retrouvailles semblaient presque impossibles. Peter était agacé par le comportement de son père à l'égard des femmes. Fritz jouait au séducteur. Il passait son temps à faire du gringue aux dames en compagnie de son ami Harry Hermsdorf, de la CIA[102]. Quant à Fritz, il regrettait que son fils ne se comportât pas de manière plus docile. Quand il jouait aux échecs avec lui, c'était avec une féroce volonté de le battre. Il espérait que Peter allait rester en Allemagne et voulait absolument lui trouver un poste dans l'industrie chimique ou pharmaceutique. Mais Peter n'avait pas du tout l'intention de rester dans ce pays qui n'était pas le sien même s'il en parlait très bien la langue[103]. Au bout de trois mois, il décida de repartir. Il fit le trajet Francfort-Venise à bicyclette puis il prit le bateau et fut de retour en Afrique du Sud en janvier 1954[104].

Peter n'ignorait pas que son père avait travaillé pour les Américains pendant la guerre mais il ne connaissait aucun détail de son histoire. « S'il t'arrive quelque chose de grave dans la vie, adresse-toi aux autorités américaines et dis-leur que tu es le fils de George Wood », s'était contenté de lui dire Fritz. À Berlin, en juin 1953, Peter avait participé à quelques soirées en zone américaine et il avait pu constater que son père avait beaucoup d'amis à la CIA (Peter parlait anglais avec eux, satisfait de voir que son père ne comprenait pas tout de leurs conversations). Mais à aucun moment, il ne lui avait été possible de s'entretenir sérieusement avec lui de son passé. Fritz préférait parler d'autre chose. Il interrogeait son fils, par exemple, sur les « perspectives du marché du ciment en Afrique du Sud[105] », ou lui conseillait d'entrer dans la franc-maçonnerie[106]. Même en présence de son propre fils, Fritz Kolbe se dissimulait derrière un rideau de fumée.

Washington, février 1953

Allen W. Dulles fut nommé directeur de la CIA le 26 février 1953[107]. Il avait quitté le monde du renseignement à la fin de 1945 pour reprendre ses fonctions d'avocat d'affaires à Wall Street et diriger le Council of Foreign Relations, club de réflexion new-yorkais très influent en matière de politique étrangère[108]. Le général Eisenhower était devenu président des États-Unis en janvier 1953. Avec le retour au pouvoir des Républicains, la famille Dulles était récompensée de son engagement et de sa fidélité : John Foster, frère aîné d'Allen, était le nouveau chef de la diplomatie américaine. Sa sœur cadette, Eleonor, coordonnait les affaires berlinoises au secrétariat d'État.

Dans un long portrait d'Allen Dulles paru dans le supplément dominical du *New York Times* le 29 mars 1953, il y avait trois paragraphes sur l'un des plus beaux « coups » de sa carrière : pendant la guerre, Dulles avait mis la main sur un espion allemand baptisé « George », « la source la plus valable et la plus prolifique qu'aient eu les services spéciaux américains en Allemagne ». Quelques années plus tard, en septembre 1959, Allen Dulles était présenté dans le magazine *True* comme le « Sherlock mondial de l'Amérique [*America's global Sherlock*] », « l'homme qui a volé deux mille six cents documents secrets au ministère des Affaires étrangères nazi »[109].

Depuis la fin de la guerre, la renommée d'Allen Dulles reposait pour une part non négligeable sur sa rencontre avec Fritz Kolbe. En décembre 1945, lorsque Dulles avait démissionné pour redevenir avocat à New York, le général John Magruder, l'un des dirigeants de l'OSS, lui avait écrit ces quelques lignes d'adieu : « C'est avec le sentiment d'une immense perte que j'accepte votre démission. [...] Comme vous le savez, le directeur du British Intelligence Service

Allen W. Dulles à l'époque où il était avocat d'affaires à New York. Années 1930.
© Seeley G. Mudd Library, Université de Princeton. Archives Allen Dulles

considère que vos activités de renseignement sont parmi les plus remarquables effectuées par les Alliés pendant cette guerre. Cette reconnaissance vous est due ne serait-ce qu'en raison du flux d'informations que vous nous avez fait parvenir de Berne, et en particulier les documents Kappa/Wood, mais aussi en raison des vies que vous avez sauvées en obtenant la reddition des armées allemandes en Italie[110]. »

En juillet 1946, le président Truman avait décoré Allen Dulles de la « médaille du mérite » pour ses bons et loyaux services et l'avait particulièrement félicité pour trois informations livrées depuis Berne : la localisation de la base de Peenemünde où étaient fabriqués les V2 (mai 1943), les sites de lancement des « bombes fusées » dans le Pas-de-Calais et le compte rendu régulier des bombardements alliés au-dessus des villes allemandes[111]. À part Peenemünde, ces éléments provenaient tous de Fritz Kolbe.

Ce dernier n'était pas peu fier de voir son ancien complice de Berne occuper une fonction de premier plan aux États-Unis. Les deux hommes restaient en contact et Allen Dulles prenait des nouvelles de Fritz à chaque fois qu'il le pouvait. Cette relation purement amicale ne reposait plus sur le sentiment de partager les mêmes combats. Autant Fritz était anticommuniste, autant il détestait l'Amérique impériale et triomphante. Fritz était hostile à la dissuasion nucléaire, il était favorable à une « voie médiane entre le capitalisme et le socialisme » et n'avait que mépris pour « le bien-être dépourvu de spiritualité » incarné par les États-Unis[112]. Il n'était pas fasciné par la CIA et ce que celle-ci symbolisait. Rien ne permet de dire quelle fut sa réaction aux coups d'État fomentés par la CIA en Iran (1953) et au Guatemala (1954). Il ne reste aucun témoignage de sa part sur la protection offerte par la CIA à d'anciens nazis ou même des officiers SS. Mais il restait très lié à Allen Dulles, qui ne l'avait jamais laissé tomber[113].

Après la capitulation allemande du 8 mai 1945, Fritz Kolbe vécut sous la protection des Américains, qui l'hébergèrent dans une caserne à Hegenheim, en Alsace. Ce laissez-passer, signé de la main d'Allen Dulles, permettait à Fritz Kolbe de se déplacer sans difficulté dans les zones américaine ou française.
© Peter Endersbee. Collection Peter Kolbe, Sydney

Stratford, Connecticut, printemps 1954

En avril 1954, Fritz se rendit aux États-Unis pour y négocier les termes d'un nouveau contrat de travail. Par l'intermédiaire de son ami Harry Hermsdorf, il avait appris qu'une petite entreprise du Connecticut, la Wright Power Saw & Tool Corporation, cherchait un représentant commercial en Europe. Le poste était basé en Suisse. Cette société fabriquait divers modèles de scies et tronçonneuses à moteur pneumatique. Il n'est pas impossible qu'Allen Dulles soit intervenu pour aider Fritz à obtenir cet emploi[114].

Dans une lettre à Rudolf Pechel, Fritz décrivait en quelques mots cette nouvelle expérience : « Je me trouve au bureau technique, là où les scies sont réparées. C'est nécessaire de savoir des choses de ce genre pour faire mon travail en Europe. Mais je me pose plein de questions : tout ce jargon technique, et puis tout est en anglais ! » Dans une lettre à Ernst Kocherthaler, Fritz se demandait qui allait bien pouvoir acheter ces tronçonneuses : « Le marché n'est pas bon. » Pour bien connaître le matériel dont il allait faire la promotion en Europe, Fritz dut faire un stage de deux mois dans les forêts du Connecticut. Les tronçonneuses étaient trop lourdes pour lui. Les sous-bois étaient infestés de serpents[115].

Le contrat fut signé en juin 1954. Fritz touchait un salaire de deux cent cinquante dollars par mois[116]. Lors de ce voyage aux États-Unis, il avait fait un crochet par Washington et rendu visite à Allen Dulles. Les hauts et les bas de sa carrière ne l'empêchaient pas de garder sa bonne humeur : Peter Sichel, qui l'hébergea lors de cette halte dans la capitale des États-Unis, se souvient que « Fritz passait son temps à monter aux arbres dans le jardin pour me montrer de quoi il était capable[117] ». Fritz traversa l'Atlantique en paquebot pour revenir en Europe. Il y avait quelques tronçonneuses dans ses bagages.

Le prospectus du fabricant de tronçonneuses Wright (dans le Connecticut), pour lequel Fritz Kolbe travailla à partir de 1954. La carte de visite, en haut à gauche, présente Fritz comme le « représentant en Europe » de cette entreprise américaine.
© Peter Endersbee. Collection Peter Kolbe, Sydney

Épilogue

Le 20 juillet 1961 fut inaugurée à l'Auswärtiges Amt, à Bonn, une plaque en hommage aux diplomates ayant résisté à Hitler. Le chef de la diplomatie allemande de l'époque, Heinrich von Brentano, fit un discours sur « la force de la conscience inspirée par Dieu ». Dix noms étaient gravés sur le grand panneau de pierre – Ulrich von Hassell, Adam von Trott zu Solz, Friedrich-Werner Graf von der Schulenburg[1]... – mais pas celui de Fritz Kolbe. Si celui-ci avait été exécuté avant 1945, son nom aurait peut-être rejoint la liste officielle des « justes[2] ».

Allen Dulles n'avait rien pu faire pour obtenir une réadmission de Fritz Kolbe dans les services du ministère, bien qu'il eût de très bons contacts personnels avec le chancelier Adenauer. Restait la possibilité d'une réhabilitation « pour l'honneur ». Cette idée avait germé dans l'esprit de Ernst Kocherthaler qui ne supportait pas l'injustice faite à son ami[3]. En novembre 1964, Kocherthaler – qui n'avait plus que deux ans à vivre[4] – écrivit à Allen Dulles pour qu'il apporte son appui à une démarche qu'il était en train de faire auprès d'Eugen Gerstenmaier, président du Bundestag et ancien membre de l'église protestante opposée au nazisme. Au début du printemps de 1965, après avoir lu le dossier qui lui avait été envoyé par Kocherthaler, Gerstenmaier signa une brève attestation visant à « disculper Fritz Kolbe des soupçons qui pesaient sur lui[5] ».

Ernst Kocherthaler. Années 1960.
© Collection Gérard et Sylvia Roth, (Genève)

Il n'est pas sûr que Fritz ait souhaité obtenir un tel document. Dans une longue lettre écrite à Ernst Kocherthaler le 10 janvier 1965, Fritz livrait le fond de sa pensée : « On rend hommage aux résistants une fois par an, le 20 juillet. Mais un bon résistant est un résistant mort. Quiconque avait des oreilles pour entendre et des yeux pour voir savait ce qu'il en était de la folie nazie, même avant 1933. Ceux qui ne voulaient rien voir ni savoir ont continué à faire de belles carrières au ministère. [...] Mon objectif était d'aider mon pauvre peuple à accélérer la fin de la guerre, et d'abréger les souffrances des gens qui se trouvaient dans les camps. Je ne sais pas si j'y suis parvenu. Mais ce que j'ai réussi à obtenir, c'est que les Américains voient qu'il y avait des gens en Allemagne qui résistaient contre le régime sans exiger quoi que ce soit en retour. Des gens qui ont agi par pure conviction. Personne n'a le droit de me donner des bons points pour mon comportement pendant cette période. Personne ne peut me retirer ni me rendre mon honneur[6]. »

Fritz Kolbe mourut d'un cancer de la vésicule biliaire, le 16 février 1971 à Berne[7]. Une dizaine de personnes assistèrent aux obsèques. Parmi elles, deux inconnus déposèrent une couronne de fleurs de la part de Richard Helms, directeur de la CIA[8]. Peu avant de mourir en 1969, Allen Dulles avait écrit « qu'il était injuste que la nouvelle Allemagne ne reconnaisse pas le caractère hautement respectable de ce qu'avait fait Fritz, ni le rôle considérable qu'il avait joué dans le renversement final d'Hitler et de l'hitlérisme. Un jour, j'espère que cette injustice sera corrigée, et que son rôle réel sera reconnu à sa juste valeur dans son propre pays[9] ».

Notes

Avant-propos, p. 11

1. Citation de Churchill (1946) à propos des auteurs du putsch manqué contre Hitler, les conjurés du 20 juillet 1944.
2. *Memorandum for the President* du 22 juin 1945, adressé au président Truman par le général Donovan, Archives nationales américaines, College Park (entry 190c, microfilm 1642, roll 83).
3. *A Look Over My Shoulder*, mémoires de Richard Helms (avec William Hood), New York, avril 2003.
4. Cf. Peter Steinbach, *Widerstand im Widerstreit*, Paderborn, 2001.
5. Interview dans *L'Express*, 28 décembre 2000, propos recueillis par Dominique Simonnet.

Prologue, p. 13

1. L'Office of Strategic Services (OSS) avait été créé en juin 1942 et placé sous les ordres de l'état-major général des armées américaines *(Joint Chiefs of Staff)*. Son rôle était de s'occuper de la « guerre non conventionnelle », autrement dit recueillir des renseignements et organiser des opérations clandestines contre les puissances de l'Axe. William Donovan, avocat de Wall Street, membre du parti républicain mais surtout homme d'action et héros de la Première Guerre mondiale, fut choisi par le président Roosevelt pour diriger cette agence, ce qu'il fit jusqu'en 1945.
2. *Memorandum for the President*, 10 janvier 1944, microfilm (entry 190c, MF1642, roll 18), Archives nationales américaines, College Park.

3. On faisait déjà la distinction entre l'interception de signaux ennemis (*signal intelligence*, ou « SIGINT ») et l'espionnage basé sur des sources humaines (« HUMINT », pour *human intelligence*).

4. Série Boston : ce nom avait été choisi de manière aléatoire, comme la plupart des termes de la nomenclature de l'OSS.

5. Ce télégramme diplomatique allemand avait été transmis à Washington le 30 décembre 1943. Il était signé d'Eitel Friedrich von Moellhausen, adjoint de l'ambassadeur du Reich à Rome Rudolf Rahn. Cf. Robert Katz, *Black Sabbath. A Journey Through a Crime Against Humanity*, Londres, Barker, 1969. Remerciements à Astrid M. Eckert, Berlin.

6. Message du bureau suisse de l'OSS (Berne) à la centrale de Washington, daté du 4 janvier 1944, basé sur un télégramme de l'ambassadeur von Weizsäcker du 13 décembre 1943. Dans ce télégramme, on pouvait également lire ceci : « Le rêve du Pape est une union des vieux pays civilisés de l'Ouest, capables de se protéger du bolchevisme à l'Est comme le pape Innocent XI [1676-1689] avait su unifier le continent contre les Musulmans, et avait libéré Budapest et Vienne. » Source : *Memorandum for the President*, 10 janvier 1944, Archives nationales américaines, College Park.

7. Message de l'OSS Berne du 31 décembre 1943, Archives nationales américaines, College Park.

8. *Memorandum for the President*, 11 janvier 1944. Les Allemands connaissaient le contenu d'une conversation entre le vice-président Henry Wallace et l'ambassadeur de Suisse à Washington, son beau-frère. La conversation portait sur les tensions entre les alliés occidentaux (Grande-Bretagne et États-Unis) et l'URSS. Les Allemands disposaient apparemment d'une bonne source auprès du département des Affaires étrangères de Berne. Cette affaire accéléra sans doute la disgrâce d'Henry Wallace, qui ne figura pas sur le ticket présidentiel lors des élections de novembre 1944 (il fut remplacé par Harry Truman).

1. Señor Fritz Kolbe, p. 17

1. La « loi sur la protection du sang allemand et de l'honneur allemand » et la « loi sur la citoyenneté allemande » avaient été adoptées en marge d'un congrès du NSDAP à Nuremberg. Elles jetaient les bases de l'exclusion totale et définitive des Juifs de la société allemande.

2. L'Allemagne entretenait une ambassade dans les grandes capitales (Madrid, Londres, Paris, Rome, Washington, Moscou, Tokyo ou

encore Rio de Janeiro). Partout ailleurs, la représentation diplomatique ne s'intitulait pas ambassade (*Botschaft*) mais légation (*Gesandschaft*) et le chef de mission n'avait pas le titre d'ambassadeur (*Botschafter*) mais d'« envoyé » (*Gesandte*).

Une légation est la mission (diplomatique) entretenue par un gouvernement auprès d'un pays où il n'a pas d'ambassade. Le chef de la légation est, comme un ambassadeur, accrédité auprès du souverain ou chef de l'État.

Le Congrès de Vienne avait distingué (19 mars 1815) deux classes d'agents diplomatiques : ambassadeur (et légat ou nonce) et chargé d'affaires (accrédité seulement auprès du ministre des Affaires étrangères du pays étranger). Le Congrès d'Aix-la-Chapelle (21 novembre 1818) ajouta une deuxième classe intermédiaire, pour les ministres résidents et envoyés extraordinaires. C'est à cette deuxième classe qu'appartient un chef de légation, qui a qualité de ministre plénipotentiaire. On s'adresse à lui en disant monsieur le Ministre ou, dans l'usage seulement : Votre Excellence. Remerciements à Serge Pétillot-Niémetz, chargé de mission auprès du Dictionnaire de l'Académie française.

Le comte Johannes von Welczeck (1878-1974), ambassadeur à Madrid, est un diplomate de la vieille école. Il est entré au ministère avant la guerre de 1914-1918, une époque où la carrière diplomatique était encore réservée aux riches aristocrates capables de subvenir eux-mêmes à leurs besoins.

3. Ministère allemand des Affaires étrangères, dossier Johannes von Welczeck.

4. Ernst Kocherthaler était vice-président du syndicat des négociants pétroliers en Espagne. Il représentait les intérêts de grandes compagnies pétrolières : la Shell puis les conglomérats du pétrole soviétique, favorisés par Madrid depuis la fin des années 1920. Il était né à Madrid en 1894. Son père, qui venait d'une famille de modestes marchands juifs du Wurtemberg, avait amassé une fortune considérable en faisant du commerce entre l'Allemagne et l'Espagne. La famille était revenue s'installer à Berlin à la fin du XIXe siècle. Ernst Kocherthaler s'était converti au protestantisme à l'adolescence. Il avait fait des études de droit et d'économie à Berlin avant d'entrer à la prestigieuse banque Warburg, à Hambourg. Au début des années 1920, il avait assisté comme expert aux négociations financières internationales sur la stabilisation du mark. À cette occasion, il avait rencontré l'économiste John Maynard Keynes dont il était devenu assez proche. Il était reparti s'installer en Espagne au milieu des années 1920. Source : documents privés de la famille Kocherthaler (Sylvia et Gérard Roth, Genève).

5. Hans-Jürgen Döscher, *Das Auswärtige Amt im Dritten Reich*, Berlin, 1987.

6. L'organisation « Force par la Joie » (*Kraft durch Freude*) avait été créée en novembre 1933 afin d'organiser le temps libre des masses populaires, notamment sous forme de voyages et de camps de vacances.

7. « Mon père avait toujours les chaussures parfaitement cirées. » Peter Kolbe, Sydney, novembre 2001.

8. « Fritz avait beaucoup de charme. » Gudrun Fritsch, interview à Berlin, 5 janvier 2002.

9. Source : documents privés, famille Kocherthaler (Genève). Cet épisode concernant le renoncement à la nationalité allemande par Ernst Kocherthaler est également exposé dans un article d'Edward P. Morgan, « The Spy the Nazis Missed » (magazine *True*, juillet 1950).

10. Si Ernst Kocherthaler s'est converti au protestantisme peu avant 1914, c'est parce qu'il voulait sincèrement contribuer à la symbiose entre les Juifs et les Allemands, et parce qu'il ne valait mieux pas être juif dans l'armée allemande.

11. Ernst Kocherthaler avait été décoré de la croix de guerre après sa blessure sur le front de Somme, en 1916. Près de 100 000 Juifs avaient servi dans l'armée allemande pendant la Première Guerre mondiale. Leur patriotisme ne les avait pas empêchés de faire l'objet de nombreuses discriminations pendant et après la guerre.

12. Hans-Jürgen Döscher, *Das Auswärtige Amt im Dritten Reich*, *op. cit.*

13. Ministère allemand des Affaires étrangères, Berlin, dossier Johannes von Welczeck.

14. Franz Neumann, *Behemoth – Structure et Pratique du National-socialisme. 1933-1944*, Paris, 1981.

15. « Course of Life » de Fritz Kolbe, archives personnelles de Fritz Kolbe, collection Peter Kolbe, Sydney. Ou encore : document biographique rédigé par Gerald Mayer et Fritz Kolbe, non daté (en allemand, 59 pages), même fonds. « À partir de 1938, on ne pouvait plus avancer dans la carrière diplomatique si on n'était pas membre du parti » (Hans-Jürgen Döscher, interview à Osnabrück, 14 mai 2002).

16. « Sous la responsabilité du conseiller commercial, je m'occupais de divers dossiers économiques : renseignements sur les entreprises, aide à l'installation de bureaux de représentation, informations douanières, affaires de crédit, appels d'offre, etc. » Source : curriculum vitae de Fritz Kolbe rédigé après la guerre (sans date, en allemand), archives personnelles de Fritz Kolbe, collection Peter Kolbe, Sydney.

17. Hermann Hesse, *Le Loup des steppes*, Le Livre de poche, pp. 126-127.

18. Tous les témoignages font état de ce paradoxe : d'allure extérieure assez banale, Fritz Kolbe avait un rayonnement personnel assez fort et un regard très pénétrant. « Quand il entrait dans une pièce, vous ne pouviez pas ne pas l'apercevoir », se souvient par exemple Erika von Horstein (interview du 27 octobre 2001 à Berlin). « Il se dégageait de lui quelque chose d'un peu ensorcelé », raconte Gerald Mayer (source : article d'Edward P. Morgan dans le magazine *True*, 1950).

19. La plupart des grands noms de la résistance allemande au nazisme étaient membres du NSDAP : non seulement les grandes personnalités de l'Auswärtiges Amt (Ulrich von Hassell, Adam von Trott zu Solz...), mais aussi, par exemple, Oskar Schindler ou encore Richard Sorge, espion de Staline à Tokyo...

20. Depuis l'arrivée des nazis au pouvoir, le serment des fonctionnaires (*Beamteneid*) se faisait au nom du Führer, auquel on promettait obéissance et fidélité.

21. La « Maison Brune » (*Braunes Haus*) était le siège national du NSDAP depuis 1931. Elle se trouvait Schellingstrasse 50 à Munich (immeuble aujourd'hui disparu).

22. La non-appartenance au parti n'était pas forcément le signe d'une résistance. Beaucoup de fonctionnaires voulurent entrer au parti mais ne furent pas admis. Source : Hans-Jürgen Döscher, *Das Auswärtige Amt im Dritten Reich*, op. cit.

23. Fritz Albert Karl Kolbe était né le 25 septembre 1900 à Berlin. « Mes parents étaient en bonne santé, pas du tout riches, mais vivaient dans une relative sécurité matérielle. J'ai grandi sans connaître la misère, dans un milieu familial où régnait l'harmonie. » Source : document autobiographique rédigé par Fritz Kolbe le 15 mai 1945 (en allemand, 10 pages), archives personnelles de Fritz Kolbe, collection Peter Kolbe, Sydney.

24. « Il a toujours été dans l'opposition. Avant et après 1933, il a voulu convaincre ses collègues de ne pas entrer au parti. » Source : document biographique rédigé par Gerald Mayer et Fritz Kolbe.

25. Source : document autobiographique rédigé par Fritz Kolbe le 15 mai 1945.

26. Fritz citait souvent ce chant populaire allemand dont le texte est de Ludwig Hölty (1775) sur une mélodie de Mozart tirée de *La Flûte enchantée* (l'air de Papageno). En allemand : « *Üb immer Treu und Redlichkeit/Bis an dein kühles Grab.* », Peter Kolbe, Sydney.

27. De nombreux documents mentionnent cette citation par Fritz Kolbe de l'évangile selon saint Matthieu (chapitre XVI, verset 26). Sources : document biographique rédigé par Gerald Mayer et Fritz Kolbe, et document autobiographique rédigé par Fritz Kolbe le 15 mai 1945. Voir aussi article d'Edward P. Morgan, « The Spy the Nazis Missed », *art. cit.*

28. Quelques années plus tard, au moment de la Seconde Guerre mondiale, Ernst Kocherthaler était devenu farouchement anticommuniste. Il considérait l'URSS comme « une société féodale, réactionnaire, complètement en dehors de l'évolution historique » (lettre de Ernst Kocherthaler à Allen Dulles, avril 1950, Allen W. Dulles Papers, Seeley G. Mudd Manuscript Library, Princeton).

29. « Mes parents étaient protestants et j'ai été baptisé à l'église protestante. » Source : « Course of Life » de Fritz Kolbe.

30. Document biographique rédigé par Gerald Mayer et Fritz Kolbe.

31. « J'avais la fibre sociale, sans être membre du parti social-démocrate. » Source : document autobiographique rédigé par Fritz Kolbe le 15 mai 1945. « Il n'était membre d'aucun parti, mais ses sympathies étaient clairement à gauche. » Source : document biographique rédigé par Gerald Mayer et Fritz Kolbe.

32. Aujourd'hui Kreuzberg.

33. Article d'Edward P. Morgan, « The Spy the Nazis Missed », *art. cit.*

34. Source Martin et Gudrun Fritsch, entretien avec l'auteur. Berlin, janvier 2002. Ce roman de Heinrich von Kleist (paru en 1810) raconte l'histoire d'un marchand de chevaux ayant été dépossédé de ses biens par un seigneur et qui décide de se faire justice lui-même.

35. Cf. Willy Brandt, *Berlin ma ville*, Paris, 1960. « Le Berlinois est malin et sceptique [...]. Les nazis ne pouvaient pas l'aimer. »

36. Beaucoup de témoins se souviennent de ce geste, qui paraît avoir été un « tic » de Fritz. Cf. article d'Edward P. Morgan, « The Spy the Nazis Missed », *art. cit.*

37. En allemand : *Draufgänger*.

38. Anita Falkenhain était d'une famille originaire de Silésie. Ses parents, d'anciens paysans, avaient participé dans les années 1890 à la grande migration vers Berlin, tout comme les parents de Fritz Kolbe. Anita et Fritz s'étaient rencontrés à la fin de la Première Guerre mondiale. Fritz souffrait d'une infection au pied et avait dû se battre pour ne pas être amputé d'une jambe. Anita, infirmière assistante dans l'hôpital militaire de Berlin où il était traité, s'était occupée de lui. Source : Peter Kolbe, témoignage recueilli en novembre 2001 à Sydney.

39. « Je fais quatre cents mètres en moins d'une minute. » Source : article d'Edward P. Morgan, « The Spy the Nazis Missed », *art. cit.*

40. Document biographique rédigé par Gerald Mayer et Fritz Kolbe. Fritz s'est exprimé à de nombreuses reprises sur son passage auprès de l'Oiseau migrateur. Tous les documents autobiographiques rédigés après la guerre évoquent en détail cet épisode important de sa formation.

41. Dans un livre paru après la guerre (*Germany's Underground*), Allen Dulles fera un parallèle entre le « romantisme adolescent » du *Wandervogel* et la montée du nazisme. Rudolf Hess et Adolf Eichmann, qui appartenaient à la même génération que celle de Fritz Kolbe, furent eux aussi d'anciens membres de l'Oiseau migrateur.

42. Il s'agit du livre intitulé *Scouting for Boys*, publié en 1908 en Angleterre puis traduit dans toutes les langues (*Éclaireurs* en français). Ce livre est considéré, encore aujourd'hui, comme la « bible » du scoutisme.

43. Anecdote racontée par Peter Kolbe, Sydney, novembre 2001.

44. Épisode raconté dans l'article d'Edward P. Morgan, « The Spy the Nazis Missed », *art. cit.*

45. « Paraître toujours plus bête qu'on ne l'est » fut une méthode privilégiée par Fritz pour déstabiliser les nazis. L'épisode de l'interrogatoire à Madrid apparaît dans plusieurs documents autobiographiques rédigés après la guerre. Exemple : *The Story of George* (auteur : Ernst Kocherthaler, printemps 1945, archives personnelles Fritz Kolbe, collection Peter Kolbe, Sydney).

46. Le *Traité sur la réforme monétaire*, publié en 1923 à Londres et paru en 1924 en traduction allemande.

47. Fritz Kolbe avait quitté l'école avec l'équivalent d'un certificat d'études (*einjähriges Zeugnis*). « Je n'étais pas un très bon élève mais j'apprenais vite. » Source : document autobiographique rédigé par Fritz Kolbe le 15 mai 1945.

48. « Administrateur stagiaire », en allemand : *Zivil-supernumerar*.

49. En allemand *Oberbahnhofs-Güter-und Kassenvorsteher*. Fritz Kolbe dirigeait le département marchandises de la gare de Silésie (*Schlesischer Bahnhof*). Source : *curriculum vitae* de Fritz Kolbe rédigé après la guerre (sans date), archives personnelles de Fritz Kolbe, collection Peter Kolbe, Sydney.

50. « Il voulait connaître le monde extérieur et entra au ministère des Affaires étrangères pour être envoyé à l'étranger. » Source : *The Story of George*. Fritz Kolbe intégra le ministère des Affaires étrangères

le 16 mars 1925 et fut envoyé à Madrid en octobre. Source : ministère allemand des Affaires étrangères, Berlin, dossier « Fritz Kolbe ».

51. Les éléments concernant l'évolution professionnelle de Fritz Kolbe se trouvent dans un document autobiographique rédigé le 15 mai 1945. Beaucoup de détails se trouvent aussi dans le dossier « Fritz Kolbe » aux archives du ministère des Affaires étrangères à Berlin. Fritz remplaça le consul allemand de Séville de septembre à novembre 1930 et d'octobre à novembre 1931.

52. Ce projet aboutit à la publication, après la guerre, d'un livre qui s'intitulait *L'Empire de l'Antiquité* (*Das Reich der Antike*, publié en 1948 à Baden-Baden) et qui se voulait le premier tome d'une grande « histoire universelle » appuyée sur une « vision spirituelle de l'histoire », en opposition à la vision matérialiste des marxistes.

53. En raison de la maladie de sa femme, Fritz Kolbe ne resta que trois mois en poste dans la capitale polonaise (janvier à mars 1936) et demanda rapidement une mutation à Berlin.

2. Retour à Berlin, p. 47

1. « Officiellement, j'étais consul adjoint (*acting consul*) au consulat allemand du Cap. » Source : document autobiographique rédigé par Fritz Kolbe le 15 mai 1945. Fritz Kolbe avait été muté au Cap en février 1938. Source : ministère allemand des Affaires étrangères, dossier « Fritz Kolbe ».

2. La plupart des éléments concernant le séjour de Fritz Kolbe en Afrique du Sud reposent sur le témoignage de Peter Kolbe, recueilli à Sydney en novembre 2001.

3. Rudolf Leitner (né en 1891) était autrichien. Entré au NSDAP en 1936, il avait été consul à Chicago pendant les années 1920, puis conseiller d'ambassade à Washington pendant une partie des années 1930. Il fut nommé envoyé du Reich à Pretoria en octobre 1937. Il mourut en captivité dans un camp de détention soviétique, en 1947. Source : ministère allemand des Affaires étrangères, Berlin, dossier « Rudolf Leitner ».

4. Rudolf Leitner était alors vice-directeur du département politique du ministère.

5. Curriculum vitae de Fritz Kolbe rédigé après la guerre (sans date, en allemand).

6. Le bureau de liaison entre l'Auswärtiges Amt et le NSDAP s'appelait l'« Organisation pour l'étranger » (Auslandsorganisation ou AO).

Le chef de ce bureau, Ernst Bohle, était l'un des plus puissants personnages du ministère des Affaires étrangères et avait le rang de secrétaire d'État. Né au Cap en 1903, ayant passé sa jeunesse en Afrique du Sud, il regardait de très près les dossiers concernant ce pays. Hans-Jürgen Döscher, *Das Auswärtige Amt im Dritten Reich, op. cit.*

7. « Si j'étais resté en Afrique du Sud, j'aurais causé beaucoup de tort à Leitner, qui s'était fortement engagé pour moi. » Source : document autobiographique rédigé par Fritz Kolbe le 15 mai 1945. Même argumentation dans « Course of Life ».

8. Heinrich Himmler, chef de la SS (Reichsführer SS), contrôle tous les rouages policiers du régime à travers les multiples tentacules policiers du RSHA (Reichssicherheitshauptamt, ou « Office central de sécurité du Reich », dont dépend notamment la Gestapo).

9. Anecdote racontée par Peter Kolbe, Sydney, novembre 2001.

10. Joachim Ribbentrop était appelé, en langage interne de l'Auswärtiges Amt, le « RAM » (Reichsaussenminister, ou ministre des Affaires étrangères). Ribbentrop n'était entré au parti nazi qu'en 1932, ce qui lui posait de sérieux problèmes de légitimité interne. Pour compenser cette insuffisance, le ministre était membre de la confrérie SS – avec le grade de SS-Obengruppenführer, équivalent à celui d'un général. L'esprit de corps des SS était comparable à celui des chevaliers de la Table ronde. Source : ministère allemand des Affaires étrangères, et Hans-Jürgen Döscher, *Das Auswärtige Amt im Dritten Reich, op. cit.*

11. Les diplomates de carrière continuaient à diriger les trois principaux départements du ministère (affaires politiques, économiques et juridiques), mais leur influence réelle était en chute libre. Les plus proches collaborateurs du ministre étaient des hommes nouveaux venus du « Bureau Ribbentrop » (*Dienststelle Ribbentrop*), sorte de cabinet fantôme créé à l'époque où le chef de la diplomatie du Reich était encore le baron Konstantin von Neurath. Ce dernier, un diplomate de carrière opportuniste, avait été remplacé par Ribbentrop en février 1938.

12. Hans-Jürgen Döscher, *Das Auswärtige Amt im Dritten Reich, op. cit.*

13. Il existait en Afrique du Sud de véritables mouvements de masse pronazis, comme l'Ossewa Brandwag ou les Grey Shirts, qui réunissaient plusieurs centaines de milliers de membres. Ces groupuscules ne manquaient aucune occasion pour exprimer violemment leur antisémitisme, par exemple lorsque le paquebot *Stuttgart* était arrivé au port du Cap en octobre 1936 avec six cents réfugiés juifs allemands à son bord. Les nationalistes afrikaners dénonçaient le « réseau cosmopolite » des

financiers juifs du Cap, associés dans leur esprit à l'« internationale des francs-maçons » et aux grandes banques britanniques haïes.

14. Le port de Lüderitz avait été construit par des prisonniers indigènes ayant survécu aux terribles massacres perpétrés par les Allemands pendant la guerre contre les Namas et les Hereros, entre 1904 et 1908.

15. L'« office colonial » du NSDAP, dirigé par Franz Ritter von Epp, prévoyait de partager l'Afrique en quatre zones qui auraient été distribuées à l'Espagne, l'Italie, l'Allemagne et l'Angleterre.

16. On a même vu se créer ici et là des centres du « Secours d'hiver » (*Winterhilfswerk*), une forme de soupe populaire inventée par les nazis, avec collecte de vêtements et distribution collective de ragoût.

17. Walter Lierau avait été choisi pour le poste de Windhoek après avoir fait ses classes en matière d'agitation et de propagande lorsqu'il était consul à Reichenberg (Liberec, en Tchécoslovaquie), au début des années 1930. Hans-Jürgen Döscher, *Das Auswärtige Amt im Dritten Reich, op. cit.*

18. Fritz expliqua après la guerre pourquoi il n'avait pas ramené son fils avec lui en Allemagne : « Je ne voulais pas qu'il soit contaminé par l'idéologie nazie et je ne voulais pas non plus qu'il soit plongé dans le chaos européen, que je prévoyais inévitable à la fin de la guerre. » Source : document autobiographique rédigé le 15 mai 1945.

19. Fritz Kolbe raconte qu'il a donné à des émigrés allemands en Afrique du Sud – réfugiés politiques ou Juifs – des passeports d'apatrides (ou « passeports Nansen », délivrés sous l'autorité de la Société des Nations) qui leur permirent de ne pas être expulsés vers l'Allemagne ni internés comme citoyens allemands après le début de la seconde guerre mondiale. Source : mémorandum du 19 août 1943 (9 pages), OSS Berne, Archives nationales américaines, College Park. Voir aussi document biographique rédigé par Gerald Mayer et Fritz Kolbe (collection Peter Kolbe, Sydney).

20. Fritz avait en horreur le nationalisme sous toutes ses formes. « Le slogan *right or wrong, My country* est un slogan diabolique qui tue les consciences individuelles. » Source : « The Story of George », archives personnelles de Fritz Kolbe, collection Peter Kolbe, Sydney.

21. En allemand : « *Denn heute gehört uns Deutschland/Und morgen die ganze Welt* », paroles tirées d'une chanson composée par Hans Baumann (1914-1988) [*Es zittern die morschen Knochen*], dont les paroles avaient été légèrement modifiées par les nazis.

22. Document biographique rédigé par Gerald Mayer et Fritz Kolbe (collection Peter Kolbe, Sydney).

23. Librement adapté de Ernst Jünger, *Récits d'un passeur de siècle*, entretiens avec F. de Towarnicki (éditions du Rocher).

24. L'obscurcissement obligatoire des fenêtres s'intitulait *Verdunkelung* et ceux qui n'obéissaient pas à cette prescription étaient considérés comme des criminels (*Verdunkelungsverbrecher*) passibles de lourdes peines de prison.

25. Document biographique rédigé par Gerald Mayer et Fritz Kolbe.

26. En allemand : « u.k. » : *unabkömmlich* ; « k.v. » : *kriegsverwendungsfähig*.

27. Wilhelmstrasse 76 : ce bâtiment de la vieille noblesse prussienne, le « palais Pannewitz », avait été jadis le bureau de Bismarck.

28. Ribbentrop imposait aux diplomates en représentation un règlement vestimentaire particulier. Les nouveaux uniformes, inspirés de ceux des SS mais aussi de ceux de la marine allemande, avaient été dessinés par un styliste désigné personnellement par la femme du ministre. Ribbentrop lui-même portait l'uniforme noir des SS avec de grandes bottes de cuir qui lui remontaient jusqu'aux genoux. Ce règlement ne s'appliquait pas aux fonctionnaires de rang moyen comme Fritz Kolbe. Source : Hans-Jürgen Döscher, *Das Auswärtige Amt im Dritten Reich, op. cit.*

29. Hans Schroeder (né en 1899) avait obtenu le rang de « conseiller de légation » en 1938. Quelques mois plus tard on lui avait confié le poste de chef adjoint du personnel avec le rang de directeur. Schroeder était un protégé de Rudolf Hess, le chef du NSDAP, qui l'avait rencontré en Égypte à la fin des années 1920, l'avait fait entrer au parti dès 1933 et l'avait aidé depuis lors à gravir très rapidement les échelons de la carrière diplomatique. Source : ministère allemand des Affaires étrangères, Berlin, dossier « Hans Schroeder », et Hans-Jürgen Döscher (interview à Osnabrück, 14 mai 2002).

30. Après la guerre, Hans Schroeder confirmera par écrit, en 1954, qu'il avait bien proposé le poste de consul à Stavanger à Fritz Kolbe, ce que certains mettaient en doute. Source : archives personnelles de Fritz Kolbe, collection Peter Kolbe, Sydney.

31. *Pg* : *Partei-Genosse*, littéralement « camarade du parti ».

32. Document autobiographique rédigé par Fritz Kolbe le 15 mai 1945.

33. Document biographique rédigé par Gerald Mayer et Fritz Kolbe (collection Peter Kolbe, Sydney).

34. « Sans défense mais pas sans honneur » (*wehrlos aber nicht ehrlos*) : formule utilisée par le député social-démocrate Otto Wels lors

du vote sur la loi des pleins pouvoirs à Hitler, le 23 mars 1933 au Reichstag. Les 94 députés du SPD avaient été les seuls à voter « non ».

35. Document biographique rédigé par Gerald Mayer et Fritz Kolbe (collection Peter Kolbe, Sydney).

36. Deux visites à Paris (mars 1928 et juin 1929) sont attestées dans le dossier « Fritz Kolbe » des archives du ministère allemand des Affaires étrangères.

37. Fritz Kolbe ne resta que quelques mois à ce poste. Source : « Course of Life » de Fritz Kolbe.

38. Les deux agents de l'Intelligence Service, Sigismund Payne Best et Richard Stevens, devaient passer le reste de la guerre en détention en Allemagne. L'épisode de Venlo amena les dirigeants britanniques à refuser tout contact avec les représentants de la résistance allemande pendant le reste de la guerre.

39. Otto Strasser, vieux rival d'Hitler et frère de Gregor Strasser (assassiné en 1934 pendant la « Nuit des Longs Couteaux »), fut accusé d'avoir trempé avec les Britanniques dans l'attentat de Munich, ce qui permit de l'écarter définitivement des circuits du pouvoir.

3. Que faire ?, p. 71

1. Les rencontres au café Kottler ont été racontées par Fritz à un journaliste américain qui l'interviewa après la guerre. Source : article d'Edward P. Morgan, « The Spy the Nazis Missed », *art. cit.*

2. « The Story of George ».

3. La société de Walter Girgner, créée en 1932, existe toujours (Trumpf Blusen, Munich). C'est aujourd'hui l'un des plus importants fabricants de chemises en Europe.

4. « À Berlin, je retrouvai mes amis des mouvements de jeunesse. C'était comme si nous ne nous étions jamais quittés. Tous mes amis, sauf deux, avaient les mêmes convictions politiques que moi. Il y en avait parmi eux qui étaient de virulents anti-nazis et qui voulaient passer à l'action [...]. L'un d'entre eux perdit son poste à l'administration municipale de Berlin, deux autres furent condamnés à deux et trois ans de détention en camp de concentration. Un autre, qui avait été arrêté alors qu'il s'occupait d'une imprimerie clandestine, se pendit en prison. » Source : document autobiographique rédigé par Fritz Kolbe le 15 mai 1945.

5. « The Story of George ». Cette formule se trouve également dans un document autobiographique rédigé par Fritz Kolbe le 15 mai 1945,

et dans le document biographique rédigé par Gerald Mayer et Fritz Kolbe (collection Peter Kolbe, Sydney).

6. D'après *Es geht alles vorüber/es geht alles vorbei*, une célèbre chanson du Viennois Fred Raymond, un compositeur populaire des années 1920, également auteur de *J'ai perdu mon cœur à Heidelberg*. Source : mémorandum du 19 août 1943, OSS Berne, Archives nationales américaines, College Park.

7. L'épisode des lettres anonymes est exposé en détail dans « The Story of George ». Également dans le document biographique rédigé par Gerald Mayer et Fritz Kolbe (collection Peter Kolbe, Sydney).

8. Extrait du Chant des chevaliers (Schiller, *Le Camp de Wallenstein*). Les chants de Schiller au café Köttler sont mentionnés dans le document biographique rédigé par Gerald Mayer et Fritz Kolbe (collection Peter Kolbe, Sydney).

9. Document biographique rédigé par Gerald Mayer et Fritz Kolbe (collection Peter Kolbe, Sydney).

10. En allemand « *Grösster Feldherr aller Zeiten* » ou « *Gröfaz* ».

11. Allen Dulles écrira que « les employeurs [de Kolbe] ont une excellente opinion de lui ». Source : lettre de A. Dulles à la centrale de l'OSS de Washington, 30 octobre 1943, Archives nationales américaines, College Park.

12. Fritz Kolbe dit avoir été « sans cesse sollicité pour entrer au parti » (source « The Story of George », archives personnelles de Fritz Kolbe, collection Peter Kolbe, Sydney). Apparemment, les nazis appréciaient le « caractère fort » de Kolbe et auraient aimé l'avoir parmi eux (source : article d'Edward P. Morgan, « The Spy the Nazis Missed », *art. cit.*).

13. « Pendant la journée, il travaillait dur à son bureau, même le dimanche. C'était la seule condition pour ne pas être envoyé au front. » Source : « The Story of George ».

14. Sur Martin Luther, lire son portrait par Hans-Jürgen Döscher dans *Die braune Elite*, volume 2, Darmstadt, 1999, pp. 179 à 191.

15. Fritz Kolbe travailla auprès de Martin Luther et du département « Allemagne » jusqu'à l'été ou l'hiver 1940 (les dates diffèrent selon les documents disponibles). Source : *curriculum vitae* rédigé après la guerre (sans date) et document biographique rédigé par Gerald Mayer et Fritz Kolbe (collection Peter Kolbe, Sydney).

16. Martin Luther avait réussi à échapper à des poursuites judiciaires après s'être livré à des activités un peu troubles lorsqu'il était conseiller municipal de Zehlendorf (un quartier de Berlin) peu après l'arrivée d'Hitler au pouvoir. Source : H. J. Döscher, *op. cit.*

17. C'est Martin Luther qui, le 20 janvier 1942, représenta le ministère des Affaires étrangères à la conférence de Wannsee, où une dizaine de hauts fonctionnaires réunis par Reinhard Heydrich s'entendirent en une heure et demie sur l'organisation pratique de la « solution finale ». Au nom de Ribbentrop, Martin Luther avait obtenu ce jour-là que toutes les mesures concernant le sort des Juifs hors des frontières du Reich (par exemple en France occupée) feraient l'objet d'une concertation étroite avec le ministère des Affaires étrangères, qui disposerait dès lors sur cette question d'un droit de veto. Un droit dont il ne fit jamais usage. À partir de mars 1942, c'est Martin Luther qui organisa, avec Adolf Eichmann, la déportation des Juifs de France. Source : Hans-Jürgen Döscher, *Das Auswärtige Amt im Dritten Reich, op. cit.*, et Christopher Browning, *Referat DIII of Abteilung Deutschland and the Jewish Policy of the German Foreign Office, 1940-1943*, University of Wisconsin, 1975.

18. « Anéantissement de la race juive en Europe » : formule d'Adolf Hitler dans un discours prononcé à Berlin, au Reichstag, le 30 janvier 1939.

19. Le « secrétariat juif » avait été créé dès les premiers mois de l'arrivée au pouvoir des nazis, alors que le ministère était encore dirigé par Konstantin von Neurath. Source : H. J. Döscher, *Das Auswärtige Amt im Dritten Reich, op. cit.*

20. Le « projet Madagascar » était une vieille idée qui avait été remise au goût du jour par la Pologne au début des années 1930. Les autorités françaises du Front populaire y avaient réfléchi elles aussi (à Paris, on craignait d'être submergé par l'immigration juive en provenance d'Allemagne). Ce projet avait également été défendu par les Anglais – qui voulaient tout faire pour empêcher l'arrivée des Juifs allemands en Palestine. Avec la victoire éclair sur la France en 1940, l'Allemagne envisageait une version radicale de ce plan : l'expulsion des citoyens français vivant sur place aurait permis de créer un statut allemand pour l'île, qui était appelée à devenir un grand ghetto. Il était prévu de confier l'administration de l'île au Reichsführer SS Heinrich Himmler. À l'Auswärtiges Amt, Franz Rademacher travaillait en étroite collaboration avec Adolf Eichmann, chef du « bureau juif » auprès du département IV du RSHA (la Gestapo). Source : H. J. Döscher, *Das Auswärtige Amt im Dritten Reich, op. cit.*

21. Document biographique rédigé par Gerald Mayer et Fritz Kolbe (collection Peter Kolbe, Sydney).

22. Document autobiographique rédigé par Fritz Kolbe le 15 mai 1945. La passion de Fritz Kolbe pour les échecs est également mention-

née dans l'article d'Edward P. Morgan, « The Spy the Nazis Missed », *art. cit.*

23. Article d'Edward P. Morgan, « The Spy the Nazis Missed », *art. cit.*

24. Paroles extraites d'un Lied populaire composé en 1907 par Martha Mueller, poétesse poméranienne.

25. Les circonstances de cette première rencontre avec Maria Fritsch sont exposées dans le document biographique rédigé par Gerald Mayer et Fritz Kolbe (collection Peter Kolbe, Sydney). Également dans un texte de Maria Fritsch (octobre 1972), collection Gudrun et Martin Fritsch, Berlin. Cf. aussi l'article d'Edward P. Morgan, « The Spy the Nazis Missed », *art. cit.*

26. Ferdinand Sauerbruch était né en 1875. Sa carrière avait commencé avant la première guerre mondiale. En 1928, il avait été nommé directeur de la prestigieuse clinique chirurgicale de l'hôpital de la Charité, à Berlin. Il était une personnalité de premier plan de la vie publique allemande. De nature explosive, voire autoritaire, il prenait parti dans les grands débats politiques du temps. Sa relation avec le nazisme était ambiguë.

27. Cette main artificielle, Ferdinand Sauerbruch l'avait notamment expérimentée sur des officiers et des soldats italiens amputés pendant l'invasion de l'Abyssinie, après octobre 1935 (quand des Éthiopiens faisaient des prisonniers, il n'était pas rare qu'ils leur tranchent la main droite). Source : Pierre Kehr, chirurgien à Strasbourg, ancien collaborateur d'Adolphe Jung.

28. Ferdinand Sauerbruch portait l'illustre titre de « conseiller privé de la cour » (*Geheimer Hofrat* ou *Geheimrat*, une distinction reçue à la cour royale de Bavière), et celui de « conseiller d'État de Prusse », offert par Göring en 1934. Il avait reçu, lors du congrès annuel du NSDAP à Nuremberg, en 1937, la plus haute distinction politico-scientifique du régime nazi : le « Prix national », conçu par Hitler comme une alternative allemande au prix Nobel (que les nazis haïssaient depuis qu'il avait été attribué en 1936 au journaliste dissident Carl von Ossietzky). Pendant la Seconde Guerre mondiale, Sauerbruch fut nommé « médecin général des armées » (à partir de 1942).

29. *Mes souvenirs de chirurgien*, mémoires de Ferdinand Sauerbruch, traduction française, Paris, 1952.

30. « À l'époque des premiers combats d'Hitler à Munich, Sauerbruch s'était efforcé, sans s'occuper des visées politiques d'Hitler, de ne faire à son égard que son devoir de médecin, sans s'immiscer dans les luttes de ce nouveau régime qu'il n'approuvait en aucune façon. Hitler lui

aurait dit alors : "Tant que je vivrai, il ne vous arrivera rien." » (source : Adolphe Jung, carnets inédits rédigés à Berlin pendant la guerre. Collection Frank et Marie-Christine Jung, Strasbourg).

31. Sauerbruch dirigeait la prestigieuse Société de chirurgie de Berlin et le département de médecine des plus hauts organismes de recherche scientifique du Reich. Lors d'un interrogatoire devant une chambre de dénazification, en avril 1949, il indiqua qu'il ignorait tout des expérimentations médicales dans les camps de concentration. « Je n'ai fait que mon devoir de médecin et de soldat », dit-il. Mais il apparaît aujourd'hui que Sauerbruch a laissé faire, sans s'y opposer, certaines des pires expérimentations médicales du siècle. Source : article de Wolfgang U. Eckart, « Mythos Sauerbruch », dans *Frankfurter Allgemeine Zeitung*, 15 juillet 2000. Voir aussi Notker Hammerstein, *Die Deutsche Forschungsgemeinschaft in der Weimarer Republik und im Dritten Reich*, Munich, 1999.

32. « Un grand médecin comme lui est l'une des seules personnes à demeurer entièrement libres. Il peut se permettre beaucoup de choses impossibles pour d'autres que lui. » Source : Ursula von Kardorff, *Berliner Aufzeichnungen*, rééd. 1997.

33. Eugen Fischer (1874-1967) dirigeait l'institut Kaiser-Wilhelm d'« anthropologie, études sur l'hérédité et eugénisme ». Il fut l'un des théoriciens les plus importants des doctrines raciales dont s'inspirèrent les nazis.

34. Ludwig Beck (1880-1944) était au centre de tous les cercles d'opposition au régime. Il allait être associé de près à la préparation de l'attentat contre Hitler du 20 juillet 1944. Pressenti pour devenir chef de l'État en cas de réussite du putsch, il se suicida à la nouvelle de son échec.

35. Les séances de la Société du mercredi avaient lieu un ou deux mercredis par mois. Chacun des membres du club invitait les autres à tour de rôle. La vocation de l'association, selon ses statuts qui dataient de 1863, était de favoriser la « discussion scientifique » entre quelques personnalités de premier plan, toutes disciplines confondues. Les seize membres du club étaient exclusivement des hommes, choisis sur la base de la cooptation « indépendamment de leurs orientations personnelles ». Cf. Klaus Scholder, *Die Mittwochsgesellschaft*, Berlin, 1982.

4. Dans la « Tanière du loup », p. 85

1. Fritz Kolbe fut envoyé en mission au quartier général d'Hitler en Prusse orientale (*Wolfsschanze*, la « Tanière du loup ») entre le 18 septembre 1941 et le 29 septembre 1941. Source : ministère allemand des Affaires étrangères, Berlin, dossier « Fritz Kolbe ».

2. Fritz Kolbe fut nommé secrétaire particulier (*Vorzimmermann*) de ce haut fonctionnaire du ministère au cours de l'année 1940. Source : document autobiographique rédigé par Fritz Kolbe le 15 mai 1945.

Karl Ritter (1883-1968) était directeur au ministère des Affaires étrangères depuis 1924. Il avait en charge le département des affaires économiques (Wirtschaftsabteilung). En juillet 1937, il avait été nommé ambassadeur à Rio de Janeiro. Source : ministère allemand des Affaires étrangères, Berlin, dossier « Karl Ritter ».

3. Dans l'*Almanach de Gotha* de 1935 (en français), on peut lire que Karl Ritter est en charge de « l'économie nationale et la politique des réparations » à l'« Office pour les affaires étrangères du Reich ».

4. En allemand : *Botschafter z.b.V.* (*zur besonderen Verwendung*). Après la guerre, Ritter affirmera qu'il avait accepté de travailler pour Ribbentrop en 1939 à condition de ne pas être engagé dans la « routine » du ministère. Il dira avoir été un « électron libre ». Source : interrogatoire de Karl Ritter dans le cadre du tribunal de Nuremberg, 24 juillet 1947 (*US Chief Counsel for War Crimes*, collection Hans-Jürgen Döscher, Osnabrück). Karl Ritter et Friedrich-Wilhelm Gaus (le juriste en chef du ministère), étaient, d'après Fritz Kolbe, les deux seuls diplomates de l'Auswärtiges Amt à « disposer d'un accès permanent et illimité à Joachim von Ribbentrop ». Source : conversations de Fritz Kolbe avec la commission DeWitt C. Poole (26 septembre 1945), Archives nationales américaines, College Park.

5. Karl Ritter accompagne le ministre en permanence, que ce soit auprès du quartier général d'Hitler en Prusse orientale ou au château de Fuschl, près de Salzburg. Source : document Boston n° 469, Archives nationales américaines, College Park.

6. Cette expulsion a eu lieu après le putsch manqué des « Intégralistes », un mouvement fasciste brésilien séduit par le IIIe Reich et qui était très fortement soutenu par une cellule du parti nazi basée à l'ambassade allemande avec l'entier accord de Karl Ritter.

7. Source : document autobiographique rédigé par Fritz Kolbe le 15 mai 1945.

8. *Ibid.*

9. Mémorandum du 19 août 1943, OSS Berne, Archives nationales américaines, College Park.

10. Document autobiographique rédigé par Fritz Kolbe le 15 mai 1945.

11. Karl Ritter était présent lors des grands événements de la vie mondaine allemande. Il était à bord du premier vol transatlantique du *Hindenburg* en mai 1936, le célèbre « zeppelin » qui devait s'écraser tragiquement un an plus tard non loin de New York. Source : ministère allemand des Affaires étrangères, Berlin, dossier « Karl Ritter ».

12. Karl Ritter était considéré comme un antisémite un peu trop tiède. À l'époque de la République de Weimar, il avait voulu épouser une jeune femme de la famille juive Ullstein, l'un des plus grands éditeurs de presse de Berlin. Par ailleurs, il ne fut jamais membre de la SS, à la différence de nombreux hauts fonctionnaires du ministère.

13. Vers 1820, des soldats prussiens démobilisés avaient été embauchés par l'empereur du Brésil Pedro Ier pour mettre en place une armée digne de ce nom, défendre la nouvelle indépendance du pays et faire la guerre à l'Argentine. Cet empereur épousa Amélie von Leuchtenberg, une princesse bavaroise. Des villes allemandes existent toujours dans le Sud du Brésil (Blumenau, Pomerode…).

14. Ministère allemand des Affaires étrangères, Berlin.

15. Carnets de Ulrich von Hassell, *Die Hassell Tagebücher*, Berlin, 1988.

16. Circulaire interne du ministère allemand des Affaires étrangères sur les uniformes de fonction, 27 novembre 1942, ministère allemand des Affaires étrangères, Berlin. Voir aussi Jill Hallcomb, *Uniform & Insignia of the German Foreign Office*, 1984.

17. Walther Hewel était l'un des rares nazis de haut rang qui eût une connaissance vécue du vaste monde : il avait vécu pendant plusieurs années sur l'île de Java, où il avait géré une plantation de thé pour une compagnie anglo-néerlandaise. Source : Enrico Syring, article sur W. Hewel dans *Die braune Elite 2*, Darmstadt, 1999.

18. Le haut commandement de la Wehrmacht donna, en mai et juin 1941, des ordres devant garantir la « rigueur inouïe » exigée par Hitler à l'égard de la Russie. Les prisonniers de guerre soviétiques ne furent pas traités conformément aux normes du droit international de la guerre. Entre l'été 1941 et le printemps 1942, plus de deux millions de prisonniers soviétiques moururent en détention allemande.

19. Conversations informelles recueillies par Heinrich Heims au quartier général d'Hitler en Prusse orientale (*Monologe im Führerhauptquartier, 1941-1944*, Hambourg, 1980).

20. La chanson *Das kann doch einen Seemann nicht erschüttern* avait été composée pour un film de Kurt Hoffmann, *Paradies der Junggesellen* (*Paradis des célibataires*, 1939), avec Heinz Rühmann. La chanson *Lili Marleen* avait été composée en 1938 par Norbert Schultze, grand compositeur de musique légère. La version chantée par Lale Andersen était devenue l'hymne inofficiel de la Wehrmacht.

21. « Course of Life » de Fritz Kolbe, archives personnelles de Fritz Kolbe, collection Peter Kolbe.

22. Au début du mois de septembre 1941, le *Greer* avait été attaqué au large de l'Islande. Quelques mois plus tôt, il y avait eu le *Robin Moor*.

23. « Au cabinet de Ritter, j'eus l'occasion de voir de mes propres yeux toutes les atrocités des nazis. Je pouvais voir, enfin, ce que signifiait vraiment la guerre ! ». Source : « Course of Life », archives personnelles de Fritz Kolbe, collection Peter Kolbe.

24. Ministère allemand des Affaires étrangères, dossier Fritz Kolbe.

25. Friedrich Schiller, *La Mort de Wallenstein*, Acte III, scène XVIII.

26. À partir de décembre 1941, les rapports des Einsatzgruppen sur les massacres en Russie circulent au sein du ministère des Affaires étrangères à Berlin. Source : Hans-Jürgen Döscher, *Das Auswärtige Amt im Dritten Reich, op. cit.*

27. *Les Aventures du brave soldat Švejk pendant la Grande Guerre*, roman tchèque de Jaroslav Hašek paru en 1921, en traduction française chez Folio/Gallimard, 2018.

28. Il n'est pas impossible que Fritz et Maria se soient rendus au cinéma Capitol, près du zoo, où fut présenté le 31 octobre 1941 le premier film en couleurs des studios de la Ufa, une comédie musicale avec valses, fox-trots et frous-frous qui s'intitulait *Les Femmes sont bien meilleures diplomates*, avec deux stars de l'époque, Marika Rökk et Willy Fritsch. Pas impossible non plus qu'ils aient vu *L'Important c'est d'être heureux*, avec Heinz Rühmann, sorti au printemps de 1941 au Gloria Palast.

29. « Sauerbruch et Kolbe devinrent de bons amis ». Source : document biographique rédigé par Gerald Mayer et Fritz Kolbe (collection Peter Koble, Sydney).

30. La rencontre avec le prélat Schreiber est racontée en détail dans le document biographique rédigé par Gerald Mayer et Fritz Kolbe. Georg Schreiber (1882-1963) était théologien, universitaire et homme politique à la fois. Le pape lui avait donné la dignité honorifique de « prélat » en 1922. Député du Zentrum au Reichstag entre 1920 et 1933, il échappa au harcèlement des nazis avec l'aide de Ferdinand Sauerbruch. Ce dernier lui donna un certificat médical qui lui permit d'éviter une

mutation forcée en Prusse orientale. Le prélat dut néanmoins abandonner toutes ses fonctions universitaires à l'université de Münster et accepter un poste de professeur émérite. Source : professeur Rudolf Morsey, Neustadt (ancien collaborateur de Georg Schreiber après la guerre).

31. « En dépit de mes origines protestantes, nous sommes devenus de bons amis. » Source : « Course of Life », archives personnelles de Fritz Kolbe, collection Peter Kolbe.

32. Clemens August von Galen (1878-1946), évêque de Münster, protesta vigoureusement contre les mesures d'euthanasie mises en œuvre par le régime nazi, au cours de trois sermons publics (juillet-août 1941). Cette intervention publique provoqua l'arrêt du programme d'extermination des handicapés physiques et mentaux.

33. Le prélat aurait dit à Fritz les mots suivants : « cela n'a rien à voir avec de la haute trahison quand vous ne respectez pas la parole donnée à un criminel ». Source : « Course of Life ». « Le prélat Schreiber avait délivré Fritz de son serment de fidélité au Führer », explique Ernst Kocherthaler dans « The Background of the George Story » (1964, archives personnelles de Fritz Kolbe, Sydney). Au moment de cet entretien avec Georg Schreiber, Fritz Kolbe avait l'intention de fuir l'Allemagne en utilisant un réseau de passeurs par la frontière suisse. Source : document autobiographique rédigé par Fritz Kolbe le 15 mai 1945.

34. En mai 1943, une circulaire interne de Ribbentrop avertit les membres de l'Auswärtiges Amt que « toute parole défaitiste sera sévèrement punie ». Les fonctionnaires étaient appelés à donner l'exemple et à ne pas influencer négativement le « climat de l'opinion » (*Volksstimmung*). Source : ministère allemand des Affaires étrangères, Berlin.

35. Document biographique rédigé par Gerald Mayer et Fritz Kolbe (collection Peter Koble, Sydney).

36. Source : article d'Edward P. Morgan, « The Spy the Nazis Missed », *art. cit.*

37. Document autobiographique rédigé par Fritz Kolbe au début du mois de janvier 1947 à Berlin, archives personnelles de Fritz Kolbe, collection Peter Kolbe, Sydney.

38. L'un des personnages les mieux informés du Reich était sans aucun doute le chef du renseignement étranger de la SS, Walter Schellenberg. Au début du mois d'août 1942, Schellenberg fut pris d'un grand sentiment d'incertitude. Lors d'une rencontre avec son chef Heinrich Himmler à Zhitomir (Ukraine), il lui proposa d'œuvrer pour

une paix séparée avec les puissances occidentales, solution qui permettait à l'Allemagne de conserver son acquis sans se fragiliser davantage. Himmler lui donna carte blanche pour sonder les puissances occidentales à condition de n'en parler à personne. Il précisa que si le bruit de cette conversation arrivait aux oreilles du Führer, il nierait tout et ne le « couvrirait » pas. Source : *Mémoires* de Walter Schellenberg (Paris 1957).

39. « Comment se débarrasser des nazis ? J'étais d'avis qu'il n'y avait qu'un moyen d'y arriver : la défaite de l'Allemagne », écrit Fritz dans un document autobiographique rédigé le 15 mai 1945. « L'opinion de Wood est que nous devons continuer à nous battre jusqu'à obtenir une victoire militaire complète. Il dit qu'il n'y a aucun espoir de voir une action efficace menée de l'intérieur de l'Allemagne par les groupes d'opposition. » Source : message du bureau de Berne de l'OSS à la centrale de Washington, 12 avril 1944, Archives nationales américaines, College Park.

40. Carl Friedrich Goerdeler (1884-1945) était, avec Ludwig Beck, l'une des principales figures de la résistance allemande. Ancien maire de Leipzig, il devait devenir chef du gouvernement si le putsch du 20 juillet 1944 avait réussi. Mais l'échec de l'attentat contre Hitler signa son arrêt de mort. Il fut exécuté le 2 février 1945 à Berlin-Plötzensee.

41. Le cercle de Kreisau (*Kreisauer Kreis*) tirait son nom du lieu où se réunissait un cénacle d'opposants au régime nazi, autour de Helmuth James von Moltke, qui possédait une grande propriété à Kreisau, en Basse-Silésie (aujourd'hui Krzyzowa en Pologne).

42. Alfred Gottwaldt, responsable des chemins de fer au musée des Techniques de Berlin.

5. Rencontres décisives p. 111

1. Lettre de Vincent Van Gogh à son frère Théo, avril 1882, Grasset, collection Les Cahiers rouges, p. 97.

2. Un noyau de conspirateurs autour du général Hans Oster était très actif depuis 1938 au sein de l'Abwehr, la centrale de renseignements de l'armée dirigée par l'amiral Canaris. Dans l'armée, des réseaux s'activaient pour éliminer Hitler. En mars 1943, une bombe dissimulée dans l'avion du Führer, entre Smolensk et Berlin, n'explosa pas à cause d'une défaillance du détonateur. Quelques jours plus tard, à Berlin, Hitler quitta avant l'heure une exposition où un jeune officier bardé d'explosifs avait prévu de se faire sauter en sa présence. Un autre

réseau, celui de l'« Orchestre Rouge » (*Rote Kapelle*) qui travaillait pour Moscou, avait été brutalement démantelé à la fin de 1942. Ses dirigeants avaient été exécutés par pendaison à la prison de Plötzensee, à Berlin, en décembre 1942. En février 1943, un groupe de jeunes étudiants de Munich (la « Rose blanche ») avait été arrêté et tous ses membres exécutés pour avoir distribué des tracts appelant les Allemands à renverser le régime.

3. L'information sur le gong utilisé lors des alertes aériennes vient des archives du ministère allemand des Affaires étrangères, Berlin. Sur le plan offensif, l'aviation alliée n'était véritablement opérationnelle que depuis la fin de 1942. À partir du début de 1943, les avions américains et britanniques larguèrent sans relâche leur cargaison de bombes sur les villes allemandes (les premiers en plein jour, les seconds de nuit). Ce déluge massif toucha d'abord les grandes agglomérations de la Ruhr, puis le reste du pays jusqu'à Berlin. C'est à la mi-janvier 1943 que Berlin fut touché pour la première fois. Fritz Kolbe, comme tous les diplomates de l'Auswärtiges Amt, reçut la consigne de placer un récipient avec de l'eau dans les armoires où il conservait ses documents. En cas de feu, la vapeur d'eau était censée protéger les papiers de l'incendie (source : archives du ministère allemand des Affaires étrangères, Berlin). Après chaque attaque, il y avait des distributions spéciales de vivres et une amélioration du rationnement (cigarettes, café, viande).

4. Le 2 février 1943, Stalingrad était tombé. Cette défaite spectaculaire marquait un tournant. La victoire des Soviétiques à Stalingrad, trois mois après celle des Britanniques à El Alamein, semblait annoncer la fin des avancées allemandes. Paradoxalement, l'énergie combative du régime nazi se renforçait. On était désormais entré dans la « guerre totale » (formule de Joseph Goebbels au cours d'un meeting au Palais des Sports de Berlin, le 18 février 1943). Ne pouvant plus obtenir de grands succès sur les fronts militaires à l'extérieur, c'est vers l'intérieur que se tournait l'énergie meurtrière des nazis : le point culminant des déportations de Juifs du Reich eut lieu au cours du printemps 1943.

5. Source : document biographique rédigé par Gerald Mayer et Fritz Kolbe (collection Peter Koble, Sydney).

6. Document autobiographique daté du 15 mai 1945 (archives personnelles de Fritz Kolbe, collection Peter Kolbe).

7. Fritz Kolbe parle de Karl Dumont dans la plupart des documents autobiographiques qu'il a rédigés après la guerre.

8. Alfred Graf von Waldersee (1898-1984) était commandant de réserve de la Wehrmacht. Il avait été attaché à l'état-major du commandement militaire en France puis à Stalingrad (d'où il avait été évacué

après une blessure en 1942). Dans le civil, il était industriel et homme d'affaires. Sa famille maternelle, les Haniel, possédait d'importants puits de charbon dans la Ruhr. En avril 1944, il devint directeur de l'entreprise Franz Haniel & Cie GmbH (négoce de charbon et transports fluviaux).

L'épouse d'Alfred Graf Waldersee était la baronne Etta von le Fort (1902-1978), qui s'était engagée dans la Croix-Rouge au début de la seconde guerre mondiale. Source : Dr Bernhard Weber-Brosamer (Franz Haniel & Cie, Duisbourg).

9. Chirurgien alsacien resté à Strasbourg après le rattachement de l'Alsace au Reich en 1940, le Dr Jung (1902-1992), en tant qu'Alsacien, était considéré depuis 1940 comme un *Volksdeutscher*, autrement dit un membre de la communauté germanique sans avoir la nationalité allemande à part entière. L'Allemagne ayant besoin de médecins et de chirurgiens pour combler les départs sur le front, Adolphe Jung fut transféré vers le Reich (lac de Constance, puis Berlin), en 1942. Source : Frank et Marie-Christine Jung, fils et belle-fille d'Adolphe Jung, Strasbourg.

10. « The Story of George ». Ce document indique que le « cardinal Gerlier avait caché beaucoup d'enfants juifs ». À l'automne 1942, le cardinal Gerlier avait effectivement été averti de menaces d'arrestation pesant sur lui (impossible de dire si le signal venait de Fritz Kolbe, mais ce n'est pas impossible). Finalement, les Allemands n'osèrent pas le mettre à l'écart. Source : Bernard Berthod (Lyon), biographe du cardinal Gerlier, entretien avec l'auteur, décembre 2002.

11. Robert Jung dirigeait un grand magasin à Strasbourg. Il lui fut reproché après la guerre d'avoir fait des affaires avec l'occupant. Source : Francis Rosenstiehl, Strasbourg.

12. Carnets personnels d'Adolphe Jung écrits à Berlin pendant la guerre. Texte inédit gracieusement mis à notre disposition par Frank et Marie-Christine Jung, à Strasbourg.

13. Cette affectation a sans doute été obtenue grâce à une recommandation du chirurgien français René Leriche, qui avait une position comparable à celle de Ferdinand Sauerbruch en France. Adolphe Jung avait été l'un des plus proches collaborateurs de René Leriche à Strasbourg. Source : famille Jung, Strasbourg.

14. Le dossier concernant Gertrud von Heimerdinger a disparu des archives du ministère allemand des Affaires étrangères, à Berlin, sans doute au cours des bombardements alliés de la fin de la guerre.

15. « On savait très bien sentir la différence entre un ami et un ennemi », dit Fritz à Edward P. Morgan, « The Spy the Nazis Missed », *art. cit.*

16. Fritz apprendra beaucoup plus tard que Gertrud von Heimerdinger était proche d'Adam von Trott zu Solz, un diplomate lié au « cercle de Kreisau » (von Trott devait être exécuté l'année suivante, après l'attentat du 20 juillet 1944 contre Hitler). Elle était également proche d'autres personnalités opposées au régime (Beppo Roemer, Richard Kuenzer, Albrecht Graf von Bernstorff, Herbert Mumm von Schwarzenstein…). Source : Rudolf Pechel, *Deutscher Widerstand*. Après la guerre, elle devait travailler dans l'administration américaine d'occupation à Wiesbaden. Source : Archives fédérales allemandes, Coblence, dossier « Rudolf Pechel ».

17. Fritz Kolbe consultait environ deux cent cinquante télégrammes diplomatiques par jour. Source : document biographique rédigé par Gerald Mayer et Fritz Kolbe (collection Peter Kolbe, Sydney).

18. « Les gens ne veulent plus savoir qui va gagner la guerre, mais combien de temps elle va durer encore », révèle la femme de ménage allemande de Mary Bancroft (cette dernière était informatrice et maîtresse d'Allen Dulles en Suisse) au cours de l'été 1943. Source Mary Bancroft, *Autobiography of a Spy*.

19. Témoignage d'August von Kageneck, blessé sur le front russe à l'été de 1942, dans *Examen de conscience*, Perrin, 1996, p. 81.

20. Ministère allemand des Affaires étrangères. Dossier Fritz Kolbe.

21. Portrait de Fritz Kolbe (2 pages), 19 août 1943, OSS Berne, Archives nationales américaines, Collège Park. Quelques mois plus tard, les Américains corrigeront le numéro de téléphone, qui se terminait par « 0 » et non par « 1 ». Mais ils ne devaient jamais l'utiliser.

22. *Abgeholt* : ce mot résumait à lui seul la terreur inspirée par la Gestapo.

23. Document autobiographique rédigé par Fritz Kolbe le 15 mai 1945.

6. Allen Dulles, p. 123

1. Le chauffeur d'Allen Dulles était un Français nommé Édouard Pignarre, d'une fidélité absolue et d'une discrétion exemplaire. Source : Cordelia Dodson-Hood, entretien avec l'auteur, Washington, 21 mars 2002.

2. Les éléments sur Allen Dulles et le bureau de Berne de l'OSS sont tirés de plusieurs sources. Un document interne de l'OSS de 36 pages, non daté, décrit en détail les activités du bureau de Berne pendant la guerre (titre du document : *Bern*, Archives nationales américaines, College Park). Les deux biographies de référence d'Allen Dulles (celle de James Srodes et celle de Peter Grose) ont également été très utiles, ainsi qu'une correspondance suivie avec James Srodes. Les mémoires de Mary Bancroft, collaboratrice et maîtresse d'Allen Dulles en Suisse pendant la guerre (*Autobiography of a Spy*), sont riches en descriptions et en anecdotes.

3. Dulles était « bien né, bien éduqué, bien introduit partout » (« *well born, well bred, well connected* »). Source : John H. Waller, *The Unseen War in Europe*, New York, 1996, p. 272.

4. Allen Dulles travaillait pour le cabinet d'avocats Sullivan & Cromwell, fondé en 1879, et qui existe toujours aujourd'hui. Son métier était de faire « pleuvoir les contrats » pour le cabinet d'avocats (« *He was a rain maker* », *dixit* Peter Sichel, interview du 25 mai 2002, New York).

5. Cette réputation causa du tort à Allen Dulles, qui fut souvent accusé, après la Seconde Guerre mondiale, d'avoir été proche de certains intérêts financiers allemands compromis avec le nazisme (notamment la banque Schrœder de Londres, liée au banquier Kurt von Schroeder de Cologne, qui avait cofinancé l'arrivée d'Hitler au pouvoir).

6. Depuis juin 1941, une commission allemande de contrôle douanier était présente à Annemasse. Sa mission était d'exercer un contrôle sur les marchandises et les hommes passant entre la Suisse et la France. Elle se déplaçait fréquemment le long de la frontière. Le 11 novembre 1942, trois jours après le débarquement des forces alliées en Afrique du Nord, la Wehrmacht supprima la zone libre. La frontière franco-suisse fut dès lors complètement fermée.

7. Le lieutenant-colonel Pourchot, chef du Deuxième Bureau français en Suisse, devint un des informateurs privilégiés d'Allen Dulles. « Peu après la suppression du Deuxième Bureau par le régime de Vichy, son financement fut assumé conjointement par l'OSS et l'attaché militaire américain, le général Legge. » Source : rapport interne de l'OSS Berne sur la France (*French Intelligence*), non daté, Archives nationales américaines, College Park.

8. Le Français Pierre de Bénouville, du réseau Combat, était un visiteur régulier du 23 de la Herrengasse, où il recevait le gîte et le couvert.

9. Wilhelm Canaris (1887-1945) fut l'une des personnalités les plus énigmatiques du IIIe Reich. Nationaliste et ultraconservateur, il tenta

toutefois de s'opposer discrètement aux projets belliqueux d'Hitler. Son double jeu finit par éclater au grand jour et il perdit son poste en février 1944. Il fut exécuté en avril 1945. Voir Heinz Höhne, *Canaris, la véritable histoire du chef des renseignements militaires du IIIe Reich*, Paris, 1981.

10. L'Abwehr, qui désignait l'ensemble des services de renseignements de l'armée allemande, était spécialisée dans le contre-espionnage. Cette officine avait été créée en 1866 par la Prusse, alors en guerre contre l'Autriche.

11. Dans un courrier du 10 décembre 1943, Hugh R. Wilson (un haut responsable de l'OSS) écrivait au secrétaire d'État adjoint Adolf Berle : « Nous avons informé notre représentant à Berne que l'état-major général nous a donné pour instruction de faire ce que nous pouvions pour détacher immédiatement les pays satellites de l'Axe : Bulgarie, Hongrie et Roumanie. » Source : FRUS (*Foreign Relations of the United States*), archives officielles du Secrétariat d'État américain, année 1943, vol. 1.

12. Les services du lieutenant-colonel Masson avaient plusieurs fers au feu : leurs contacts avec les Américains ne les empêchaient pas d'avoir un dialogue suivi avec les services de renseignement allemands, dirigés par Walter Schellenberg, qui se rendit plusieurs fois en Suisse en 1943.

13. Le NSDAP suisse était interdit depuis l'assassinat de son leader Wilhelm Gustloff par l'étudiant yougoslave David Frankfurter, en février 1936 à Davos. L'Allemagne nazie faisait peu de cas de la neutralité du pays, comme l'avait prouvé, en 1935, l'enlèvement du militant pacifiste allemand Berthold Jacob par des agents allemands à Bâle.

14. Dirigé par Walter Schellenberg, le SD dépendait de l'Office central de sécurité du Reich ou Reichssicherheitshauptamt (RSHA), autre nom de l'empire policier d'Heinrich Himmler. Le SD était le département VI du RSHA. La Gestapo était le département IV du RSHA.

15. Voir Mary Bancroft, *Autobiography of a Spy*, New York, 1983.

16. Willem Visser't Hooft : ses amis l'appelaient simplement « Wim », et dans la correspondance secrète de Dulles avec Washington, il était simplement le numéro 474. Sauerbruch avait le numéro 835 à l'OSS. Kocherthaler ne semble pas avoir eu de numéro OSS.

17. Pour Dulles, cette visite était lourde de sens : la menace d'un basculement des élites libérales allemandes vers le communisme était bien réelle. Cet appel était d'autant plus préoccupant qu'il émanait d'un homme, von Trott, qui avait fait une partie de ses études en Angleterre et qui connaissait bien les États-Unis.

18. Politique définie lors de la conférence de Casablanca entre Roosevelt et Churchill (du 24 au 26 janvier 1943). Cette stratégie semblait dangereuse à Allen Dulles car elle risquait selon lui d'humilier les Allemands et de les pousser dans les bras des Russes. « Nous avons rendu impossible une révolution intérieure en Allemagne et du coup nous avons prolongé la guerre et la destruction », écrira Dulles après la guerre. Source : lettre du 3 janvier 1949 à Chester Wilmot (journaliste australien, correspondant de guerre), Allen W. Dulles Papers, Seeley G. Mudd Manuscript Library, Princeton.

19. Les relations entre Allen Dulles et le prince Hohenlohe furent utilisées après la guerre par la propagande soviétique pour discréditer *a posteriori* la politique américaine pendant la guerre. Cf. James Srodes, *Allen Dulles, Master of Spies*, pp. 261-267.

20. Les liaisons aériennes entre la Suisse et le reste du monde étaient quasiment inexistantes depuis le début de la guerre, sauf celles à destination de l'Allemagne. Source : Rudolf J. Ritter, Grub (Suisse).

21. Allen Dulles, *The Secret Surrender*. Allen Dulles téléphonait tous les soirs à Washington pour livrer des analyses politiques générales ou des revues de presse sans implication opérationnelle.

22. Les deux agents permanents chargés du chiffrement (*cipher clerks*) reçurent le renfort d'aviateurs américains qui étaient bloqués en Suisse à la suite d'atterrissages forcés. Source : *Bern*, résumé des activités du bureau de Berne de l'OSS pendant la guerre, Archives nationales américaines, College Park. À Berne, Dulles était entouré de quatre officiers de renseignement (Gero von Schulze-Gaevernitz, Gerald Mayer, Frederick Stalder, Royall Tyler), et d'une dizaine d'agents du chiffre, sans compter la centaine d'informateurs qui travaillaient régulièrement pour lui.

23. La série de dépêches portait sur la situation politique en Italie et la montée du sentiment anti-allemand dans l'entourage de Mussolini. Peu de temps après – était-ce une coïncidence ? –, on apprit la disgrâce du comte Ciano, le ministre des Affaires étrangères italien, et de plusieurs de ses amis qui souhaitaient en finir avec l'alliance allemande. Source : *Bern*, résumé des activités du bureau de Berne de l'OSS pendant la guerre, Archives nationales américaines, College Park.

24. « Grâce aux efforts extraordinaires des spécialistes britanniques de cryptographie, et avec la coopération de collègues polonais, tchèques, français et d'un espion allemand qui agissait seul [Hans-Thilo Schmidt], le chiffre utilisé par l'armée et les services de renseignement allemands fut "cassé" un peu avant le moment où Kolbe devint actif. Ce succès – nom de code *Ultra* – [...] fut l'un des grands secrets de la Seconde

Guerre mondiale. Les informations livrées par *Ultra* apportèrent une contribution vitale à la victoire alliée en Europe et en Afrique », écrit Richard Helms dans ses mémoires parues en avril 2003 aux États-Unis (*A Look Over My Shoulder*). *Enigma* était le nom de la machine sophistiquée servant à chiffrer les messages secrets de l'armée allemande. *Ultra*, le système de déchiffrement des messages *Enigma* mis en place en Angleterre pendant la guerre, se trouvait à Bletchley Park, non loin de Londres, et faisait travailler des dizaines d'experts mathématiciens dans un secret absolu.

25. Le général Hans Oster (1887-1945) était le numéro deux de l'Abwehr. Il informa les Néerlandais de l'invasion imminente de leur pays par les troupes de la Wehrmacht, au printemps de 1940. Il joua un rôle moteur dans plusieurs projets séditieux antinazis mais fut placé sous la surveillance de la Gestapo dès 1943 et fut relevé de ses fonctions au printemps de 1944. Il fut exécuté en avril 1945 au camp de Flossenbürg.

26. « V » était l'abréviation de *Vergeltungswaffe*, c'est-à-dire arme de représailles ». La fusée V-1 était constituée d'un fuselage aérodynamique muni de deux petites ailes et propulsé par un pulsoréacteur placé sur son dos. C'était le premier missile de croisière de l'histoire. Cette bombe volante chargée d'explosifs était lancée d'une rampe inclinée mais n'était pas très précise. La fusée V-2 (ou A4), développée et construite à Peenemünde (une station de la mer Baltique), était une véritable fusée, possédant un rayon d'action d'environ 320 kilomètres et pouvant être lancée depuis des rampes mobiles, facilement camouflées. Cette fusée et son principal concepteur, Wernher von Braun, permirent le développement des recherches spatiales américaines après la guerre.

Le premier missile V-1 fut envoyé sur Londres en juin 1944. En septembre, ce fut au tour des V-2 d'entrer en action. Des milliers de V-2 furent lancés en 1944 et 1945 sur Londres et Anvers, principalement, faisant des dizaines de milliers de morts. Remerciements à Philippe Ballarini et Michel Zumelzu pour leurs précieux sites web (http://www.aerostories.org et http://www.perso.clubinternet.fr/mzumelzu/home.htm).

27. Allen Dulles apprit l'existence de Peenemünde en plusieurs étapes : d'abord par l'industriel suisse Walter Boveri (février 1943), puis par Hans-Bernd Gisevius (mai 1943), puis par Franz Josef Messner (directeur général d'une entreprise de pneumatiques à Vienne en Autriche). Peenemünde fut bombardé le 17 août 1943. Source : *Bern*, résumé des activités du bureau de Berne de l'OSS pendant la guerre, Archives nationales américaines, College Park.

28. Message reproduit dans *Allen Dulles, Master of Spies*, de James Srodes, p. 268.

7. Un visa pour Berne, p. 135

1. Circulaire du 10 juin 1941 sur l'organisation du courrier diplomatique, archives du ministère allemand des Affaires étrangères, Berlin.

2. Extrait de la circulaire du 10 juin 1941 : « Nous avons constaté récemment une croissance abusive des ordres de mission [*Kurierausweis*] dans nos représentations à l'étranger. Dans beaucoup de cas, il s'agit de documents de complaisance qui servent surtout à offrir au bénéficiaire de voyager confortablement et de profiter de facilités dans le passage des douanes. Ce n'est pas admissible. » Source : archives du ministère allemand des Affaires étrangères, Berlin.

3. « Nous rencontrons des difficultés incessantes à cause de l'activité intempestive de tes services à l'étranger », écrivit Ribbentrop à Himmler le 11 juin 1941. Source : ministère allemand des Affaires étrangères, Berlin.

4. En allemand *völkerrechtlich immun*. Le tampon comportait la formule en français et en allemand.

5. « Comme il voyageait avec un passeport diplomatique, les contrôles douaniers n'eurent jamais l'idée de contrôler le contenu de sa serviette. » Source : mémoire inédit d'Allen Dulles (non daté), Allen Dulles Papers (boîte 114, dossier 11), Seeley G. Mudd Manuscript Library, Princeton.

6. Source : circulaire interne du ministère des Affaires étrangères (27 février 1943) portant sur l'organisation du courrier diplomatique. Archives du ministère des Affaires étrangères, Berlin.

7. Document biographique rédigé par Gerald Mayer et Fritz Kolbe (collection Peter Kolbe, Sydney).

8. Fritz Kolbe essayait sans succès d'obtenir une mission de courrier diplomatique en Suisse depuis 1940. « Sa non-appartenance au parti l'empêchait d'être placé sur les listes. » Source : document biographique rédigé par Gerald Mayer et Fritz Kolbe (collection Peter Kolbe, Sydney).

9. Le cercle des « privilégiés » était assez large car le transport du courrier diplomatique entre Berlin et Berne avait lieu tous les jours, du moins dans les premières années de la guerre. Les personnes chargées du courrier diplomatique ne devaient pas être de rang trop élevé dans la hiérarchie du ministère.

10. Document autobiographique rédigé au début du mois de janvier 1947 par Fritz Kolbe à Berlin.

11. Propaganda Ministerium, ou Promi en langage courant.

12. L'Office central de sécurité du Reich ou Reichssicherheitshauptamt (RSHA). Cf. note 12, chapitre 6.

13. Ces noms font allusion à l'histoire allemande. La vieille maison princière d'Ascanie régna sur le duché d'Anhalt jusqu'en 1918.

14. Alfred Gottwaldt, Berlin, 10 janvier 2002. Tous les éléments techniques sur les trains (y compris les horaires) ont été gracieusement fournis par M. Gottwaldt, responsable du département des chemins de fer au musée des Techniques de Berlin.

15. En 1939, le diplomate Theo Kordt voyage de Berne à Berlin en première classe « parce qu'il transporte des dépêches avec lui » (source : ministère allemand des Affaires étrangères, Berlin, dossier « Theo Kordt »). Pendant la guerre, la première classe avait été supprimée des trains allemands (source : Alfred Gottwaldt, Berlin, 10 janvier 2002).

16. Le passeport diplomatique de Fritz Kolbe est conservé par son fils, Peter Kolbe, à Sydney.

17. Un des amis de Fritz Kolbe avait voulu déserter et se rendre clandestinement en Suisse. Kolbe avait réussi à l'en dissuader et l'avait ramené dans sa caserne avant que son absence fût découverte. Source : article d'Edward P. Morgan, « The Spy the Nazis Missed », *art. cit.*

18. Les diplomates allemands craignaient les réactions hostiles de la population suisse et se faisaient le plus discrets possible.

19. Où les documents sont-ils cachés ? Impossible à savoir. L'hôtel n'était pas un lieu sûr, car les propriétaires avaient de bonnes relations avec les autorités allemandes (les réservations étaient faites par le ministère des Affaires étrangères).

20. Otto Köcher porte le titre d'« envoyé » (*Gesandte*) et non d'ambassadeur (*Botschafter*, ce dernier titre était réservé aux diplomates en fonction dans les grandes capitales, cf. note 1, chapitre 1). Otto Köcher était né en 1884 en Alsace. Entré à l'Auswärtiges Amt en 1912. Vice-consul à Naples, puis premier secrétaire à Berne. Conseiller de légation à Mexico en 1924. Consul général à Barcelone en 1933. Entré au NSDAP le 1er octobre 1934 (numéro 2 871 405). Chef de la légation allemande en Suisse depuis le 29 mars 1937. Très bien noté par la hiérarchie du parti national-socialiste. Également fort apprécié par les autorités suisses (NB : la mère de Köcher était de nationalité suisse). « George, depuis son époque en Espagne, connaissait bien Otto Köcher, qui avait été consul général à Barcelone » (Ernst Kocherthaler

dans « The Background of the George Story », 1964, archives personnelles de Fritz Kolbe, collection Peter Kolbe, Sydney).

21. « Partout on ne voyait que des gens heureux », écrit Klaus Mann à propos de la Suisse pendant la guerre dans son roman *Le Volcan* (Grasset, collection Les Cahiers rouges).

22. Ernst Kocherthaler était venu s'installer au cœur de l'Oberland bernois en septembre 1936 après avoir fui l'Espagne et la guerre civile. Chacun de ses mouvements était observé à la loupe. Son courrier était ouvert. « M. Kocherthaler passe son temps à prendre des photos de la région », « il reçoit beaucoup de lettres en provenance de l'étranger », « il habite dans le même chalet que le Dr Hans Schreck, un Bavarois qui avait espionné pour l'Allemagne en 1916 »... Voici quelques-unes des observations consignées dans les rapports de police de l'époque, aujourd'hui conservés dans le dossier « Ernst Kocherthaler » des archives du ministère public suisse (Archives fédérales, Berne).

23. La première rencontre entre Fritz Kolbe, Allen Dulles et Gerald Mayer est décrite dans plusieurs documents d'archive : mémorandum de Gerry Mayer et Allen Dulles du 28 août 1943, Archives nationales américaines, College Park ; mémorandum de l'OSS Berne du 31 août 1943 (même fonds) ; document biographique rédigé par Gerald Mayer et Fritz Kolbe, archives personnelles de Fritz Kolbe, collection Peter Kolbe, Sydney ; divers documents non datés d'Allen Dulles (Allen W. Dulles Papers, Seeley G. Mudd Manuscript Library, Princeton).

24. Cartwright était un homme d'action. Il s'était évadé des dizaines de fois de camps d'internement allemands pendant la Première Guerre mondiale. Source : James Srodes, biographie d'Allen Dulles, p. 280.

25. Sur le réseau d'espionnage britannique en Suisse pendant la guerre, voir article de Neville Wylie in *Intelligence & National Security*, vol. 11, n° 3 (juillet 1996).

26. Cette scène est décrite dans le mémorandum de Gerry Mayer et Allen Dulles du 28 août 1943, Archives nationales américaines, College Park.

27. Les bâtiments de l'OSS à Berne (officiellement les bureaux de l'« assistant spécial de l'envoyé américain ») occupaient les second, troisième et quatrième étages de deux immeubles résidentiels du quartier de Kirchenfeld. Le rez-de-chaussée était occupé par les bureaux de l'Office of War Information (OWI), dirigés par Gerald Mayer, « attaché de presse » de la légation américaine. Les lieux bénéficiaient de l'immunité diplomatique. Source : *Miscellaneous Activities OSS Bern*, document interne du bureau de Berne de l'OSS, sans date, Archives nationales américaines, College Park.

28. Mémorandum du 28 août 1943, Gerald Mayer et Allen Dulles, Archives nationales américaines, College Park.

29. Gerald Mayer envoya des millions de tracts, pamphlets, journaux, brochures et autres supports imprimés en territoire ennemi pendant la guerre. Il fut d'« une aide incomparable pour Allen Dulles, notamment en l'aidant à développer un contact qui se trouvait au cœur du ministère allemand des Affaires étrangères. Ce contact est généralement considéré comme ayant été l'une des plus remarquables sources de la guerre ». Source : « Exposé des services de guerre de Gerald Mayer », envoyé le 24 avril 1947 par Allen Dulles au général Donovan. Source : Allen W. Dulles Papers, Seeley G. Mudd Manuscript Library, Princeton. Voir aussi *Miscellaneous Activities OSS Bern*, document interne du bureau de Berne de l'OSS, sans date, Archives nationales américaines, College Park.

30. Source : Anthony Cave Brown, *Bodyguard of Lies* (en français, *La Guerre secrète*, Paris, 1981).

31. L'appartement de Gerald Mayer se trouvait dans la Jubiläumsstrasse (numéro 97). Source : Archives fédérales suisses, dossier « Gerald Mayer » (dossiers du ministère public).

32. Edward P. Morgan, « The Spy the Nazis missed », *art. cit.*

33. Document inédit (1954), sans titre, se trouvant dans les archives personnelles d'Allen Dulles. Allen W. Dulles Papers, Seeley G. Mudd Manuscript Library, Princeton.

34. Combien y eut-il de documents dans cette première « livraison » de Fritz Kolbe ? Le chiffre de cent quatre-vingt-six télégrammes est couramment avancé. Source : correspondance entre Allen Dulles et Gerald Mayer, Allen W. Dulles Papers, Seeley G. Mudd Manuscript Library, Princeton. Mais dans un mémorandum inédit (non daté), Allen Dulles parle seulement de « 20 copies de documents ». Source : correspondance Allen Dulles/Fritz Kolbe (même fonds).

35. Martin Luther, l'ancien supérieur hiérarchique de Fritz Kolbe, tenta de provoquer la chute de Ribbentrop au début du mois de février 1943. Le « coup » échoua de peu et Martin Luther fut arrêté et envoyé au camp de concentration de Sachsenhausen. Derrière Luther, il y avait vraisemblablement Walter Schellenberg, l'homme du renseignement extérieur chez Himmler, qui cherchait à engager des pourparlers avec les Alliés depuis l'été 1942 et souhaitait prendre lui-même les rênes de la politique étrangère allemande. Pour Schellenberg et Himmler, Ribbentrop restait l'homme du pacte germano-soviétique, bref l'« ami de Moscou ». On le savait opposé à toute paix séparée avec l'Ouest et sa haine de l'Angleterre était sans borne.

36. Message Kappa du 26 août 1943, Archives nationales américaines, College Park. Voir aussi mémorandum du 19 août 1943, OSS Berne, Archives nationales américaines, College Park.

37. Sur Le Caire, télégramme du 7 août, voir message Kappa du 25 août 1943. Archives nationales américaines, College Park.

38. « Il avait des informations, qu'il sortait littéralement de sa manche. » Source : document biographique rédigé par Gerald Mayer et Fritz Kolbe (collection Peter Kolbe, Sydney).

39. Mémorandum du 20 août 1943, OSS Berne, Archives nationales américaines, College Park. Le tungstène est un métal indispensable à l'industrie de l'armement et sert à durcir l'acier.

40. Source : mémorandum du 19 août 1943, OSS Berne, Archives nationales américaines, College Park.

41. *Ibid.*

42. L'Irlande avait déclaré sa neutralité en 1939. Berlin, qui soutenait les indépendantistes irlandais, souhaitait utiliser l'île comme base d'observation et d'opérations clandestines contre l'Angleterre. Le Reich y avait parachuté plusieurs agents secrets en 1940, dont un certain Hermann Gôrtz. Les États-Unis protestèrent vigoureusement auprès d'Eamon de Valera, chef du gouvernement irlandais, contre la présence d'un émetteur clandestin allemand à Dublin, qui finit par être saisi et neutralisé pendant l'hiver 1943-1944. Cf. message Kappa du 12 avril 1944 et documents Boston n°s 12 et 124, Archives nationales américaines, College Park, et lire Enno Stephan, *Geheimauftrag Irland*, 1961.

43. Sur Lourenço Marques, voir message Kappa du 26 août 1943, Archives nationales américaines, College Park. Quelques mois plus tard, Fritz Kolbe livrera une information permettant de piéger Leopold Wertz, consul allemand à Lourenço Marques : « Le Dr Wertz aime beaucoup les femmes. » Source : message Kappa du 11 octobre 1943.

44. Mémorandum du 19 août 1943, OSS Berne, Archives nationales américaines, College Park.

45. Portrait de Fritz Kolbe, 19 août 1943, OSS Berne, Archives nationales américaines, College Park.

46. Document biographique rédigé par Gerald Mayer et Fritz Kolbe (collection Peter Kolbe, Sydney).

47. « George refusa de recevoir de l'argent en échange de sa collaboration, expliquant qu'il avait la conviction qu'en n'aidant pas les Américains dès maintenant, l'Allemagne ne mériterait pas d'être aidée par les États-Unis demain, contre les Soviétiques. » Source : Ernst Kocherthaler, « The Background of the George Story ».

48. Edward P. Morgan, « The Spy the Nazis Missed », *art. cit.*

49. Texte autobiographique rédigé par Fritz Kolbe, daté du 10 mai 1948 (en anglais). Archives personnelles de Peter Kolbe, Sydney.

50. Document biographique rédigé par Gerald Mayer et Fritz Kolbe (collection Peter Kolbe, Sydney).

51. *Häs'chen* en allemand.

52. La mère de Fritz Kolbe était opposée aux nazis. Au début des années 1930, elle avait déménagé à Berlin parce que les fenêtres de son appartement donnaient sur une caserne des SA et qu'elle ne pouvait pas supporter la vue des uniformes paramilitaires. Source : anecdote racontée par Peter Kolbe, Sydney, novembre 2001 ; également dans l'article d'Edward P. Morgan, « The Spy the Nazis Missed », *art. cit.*

53. Le frère de Fritz Kolbe, Hans, était ingénieur dans l'électronique. Il était salarié de l'entreprise Loewe à Berlin et n'était pas membre du parti nazi. Source : document biographique rédigé par Gerald Mayer et Fritz Kolbe (collection Peter Kolbe, Sydney).

54. Source : testament manuscrit (daté du 19 août 1943) et sa transcription typographiée, archives personnelles de Fritz Kolbe, collection Peter Kolbe, Sydney.

55. Mémorandum du 28 août 1943, Gerry Mayer et Allen Dulles, Archives nationales américaines, College Park.

56. Mémorandum du 20 août 1943, OSS Berne, Archives nationales américaines, College Park.

57. Document biographique rédigé par Gerald Mayer et Fritz Kolbe. La somme de 200 francs suisses était assez importante, quand on sait par exemple qu'un traitement mensuel de professeur de lycée était de 700 francs suisses pendant la guerre (Source : Antoine Bosshard, Lausanne).

58. « Un sentiment de joie comparable à celui qu'il avait ressenti en réalisant son premier saut à ski. » Source Article d'Edward P. Morgan, « The Spy the Nazis Missed », *art. cit.*

59. Document biographique rédigé par Gerald Mayer et Fritz Kolbe (collection Peter Kolbe, Sydney).

8. « George Wood », p. 169

1. Paroles extraites de l'hymne des Allemands du « Südwest », le *Südwesterlied*. Source : Peter Kolbe, Sydney.

2. Le département X-2 était dirigé par James Murphy, « le seul officier de l'OSS basé à Washington qui avait accès au matériel *Ultra* [en

provenance de Bletchley Park, suite au déchiffrement des messages allemands *Enigma]* », selon Richard Helms (*A Look Over My Shoulder*, avril 2003). « De tous les officiers de contre-espionnage que j'ai connus, c'est le seul qui n'ait pas été paranoïaque » (Peter Sichel, juillet 2003).

3. « Personne ne se souvient comment ce nom avait été trouvé », écrit Edward P. Morgan dans « The Spy the Nazis Missed », *art. cit.*

4. Dans la nomenclature interne de l'OSS, Allen Dulles avait le numéro 110. On l'appelait aussi « Burns ».

5. Portrait de Fritz Kolbe, 19 août 1943, OSS Berne, Archives nationales américaines, College Park.

6. Le Secret Intelligence Service (SIS), ou MI6 (pour Military Intelligence 6), était dirigé depuis 1939 par le lieutenant-colonel Stewart Menzies. Il était subdivisé en dix sections, dont la section V, spécialisée dans le contre-espionnage.

7. La note de Claude E. M. Dansey à David Bruce datait du 25 août 1943 – autrement dit cinq jours seulement après le retour de Fritz à Berlin. Tout s'était passé très vite. Source : Archives nationales américaines, College Park.

8. Kim Philby, *My Silent War*, Londres, 1968.

9. Toutes les citations de Philby viennent de ses mémoires (*My Silent War*, 1968). Kim Philby (1912-1988) fut, avec Guy Burgess et Donald Maclean, l'un des espions et « traîtres » les plus célèbres de l'histoire britannique et européenne.

10. Message de Russell G. D'Oench à Whitney Shepardson, 1er septembre 1943, Archives nationales américaines, College Park.

11. James Srodes, biographie d'Allen Dulles (p. 286).

12. Dans l'hypothèse d'une paix séparée à l'Ouest, les Soviétiques se seraient retrouvés seuls face à l'ennemi. Kim Philby devait donc faire tout ce qui était en son pouvoir pour empêcher ces discussions d'aboutir.

13. Kim Philby, *op. cit.*

14. Source : Peter Grose, *Gentleman Spy, The Life of Allen Dulles*. Boston, 1994.

15. Le colonel Alfred Redl, un des principaux responsables des renseignements de l'empire austro-hongrois, avait trahi son pays au profit de la Russie, mais aussi de la France et de la Serbie à la veille de la Première Guerre mondiale. Il fut découvert et exécuté en 1913.

16. Ces mots sont de John Foster Dulles, le frère d'Allen Dulles, secrétaire d'État sous la présidence d'Eisenhower. Source : Allen W. Dulles Papers, Seeley G. Mudd Manuscript Library, Princeton.

17. Les éléments sur Gero von Schulze-Gaevernitz proviennent d'un document biographique de quatre pages conservé aux Archives nationales américaines, College Park. Gerhart von Schulze-Gaevernitz, le père, était engagé dans le mouvement quaker en faveur de la paix et avait une grande admiration pour le monde anglo-saxon. Il avait ainsi envoyé son fils Gero, à peine majeur, faire sa vie aux États-Unis avec 100 dollars en poche. C'était aussi un proche du philosophe et économiste Max Weber.

18. La famille Stinnes était l'une des plus puissantes dynasties industrielles allemandes, dominée par la figure du père fondateur Hugo Stinnes (1870-1924), qui avait créé un empire de charbon et d'acier dans la Ruhr.

19. Allen Dulles, *The Secret Surrender*, p. 17.

20. Cet été-là, il avait notamment reçu la visite de l'avocat allemand Carl Langbehn, un ami personnel d'Heinrich Himmler (ce dernier entretenait déjà l'idée d'une paix séparée avec les Anglo-Saxons, en espérant sauver le régime nazi grâce à une grande alliance contre les Soviétiques). Langbehn fit une visite à Berne en août 1943 mais fut arrêté par la Gestapo à son retour à Berlin et « lâché » par Himmler, qui fit semblant de ne pas le connaître pour ne pas se compromettre auprès du Führer.

21. Sigmund Warburg (1902-1982) avait quitté Hambourg pour Londres en 1933. Il est considéré comme l'un des pères fondateurs de la finance moderne. Cf. Jacques Attali, *Un homme d'influence*, Paris, 1985.

22. Mémorandum du 31 août 1943, OSS Berne. Archives nationales américaines, College Park.

23. Dulles ne sembla pas s'interroger sur les raisons qui pouvaient expliquer que Kocherthaler, lorsqu'il avait voulu approcher les Américains pour leur parler de Fritz Kolbe, ne s'était pas adressé directement à Gero von Schulze-Gaevernitz. Pourquoi avait-t-il demandé conseil à Paul Dreyfuss, son ami banquier de Bâle, pour prendre contact avec les Américains ? Le mystère reste entier.

24. Document biographique rédigé par Gerald Mayer et Fritz Kolbe (collection Peter Kolbe, Sydney).

25. Lettre de Fritz Kolbe à Walter Bauer, 15 novembre 1949, archives personnelles de Fritz Kolbe (collection Peter Kolbe, Sydney).

26. Document biographique rédigé par Gerald Mayer et Fritz Kolbe (collection Peter Kolbe, Sydney).

27. Anthony Quibble, « *Alias* George Wood », in *Studies in Intelligence*, 1966.

28. « On constate une utilisation de plus en plus abusive du service du courrier diplomatique pour transporter des lettres privées. Il est absolument indispensable de limiter ce phénomène », avait fait savoir, en novembre 1941, une circulaire du ministre allemand à Berne, Otto Köcher. Source : ministère allemand des Affaires étrangères, Berlin.

29. Article de Maurice Kubler dans le *Nouveau dictionnaire de biographie alsacienne*.

30. Document biographique rédigé par Gerald Mayer et Fritz Kolbe.

31. « Avec l'accord d'Allen Dulles, je confiai à Albert Bur des documents concernant la France (activités des collaborateurs), mais aussi une information concernant des activités d'espionnage allemand dans l'entourage de Winston Churchill », écrit Fritz dans un document autobiographique rédigé en janvier 1947 à Berlin.

32. Télégrammes Kappa des 8 et 9 octobre 1943, Archives nationales américaines, College Park.

33. La deuxième rencontre de Fritz Kolbe avec les Américains de Berne est décrite dans plusieurs documents d'archive, notamment dans le document biographique rédigé par Gerald Mayer et Fritz Kolbe (collection Peter Kolbe, Sydney).

34. « C'est un climat de pure terreur », écrit Ulrich von Hassell dans son journal, à la date du 9 octobre 1943 *(Die Hassell-Tagebücher 1938-1944*, Berlin, 1988). « Rien, en Allemagne, n'a plus de visage, ni les rues, ni les hommes », écrit Jean Guéhenno d'après le récit d'un ami revenu d'outre-Rhin (6 octobre 1943, *Journal des années noires)*.

35. Cet épisode est raconté dans le document biographique rédigé par Gerald Mayer et Fritz Kolbe. Voir aussi article d'Edward P. Morgan, « The Spy the Nazis Missed », *art. cit.*

36. « Une fois que l'enveloppe scellée lui fut confiée à Berlin, Kolbe ajouta les documents qu'il avait retirés de son coffre personnel et mit le tout dans une seconde enveloppe officielle qu'il ferma avec un sceau du ministère des Affaires étrangères. » Source : mémoire inédit d'Allen Dulles, Allen Dulles Papers (boîte 114, dossier 11), Seeley G. Mudd Manuscript Library, Princeton.

37. Document biographique rédigé par Gerald Mayer et Fritz Kolbe (collection Peter Kolbe, Sydney).

38. Cet épisode est rapporté dans l'article d'Edward P. Morgan, « The Spy the Nazis Missed », *art. cit.*

39. Mémoire inédit d'Allen Dulles, Allen Dulles Papers (boîte 114, dossier 11), Seeley G. Mudd Manuscript Library, Princeton.

40. Article d'Edward P. Morgan, « The Spy the Nazis Missed », *art. cit.*

41. *Ibid.*

42. Document biographique rédigé par Gerald Mayer et Fritz Kolbe (collection Peter Kolbe, Sydney).

43. « Les rencontres avec les agents secrets avaient lieu dans la maison de Mr. Dulles après le couvre-feu. Cette maison, en plus de son entrée sur la rue, avait une porte donnant sur un jardin de derrière où la surveillance était quasiment impossible. » Source : *Miscellaneous Activities OSS Bern*, document interne du bureau de Berne de l'OSS, sans date, Archives nationales américaines, College Park.

44. Les livraisons de tungstène espagnol vers le Reich étaient gérées clandestinement par une société appelée la Sofindus (Sociedad Financiera y Indus-trial). Les Américains soumirent l'Espagne de Franco à un embargo sur le pétrole après avoir appris l'existence de ces livraisons de matières premières stratégiques vers le Reich, contraires aux engagements de Franco. Source : article d'Edward P. Morgan, « The Spy the Nazis Missed », *art. cit.*

45. Plusieurs sources de seconde main indiquent que les informations de Fritz Kolbe permirent aux Américains de sauver un convoi maritime qui devait être attaqué par des sous-marins allemands. Voir par exemple Andrew Tully, *CIA, the Inside Story*, 1962.

46. La garde personnelle d'Adolf Hitler (*Leibstandarte SS Adolf Hitler*) avait été constituée dès le mois de mars 1933 par Josef « Sepp » Dietrich, le principal garde du corps du Führer. Ses effectifs étaient ceux d'une division (20 000 hommes en décembre 1942). Elle participa à la plupart des grandes opérations militaires de la guerre.

47. Document de l'OSS Berne, 9 octobre 1943, Archives nationales américaines, College Park.

48. « Cette fois-ci, nous avons davantage de temps pour parler », devait expliquer Fritz à propos de sa visite à Berne en octobre 1943. Document biographique rédigé par Gerald Mayer et Fritz Kolbe (collection Peter Kolbe, Sydney).

49. Message de l'OSS Berne à Washington, 4 octobre 1943, Archives nationales américaines, College Park.

50. Document biographique rédigé par Gerald Mayer et Fritz Kolbe (collection Peter Kolbe, Sydney).

51. *Ibid.*
52. *Ibid.*
53. *Ibid.*

54. Fritz Kolbe raconte avoir été effectivement interrogé par un officier de sécurité à son retour de Berne. « Nous savons que vous avez été absent de votre hôtel dans la nuit du 9 au 10 octobre. Qu'avez-vous

à répondre ? » La facture du médecin permit de calmer les soupçons du contrôleur, et Kolbe s'en sortit avec un avertissement verbal. Source : article d'Edward P. Morgan, « The Spy the Nazis Missed », *art. cit.* Morgan situe la scène en août 1943, à tort semble-t-il.

55. Documents OSS Berne, 8 et 9 octobre 1943, Archives nationales américaines, College Park.

56. « The Story of George ». Fritz Kolbe voulait se tirer une balle dans la tête en cas d'arrestation. Source : article d'Edward P. Morgan, « The Spy the Nazis Missed », *art. cit.*

57. Note de Norman Holmes Pearson (OSS Londres, chef de la branche contre-espionnage) au colonel David K. E. Bruce, chef de l'OSS à Londres. 23 novembre 1943, Archives nationales américaines, College Park.

58. Cf. note 20, chapitre 6.

59. Correspondance de l'auteur avec Nigel West (historien anglais de l'espionnage) et David Oxenstierna (Boston, petit-fils de Johann Gabriel Oxenstierna).

60. Le comte Oxenstierna fut remplacé, au printemps de 1944, par un autre membre de l'aristocratie suédoise, le comte Bertil. Parmi les hauts fonctionnaires britanniques qui durent s'expliquer sur cette affaire, il y eut notamment Sir William Strang, le sous-secrétaire d'État adjoint au Foreign Office.

61. Lettre de Claude Dansey à l'OSS Londres, 5 novembre 1943. Archives nationales américaines, College Park.

62. Message Kappa du 30 décembre 1943, Archives nationales américaines, College Park.

63. Message Kappa du 11 octobre 1943, Archives nationales américaines, College Park.

64. Messages de l'OSS Londres à Washington, séries Kappa, des 19 novembre 1943 et 22 janvier 1944, Archives nationales américaines, College Park.

9. Les « dossiers Kappa », p. 201

1. Elyesa Bazna était né en 1904 à Pristina, dans la partie occidentale de l'Empire ottoman. Il venait d'une modeste famille musulmane. L'ambassadeur britannique à Ankara l'embaucha comme valet de chambre en 1942.

2. En 1915, von Papen avait été expulsé des États-Unis pour s'être livré à des activités secrètes peu compatibles avec sa fonction d'attaché militaire à l'ambassade d'Allemagne.

3. Le Département VI du RSHA, ou SD.

4. Officiellement, la Turquie était liée à l'Angleterre par un traité d'alliance datant d'octobre 1939.

5. Ernst Kaltenbrunner avait pris la tête du Reichssicherheitshauptamt (RSHA) après Reinhard Heydrich, assassiné à Prague en mai 1942.

6. Les mémoires de Franz von Papen sont parues en traduction française en 1953 (voir bibliographie).

7. Message Kappa du 29 décembre 1943, Archives nationales américaines, College Park.

8. Message Kappa de l'OSS Berne du 30 décembre 1943. Le message suivant datait du 1er janvier 1944. Ces télégrammes furent résumés pour constituer les tout premiers documents de la « série Boston », version allégée des messages Kappa. Le document n° 5 de la « série Boston » – destiné à être diffusé au sommet de l'État américain – fut consacré à la saisie de documents britanniques par l'ambassade d'Allemagne à Ankara. Source : Archives nationales américaines, College Park.

9. Message du 25 janvier 1944 de l'OSS Londres à l'OSS Berne, Archives nationales américaines, College Park.

10. Message de l'OSS Londres à l'OSS Berne, 19 février 1944, Archives nationales américaines, College Park.

11. Message Kappa du 10 janvier 1944, Archives nationales américaines, College Park.

12. Message Kappa reçu le 22 février à Washington, Archives nationales américaines, College Park.

13. Dans *The Secret Surrender* (p. 24), Allen Dulles donne sa version des faits : « L'une des contributions les plus importantes de George Wood fut la copie d'un télégramme dans lequel l'ambassadeur allemand en Turquie, von Papen, indiquait fièrement à Berlin (en novembre 1943) qu'il avait acquis des documents "top secret" venant de l'ambassade britannique à Ankara. [...] J'informai mes collègues britanniques de l'existence de Cicéron. Deux inspecteurs de sécurité furent immédiatement envoyés à l'ambassade d'Ankara pour changer les combinaisons secrètes des coffres, neutralisant ainsi Cicéron. »

14. *The Secret Surrender*. Après la guerre, les services secrets britanniques ont prétendu avoir « retourné » Cicéron entre janvier et mars 1944, et s'en être servis pour diffuser de fausses nouvelles aux Allemands. Allen Dulles, pour sa part, expliqua à la fin de sa vie que « les Anglais avaient joué certaines cartes avec Cicéron ». Mais les

explications les plus courantes sont d'une autre nature : la négligence de l'ambassadeur britannique ne fait guère de doute. Cf. article de Nigel West sur Cicéron (« Cicero : a Stratagem of Deception ? ») dans *A Thread of Deceit : Espionage Myths of World War II*, New York, 1985.

15. Paul Seabury, *The Wilhelmstrasse, a Study of German Diplomats under the Nazi Regime*, 1954.

16. Le lieu de repli du ministère était Krummhübel (aujourd'hui Karpacz en Pologne), dans la région du Riesengebirge ou « mont des Géants ». Cf. message Kappa du 30 décembre 1943, Archives nationales américaines, College Park.

17. Carnets inédits d'Adolphe Jung, conservés par Frank et Marie-Christine Jung, à Strasbourg.

18. Le « voleur de charbon », ou *Kohlenklau*, était dénoncé comme un dangereux ennemi public.

19. En allemand *Luftschutzkoffer*. À chaque alerte aérienne, Fritz Kolbe emportait dans cette valise les documents « chauds » qu'il ne voulait pas voir tomber entre toutes les mains. Source : document biographique rédigé par Gerald Mayer et Fritz Kolbe (collection Peter Kolbe, Sydney).

20. Ulrich von Hassell (1881-1944) appartenait à la famille politique du nationalisme, mais c'était aussi l'un des plus fermes opposants d'Hitler. Ambassadeur d'Allemagne en Italie entre 1932 et 1938, il se réfugie ensuite dans l'exil intérieur et participe au projet de putsch du 20 juillet 1944. Arrêté après l'échec de l'attentat contre Hitler, il est jugé par le « Tribunal du peuple » et exécuté le 8 septembre 1944. Ses carnets, publiés à Berlin en 1988, sont l'un des documents les plus riches et les plus intéressants concernant la période.

21. Klaus Scholder, *Die Mittwochsgesellschaft*, Berlin, 1982.

22. Ursula von Kardorff, *Berliner Aufzeichnungen*, Munich 1997.

23. Le mot catastrophe fut également supprimé des véhicules de la protection civile (anciennement *Katastropheneinsatz)*, qui furent désormais flanqués de l'écriteau « Aide d'urgence » (*Soforthilfe*). Cette observation est de Victor Klemperer. Ce dernier écrivait dans son journal, à la date du 25 décembre 1943 : « il se peut que les réserves militaires des nazis soient épuisées, mais côté propagande, c'est loin d'être le cas » (Victor Klemperer, *Je veux témoigner jusqu'au bout*, traduction française, 2000).

24. Message de Allen Dulles à John Magruder (4 novembre 1943). Voir aussi message Kappa du 27 octobre 1943 (« 805 n'est pas en mesure de nous donner davantage d'informations sans risquer sa propre sécurité »). Source : Archives nationales américaines, College Park.

25. Article d'Edward P. Morgan, « The Spy the Nazis Missed », *art. cit.*

26. Cette lettre se trouve aux Archives nationales américaines, College Park.

27. Cette troisième visite est notamment rapportée dans le document biographique rédigé par Gerald Mayer et Fritz Kolbe (collection Peter Kolbe, Sydney).

28. Document biographique rédigé par Gerald Mayer et Fritz Kolbe.

29. « Un nouvel avion de chasse, d'une vitesse pouvant aller jusqu'à 1 000 km/heure, commence à être produit depuis un mois et demi. Gallant, le meilleur pilote d'essai du Reich, est enthousiaste… » Message Kappa du 30 décembre 1943, Archives nationales américaines, College Park. Le Messerschmitt Me-262 dont il est ici question vola pour la première fois en juillet 1942. C'était le premier avion à réaction opérationnel de l'histoire. Hitler se fit présenter le Me-262 en décembre 1943 et demanda si l'appareil pouvait emporter des bombes (il rêvait d'un bombardier rapide). Mais les pilotes de la Luftwaffe avaient besoin, eux, d'un avion de chasse. Hitler interdit que ce biréacteur très performant fût utilisé autrement que comme bombardier-éclair. Cet avion aurait pu modifier le déroulement de la fin du conflit mais il a été victime de l'obsession d'Hitler à vouloir du matériel offensif en négligeant les armes de défense. Source : Philippe Ballarini.

30. Debriefing de Fritz Kolbe dans la nuit du 27 au 28 décembre 1943, OSS Berne, Archives nationales américaines, College Park.

31. Message Kappa du 1er janvier 1944, Archives nationales américaines, College Park.

32. Kalavrita (13 décembre 1943) est l'équivalent grec d'Oradour-sur-Glane en France.

33. Message Kappa du 11 octobre 1943, Archives nationales américaines, College Park.

34. Message Kappa du 13 octobre 1943, Archives nationales américaines, College Park.

35. Message Kappa du 7 janvier 1944, Archives nationales américaines, College Park.

36. Message Kappa du 8 janvier 1944, Archives nationales américaines, College Park.

37. Message Kappa du 20 octobre 1943, Archives nationales américaines, College Park. Les Japonais étaient très bien informés sur l'Union soviétique. Fritz Kolbe fit passer plusieurs messages sur la Russie en provenance de Tokyo, notamment une évaluation très précise du potentiel militaire russe par les Japonais (novembre 1943).

38. Ces messages en provenance de Sofia, Bucarest et Budapest sont reproduits dans Neal H. Petersen, *From Hitler's Doorstep, op. cit.*

39. Sur la notion d'« État milicien » : lire Jean-Pierre Azéma, O. Wieviorka, *Vichy 1940-1944*, 2000. En décembre 1943, Himmler exigea que René Bousquet fût limogé et remplacé par le chef de la Milice, Joseph Darnand. Bousquet se voyait reprocher, entre autres griefs, d'avoir laissé se développer le maquis.

40. Étaient désignées comme suspectes les personnalités suivantes : Bernard Ménétrel, Jean Jardel, le général Campet et Lucien Romier. Source : message Kappa du 16 janvier 1944 et document Boston n° 91, Archives nationales américaines, College Park.

41. Document Boston n° 1067, Archives nationales américaines, College Park.

42. Document Boston n° 91, Archives nationales américaines, College Park.

43. Message Kappa du 8 janvier 1944, Archives nationales américaines, College Park.

44. « Statistiques pour novembre 1943 (avec les chiffres de novembre 1942 entre parenthèses) : assassinats : 195 (15), destruction de voies ferrées : 293 (24), actes de sabotage à l'explosif : 443 (56), coupures de câbles : 48 (10), incendies criminels : 94 (32) » Source : Archives nationales américaines, College Park.

45. Lucien Lamoureux (1888-1970) fut représentant de l'Allier à l'Assemblée nationale pendant l'entre-deux-guerres. Il fut plusieurs fois ministre, notamment du Budget (1933), du Travail (1933-1934), des Colonies (1934) et des Finances (1940). Il vota les pleins pouvoirs au maréchal Pétain.

46. Sur Henri Ardant, cf. Renaud de Rochebrune et Jean-Claude Hazéra, *Les Patrons sous l'Occupation*, Odile Jacob, 1995, pp. 693 à 722. Henri Ardant était, en tant que président du Comité d'organisation des banques, le principal interlocuteur des banques privées françaises auprès des Allemands et de Vichy. Il fut condamné à la Libération et passa treize mois en prison entre novembre 1944 et décembre 1945.

47. À la libération de Paris, en août 1944, le gouvernement provisoire du général de Gaulle démit Yves Bréart de Boisanger de ses fonctions et le remplaça par Emmanuel Monick. Cf. Annie Lacroix-Riz, *Industriels et banquiers sous l'Occupation*.

48. Marie Bell (1900-1985) fut surtout connue pour ses grands rôles au théâtre (*Phèdre*, à la Comédie-Française), mais elle fit aussi du cinéma (*Carnet de bal*, *Le Grand Jeu*).

49. Cette liste de personnalités françaises est conservée sous forme de microfilm aux Archives nationales américaines (document original en allemand du 24 décembre 1942).

50. Document biographique rédigé par Gerald Mayer et Fritz Kolbe, collection Peter Kolbe, Sydney.

51. « Ce fut un miracle si la Gestapo ne découvrit pas les activités de George. » Source : « The Story of George ».

52. On ignore pourquoi le nom « Kappa » fut choisi pour désigner les informations données par Fritz Kolbe. De la même façon qu'avec le terme de « série Boston », on est sans doute en présence d'une nomenclature purement aléatoire.

53. La libération de la Corse eut lieu de septembre 1943 au 4 octobre 1943. Ce fut le premier département français libéré. La Corse avait été annexée le 11 novembre 1942 par l'Italie. Quatre divisions italiennes l'avaient occupée, auxquelles s'était ajoutée en juillet 1943 une brigade de Waffen SS et en septembre 1943 une division allemande provenant de Sardaigne.

54. *Bern*, document interne de l'OSS, non daté (sans doute immédiat après-guerre) sur les activités du bureau de Berne, Archives nationales américaines, College Park.

55. Archives nationales américaines, College Park.

56. « Le général Donovan envoyait énormément de rapports au président Roosevelt, mais à part sur le dossier *Sunrise* [la reddition de la Wehrmacht en Italie], il y a peu de traces d'une réaction de la Maison Blanche. On cherche en vain un exemple où les ressources du bureau de Berne de l'OSS aient influencé les hautes sphères de la politique. » Texte de Neal H. Petersen, « Allen Dulles and the penetration of Germany », dans *The Secrets War/The Office of Strategic Services in WWII*, édité par George Chalou.

57. Document n° 1 de la série Boston. Archives nationales américaines, College Park.

58. « Bien qu'officiellement membre du parti, Pohle accepta de transmettre mes messages à Ernst Kocherthaler. À partir du printemps 1944, il se rendit six à huit fois à Berne », écrit Fritz dans un document autobiographique rédigé en janvier 1947 à Berlin. Source : archives personnelles de Fritz Kolbe, collection Peter Kolbe, Sydney. « Certains collègues acceptaient d'aider Fritz par amitié pour lui et par haine des nazis, d'autres parce qu'ils appréciaient les cadeaux de Fritz comme les cigares ou les chocolats. » Source : « The Story of George ».

59. Document biographique rédigé par Gerald Mayer et Fritz Kolbe (collection Peter Kolbe, Sydney).

60. « Sauerbruch ne fit jamais partie de mon cercle le plus étroit. J'ai toujours été dans une entière relation de confiance avec lui mais ce n'était pas nécessaire de l'introduire dans mes affaires. Bien sûr il savait que je traitais avec les Alliés mais je ne lui donnais ni détails ni noms, sauf celui de Kocherthaler. » Lettre de Fritz Kolbe à Allen Dulles, 29 mai 1945 (écrite à Hegenheim), archives personnelles de F. Kolbe, collection Peter Kolbe, Sydney.

61. Message Kappa reçu à Washington le 23 février 1944, Archives nationales américaines, College Park. Cf. aussi article de Anthony Quibble, « *Alias* George Wood », dans *Studies in Intelligence* (revue de la CIA), printemps 1966, vol. 10.

62. Document autobiographique rédigé par Fritz Kolbe le 15 mai 1945.

63. Message Kappa du 25 février 1944, Archives nationales américaines, College Park.

64. Message Kappa du 17 avril 1944 et document Boston n° 284, Archives nationales américaines, College Park. La source était Hans Thomsen, l'envoyé du Reich à Stockholm.

65. Document Boston n° 154, Archives nationales américaines, College Park.

66. Document biographique rédigé par Gerald Mayer et Fritz Kolbe (collection Peter Kolbe, Sydney). La carte postale aux narcisses est conservée aux Archives nationales américaines.

67. Fritz Kolbe avait conçu un code secret qu'il considérait comme très sûr et qu'il avait soumis à un spécialiste du ministère des Affaires étrangères. Source : document biographique rédigé par Gerald Mayer et Fritz Kolbe (collection Peter Kolbe, Sydney).

68. Les Américains furent très surpris de recevoir cette carte postale, qui avait mis trois semaines à parvenir jusqu'à eux. Après quelques recherches, il se confirma qu'un certain Edgar H. Yolland, qui avait travaillé en Turquie pour les services de renseignement américains jusqu'en août 1943 (date à laquelle il avait été mis à la porte), était en train d'approcher les Allemands pour obtenir un passeport du Reich. En échange, il proposait de leur révéler les informations dont il était détenteur. Impossible de dire si Edgar Yolland fut neutralisé à temps. Pour Berlin, la défection de Yolland ne pouvait pas mieux tomber. Quelques semaines auparavant, les Vermehren, un couple d'agents de l'Abwehr basé au consulat du Reich à Istanbul, avaient fait défection pour passer au service des Alliés. L'événement avait provoqué la disgrâce définitive de l'amiral Canaris en Allemagne, prélude à la prise de contrôle de l'Abwehr par Himmler.

69. Message Kappa du 27 avril 1944 et document Boston n° 259, Archives nationales américaines, College Park. Un peu plus tard, en novembre 1944, les Allemands regretteront le départ de Marcel Pilet-Golaz qu'ils considéraient comme « leur dernier support au Conseil fédéral suisse ». Source : document Boston n° 604, Archives nationales américaines, College Park.

70. Télégramme diplomatique allemand du 22 janvier 1944, microfilm, Archives nationales américaines, College Park.

71. Un mois plus tard, à la fin du mois de février 1944, Jean Jardin essaiera de rencontrer Allen Dulles, qui refusera dans un premier temps de le recevoir. Sur Jean Jardin, voir la biographie de Pierre Assouline, *Une éminence grise*, 1986, p. 125 : « Laval et Pétain entendent que Jean Jardin soit véritablement leur "go-between" entre eux et Allen Dulles. »

72. Message Kappa du 13 mars 1944, Archives nationales américaines, College Park.

73. Document biographique rédigé par Gerald Mayer et Fritz Kolbe (collection Peter Kolbe, Sydney).

74. Lettre de Fritz Kolbe du 6 mars 1944, Archives nationales américaines, College Park.

10. Malentendus à répétition, p. 229

1. Archives nationales américaines, College Park.

2. Message de Londres à Berne et Washington, série Kappa, 28 janvier 1944, Archives nationales américaines, College Park.

3. Anthony Quibble, « *Alias* George Wood », *art. cit.*

4. Le département dirigé par Alfred McCormack (*Special Branch*) employait près de quatre cents personnes. C'était la plus grosse unité de l'espionnage militaire, spécialisée dans l'interception des signaux ennemis (SIGINT). L'enquête de McCormack se fit en étroite relation avec les Britanniques. Cf. article de Anthony Quibble, « *Alias* George Wood », *art. cit.*

5. *Memorandum Re Procedure for Handling* Kappa *Intelligence*, 7 août 1944, et *Method of Control of Boston Series Material*, document du 29 février 1944, Archives nationales américaines, College Park. Voir aussi article de Anthony Quibble, « *Alias* George Wood », *art. cit.*

6. Document n° 111 de la série Boston et message Kappa du 29 mars 1944, Archives nationales américaines, College Park.

7. Message de la centrale de l'OSS (Washington) à Allen Dulles, 22 mars 1944, Archives nationales américaines, College Park.

8. En août 1940, l'espionnage militaire américain avait réussi à percer le chiffre diplomatique japonais. Ce système de décryptage prit le nom de Magic. Grâce à Magic, l'imminence d'une rupture diplomatique entre les États-Unis et le Japon fut connue avant l'attaque sur Pearl Harbor (7 décembre 1941). Mais l'information ne fut pas traitée comme elle aurait pu l'être, faute d'analyse pertinente.

9. L'épisode de la carte postale japonaise est raconté en détail dans les documents suivants : « The Story of George » ; le document biographique rédigé par Gerald Mayer et Fritz Kolbe, archives personnelles de Fritz Kolbe, collection Peter Kolbe, Sydney ; l'article d'Edward P. Morgan, « The Spy the Nazis Missed », *art. cit.* Allen Dulles a souvent raconté cette histoire dans ses écrits d'après-guerre. Cf., par exemple, *The Craft of Intelligence*, 1963.

10. Mémoire inédit d'Allen Dulles, Allen Dulles Papers (boîte 114, dossier 11), Seeley G. Mudd Manuscript Library, Princeton.

11. Ruth Andreas-Friedrich, *Der Schattenmann*, Francfort, 2000.

12. Document biographique rédigé par Gerald Mayer et Fritz Kolbe.

13. Document Boston n° 1166, Archives nationales américaines, College Park.

14. Message Kappa du 29 décembre 1943, Archives nationales américaines, College Park.

15. Cette analyse est de Timothy Naftali, historien américain spécialiste du renseignement et de la Seconde Guerre mondiale. Entretien inédit sur Fritz Kolbe réalisé par CBS News pour History Channel en 2002. Remerciements à Linda Martin, qui a gracieusement mis ce document à notre disposition.

16. Résumé des activités du bureau de Berne de l'OSS pendant la guerre (document intitulé *Bern)*, Archives nationales américaines, College Park.

17. Après la guerre, interrogé par les Américains, Ritter prétendra n'avoir travaillé que quelques semaines avec Veesenmayer. Il prétendra ne pas avoir été au courant du programme d'extermination des Juifs de Hongrie (il pensait qu'on les envoyait dans des « camps de travail ») et dira que Veesenmayer était débordé par les actions de la SS. Source : interrogatoire de Karl Ritter le 24 juillet 1947 *(US Chief Counsel for War Crimes*, document collection Hans-Jürgen Döscher, Osnabrück).

18. En octobre 1942 et en janvier 1943, des messages d'alerte sur ce thème circulèrent dans les hautes sphères de l'Auswärtiges Amt. Source : ministère allemand des Affaires étrangères, Berlin.

19. Document biographique rédigé par Gerald Mayer et Fritz Kolbe (collection Peter Kolbe, Sydney).

20. Walter Bauer venait du Sud de l'Allemagne (Heilbronn). Cet industriel était proche des milieux intellectuels chrétiens qui, à Fribourg, réfléchissaient à l'avenir démocratique de l'Allemagne. À l'approche de l'attentat du 20 juillet 1944, il fréquenta Carl Goerdeler, qui devait devenir chancelier après le putsch. Bauer rédigea la partie culturelle du discours de politique générale que prévoyait de tenir Goerdeler s'il devenait chancelier.

21. Le conglomérat charbonnier des frères Ernst et Ignatz Petschek à l'époque, l'une des plus puissantes entreprises du secteur en Europe centrale.

22. Après l'échec du putsch du 20 juillet 1944, Fritz Kolbe se serait porté volontaire pour aider Carl Goerdeler à se réfugier en Suisse, mais ce projet ne vit pas le jour à temps. Source : article d'Edward P. Morgan, « The Spy the Nazis Missed », art. cit.

23. Sauerbruch proposa à Fritz Kolbe non pas de devenir membre de la Société du mercredi mais de parler devant elle. Source : document biographique rédigé par Gerald Mayer et Fritz Kolbe (collection Peter Kolbe, Sydney).

24. Paul Löbe était né en 1875 près de Breslau. Il était ouvrier typographe de formation. Député à partir de 1920, il fut président du Reichstag entre 1920 et 1932. En juin 1933, il prit la tête des sociaux-démocrates ayant choisi de rester en Allemagne, contre ceux qui étaient partis se réfugier à Prague. Après l'interdiction du SPD par les nazis (22 juin 1933), il vécut dans la clandestinité et fut envoyé en camp de concentration. Source : Fondation Friedrich Ebert, Bonn.

25. Rien n'indique que Fritz croisa la route d'autres grands noms de la social-démocratie clandestine de l'époque, comme Julius Leber ou Wilhelm Leuschner.

26. Message Kappa du 13 juin 1944, Archives nationales américaines, College Park.

27. Archives nationales américaines, College Park.

28. Ernst Kocherthaler, *The Jewish Problem in Post-War Europe*, document daté du 6 mars 1944, Archives nationales américaines, College Park.

29. « Le cœur de Fritz battait tellement fort au passage de la douane qu'il avait peur d'être repéré rien que pour cette raison. » Article d'Edward P. Morgan, « The Spy the Nazis Missed », *art. cit.*

30. Document biographique rédigé par Gerald Mayer et Fritz Kolbe.

31. Message Kappa du 11 avril 1944, Archives nationales américaines, College Park.

32. Apparemment, seuls l'attaché militaire et l'attaché de la marine allemande envoyaient leurs télégrammes au ministère des Affaires étrangères, ce qui n'était pas le cas de l'attaché naval. Source : remarque d'Allen Dulles dans un document de janvier 1948, à propos du « dossier Kolbe » (document devant notaire pour faciliter l'immigration de Fritz Kolbe aux États-Unis). Allen W. Dulles Papers, Seeley G. Mudd Manuscript Library, Princeton.

33. En décembre 1938, Pibul Songgram devint premier ministre en Thaïlande et mit en place une politique « panthaïe » nationaliste, expansionniste et raciste (antichinoise). Le Siam prit alors le nom de Thaïlande. En 1941, Pibul Songgram entraîna son pays, initialement neutre, aux côtés du Japon. Il reçut en récompense une partie du Laos et du Cambodge, le Nord de la Malaisie et une partie de la Birmanie. Mais, à Washington et à Londres, le mouvement Free Thai de Seni Pramoj et, sur place, le réseau de Pridi Phanomyong, alors régent, organisèrent la résistance. Celle-ci, grâce à ses prises de contacts avec les Alliés à partir de 1944, permit à la Thaïlande de ne pas être traitée en ennemie par les États-Unis après la capitulation japonaise de 1945.

34. Résumé des activités du bureau de Berne de l'OSS pendant la guerre (document intitulé *Bern*), Archives nationales américaines, College Park.

35. Messages Kappa du 19 au 21 avril, Archives nationales américaines, College Park.

36. Message Kappa du 17 avril 1944, liste des principaux membres de l'Abwehr en Suède, Archives nationales américaines, College Park.

37. Message Kappa du 18 avril 1944, Archives nationales américaines, College Park.

38. Message Kappa du 12 avril 1944, Archives nationales américaines, College Park.

39. *Ibid.*

40. Cf. par exemple message Kappa du 12 avril 1944 et document Boston n° 154 (« Des forces américaines arrivent à Bristol nuit et jour [...], des bombardiers et des tanks sont concentrés à Hatfield, où sont fabriqués 90 % des avions de chasse... »), Archives nationales américaines, College Park.

41. Depuis la fin de 1943, l'Allemagne travaillait au développement de la technologie des sous-marins de poche, comme le Biber (« Castor »), qui n'avait qu'un seul homme à bord. L'emploi de ces sous-marins, à partir du printemps de 1944, donna des résultats mitigés en raison de multiples problèmes techniques.

42. Message Kappa du 12 avril 1944, Archives nationales américaines, College Park.

43. Message Kappa du 13 avril 1944, Archives nationales américaines, College Park.

44. Marthe Bibesco (1889-1973) était une personnalité de la vie littéraire et mondaine à Paris et à Bucarest. Auteur de nombreux livres, elle était entourée de têtes couronnées et d'écrivains célèbres.

45. Télégramme Kappa du 12 avril 1944, reproduit par Neal H. Petersen dans *From Hitler's Doorsteps* (pp. 267-268).

46. Message Kappa du 15 avril 1944, Archives nationales américaines, College Park.

47. *Ibid.*

48. Message Kappa du 14 avril 1944, Archives nationales américaines, College Park.

49. « Les Tchetniks sont prêts à entrer en action avec la Wehrmacht pour lutter contre l'Armée rouge sur le front russe. » Source : document Boston n° 553, Archives nationales américaines, College Park.

50. Messages Kappa du 15 et du 18 avril 1944, Archives nationales américaines, College Park. Après l'invasion de la Yougoslavie en avril 1941, des États fantoches à la botte du Reich avaient été créés en Croatie (Ante Pavelic) et en Serbie (Milan Nedic). À partir de février 1943, les Britanniques choisirent progressivement de soutenir la résistance de Tito aux dépens des Tchetniks de Mihailovich, qui se tourna dès lors vers les Allemands.

51. Message Kappa du 11 avril 1944, Archives nationales américaines, College Park.

52. Document biographique rédigé par Gerald Mayer et Fritz Kolbe.

53. « J'envoyais les films non développés. Il y avait jusqu'à soixante poses par film et deux à quatre films à chaque envoi […]. Je prenais les photos dans l'appartement de fonction de Maria Fritsch, à l'hôpital de la Charité. C'est là qu'étaient conservés les documents, ce qui n'était pas sans danger avec les bombardements », écrit Fritz dans un document autobiographique rédigé en janvier 1947 à Berlin. L'envoi de documents photographiques ne commença véritablement à fonctionner qu'à l'automne de 1944. Source : résumé des activités du bureau de Berne de l'OSS pendant la guerre (document intitulé *Bern*), Archives nationales américaines, College Park.

54. Cf. par exemple le document Boston n° 163. C'est un des plus longs textes de l'ensemble de la série : douze pages entièrement consacrées aux livraisons de tungstène espagnol vers l'Allemagne !

55. Document du 25 avril 1944 (*Germany in April 1944*), basé sur une conversation avec Fritz Kolbe, OSS Berne, Archives nationales américaines, College Park.

56. Parmi les rares informateurs réguliers de l'OSS venant du Reich, il y avait notamment Eduard Wätjen, collègue d'Hans-Bernd Gisevius au consulat allemand de Zurich, membre de l'Abwehr et avocat de formation. Sa mère était américaine, sa sœur était l'épouse d'un Rockefeller.

57. Notamment Eduard Schulte, un industriel allemand qui fut l'un des premiers à avertir les Alliés de l'existence d'Auschwitz, dans les premiers mois de 1942.

58. Message de l'OSS Berne à Washington, 30 octobre 1943, Archives nationales américaines, College Park.

59. Message Kappa du 12 avril 1944, Archives nationales américaines, College Park. Texte adressé à la Maison Blanche : *Memorandum for the President*, 15 avril 1944, microfilm (entry 190c, MF1642, roll 18). Texte adressé à l'état-major général de l'armée américaine : lettre d'Edward Buxton au secrétaire du Joint US Chiefs of Staff, 18 avril 1944, microfilm (entry 190c, MF 1642, roll 18), Archives nationales américaines, College Park.

60. Franklin D. Roosevelt Presidential Library and Museum. Le document se trouve en ligne à l'adresse suivante : http://www.fdrlibrary.marist.edu/psf/box4

61. Message Kappa du 17 avril 1944, *Memorandum for the President* du 19 avril 1944. Cette suite du feuilleton fut également diffusée à l'état-major général de l'armée américaine. Source : lettre d'Edward Buxton au secrétaire du *Joint US Chiefs of Staff*, 19 avril 1944, microfilm (entry 190c, MF 1642, roll 18), Archives nationales américaines, College Park.

62. Cité dans Neal H. Petersen, *From Hitler's Doorstep : The Wartime Intelligence Reports of Allen Dulles, 1942-1945*, 1996.

63. Rapport final de Alfred McCormack sur la série Boston, 6 mai 1944, Archives nationales américaines, College Park.

64. Anthony Quibble, « *Alias* George Wood », *art. cit.*

65. Message de David Bruce, 12 mai 1944 (cité par James Srodes, biographie d'Allen Dulles, p. 296).

66. Kim Philby, *My Silent War*, Londres 1968.

67. Whitney H. Shepardson dirigeait la branche de l'espionnage de l'OSS (Secret Intelligence Branch ou SI) depuis 1943. Shepardson était un homme d'affaires et un avocat mais aussi un vieil ami d'Allen Dulles. Tous deux avaient été membres de la délégation américaine aux négociations du traité de Versailles (1919).

68. Message Kappa du 26 avril 1944, Archives nationales américaines, College Park.

69. La plus grande ligue de défense des institutions républicaines était la « bannière du Reich noir rouge et or » *(Reichsbanner Schwarz-Rot-Gold)*, fondée en 1924, qui comptait trois millions de membres à la fin des années 1920.

70. Sur la « milice » de Fritz Kolbe, il existe plusieurs sources, notamment un document du 25 avril 1944 (*Germany in April 1944*), basé sur une conversation avec Fritz Kolbe (OSS Berne, Archives nationales américaines, College Park). Mais aussi le document biographique rédigé par Gerald Mayer et Fritz Kolbe.

71. Cette liste fut transmise à Washington en avril 1944. Source : message Kappa du 26 avril 1944, Archives nationales américaines, College Park.

72. « Nous avons discuté de son projet pendant des heures. Finalement, il accepta de continuer à rester à son poste. Je fus soulagé. » Source : commentaire d'Allen Dulles accompagnant la reproduction de l'article d'Edward P. Morgan, dans *Great True Spy Stories* (New York, 1968).

73. Document autobiographique rédigé par Fritz Kolbe en janvier 1947 à Berlin.

74. « Sauerbruch allait se rendre en Suisse, à Zurich, pour y opérer un diplomate venant d'Amérique du sud et séjournant quelque temps là-bas. Il obtint du gouvernement la permission de s'y rendre en voiture et reçut également la quantité d'essence nécessaire pour le trajet aller-retour jusqu'à la frontière suisse » (source Adolphe Jung, carnets inédits, archives privées, Strasbourg). « Sauerbruch se rendit trois à quatre fois en Suisse en emmenant à chaque fois du matériel pour Berne de ma part », écrit Fritz dans un document autobiographique rédigé en janvier 1947 (archives personnelles de Fritz Kolbe, collection Peter Kolbe, Sydney).

75. Wilhelm Mackeben, né en 1892, était entré au ministère des Affaires étrangères en 1919. Il avait eu maille à partir avec les nazis dès 1933. À cette époque-là, il représentait l'Allemagne au Guatemala comme chargé d'affaires. Son travail consistait à négocier des contrats économiques. Il ne supporta pas d'être concurrencé et même violemment critiqué sur le terrain par la diplomatie parallèle du parti nazi et fut forcé de retourner en Allemagne. Source : ministère allemand des Affaires étrangères, Berlin, dossier « Wilhelm Mackeben ». Fritz Kolbe considérait Mackeben comme un « original ». Source : article d'Edward P. Morgan, « The Spy the Nazis Missed », *art. cit.*

76. Document Boston n° 332, Archives nationales américaines, College Park.

77. Voir document Boston n° 296, Archives nationales américaines, College Park. Eberswalde, près de Berlin, abritait un important centre de communications de la marine. C'est de là que les sous-marins allemands, notamment, étaient guidés dans leurs opérations.

78. Message Kappa du 4 mai 1944, Archives nationales américaines, College Park.

79. Lettre de Fritz Kolbe à ses « amis de Berne ». 10 mai 1944, Archives nationales américaines, College Park.

80. Ce télégramme, reçu le 20 mai 1944 par Ernst Kocherthaler, se trouve aux Archives nationales américaines, College Park.

81. Klaus Scholder, *Die Mittwochsgesellschaft*, Berlin, 1982.

82. Le colonel Claus Shenk Graf von Stauffenberg était chef d'état-major à l'Office général des armées (l'Allgemeines Heeresamt, chargé de superviser l'armement et l'équipement de la Wehrmacht), et allait bientôt être nommé chef d'état major des armées de l'intérieur. L'unité à laquelle appartenait Claus Schenk Graf von Stauffenberg était le 17e régiment de cavalerie de Bamberg, où servait aussi Peter Sauerbruch, fils du chirurgien, qui devait participer aux préparatifs de l'attentat mais qui fut envoyé sur le front russe en février 1944. Remerciements à August von Kageneck.

83. Cette fois encore, les documents parviennent sur papier. Apparemment, Fritz ne maîtrise pas encore le maniement de l'appareil photo.

84. « Bas-Danube » : peut-être le camp de Zipf, une dépendance du camp de Mauthausen.

85. Documents Boston n° 339 et n° 360. Ces documents furent transmis au président Roosevelt et à l'état-major général de l'armée américaine (*Joint Chiefs of Staff*). Sources : *Memorandum for the President*, 10 juillet 1944, microfilm (entry 190c, MF1642, roll 18), Archives nationales américaines, College Park. Dans *The Secret Surrender*, Dulles écrit que les informations de George Wood sur les V1 et V2 « étaient parmi les meilleures que nous ayons eues sur le plan technique et tactique ».

86. Documents Boston n°s 341 et 607, Archives nationales américaines, College Park. Ces éléments furent également transmis au président Roosevelt et à l'état-major général de l'armée américaine. Le site de Kahla, où devait être construit l'avion Me-262, était une ancienne mine (cf. note 29, chapitre 9).

87. Document Boston n° 380, Archives nationales américaines, College Park.

88. Plusieurs documents évoquent cet épisode, par exemple « The Story of George », archives personnelles de Fritz Kolbe, collection Peter Kolbe, Sydney ; ou encore l'article d'Edward P. Morgan, « The Spy the Nazis Missed », *art. cit.* ; mais aussi le document biographique rédigé par Gerald Mayer et Fritz Kolbe. D'après Edward P. Morgan, c'est Maria Fritsch qui aurait intentionnellement choisi de ne pas avertir Fritz par crainte du danger.

11. Ultimes révélations, p. 265

1. « Prouver devant le monde et devant l'histoire que la résistance allemande avait tenté le tout pour le tout » : citation de Henning von Treskow peu avant l'attentat contre Hitler.

2. Albert Camus, éditorial du 24 août 1944, dans *Camus à Combat. Éditoriaux et articles d'Albert Camus, 1944-1947*, Paris, 2002.

3. Ministère allemand des Affaires étrangères, Berlin, dossier « Fritz Kolbe », document officiel du ministère adressé au NSDAP le 30 mars 1944.

4. Anthony Quibble, « *Alias* George Wood », in *Studies in Intelligence*, 1966.

5. Max de Crinis (1889-1935) : neurologue et directeur du département de psychiatrie à l'hôpital de la Charité, il était également un haut gradé de la SS. Il fut l'une des éminences grises du programme d'euthanasie mis en œuvre par le régime nazi sur les handicapés physiques et mentaux (70 000 victimes entre 1939 et l'été 1941). Il se suicida en avalant une capsule de cyanure à la fin de la guerre.

6. Karl Gebhardt (1897-1948) était l'un des médecins les plus honorés du régime nazi et possédait de hautes distinctions dans la SS. Il dirigeait un hôpital à Hohenlychen (une centaine de kilomètres au nord de Berlin). C'est là qu'il se livra notamment à des expérimentations inhumaines (tests aux sulfamides) sur des détenus du camp de Ravensbrück, tout proche. Condamné à mort par un tribunal militaire américain après la guerre, il fut exécuté le 2 uin 1948. C'était un ancien élève du professeur Sauerbruch, avec lequel il était en contact régulier.

7. Carnets inédits d'Adolphe Jung. Collection Frank et Marie-Christine Jung, Strasbourg.

8. Wilhelm Hoegner avait été le procureur du procès contre Hitler après le putsch manqué de 1923 à Munich. Il vivait en exil en Suisse depuis les premières années du nazisme.

9. R. Harris Smith, *OSS, The Secret History of America's First Central Intelligence Agency*. Berkeley 1972 (p. 221).

10. Message Kappa du 18 août 1944, Archives nationales américaines, College Park.

11. Lettre du 14 août 1944 à Ernst Kocherthaler, Archives nationales américaines, College Park.

12. Note manuscrite d'Ernst Kocherthaler *(Key for Wood)*, non datée, Archives nationales américaines, College Park.

13. Cf. document Boston n° 358, Archives nationales américaines, College Park. Les Allemands avaient l'intention de ressusciter politiquement Édouard Herriot et quelques autres politiciens de l'ancienne République.

14. En novembre 1942, avec la fin de la zone libre, le sabordage de la flotte française à Toulon et la dissolution de l'armée d'armistice, l'armée française n'eut plus qu'un seul régiment baptisé le « 1er régiment de France ».

15. Mémorandum du 22 août 1944 adressé aux services secrets britanniques par Allen Dulles, Archives nationales américaines, College Park.

16. La centrale de l'OSS se trouvait E Street à Washington. L'appellation courante des lieux, en interne, était « le Kremlin ».

17. L'OSS embauchait les meilleurs experts des grandes universités et des grands cabinets d'avocats de la côte Est. Elle employait beaucoup d'experts venus de tous les horizons, y compris des psychanalystes chargés d'analyser les profondeurs de l'âme allemande, des chimistes travaillant sur des projets parfois un peu fous (par exemple : introduire diverses drogues dans l'alimentation d'Hitler) et même des écrivains et en particulier des Allemands (par exemple Carl Zuckmayer, Franz Neumann, Herbert Marcuse, Erich Maria Remarque...).

18. Lettre d'Allen Dulles à William Donovan, 23 septembre 1944, document sur microfilm (MF 1642, roll 81), Archives nationales américaines, College Park.

19. Lettre d'Allen Dulles à sa femme, Clover Dulles, 9 décembre 1942, Allen W. Dulles Papers, Seeley G. Mudd Manuscript Library, Princeton.

20. « Cette situation n'était pas sans susciter la jalousie des diplomates », se souvient Cordelia Dodson-Hood, collaboratrice de Dulles à Berne en 1944 et 1945 (interview du 21 mars 2002 à Washington).

21. Source : *Miscellaneous Activities OSS Bern*, document interne du bureau de Berne de l'OSS, sans date, Archives nationales américaines, College Park.

22. Hans-Bernd Gisevius, qui était rentré à Berlin pour participer aux préparatifs du putsch, vécut dans la clandestinité pendant six mois avant de retourner à Berne avec de faux papiers de la Gestapo fabriqués par l'OSS. Source : résumé des activités du bureau de Berne de l'OSS pendant la guerre (titre : *Bern)*, Archives nationales américaines, College Park.

23. Interview avec Peter Sichel, 1er décembre 2001, Bordeaux. Après la guerre, Peter Sichel devait diriger l'antenne de Berlin de la CIA (1949-1952), puis diriger les opérations de la CIA en Europe de l'Est, avant de diriger le bureau de Hong Kong, à partir de 1956.

24. Joseph Persico, *Piercing the Reich*.

25. Cet épisode est en partie reconstitué à partir d'une lettre de Fritz Kolbe à Ernst Kocherthaler du 4 octobre 1944, Archives nationales américaines, College Park. Autre source : document biographique rédigé par Gerald Mayer et Fritz Kolbe.

26. Lettre de Fritz Kolbe à Allen Dulles, 28 juin 1962, Allen W. Dulles Papers, Seeley G. Mudd Manuscript Library, Princeton.

27. Fritz Kolbe eut recours plus d'une fois à la complicité de ses amis médecins. Il lui arrivait de se faire inoculer de la fièvre par Adolphe Jung pour pouvoir prendre un congé de quelques jours et travailler sur les dossiers qu'il voulait transmettre aux Américains. Source : article d'Edward P. Morgan, « The Spy the Nazis Missed », *art. cit.*, et document biographique rédigé par Gerald Mayer et Fritz Kolbe (collection Peter Kolbe, Sydney).

28. À l'automne 1944, le « ministère des territoires occupés à l'Est » (Reichministerium für die Besetzten Ostgebiete ou Ostministerium, dirigé par Alfred Rosenberg), n'était plus qu'une coquille vide, les territoires en question ayant été pour l'essentiel repris par l'Armée rouge.

29. Message Kappa du 7 octobre 1944 et document Boston n° 426, Archives nationales américaines, College Park. Les tentatives d'approches de l'Union soviétique par Peter Kleist avaient été évoquées dans la presse américaine en juillet 1944 mais avaient fait l'objet d'un démenti officiel de la part des autorités du Reich (source document Boston n° 411, Archives nationales américaines, College Park).

30. Le plan du Secrétaire au Trésor Henry Morgenthau, connu en septembre 1944, fut largement utilisé par la propagande nazie pour dénoncer les intentions « criminelles » de l'Amérique à l'égard de l'Allemagne.

31. Message Kappa du 7 octobre 1944, Archives nationales américaines, College Park.

32. Lettre de Fritz Kolbe à Ernst Kocherthaler, 14 novembre 1944, Archives nationales américaines, College Park.

33. « Avec l'appareil photo, le volume des documents traités augmentait de manière colossale », raconte Fritz Kolbe dans le document biographique rédigé avec Gerald Mayer.

34. Carnets inédits d'Adolphe Jung. Collection Frank et Marie-Christine Jung, Strasbourg.

35. Cet épisode est raconté en détail dans *The Story of George* et dans le document biographique rédigé par Gerald Mayer et Fritz Kolbe (collection Peter Kolbe, Sydney). Fritz Kolbe avait l'habitude de boire un cognac après les moments de grande angoisse. Source : article d'Edward P. Morgan, « The Spy the Nazis Missed », *art. cit.*

36. Épisode raconté dans le document biographique rédigé par Gerald Mayer et Fritz Kolbe (collection Peter Kolbe, Sydney) et dans l'article d'Edward P. Morgan, « The Spy the Nazis Missed », *art. cit.* Le Blockwart avait pour fonction de faire le lien entre le NSDAP et la société. Ces « petits Führer » étaient deux millions au moment de la guerre. Ils observaient le voisinage, organisaient la délation des comportements déviants, etc.

37. Document biographique rédigé par Gerald Mayer et Fritz Kolbe (collection Peter Kolbe, Sydney).

38. *Complete Diary of Clandestine Radio Communications in Bern, Switzerland from November 24, 1944 through the Month of June, 1945*, Archives nationales américaines, College Park.

39. Résumé des activités du bureau de Berne de l'OSS pendant la guerre (titre : *Bern)*, Archives nationales américaines, College Park.

40. Document biographique rédigé par Gerald Mayer et Fritz Kolbe (collection Peter Kolbe, Sydney).

41. Documents Boston n° 415 et n° 470, Archives nationales américaines, College Park. Ces informations furent transmises par l'OSS au président Roosevelt. Source : *Memorandum for the President*, 11 octobre 1944, microfilm (entry 190c, MF1642, roll 18), Archives nationales américaines, College Park.

42. Document Boston n°s 475, 478 et n° 479, Archives nationales américaines, College Park.

43. Document Boston n° 471, Archives nationales américaines, College Park.

44. Document Boston n° 534, Archives nationales américaines, College Park.

45. Document Boston n° 542, Archives nationales américaines, College Park.

46. Document Boston n° 733, Archives nationales américaines, College Park.

47. À la fin du mois de décembre 1944, Fritz Kolbe informa les Américains que « Eichmann avait été rappelé à Berlin », sa mission ayant été remplie. Cf. document Boston n° 733, Archives nationales américaines, College Park.

48. Document sur microfilm (MF1642, roll 81), Archives nationales américaines, College Park.

49. *Ibid.*

50. *Evaluation of Boston Series*, document du 28 décembre 1944, Archives nationales américaines, College Park.

51. Hansjakob Stehle, « Der Mann, der den Krieg verkürzen wollte », *Die Zeit*, 2 mai 1986.

52. Document biographique rédigé par Gerald Mayer et Fritz Kolbe.

53. Document Boston n° 802, Archives nationales américaines, College Park.

54. Document Boston n° 355, Archives nationales américaines, College Park.

55. Document Boston n° 804, Archives nationales américaines, College Park.

56. En avril 1945, plusieurs diplomates allemands quittèrent la légation de Berne et trouvèrent refuge chez des amis suisses. Ils retournèrent en Allemagne après la chute du régime nazi. Source : notes manuscrites de Ernst Kocherthaler, 10 avril 1945, Archives nationales américaines, College Park.

57. Document biographique rédigé par Gerald Mayer et Fritz Kolbe (collection Peter Kolbe, Sydney).

58. L'ignoble procureur en chef du régime nazi, Roland Freisler, périt ce jour-là après avoir été touché par un projectile en traversant la cour du tribunal.

59. Carnets inédits d'Adolphe Jung. Collection Frank et Marie-Christine Jung, Strasbourg.

60. Source : document biographique rédigé par Gerald Mayer et Fritz Kolbe (collection Peter Kolbe, Sydney). Une destruction des archives à grande échelle devait avoir lieu pendant les dernières semaines du régime nazi. Source : message Kappa du 5 avril 1945, Archives nationales américaines, College Park.

61. Message Kappa du 5 février 1945. Reproduit dans Neal H. Petersen, *From Hitler's Doorstep* (p. 444). On peut effectivement s'in-

terroger, par exemple, sur la question de savoir pourquoi les Américains n'ont jamais bombardé le QG d'Hitler en Prusse orientale, alors que Kolbe leur en avait indiqué précisément l'emplacement lors de sa première visite en août 1943. D'après l'historien Klemens von Klemperer, la raison en était le manque d'autonomie des avions alliés sur une si grande distance, sachant que les Soviétiques les empêchaient de se ravitailler en carburant sur le territoire de l'URSS.

62. Même source.

63. Lettre de Ferdinand L. Mayer à Whitney H. Shepardson, 28 décembre 1944, Archives nationales américaines, College Park.

64. Document de l'OSS daté du 20 février 1945, intitulé : *Special Unit*, Kappa *Material Organization and Handling*, Archives nationales américaines, College Park.

65. Karl Wolff (1900-1984) avait été le bras droit d'Heinrich Himmler à partir du milieu des années 1930. À partir de 1943, il avait été envoyé en Italie pour y assurer la direction des troupes SS et protéger ce qui restait du régime fasciste de Mussolini. Son rôle dans la reddition pacifique des troupes allemandes en Italie, au printemps de 1945, lui valut d'être épargné au tribunal de Nuremberg (il bénéficia à ce moment-là de la protection efficace d'Allen Dulles). Il fut à nouveau arrêté au début des années soixante et condamné à quinze ans de prison pour son rôle dans la déportation de centaines de milliers de Juifs vers le camp de Treblinka. Mais il fut relâché en 1970 pour « bonne conduite ».

66. Fritz fut enrôlé quelques jours, lui aussi, dans le Volkssturm (brigade du ministère des Affaires étrangères). Source : document biographique rédigé par Gerald Mayer et Fritz Kolbe (collection Peter Kolbe, Sydney).

67. Article d'Edward P. Morgan, « The Spy the Nazis Missed », *art. cit.*

68. Carnets inédits d'Adolphe Jung. Collection Frank et Marie-Christine Jung, Strasbourg.

69. Document biographique rédigé par Gerald Mayer et Fritz Kolbe (collection Peter Kolbe, Sydney).

70. La présence de Margot Sauerbruch lors de ce voyage est rapportée par Edward P. Morgan (« The Spy the Nazis Missed », *art. cit.*). La même source indique que Fritz Kolbe avait proposé à Maria Fritsch de venir avec lui, mais que celle-ci avait refusé en disant que son devoir lui imposait de rester à l'hôpital. Margot Sauerbruch, deuxième femme du chirurgien (de trente ans plus jeune que lui, donc née vers 1905), appartenait au cercle le plus intime de Fritz Kolbe. Bien qu'ayant été

mariée à un proche collaborateur d'Hitler à la chancellerie du Reich, elle était antinazie. Elle connaissait très exactement la nature des activités de Fritz, à la différence du chirurgien qui ne fut jamais informé dans les détails. Source : document autobiographique rédigé par Fritz Kolbe en janvier 1947 (collection Peter Kolbe, Sydney).

71. Cette traversée de l'Allemagne est rapportée dans un document qui est sans doute le debriefing de Fritz Kolbe par Ernst Kochertaler, début avril 1945. Document en anglais de dix pages (manque la page 1 !), Archives nationales américaines, College Park. Voir aussi article d'Edward P. Morgan, « The Spy the Nazis Missed », *art. cit.*

72. Document biographique rédigé par Gerald Mayer et Fritz Kolbe (collection Peter Kolbe, Sydney).

73. Cet épisode apparaît dans plusieurs documents, notamment « The Story of George ». D'après ce document, l'arrestation par la Gestapo aurait été provoquée par la visite de Fritz au monastère d'Ottobeuren, qui était sous surveillance. Voir également article d'Edward P. Morgan, « The Spy the Nazis Missed », *art. cit.*

74. Article d'Edward P. Morgan, « The Spy the Nazis Missed », *art. cit.*

75. Ces hommes étaient des collaborateurs du département d'espionnage de la Wehrmacht spécialisé sur la Russie (Fremde Heere Ost), dirigé par Reinhard Gehlen. Ce dernier réussit à monnayer son savoir auprès des Américains, qui semblent avoir entendu parler de lui pour la première fois par Fritz Kolbe. Gehlen devint l'un des personnages les plus importants de la guerre froide. Il créa les services de renseignements extérieurs de la nouvelle République fédérale d'Allemagne et devint le premier président du Bundesnachrichtendienst (BND). Source : debriefing de Fritz Kolbe par Ernst Kocherthaler, avril 1945, Archives nationales américaines, College Park.

76. Document biographique rédigé par Gerald Mayer et Fritz Kolbe.

77. Message Kappa du 4 avril 1945, Archives nationales américaines, College Park.

78. Message de Allen Dulles à Whitney H. Shepardson, 5 avril 1945, Archives nationales américaines, College Park.

79. Ces informations sur le Japon firent l'objet de deux messages Kappa le 6 avril 1945. Voir aussi document Boston n° 609, Archives nationales américaines, College Park.

80. Les Allemands savaient que les Américains s'intéressaient beaucoup à l'hypothèse du « réduit alpin » et réussirent à nourrir leur illusion pendant de longues semaines. Cette manœuvre eut un effet décisif sur le cours des opérations militaires. Le 14 avril 1945 (deux jours après

la mort de Roosevelt), les troupes américaines s'arrêtèrent sur l'Elbe et cessèrent d'avancer en direction de Berlin pour sécuriser le Sud de l'Allemagne. Au même moment, dans la nuit du 15 au 16 avril, les Russes lançaient leur grande offensive finale sur Berlin. Cf. Antony Beevor, *La Chute de Berlin*, Paris, 2003, et Joseph Persico, *Piercing the Reich. The Penetration of Nazi Germany by American Secret Agents During World War II*, New York 1979.

81. Fritz Kolbe avait eu la chance de ne jamais être suspecté par la Gestapo. Il était très reconnaissant aux Américains d'avoir tout fait pour le protéger pendant la guerre. « J'ai eu le privilège de travailler avec deux des plus éminents diplomates américains pendant quelques années. Ils ont été si prudents et si discrets qu'aucun des secrets dont dépendait ma vie n'a été divulgué. » Source : « The Story of George ». « Je suis très reconnaissant à mes "partenaires" de Berne d'avoir tout fait pour empêcher que je sois découvert. Cela n'a pas dû toujours être facile. » Source : document autobiographique rédigé par Fritz Kolbe le 15 mai 1945 (collection Peter Kolbe, Sydney).

82. Le nom de Walter Bauer avait été trouvé dans les carnets intimes de certains conjurés du 20 juillet, comme Carl Goerdeler. Il fut emprisonné dans la prison de la Lehrter Strasse (Berlin-Moabit) et torturé. « Va-t-il parler ? » se demandait Fritz Kolbe avec angoisse. Source : document biographique rédigé par Gerald Mayer et Fritz Kolbe (collection Peter Kolbe, Sydney).

83. Source : Fondation Konrad Adenauer, Sankt Augustin. Archives Walter Bauer.

84. Témoignage de Vassili Grossmann cité par Antony Beevor dans *La Chute de Berlin* (Paris, 2002), p. 419.

85. Carnets inédits d'Adolphe Jung. Collection Frank et Marie-Christine Jung, Strasbourg.

12. La disgrâce, p. 303

1. Épisode rapporté dans divers documents d'archives, notamment un mémorandum écrit par Fritz Kolbe pour la police suisse (12 juillet 1945, archives personnelles de Fritz Kolbe, collection Peter Kolbe, Sydney) et le procès-verbal d'audition de Fritz Kolbe par le ministère public suisse, 26 avril 1948 (Archives fédérales suisses, document gracieusement fourni par Peter Kamber). Cf. aussi article d'Edward P. Morgan, « The Spy the Nazis Missed », *art. cit.*

NOTES DES PAGES 304 À 306

2. Ces livraisons clandestines d'or à Berne sont évoquées par Robert Kempner, procureur américain au tribunal de Nuremberg, dans *Das IIIReich im Kreuzverhör* (p. 282) : « 700 kilos d'or furent transférés à la légation allemande de Berne avec l'accord de Ribbentrop sous forme de pièces de monnaie, en mars 1945. » Le bâtiment de la légation allemande à Berne fut placé sous scellés en mai 1945 (source : Archives fédérales suisses).

3. Cette série de visites à Otto Köcher est exposée en détails dans plusieurs documents des archives personnelles de Fritz Kolbe : *The Background of the George Story*, lettre de Fritz Kolbe à Walter Bauer (9 mai 1948), mémorandum de Fritz Kolbe à Walter Bauer (4 août 1950). Tous ces documents font partie de la collection de Peter Kolbe, Sydney.

4. Ludwigsburg avait été libéré par les Français en avril 1945, mais était très vite passé dans la zone d'occupation américaine, comme toute la partie nord du Würtemberg.

5. « Otto Köcher pensait que son expulsion vers l'Allemagne était due à une intervention américaine provoquée par George. Il présenta cette version des faits aux nombreux diplomates allemands qui étaient internés avec lui dans le camp, et c'est pourquoi George fut considéré par beaucoup de ses collègues comme responsable de la mort de Köcher. » Source : « The Background of the George Story », archives personnelles de Fritz Kolbe, collection Peter Kolbe, Sydney.

6. « Comme il était plein de confiance dans l'avenir après la guerre ! » écrivit Maria Fritsch bien des années plus tard. Source : lettre de Maria Fritsch à Peter Kolbe, 31 mai 1978, collection Peter Kolbe, Sydney.

7. Mémorandum de « George Wood », 17 avril 1945, Archives nationales américaines, College Park. Opinion de Fritz Kolbe sur les membres du ministère des Affaires étrangères à la fin du mois de mars 1945. Kolbe avait rempli plusieurs feuilles de papier avec les noms des principaux diplomates du ministère. Une étoile rouge devant un nom signifiait : « particulièrement dangereux » (*besonders gefährlich*). Une étoile bleue signifiait « non membre du parti nazi » (*nicht Pg*). Un classement en quatre catégories précisait les choses. Le chiffre 1 signifiait : « expulsion immédiate souhaitable » (*sofortige Entfernung erwünscht*). 79 personnes étaient concernées. Le chiffre 2 signifiait : « expulsion prochaine souhaitable » (54 personnes). 3 : « peut être réemployé à l'essai après un avertissement » (84 personnes). 4 : antinazi. (24 personnes mentionnées, dont Willi Pohle, Karl Dumont, Gertie von Heimerdinger et quelques personnes du bureau du chiffre et du courrier diplomatique). Karl Ritter était dans la catégorie 1 avec étoile rouge.

8. Ce texte non daté est écrit parfois à la première personne, parfois à la troisième personne. Il raconte les principaux éléments de la vie d'espion de Fritz Kolbe. On peut y lire notamment le passage suivant : « Pour raconter tous les détails de ses aventures, on a dû soutirer des éléments à tous ses amis car lui, George, n'aime pas la publicité et s'entoure d'un mur de modestie. *The Story of George* se trouve dans les archives personnelles de Fritz Kolbe, collection Peter Kolbe, Sydney, mais aussi aux Archives nationales américaines.

9. Eva Braun s'était suicidée le 30 avril 1945 avec Adolf Hitler, qu'elle avait épousé la veille, dans le bunker souterrain de la chancellerie du Reich, à Berlin.

10. Mémorandum du prélat Schreiber à propos d'un voyage en Bavière effectué du 2 au 6 juin 1945 avec Fritz Kolbe et un officier américain. Cf. également mémorandum de Ernst Kocherthaler à Allen Dulles, 8 juin 1945, Archives nationales américaines, College Park. Le *Gauleiter* de Munich était Paul Giesler, pressenti par Hitler pour prendre la succession d'Heinrich Himmler dans les dernières heures de la guerre.

11. Les circonstances de l'arrestation de Ribbentrop furent rocambolesques. À Hambourg, les Britanniques avaient arrêté quelqu'un dont ils n'étaient pas sûrs que ce fût l'ancien ministre des Affaires étrangères. On le mit en présence de sa sœur, Ingeborg Ribbentrop, qui le reconnut immédiatement et ne put s'empêcher de crier : « Joachim ! ». Source : Hans-Jürgen Döscher, *Verschworene Gesellschaft, op. cit.*

12. Peter Sichel, interview à New York, 25 mai 2002.

13. Le général Donovan rencontra plusieurs fois « George Wood » par la suite et semblait l'apprécier. « J'aimerais le revoir quand il repassera par ici », peut-on lire à propos de Kolbe dans une lettre du général Donovan à Allen Dulles (16 mars 1949), Allen W. Dulles Papers, Seeley G. Mudd Manuscript Library, Princeton.

14. « Nos collègues des services de renseignement britanniques, connus pour leur scepticisme et leur prudence, ont considéré que cet informateur était la meilleure source d'information de la guerre (*the prize intelligence source of the war*) ». Source : *Memorandum for the President* du 22 juin 1945, adressé au président Truman par le général Donovan, Archives nationales américaines, College Park (entry 190c, microfilm 1642, roll 83).

15. Lettre de Fritz Kolbe à Ernst Kocherthaler, 2 juillet 1945, Wiesbaden, archives personnelles de Fritz Kolbe, collection Peter Kolbe, Sydney.

Gerstenmaier était représentant de l'évêque protestant du Würtemberg à Berlin. Il fréquentait le « cercle de Kreisau », un des foyers d'opposition au régime nazi impliqués dans l'attentat du 20 juillet. « Gerstenmaier était le genre d'hommes à tenir une Bible dans la main et un revolver dans l'autre ». Source : Peter Sichel, interview à Bordeaux, 1er décembre 2001.

16. « Le rôle joué par les Églises des deux confessions dans la lutte contre Hitler était grand mais ne devrait pas être surestimé. En aucun cas les Églises ne disposaient d'un monopole dans le combat contre le fascisme. Leur reconnaître ce rôle aujourd'hui reviendrait à favoriser la création d'un gouvernement clérical en Allemagne », écrit Fritz Kolbe dans un document sur la « question des Églises » *(zur Kirchenfrage)*, rédigé à Wiesbaden le 9 juillet 1945. Source : archives personnelles de Fritz Kolbe, collection Peter Kolbe, Sydney.

17. Hans-Bernd Gisevius partit vivre aux États-Unis après la guerre. Il travailla dans un *think tank* à Dallas, au Texas (le Dallas Council on World Affairs). Présenté comme un grand résistant allemand dans la presse américaine, il était considéré comme un affabulateur dans la presse allemande. Sources : *Der Spiegel*, n° 18, 1960 ; Allen W. Dulles Papers, Seeley G. Mudd Manuscript Library, Princeton.

18. Source : lettre de Fritz Kolbe à Ernst Kocherthaler, Wiesbaden (2 juillet 1945), archives personnelles de Fritz Kolbe, collection Peter Kolbe. Voir aussi article d'Edward P. Morgan, « The Spy the Nazis Missed », *art. cit.*

19. En mars et en avril 1945, « nous nous nourrissions de whisky écossais et de biscottes suédoises dans l'abri de la Charité », raconte Ferdinand Sauerbruch dans ses mémoires.

20. En mai 1945, le professeur Sauerbruch avait été désigné par les Soviétiques comme responsable de la santé à l'administration de la ville. Mais en octobre de la même année, il fut démis de toutes ses fonctions politiques. En décembre 1949, il fut relevé de ses fonctions médicales et universitaires tant à la Charité qu'à l'université Humboldt. Atteint d'une maladie cérébrale, il continua néanmoins à opérer jusqu'à la fin de sa vie. Plusieurs patients ne sortirent pas vivants de la salle d'opération. Il mourut le 2 juillet 1951 à l'âge de soixante-seize ans après avoir publié un livre de mémoires qui fut un best-seller en Allemagne.

21. Adolphe Jung était reparti à Strasbourg, où il eut beaucoup de mal à se réinsérer car on le soupçonnait de collaboration avec les Allemands. Il demanda de l'aide aux Américains mais ceux-ci ne purent pas faire grand-chose pour aider le chirurgien à sauver sa réputation. Aujourd'hui encore, ces blessures du passé sont encore

très vives à Strasbourg. Sources : correspondance d'après-guerre entre Adolphe Jung et Allen W. Dulles, Seeley G. Mudd, Manuscript Library, Princeton ; interview avec Frank et Marie-Christine Jung et Pierre Kehr, Strasbourg, janvier 2003.

22. Pendant toute l'année 1945, des commandos nazis continuèrent de faire régner l'inquiétude et l'insécurité en Allemagne. Le *Werwolf* (« loup-garou ») était le nom donné à ces groupes terroristes. Cf. notes manuscrites de Ernst Kocherthaler, 10 avril 1945, Archives nationales américaines, College Park.

23. Document rédigé par Maria Fritsch en octobre 1972 (archives privées Martin et Gudrun Fritsch, Berlin).

24. Les paquets « CARE » *(Cooperative American Remittance for Europe)* permettaient d'échapper au rationnement en vigueur en Allemagne. Ils commencèrent à être distribués en Europe à partir du printemps 1946.

25. L'obtention d'un laissez-passer était un véritable parcours du combattant pour tous ceux qui n'avaient pas de relations auprès des autorités d'occupation. Pour aller de Berlin à Hambourg, par exemple, il fallait un laissez-passer « interzone » qui ne valait que pour un seul voyage aller et retour et qui ne pouvait pas être obtenu sans un « avis favorable » des autorités militaires.

26. Les détails de la vie professionnelle de Fritz à l'OMGUS se trouvent dans une lettre de Fritz Kolbe à Ernst Kocherthaler, 29 décembre 1945. Source : archives personnelles de Fritz Kolbe, collection Peter Kolbe, Sydney.

27. En allemand : *Alliiertenknecht, Vaterlandsverräter.*

28. La famille de Maria Fritsch (milieu de petite bourgeoisie, l'un des frères de Maria tenait une épicerie à Berlin) se méfiait énormément de Fritz mais venait quand même chercher chez lui des provisions fournies par les Américains, pour les revendre sous le manteau. Source : interview avec Martin Fritsch, neveu de Maria, Berlin, 5 janvier 2002.

29. Lettre de Fritz à Allen Dulles (28 juillet 1945), Archives nationales américaines, College Park.

30. Fritz Kolbe interviewa par exemple Kurt Schumacher dans le *Tagesspiegel* au cours du printemps 1946. Source : lettre de Fritz Kolbe à Ernst Kocherthaler, 1er avril 1946, archives personnelles de Fritz Kolbe, collection Peter Kolbe, Sydney.

31. « Fritz Kolbe était quelqu'un de mystérieux mais plein de vie et d'entrain. Il y avait une énergie incroyable dans son visage. Nous savions qu'il travaillait pour la CIA. Il m'aida à obtenir un laissez-passer pour me rendre en Bavière avec mon bébé de deux ans, malade de la

tuberculose ». Source : interview avec Erika von Horstein, 27 octobre 2001 à Berlin.

32. Lettre de Fritz Kolbe à Allen Dulles, 28 juillet 1945, Archives nationales américaines, College Park. Felicitas von Reznicek, amie de Gertrud von Heimerdinger, était journaliste, auteur de romans à succès et de scénarios de films policiers.

33. Courrier de Tom Polgar, 13 mai 2002. Tom Polgar devait ensuite faire toute sa carrière à la CIA, et notamment diriger l'antenne vietnamienne de l'agence pendant les années de guerre. Il fut l'un des derniers citoyens américains à quitter Saigon en avril 1975.

34. La fusion forcée du SPD et du SED eut lieu les 21 et 22 avril 1946.

35. Erika von Hornstein, interview à Berlin, 27 octobre 2001.

36. Lettre de Maria Fritsch à Ernst Kocherthaler, 23 août 1945, archives personnelles de Fritz Kolbe, collection Peter Kolbe, Sydney. Article d'Edward P. Morgan, « The Spy the Nazis Missed », *art. cit.*

37. DeWitt C. Poole était, comme Allen Dulles, un ancien élève de Princeton. En poste comme diplomate à Moscou pendant la révolution russe, il avait été mêlé à un projet d'attentat contre Lénine. Il était violemment anti-communiste et adoptait également une « ligne dure » à l'égard de l'Allemagne.

38. Le procès des dirigeants nazis était en préparation depuis la fin de 1942. La mise en place d'une commission appelée à juger les dirigeants allemands fut annoncée en novembre 1943. En août 1945, à Londres, le statut du tribunal fut adopté par les trois principaux alliés (États-Unis, Angleterre, URSS). Le tribunal de Nuremberg ouvrit ses portes en novembre 1945 et les sentences furent prononcées le 1er octobre 1946. Parmi d'autres dirigeants nazis, Joachim von Ribbentrop fut exécuté par pendaison le 16 octobre 1946 dans un gymnase de Nuremberg.

39. Ce témoignage contredit légèrement celui d'Edward P. Morgan qui cite la phrase suivante de Fritz Kolbe : « J'ai gagné beaucoup de trophées mais je ne les ai pas gardés. Je me moque de toutes les médailles, trophées et uniformes » (« The Spy the Nazis Missed », *art. cit.*).

40. Fritz Kolbe fut interrogé par un certain Harold C. Vedeler. Les comptes rendus de ces conversations, déclassifiés depuis 1963, sont consignés sur microfilms aux Archives nationales américaines, College Park (M679, roll 2).

41. Un document officiel du tribunal de Nuremberg atteste que Fritz Kolbe « a travaillé du 23 juillet 1945 au 15 décembre 1945 comme enquêteur *(investigator)* auprès de la Commission des crimes de guerre

et a donné d'excellents services ». Source : *War Crimes Commission*, document du 15 décembre 1945 (source Peter Kolbe, Sydney).

42. Lettre de William Donovan à Allen Dulles, 29 juin 1946, Allen W. Papers, Seeley G. Mudd Manuscript Library, Princeton. À cette date, Allen Dulles avait quitté l'OSS pour redevenir avocat à New York. L'OSS elle-même n'existait plus. L'office avait été rebaptisé SSU (pour « Strategic Services Unit ») avant de devenir la CIA en septembre 1947. L'OSS avait été démantelé en octobre 1945 par le président Truman qui craignait la montée en puissance d'une forme de « police secrète » à l'américaine.

43. Lettre de Allen Dulles à William Donovan, 8 juillet 1946, Allen W. Papers, Seeley G. Mudd Manuscript Library, Princeton.

Le scénario d'un enlèvement de Fritz Kolbe peut se comprendre dans le contexte de l'époque. Il n'était pas rare, dans le Berlin d'après-guerre, que des personnes « disparaissent » mystérieusement. Le journaliste Dieter Friede fut enlevé à l'automne 1947. Walter Linse, juriste et défenseur des droits de l'homme, fut enlevé en juillet 1952 et exécuté quelques mois plus tard par les Soviétiques.

44. Peter Sichel juge que cette appréciation de Dulles « était sans doute un peu exagérée ». Source : interview avec Peter Sichel, 25 mai 2002, New York.

45. Lettre de Fritz Kolbe à Ernst Kocherthaler, juin 1947, archives personnelles de Fritz Kolbe, collection Peter Kolbe.

46. Source : lettre de Fritz Kolbe à Allen Dulles, 1er mars 1948, Allen W. Dulles Papers, Seeley G. Mudd Manuscript Library, Princeton.

47. Après la capitulation allemande, les soldats alliés n'avaient pas le droit de communiquer avec les civils allemands. Cette politique, dite de la « non-fraternisation », ne fut levée qu'à la mi-juillet 1945.

48. Allen Dulles se demandait ce que « George » allait bien pouvoir faire aux États-Unis, mais il était prêt à l'aider dans ses projets. Source : correspondance entre Fred Stalder et Allen Dulles, Allen W. Dulles Papers, Seeley G. Mudd Manuscript Library, Princeton. Les questions sur Fritz furent adressées à Allen Dulles par ses collègues de Washington le 21 novembre 1947. Source : Archives nationales américaines, College Park.

49. Document notarié du 15 janvier [notaire : John W. P. Slobadin, New York] Allen W. Dulles Papers, Seeley G. Mudd Manuscript Library, Princeton. 1948.

50. Document notarié du 26 avril 1948, [notaire : John W. P. Slobadin, New York] Allen W. Dulles Papers, Seeley G. Mudd Manuscript Library, Princeton. Voir aussi lettre de Richard Helms à

Allen Dulles (21 avril 1948) : « Pour votre information, sachez que nous avons fourni à George, depuis 1945, la somme de 6 199,25 dollars. Ceci est à ajouter à la somme de 20 000 francs suisses que vous avez laissée pour lui en Suisse. » Source : Allen W. Dulles Papers, Seeley G. Mudd Manuscript Library, Princeton.

51. Lettre d'Ernst Kocherthaler à Allen Dulles (8 octobre 1945). Archives nationales américaines, College Park.

52. Curriculum vitae de Fritz Kolbe rédigé après la guerre (sans date), archives personnelles de Fritz Kolbe, collection Peter Kolbe, Sydney.

53. Le blocus de Berlin dura de juin 1948 à mai 1949.

54. Lettre d'Allen Dulles à Fritz Kolbe, avril 1949, archives personnelles de Fritz Kolbe, collection Peter Kolbe, Sydney.

55. Lettre de Walter Bauer à Fritz Kolbe, 21 mai 1949, archives personnelles de Fritz Kolbe, collection Peter Kolbe, Sydney.

56. Lettre d'Ernst Kocherthaler à Fritz Kolbe, 7 juin 1949. Source : archives personnelles de Fritz Kolbe, collection Peter Kolbe, Sydney.

57. Correspondance entre Fritz Kolbe et Allen Dulles, archives personnelles de Fritz Kolbe, collection Peter Kolbe, Sydney ; correspondance entre Allen Dulles et Ernst Kocherthaler, Allen W. Dulles Papers, Seeley G. Mudd Manuscript Library, Princeton. La CIA avait offert une somme de 25 000 dollars à Fritz Kolbe à son arrivée sur le sol américain (en plus de la somme de 20 000 francs suisses déposés par Allen Dulles sur un compte fiduciaire en Suisse). Source : Hansjakob Stehle dans *Die Zeit*, mai 1986.

58. Lettre de Allen Dulles à Ernst Kocherthaler, 28 novembre 1949, Allen W. Dulles Papers, Seeley G. Mudd Manuscript Library, Princeton.

59. Lettre de Ernst Kocherthaler à Allen Dulles, 27 janvier 1953. Source : Allen W. Dulles Papers, Seeley G. Mudd Manuscript Library, Princeton.

60. Archives personnelles de Fritz Kolbe, collection Peter Kolbe, Sydney.

61. Walter Bauer occupe des fonctions dirigeantes dans l'embryon d'administration économique allemande du Land de Hesse, il participe aux négociations européennes sur le charbon et l'acier... C'est un *insider* qui connaît tout le monde. Un homme très influent. Le chancelier Adenauer lui propose plusieurs fois un poste de secrétaire d'État, qu'il refuse. Il est l'une des figures importantes au sein des institutions patronales (le BDI), où il représente les intérêts de l'industrie textile. Source : Fondation Konrad Adenauer, Sankt Augustin. Dossier Walter Bauer.

62. Lettre de Fritz Kolbe à Carlo Schmid, 13 juin 1949 (et réponse du bureau de Carlo Schmid du 17 août 1949). Lettre de candidature à l'administration du plan Marshall, 11 juillet 1949. Lettre de la direction du SPD à Fritz Kolbe, 18 octobre 1949, archives personnelles de Fritz Kolbe, collection Peter Kolbe, Sydney.

63. Article de journal de juillet 1949. La citation du gouverneur Robertson est soulignée par Fritz Kolbe. Archives personnelles de Fritz Kolbe, collection Peter Kolbe, Sydney.

64. Lettre de Fritz Kolbe à Rudolf Pechel, 11 août 1949. Archives fédérales allemandes, Koblenz, dossier « Rudolf Pechel ».

65. Lettre de Fritz Kolbe à Walter Bauer, 15 novembre 1949, archives personnelles de Fritz Kolbe, collection Peter Kolbe, Sydney.

66. En janvier 1948 fut ouvert le procès de la « Wilhelmstrasse » contre vingt et un anciens hauts diplomates, dont Karl Ritter. Ce dernier fut condamné, en avril 1949, à quatre ans de prison pour « crimes de guerre » en raison de ses responsabilités décisionnelles dans le traitement des prisonniers de guerre alliés. Il fut acquitté des autres chefs d'accusation (notamment celui de « crimes contre l'humanité » dans le dossier de l'occupation de la Hongrie après mars 1944). Karl Ritter avait déjà effectué sa peine. Il rentra dans son chalet de Bavière et vécut retiré de la vie publique. (Fritz entendit que Ritter était retourné au Brésil au début des années 1950, pour épouser une riche héritière tropicale comme on peut le lire dans l'article d'Edward P. Morgan, « The Spy the Nazis Missed », *art. cit.*).

67. Archives personnelles de Fritz Kolbe, collection Peter Kolbe, Sydney.

68. Fritz Kolbe n'avait jamais officiellement quitté le ministère puisqu'il était fonctionnaire à vie et qu'il était simplement « en disponibilité ». Il attendait qu'une nouvelle administration se mette en place. En 1950, l'Auswärtiges Amt n'avait toujours pas été autorisé par les puissances occupantes à renaître de ses cendres. Depuis septembre 1945, les Alliés avaient mis officiellement un terme à l'existence du ministère, des ambassades, consulats et autres représentations allemandes à l'étranger. Cependant, à la chancellerie de Bonn, un nouvel appareil diplomatique s'installait. « À la fin de 1949 et au début de 1950, trois mois après la constitution du gouvernement fédéral, l'organisation du ministère et surtout l'attribution des postes étaient bouclés pour l'essentiel. [...] Les anciens diplomates de la Wilhelmstrasse occupèrent tous les postes clés du ministère », écrit Hans-Jürgen Döscher (*Verschworene Gesellschaft*). Les Alliés n'essayèrent pas d'influencer les nominations, sauf pour les ambassades allemandes à Washington, Londres ou Paris. Le ministère

des Affaires étrangères de la nouvelle République fédérale d'Allemagne fut créé en mars 1951, et ce fut le chancelier Adenauer qui se nomma lui-même chef de la diplomatie allemande.

69. Lettre de candidature de Fritz Kolbe à Hans-Heinrich Herwarth von Bittenfeld, 15 octobre 1949, archives personnelles de Fritz Kolbe, collection Peter Kolbe, Sydney. Herwarth était chef du protocole à la chancellerie de Bonn. Son passé était sans tache : ayant un quart de sang juif, il avait dû quitter l'Auswärtiges Amt en 1939. Il n'était pas membre du parti nazi et dut la vie sauve aux protections qu'il avait en haut lieu. Pour remercier tous ceux qui l'avaient aidé pendant la guerre, il profita de sa position de force, après 1945, pour distribuer des certificats de bonne moralité à ses amis, pour la plupart d'anciens nazis. Source : Hans-Jürgen Döscher, *Verschworene Gesellschaft, op. cit.*

70. Herbert Blankenhorn (1904-1991) a sans doute joué un grand rôle dans le blocage de la carrière de Fritz Kolbe après la guerre. En mars 1950, alors que Fritz essayait de se faire embaucher auprès du nouveau consul général allemand à Washington, Ernst Kocherthaler écrivit la lettre suivante à Allen Dulles : « Je doute que Herr Blankenhorn, l'actuel conseiller du chancelier Adenauer pour les questions de politique étrangère, tolère la personne de Fritz. Blankenhorn était l'un des assistants d'Otto Köcher à Berne. Or Köcher a rendu Fritz responsable de sa débâcle personnelle. Du coup, Fritz est considéré comme une sorte de traître par Blankenhorn et ses amis. » Source : lettre du 28 mars 1950 d'Ernst Kocherthaler à Allen Dulles, Allen W. Dulles Papers, Seeley G. Mudd Manuscript Library, Princeton.

Herbert Blankenhorn était l'« homme fort » du nouveau ministère des Affaires étrangères (directeur des affaires politiques à partir de 1951, il fut un peu plus tard ambassadeur auprès de l'OTAN puis ambassadeur à Paris, Rome et Londres). Mais ce n'était pas un homme sans passé : il avait été chargé de la culture et de la propagande à la légation allemande de Berne entre 1940 et juillet 1943. Il avait naturellement été membre du parti nazi. Mais, surtout, il avait travaillé quotidiennement avec Otto Köcher, dont la haine pour Fritz Kolbe datait au moins des premiers jours du mois de mai 1945.

71. Lettre du 20 mai 1950 à Fritz, collection Peter Kolbe. Ludwig Erhard (CDU) fut ministre de l'économie d'Adenauer de septembre 1949 à octobre 1963.

72. Archives personnelles de Fritz Kolbe, collection Peter Kolbe, Sydney.

73. *Ibid.*

74. Lettre de Walter Bauer à Fritz Kolbe, Fulda, 30 juillet 1950, archives personnelles de Fritz Kolbe, collection Peter Kolbe, Sydney.

75. Lettre de Fritz Kolbe à Walter Bauer, Francfort, 4 août 1950, archives personnelles de Fritz Kolbe, collection Peter Kolbe, Sydney.

76. « Peut-être est-ce aussi bien que je n'aie pas été repris au ministère car j'aurais pu saluer des gens en leur disant "Heil Hitler !" en les croisant dans les couloirs », aurait dit Fritz Kolbe (source : Hansjakob Stehle dans *Die Zeit*, mai 1986). Dans les archives, on ne trouve aucun document annonçant à Fritz qu'il n'est pas repris dans le ministère.

77. « Il semble que de grandes choses se préparent. Allen m'a fait demander de m'exprimer un peu plus longuement sur mes motivations [...] Vous pouvez imaginer combien j'ai peu de plaisir à continuer cet exercice qui consiste à parler de moi. » Source : lettre de Fritz Kolbe à Ernst Kocherthaler, 29 mai 1945, archives personnelles de Fritz Kolbe, collection Peter Kolbe, Sydney. Dans les livres qu'il fit paraître après la guerre, Allen Dulles mentionne plusieurs fois « George Wood ».

78. « Allen Dulles m'a demandé une *story* à propos de George. Il dit que vous êtes trop modeste pour l'écrire vous-même. » Source : lettre de Ernst Kocherthaler à Fritz Kolbe, 4 juillet 1945, archives personnelles de Fritz Kolbe, collection Peter Kolbe, Sydney.

79. Lettre de Fritz Kolbe à Toni Singer, 30 septembre 1946, archives personnelles de Fritz Kolbe, collection Peter Kolbe, Sydney.

80. Lettre à Ernst Kocherthaler, 2 juillet 1945 (écrite de Wiesbaden), archives personnelles de Fritz Kolbe, collection Peter Kolbe, Sydney.

81. « Tout le monde écrit ses mémoires sur la période nazie », constate le journaliste américain Edward P. Morgan en 1950 (article paru dans le magazine *True*).

82. À la fin des années 1960, Gerald Mayer commença à travailler concrètement avec Fritz Kolbe sur un projet de livre. Il se fit envoyer par la CIA de Washington un dossier complet sur les activités de « Wood » pendant la guerre. La mort de Fritz en février 1971 interrompit les travaux. « J'ai vu George Wood à Berne à plusieurs reprises, j'espère pouvoir l'aider à écrire ses mémoires », écrit Gerald Mayer à Allen Dulles le 14 juillet 1968. Source : Allen W. Dulles Papers, Seeley G. Mudd Manuscript Library, Princeton. En octobre 1972, Maria écrit un mémo (archives privées, M. & G. Fritsch, Berlin) dans lequel elle écrit que « la mort a fauché Fritz au moment où il aurait été mûr pour écrire ses mémoires comme il le souhaitait depuis longtemps ».

83. Correspondance entre Gerald Mayer et Fritz Kolbe, septembre 1949 à janvier 1950, archives personnelles de Fritz Kolbe, collection personnelle de Peter Kolbe, Sydney. *True* était un magazine

masculin à grande diffusion, abondamment illustré, appartenant au groupe Fawcett. Edward P. Morgan fit ensuite carrière comme journaliste politique et commentateur à la télévision.

84. Archives personnelles de Fritz Kolbe, collection Peter Kolbe, Sydney. Également archivé à Princeton (Allen W. Dulles Papers, Seeley G. Mudd Manuscript Library).

85. « Je regrette l'article sur George et je crains qu'une publication en Suisse en ce moment ne lui cause beaucoup de tort. C'est vraiment tragique. » Lettre d'Allen Dulles à Ernst Kocherthaler, 20 avril 1951, Allen W. Dulles Papers, Seeley G. Mudd Manuscript Library, Princeton.

86. Rudolf Pechel avait été arrêté en 1942 à cause d'un article qui n'avait pas plu à Goebbels. Pechel était né en 1888 à Güstrow. Il avait été officier de marine avant la Première Guerre mondiale. Proche de Moeller van den Bruck dans les années 1920, il avait ensuite pris ses distances avec le nationalisme. Pendant la guerre, il fréquentait les opposants les plus actifs d'Allemagne (Cari Goerdeler, Wilhelm Leuschner...). En 1947, Rudolf Pechel écrivit un livre intitulé *Résistance allemande (Deutscher Widerstand)*, pour prouver qu'il avait existé des formes de rébellion dans son pays. Il termina sa vie en Suisse, où il mourut en 1961.

87. Archives fédérales allemandes, Koblenz, dossier « Rudolf Pechel ».

88. Carlo Schmid (1896-1979) : grand leader social-démocrate d'après-guerre, il fut aussi un militant de la réconciliation franco-allemande et de la construction européenne. Golo Mann (1909-1994) : historien, l'un des fils de Thomas Mann. Wilhelm Röpke (1899-1966) : économiste, l'un des pères spirituels de l'« économie sociale de marché ».

89. Dans leur profession de foi démocratique et pro-occidentale, Rudolf Pechel mais aussi Ernst Kocherthaler se reconnaissaient dans le mouvement du « réarmement moral », fondé par le pasteur américain Frank Buchman, qui faisait la promotion d'un « monde sans haine, sans peur, sans égoïsme » et qui s'engageait pour une « reconstruction morale et spirituelle » de l'Europe avec comme priorité le rapprochement des anciens ennemis, notamment la France et l'Allemagne.

90. « Je suis convaincu d'avoir agi en patriote dans la mesure où j'ai prouvé à quelques personnalités du camp allié qu'il y avait en Allemagne des gens de bonne volonté. » Source « The Story of George ».

91. L'article 20 (paragraphe 4) de la loi fondamentale de la RFA, proclamée le 8 mai 1949, stipulait que « tous les Allemands ont le droit de résistance (*Recht zum Widerstand*) contre quiconque entreprendrait d'écarter l'ordre démocratique, si aucun autre moyen n'est possible ».

92. Mary Alice Gallin, *Ethical and Religious Factors in the German Resistance to Hitler*, Washington, 1955. Hasso von Etzdorf était un diplomate conservateur, opposé aux nazis pendant la seconde guerre mondiale.

93. Mary Bancroft, *Autobiography of a Spy, op. cit.*, p. 195.

94. Dans un discours prononcé le 20 juillet 1964 pour les vingt ans de l'attentat manqué contre Hitler, Eugen Gerstenmaier souligna que les résistants allemands au nazisme avaient dû « sans cesse réfléchir au dosage entre la rébellion contre le gouvernement et la fidélité au peuple et à l'armée ». (Hansjakob Stehle dans *Die Zeit*, mai 1986). « Ils crèveront, dit-il, ils auront ce qu'ils auront mérité », avait dit Fritz Kolbe à propos des Allemands (Adolphe Jung, cf. chapitre 5, p. 88).

95. Parmi eux Werner von Bargen, ancien envoyé du Reich en Belgique, coresponsable de la déportation des Juifs en Belgique pendant la guerre. Source : Hans-Jürgen Döscher, *Verschworene Gesellschaft, op. cit.*

96. Hans-Jürgen Döscher, *Verschworene Gesellschaft*, Berlin, 1995.

97. D'après Richard Helms et William Hood (*A Look Over My Shoulder, op. cit.*), Fritz Kolbe reçut une pension mensuelle de la CIA quelques années plus tard, lorsqu'il s'installa en Suisse au milieu des années 1950. Kolbe reçut également une pension du ministère des Affaires étrangères à la fin de sa vie. Source : Peter Kolbe, Sydney.

98. Source : lettre de Ernst Kocherthaler à Allen Dulles, 20 février 1953, Allen W. Dulles Papers, Seeley G. Mudd Manuscript Library, Princeton.

99. « Kolbe ne se plaignait pas. Il laissait juste transparaître un peu de dépit, montrant qu'il était blessé d'avoir été mis de côté. » Source : Richard Helms, ancien directeur de la CIA, interview inédite réalisée par la journaliste Linda Martin (CBS) au printemps 2002. « Kolbe n'a jamais exprimé amertume ni regrets à propos de son destin d'après-guerre. » Source : Tom Polgar, courrier du 13 mai 2002 à l'auteur.

100. Document manuscrit rédigé par Maria Fritsch en octobre 1972. Collection Martin et Gudrun Fritsch, Berlin.

101. Tous les détails de cet épisode reposent sur le témoignage de Peter Kolbe, recueilli en novembre 2001 à Sydney.

102. Les relations entre Fritz et sa troisième femme, Maria, semblent avoir traversé des périodes très difficiles pendant les années 1950. Dans ses carnets intimes de l'époque, Maria confie sa douleur amoureuse. Elle avouera, à la fin de sa vie, ne jamais avoir complètement percé la personnalité de Fritz : « il venait d'une autre planète », disait-elle. Source : Gudrun et Martin Fritsch, Berlin, janvier 2002.

103. Bien que n'ayant jamais vécu en Allemagne, Peter Kolbe parle l'allemand sans accent et conserve un léger accent allemand lorsqu'il parle anglais.

104. Peter revint plusieurs fois en Allemagne et la relation avec son père s'apaisa un peu avec le temps. Il fit des études scientifiques en Afrique du Sud et en Australie et devint géologue. Après des études post-doctorales au MIT de Cambridge (Massachusetts) et un poste dans une entreprise américaine basée au Canada, il partit s'installer en Australie, où un poste de professeur de géologie-géochimie lui fut proposé à l'université de Sydney : il y fit tout le reste de sa carrière. Avec le recul du temps, Peter Kolbe s'est réconcilié intérieurement avec son père et le remercie, finalement, de ne pas l'avoir ramené avec lui en Allemagne en septembre 1939.

105. Correspondance entre Fritz Kolbe et son fils, septembre 1953. « Mon père m'envoyait des lettres où il me demandait des tas de renseignements sur les besoins économiques de l'Afrique du Sud : piliers de béton pour lignes téléphoniques, planches de bois pour les lignes de chemin de fer... Je trouvais ça complètement ridicule et je me disais : quel pauvre type ! » Peter Kolbe, Sydney, novembre 2001.

106. Peter Kolbe fut introduit dans une loge de Durban, mais il n'y mit les pieds qu'une fois ou deux.

107. « Sans Kolbe, Allen Dulles ne serait jamais devenu chef de la CIA », dit Mary Bancroft, ancienne collaboratrice informelle et maîtresse d'Allen Dulles, dans *Die Zeit*, mai 1986, article de Barbara Ungeheuer.

108. Le Council of Foreign Relations fut créé après la première guerre mondiale par de jeunes émules du président Wilson, dont Allen Dulles. Ce club de réflexion vit le jour à l'hôtel Majestic en mai 1919, en marge des négociations sur le traité de Versailles. Avec le temps, ce forum devint une pépinière de hauts dirigeants américains.

109. Allen W. Dulles Papers, Seeley G. Mudd Manuscript Library, Princeton. À la mort d'Allen Dulles (30 janvier 1969), tous les articles nécrologiques publiés dans la presse américaine mentionnèrent l'existence de « George Wood ».

110. Lettre du 6 décembre 1945 du général John Magruder à Allen Dulles. Allen W Dulles Papers, Seeley G. Mudd Library, Princeton.

111. Discours du président Truman reproduit dans un dossier de presse de l'éditeur MacMillan en présentation d'un livre d'Allen Dulles consacré à la résistance allemande au nazisme : *Germany's Underground*, 1947. Source : Allen W. Dulles Papers, Seeley G. Mudd Manuscript Library, Princeton.

112. Entre autres sources, on peut citer une lettre de Fritz Kolbe à son fils, datée de mai 1968, dans laquelle Fritz critique la société de consommation occidentale et manifeste de la compréhension pour la révolte des jeunes en France et un peu partout en Europe, archives personnelles de Fritz Kolbe, collection Peter Kolbe, Sydney.

113. Les deux hommes restèrent en contact jusqu'à la mort d'Allen Dulles. Au cours des années 1960, ils continuèrent de se voir à Berne ou aux États-Unis, à chaque fois qu'une occasion se présentait.

114. À partir du milieu des années 1950, Fritz Kolbe ne se contenta pas d'être représentant commercial d'une société de tronçonneuses. Il représentait également en Suisse les intérêts de son ami Walter Girgner, propriétaire d'une grosse entreprise de confection en Allemagne (les « chemises Trumpf »), et accumulait les missions de prospection commerciale dans tous les domaines (acier, mécanique, textile, etc.).

115. Archives fédérales allemandes, Koblenz, dossier « Rudolf Pechel », correspondance avec Fritz Kolbe (avril 1954).

116. Le contrat se trouve dans les archives personnelles de Fritz Kolbe, collection Peter Kolbe, Sydney.

117. Source : Peter Sichel, interview à Bordeaux, 1er décembre 2001.

Épilogue, p. 343

1. Voir le volume illustré *100 Jahre Auswärtiges Amt* (1870-1970), édité par le ministère allemand des Affaires étrangères en 1970, et *Widerstand im auswärtigen Dienst* (également publié par le ministère en 1994).

Les noms des martyrs du 20 juillet 1944 gravés dans le marbre du ministère étaient (et sont toujours), les suivants : Albrecht Graf von Bernstorff, Eduard Brücklmeier, Hans-Bernd von Haeften, Ulrich von Hassell, Otto Kiep, Herbert Mumm von Schwarzenstein, Friedrich-Werner Graf von der Schulenburg, Adam V. Trott zu Solz, Herbert Gollnow, Richard Kuenzer, Hans Litter, auxquels vint s'ajouter Rudolf von Scheliha quelques années plus tard. Tous ces diplomates furent exécutés entre 1942 et 1945.

2. Ludwig Biewer, responsable des archives du ministère des Affaires étrangères.

3. « L'ironie de l'histoire est que ce vaillant patriote ait pu être considéré comme un traître par son pays alors qu'il avait été l'un des rares Allemands à se battre pour que les Américains abandonnent la politique du plan Morgenthau et soutiennent l'Allemagne contre la

domination de la Russie soviétique », écrit Ernst Kocherthaler dans « The Background of the George Story ».

4. Ernst Kocherthaler est mort le 6 septembre 1966 à Berne.

5. Lettre d'Eugen Gerstenmaier datée du 10 mars 1965, archives personnelles de Fritz Kolbe, collection Peter Kolbe, Sydney.

6. Lettre de Fritz Kolbe à Ernst Kocherthaler, 10 janvier 1965, archives personnelles de Fritz Kolbe, collection Peter Kolbe, Sydney.

7. « Il n'est pas mort en paix », dit son fils, qui était présent lors de ses derniers moments, dans une clinique de Berne. Ses derniers mots : il demanda à son fils s'il « avait été un bon père ». L'inventaire de décès, établi par un notaire de Berne, indiquait, parmi les actifs de 47 746 francs suisses, une Opel Commodore GS de 1968 et une guitare. Le passif personnel de Fritz Kolbe s'élevait à 7 882 francs.

8. Richard M. Helms (1913-2002) fut directeur de la CIA de 1966 à 1973. Ancien journaliste, il avait couvert les Jeux olympiques de Berlin en 1936 pour l'agence United Press et avait interviewé Hitler. Entré à l'OSS en 1943, il continua sa carrière à la CIA après la guerre. Il succéda à Allen Dulles comme chef du renseignement américain en Allemagne, après octobre 1945. De retour à Washington, c'est lui qui fut chargé par Allen Dulles du dossier d'immigration de Fritz Kolbe aux États-Unis entre 1947 et 1949. Il fut nommé directeur de la CIA en 1966, sous la présidence de Lyndon Johnson. En 1977, après avoir refusé de témoigner au Congrès sur le rôle de la CIA dans le coup d'État de septembre 1973 au Chili, il fut condamné à deux ans de prison avec sursis et à une amende de 2 000 dollars. Les mémoires de Richard Helms ont été publiés au printemps 2003 aux États-Unis (A *Look Over my Shoulder*, en collaboration avec William Hood).

9. 1967 : Unused Material for *Great True Spy Stories*, Allen W. Dulles Papers, Seeley G. Mudd Manuscript Library, Princeton.

Sources et bibliographie

Archives

1. Archives personnelles de Fritz Kolbe, Sydney

Peter Kolbe a bien voulu nous ouvrir les archives de son père, qu'il conserve chez lui à Sydney en Australie. Fritz Kolbe gardait une trace écrite de la plupart des événements de sa vie. Sa correspondance est d'une richesse extraordinaire (il conservait même un double des lettres qu'il envoyait à ses correspondants). Une grande quantité de textes couvrant toute la période de la vie de Kolbe a pu être consultée. Pendant plusieurs décennies, ces documents ont été conservés à Bad Dürrheim (Forêt-Noire), par Maria Fritsch, la troisième épouse de Kolbe, décédée en juin 2000 à l'âge de quatre-vingt-dix-huit ans. La veuve ne souhaitait pas les divulguer. Quelques historiens ou journalistes ont essayé de la convaincre, en vain, d'ouvrir les dossiers qui étaient en sa possession (par exemple Klemens von Klemperer, à la fin des années 1970, ou Hansjakob Stehle, de l'hebdomadaire *Die Zeit*, en 1986). Elle a préféré confier l'ensemble des documents qui étaient en sa possession à Peter Kolbe, en Australie, à qui elle a envoyé petit à petit, par la poste, tous les documents qu'elle conservait dans la cave de sa maison.

Nous avons pu consulter la totalité de ces documents – tous inédits jusqu'ici – chez Peter Kolbe. La plupart des textes étaient dactylographiés. Quand ce n'était pas le cas (par exemple la correspondance d'après-guerre entre Fritz Kolbe et Ernst Kocherthaler), Peter Kolbe a bien voulu prendre la peine de déchiffrer pour nous l'écriture de son père (très difficile à lire en raison de l'ancienne calligraphie allemande).

Parmi les pièces qui ont été le plus utiles, il y a un document de cinquante-neuf pages écrit en allemand par Gerald Mayer et Fritz Kolbe, typographié, malheureusement non daté. Peut-être s'agit-il d'une ébauche de l'autobiographie que Fritz Kolbe voulait écrire à la fin des années 1960. Il est impossible de le dire. Le texte est écrit à la troisième personne, Kolbe y est nommé « König ». Le point de vue de Mayer et celui de Kolbe s'entremêlent. Le texte est un peu romancé (il commence par les mots suivants : « Le 18 août 1943, nous le rencontrons pour la première fois... »).

« The Story of George » (sept pages dactylographiées en anglais), écrit par Ernst Kocherthaler au printemps de 1945, a également été d'un grand secours pour reconstituer la vie de Fritz Kolbe, ainsi que divers documents autobiographiques qu'il a rédigés après la guerre (notamment un long texte autobiographique de dix pages rédigé en allemand, daté du 15 mai 1945). Dans les années soixante, Ernst Kocherthaler écrivit une nouvelle synthèse, « The Background of the George Story » (quatre pages dactylographiées en anglais, novembre 1964) pour aider à la réhabilitation de son ami.

Le problème de tous ces textes est qu'ils livrent le point de vue d'un homme sur sa propre histoire, avec toutes les déformations (volontaires ou non) que cela peut supposer. « Les annales humaines se composent de beaucoup de fables mêlées à quelques vérités » (Chateaubriand). Dans tout récit autobiographique, l'auteur cherche à justifier son action et à expliquer la cohérence de ses actes *a posteriori*.

D'où l'importance de tous les documents administratifs, secs, factuels, qui se trouvent également en abondance dans les archives personnelles de Fritz Kolbe. Correspondance privée ou publique, ordres de mission, passeports, photographies... Ce type de documents, très précieux, permet de multiplier les perspectives et les angles du portrait.

2. Archives nationales américaines, College Park

Les archives nationales américaines (National Archives and Records Administration, NARA) ont annoncé, en juin 2000, l'ouverture au public de documents provenant de l'Office of Strategic Services (OSS), ancêtre de la CIA. Cette grande opération de déclassification faisait suite à une loi adoptée en 1998 par le Congrès des États-Unis (*Nazi War Crimes Disclosure Act*), prévoyant de faciliter l'information du public sur les aspects encore cachés de la Seconde Guerre mondiale, au moment où s'exprimait un désir renouvelé de vérité et de transparence sur un passé toujours riche en débats et polémiques (« or nazi », « indemnisation des travailleurs forcés du IIIe Reich », etc.).

Cet énorme « paquet » de documents déclassifiés (400 000 pages de texte) contenait un sous-ensemble qui ne passait pas inaperçu : la totalité des 1 600 documents fournis aux Américains par Fritz Kolbe, *alias* « George Wood », communément présentée comme la meilleure source d'information alliée pendant la guerre. Ces documents déclassifiés (toute la « série Boston ») contiennent toutes les transcriptions en anglais des télégrammes diplomatiques allemands classés « top secret » que Fritz Kolbe apporta à Berne entre 1943 et 1945. D'autres documents fournis par « Wood » (copies d'originaux en allemand, messages Kappa envoyés par l'OSS Berne à Washington, divers mémoranda du bureau de Berne de l'OSS...) étaient déjà ouverts au public depuis plusieurs années. Ces dossiers peuvent être consultés au bâtiment des archives nationales de College Park (Maryland), tout près de Washington.

Tous les documents de l'OSS se trouvent classés dans la catégorie « Record Group » 226 (RG 226), et dans de multiples sous-catégories qu'il faut prendre la patience d'explorer (entrées 210 à 220, 190c, 134, 121, 134, 138, 162...).

Grâce aux archives de l'OSS, l'action de Fritz Kolbe peut être observée avec un regard extérieur : il est possible de retracer avec une assez grande précision les faits et gestes de l'espion à partir du mois d'août 1943, date de sa première rencontre avec Allen Dulles à Berne. Le problème, c'est que les documents de l'OSS ne sont pas toujours datés – les messages Kappa le sont, mais pas les documents de la série Boston –, et qu'ils sont éparpillés dans de multiples cartons sans ordre apparent.

3 Archives Allen Dulles, Princeton

Les archives privées d'Allen Dulles ont été léguées à l'université de Princeton par sa veuve, Clover Todd Dulles, en 1973. On y trouve beaucoup d'éléments très précieux, notamment la correspondance personnelle de Dulles (par exemple avec Fritz Kolbe, Gerald Mayer ou Ernst Kocherthaler), mais aussi des manuscrits inédits où apparaît l'histoire de « George Wood ». Allen Dulles a accumulé beaucoup de documents sur Fritz Kolbe, éléments qui n'ont jamais été publiés. Souvent, malheureusement, ces documents sont sans date.

4. Archives du ministère allemand des Affaires étrangères, Berlin

Le ministère allemand des Affaires étrangères, à Berlin, a perdu une partie de ses archives dans les bombardements de 1943 à 1945. Une partie du dossier « Fritz Kolbe » (n°s 007680 et 007681) a été détruite. La totalité de certains dossiers (comme celui de Gertrud von Heimerdinger) a complètement disparu. Mais on trouve énormément d'informations sur les collègues de Fritz Kolbe et en particulier ses supérieurs hiérarchiques (dossiers sur Johannes von Welczeck, Karl Ritter ou Rudolf Leitner...). Les archives de la légation allemande de Berne sont particulièrement bien conservées. Beaucoup de circulaires internes du ministère, riches d'enseignement, ont également été consultées.

5. Archives fédérales suisses, Berne

Plusieurs dossiers du « ministère public » (en fait il s'agit de fiches comparables à celles des renseignements généraux en France) ont été consultés, notamment celui de Ernst Kocherthaler et celui de Gerald Mayer. Les Archives fédérales suisses conservent également plusieurs documents de police relatifs à la mystérieuse rencontre de Fritz Kolbe et du chef de la légation allemande, Otto Köcher, à la fin du mois d'avril 1945.

6. Archives fédérales allemandes, Koblenz

Les archives de Rudolf Pechel sont conservées à Koblenz. La participation de Fritz Kolbe aux travaux de la *Deutsche Rundschau* (1950 à 1954) n'aurait pas pu être connue sans la lecture de ces dossiers.

7. Fondation Konrad Adenauer, Sankt Augustin (près de Bonn)

S'y trouvent conservés des documents originaux concernant la vie de Walter Bauer (1901-1968), industriel et proche ami de Fritz Kolbe.

8. Fondation Friedrich Ebert, Bonn

La fondation conserve un dossier de documents originaux concernant Paul Löbe (1875-1957), ancien président du Reichstag et ami de Fritz Kolbe pendant la guerre. Des documents sur l'histoire du mouvement ouvrier ont également été consultés (notamment des publications de la corporation des artisans selliers à Berlin datant des premières années du XXe siècle).

9. Diverses archives privées et inédites

À Berlin, Martin et Gudrun Fritsch ont raconté leurs souvenirs de Fritz et nous ont permis de consulter des documents inédits (carnets, lettres, photos) ayant appartenu à Maria Fritsch, la troisième femme de Fritz Kolbe et tante de Martin Fritsch.

À Genève, Gérard et Sylvia Roth ont bien voulu nous autoriser à consulter des carnets de souvenirs de Ernst Kocherthaler, leur père et beau-père, et nous ont confié quelques-uns de leurs souvenirs personnels.

À Strasbourg, Frank et Marie-Christine Jung, fils et belle-fille du chirurgien Adolphe Jung, ont bien voulu nous autoriser à utiliser un document inédit écrit par leur père et beau-père à Berlin pendant la guerre. Il s'agit d'un long journal intime rempli d'observations très concrètes sur la vie dans la capitale du Reich entre 1942 et 1945. Le manuscrit original a été retranscrit et typographié par Marie-Christine Jung.

Il n'a pas été possible de consulter les archives privées de Ferdinand Sauerbruch, confiées par la famille à la fondation culturelle de la Prusse (Preussischer Kulturbesitz) et qui ne seront pas accessibles au public avant 2006 (comme nous l'a fait savoir Tilman Sauerbruch, petit-fils du chirurgien).

Témoignages personnels

Les témoins sont rares, les contemporains de Fritz Kolbe n'étant plus très nombreux à être encore en vie.

Outre les personnes déjà citées plus haut, voici les témoins qui ont bien voulu nous parler :

Peter Sichel (New York/Bordeaux), ancien chef de l'antenne de la CIA à Berlin (1949-1952), puis responsable des opérations pour toute l'Europe de l'Est et chef d'antenne à Hong-Kong à la fin des années 1950. Il a bien connu Fritz Kolbe entre 1945 et 1955.

William Hood (Amagansett, New York), ancien chef de l'antenne de la CIA à Berne pendant les années 1960. Il voyait régulièrement Fritz Kolbe à Berne.

Cordelia Hood-Dodson (Washington), ancienne collaboratrice d'Allen Dulles à Berne à la fin de la seconde guerre mondiale.

Tom Polgar (Maitland, Floride), ancien chef des antennes de la CIA en Autriche, Argentine, au Vietnam, au Mexique et en Allemagne. Il a bien connu Fritz Kolbe à Berlin, entre 1947 et 1949.

Beth Montandon (Lausanne), ancienne collaboratrice de la CIA en Suisse. Elle a bien connu Fritz Kolbe à Berne, dans les années 1960.

Erika von Hornstein (Berlin), artiste-peintre et écrivain. Elle fréquentait Fritz Kolbe et Maria Fritsch à Berlin, dans les premières années de l'après-guerre.

Ronald Hermsdorf (New Hampshire), fils d'Harry Hermsdorf, officier de la CIA en poste en Allemagne après la guerre, très proche de Fritz Kolbe.

Gerald M. Mayer Jr. (Newbury, New Hampshire), fils de Gerald Mayer.

Articles

Aucun livre n'a jamais été consacré à Fritz Kolbe, mais plusieurs articles de revues ou de journaux ont été publiés sur lui depuis le début des années 1950.

Article de Edward P. Morgan, « The Spy the Nazis Missed », paru dans le magazine américain *True*, juillet 1950. Basé sur le témoignage direct de Fritz Kolbe, interviewé chez lui à Francfort. Traduit en allemand dans l'hebdomadaire suisse *Die Weltwoche* un an plus tard (juillet 1951). L'article fut également reproduit dans *Great True Spy Stories*, collection de récits d'espionnage présentée et commentée par Allen Dulles, New York, Harper & Row, 1968.

Article de Anthony Quibble, « *Alias* George Wood », dans *Studies in Intelligence* (revue de la CIA), printemps 1966, volume 10. Des documents internes de l'OSS, jusque-là inédits, furent utilisés pour écrire cet article de référence.

Articles de Hansjakob Stehle et Barbara Ungeheuer dans *Die Zeit*, 2 mai 1986. Hansjakob Stehle, alors correspondant de *Die Zeit* à Rome, interviewa Maria Fritsch, qui lui montra quelques documents originaux. Gerald Mayer et Gertrud von Heimerdinger furent également interrogés. L'article s'appuyait essentiellement sur des documents américains de l'OSS obtenus en 1985 par un père jésuite américain, Robert A. Graham. Quelques extraits de ces documents parurent dans la revue jésuite *Civilta Cattolica* avant de passer dans *Die Zeit*.

« The Perfect Spy », par Mark Fritz, *Boston Globe*, 11 mars 2001. Le journaliste s'appuya sur les documents déclassifiés par l'OSS et interrogea Peter Kolbe à Sydney.

« Der Bote aus Berlin », par Axel Frohn et Hans-Michael Kloth, hebdomadaire *Der Spiegel*, septembre 2001. Les deux auteurs s'appuyèrent sur les documents déclassifiés à Washington et sortirent Fritz Kolbe de l'ombre, pour la première fois en Allemagne depuis l'article de *Die Zeit* en 1986.

« A Time to Act », par Greg Bradsher, revue *Prologue* (revue des archives nationales américaines), printemps 2002. L'auteur, archiviste à College Park, a étudié en profondeur les documents récemment déclassifiés sur Fritz Kolbe et les a croisés avec divers fonds des archives de l'OSS, dont il connaît parfaitement bien les subtils méandres.

SOURCES ET BIBLIOGRAPHIE

Bibliographie thématique

Seconde Guerre mondiale
The Oxford Companion to World War II, ouvrage coordonné par I. C. B. Dear et M. R. D. Foot, Oxford, 1995.
Breaking the Silence, Walter Laqueur and Richard Breitman, New York, 1986 (l'histoire de Eduard Schulte).
Examen de conscience, August von Kageneck, Paris, 1996.
Der Schattenmann, Tagebuchaufzeichnungen 1938-1948, Ruth Andreas-Friedrich, Francfort, 2000.
Berliner Aufzeichnungen, 1942 bis 1945, Ursula von Kardorff, Munich, 1997.
The Fall of Berlin, Anthony Read et David Fisher, Londres, 1999.
La Chute de Berlin, Antony Beevor, Paris, 2002.

Nazisme et Troisième Reich
Die Zeit des Nationalsozialismus, eine Gesamtdarstellung, Michael Burleigh (traduction de l'anglais par Udo Rennert et Karl Heinz Siber), Francfort, 2000.
Das Grosse Lexikon des Dritten Reiches, Christian Zentner et Friedemann Bedürftig, Munich, 1985.
Wer war wer im Dritten Reich : Anhänger, Mitlaüfer, Gegner aus Politik, Wirtschaft, Militär, Kunst und Wissenschaft, Robert Wistrich, Munich, 1983 (traduction de : *Who's Who in Nazi Germany*).
Anmerkungen zu Hitler, Sebastian Haffner, Berlin, 1978.
Die braune Elite (tome 2), édité par Ronald Smelser, Enrico Syring, Rainer Zitelmann, Darmstadt, 1999.
L'Opinion allemande sous le nazisme : Bavière, 1933-1945, Ian Kershaw, traduit de l'anglais par Pierre-Emmanuel Dauzat, Paris, 1995.
Qu'est-ce que le nazisme ? Problèmes et perspectives d'interprétation, Ian Kershaw, traduit de l'anglais par Jacqueline Carnaud, Paris, 1992.
Béhémoth : structure et pratique du national-socialisme, 1933-1944, Franz Neumann, traduit de l'anglais par Gilles Dauvé avec la collaboration de Jean-Louis Boireau, Paris, 1987.
Berlin Diary : The Journal of a Foreign Correspondent 1934-1941, William L. Shirer, New York, 1941.
Monologe im Führerhauptquartier, 1941-1944, Heinrich Heims, Hambourg, 1980.
La Terreur nazie, La Gestapo, les Juifs et les Allemands ordinaires, Eric A. Johnson, traduit de l'anglais par Christophe Beslon et Pierre-Emmanuel Dauzat, Paris, 2001.

LTI, la langue du Troisième Reich, Victor Klemperer, traduit par Élisabeth Guillot, Paris, 1996.

Bis zur letzten Stunde, Hitlers Sekretärin erzählt ihr Leben, Traudl Junge, en collaboration avec Melissa Müller, Munich, 2002.

Alltag unterm Hakenkreuz, Harald Focke & Uwe Reimer, Hambourg, 1999.

Le Chef du contre-espionnage nazi parle (1933-1945), Walter Schellenberg (1910-1952), traduit par Edith Vincent, Paris, 1966.

Hitler's Spies : German Military Intelligence in World War II, David Kahn, Londres, 1978.

L'Espion du siècle, Reinhard Gehlen, Cookridge, Edward Henry, Paris, 1973.

Diplomatie, ministère allemand des Affaires étrangères

Akten zur deutschen Aussenpolitik, 1918-1945. Plusieurs volumes réunissant les principaux documents de politique étrangère allemande jusqu'à la fin de la Seconde Guerre mondiale. Publié à Göttingen entre 1969 et 1979.

Das Auswärtige Amt im Dritten Reich, Diplomatie im Schatten der « Endlösung », Hans-Jürgen Döscher, Siedler Verlag, Berlin, 1987.

Verschworene Gesellschaft, das Auswärtige Amt unter Adenauer zwischen Neubeginn und Kontinuität, Hans-Jürgen Döscher, Berlin, 1995.

Die Hassell-Tagebücher 1938-1944, Ulrich von Hassell, Berlin, 1988.

The Wilhelmstrasse, a Study of German Diplomats Under the Nazi Regime, Paul Seabury, Berkeley, 1954.

Zwischen Anpassung und Widerstand : Deutsche Diplomaten 1938-1941 : die politischen Aktivitäten der Beamtengruppe um Ernst von Weizsäker im Auswärtigen Amt, Marion Thielenhaus, Paderborn, 1985.

Statist auf diplomatischer Bühne, 1923-1945, Erlebnisse des Chefdolmetschers im Auswärtigen Amt mit den Staatsmännern Europas, Dr Paul Schmidt, Bonn, 1949.

Referat DIII of Abteilung Deutschland and the jewish policy of the german foreign office, 1940-1943, Christopher Browning, University of Wisconsin, 1975.

Der Wahrheit eine Gasse, Franz von Papen, Munich, 1952.

100 Jahre Auswärtiges Amt 1870-1970, édité par le ministère allemand des Affaires étrangères, Bonn 1970.

The Foreign Policy of Hitler's Germany, Gerhard L. Weinberg, Chicago, 1970 (2 volumes).

Die Weizsäcker-Papiere, 1900-1932, édité par Leonidas E. Hill, Berlin, 1974 et 1982 (2 volumes).

SOURCES ET BIBLIOGRAPHIE

Zwischen Hitler und Stalin, 1939-1945, Peter Kleist, Bonn, 1950.

Ribbentrop, Michael Bloch, traduit de l'anglais par Elsa Bourgeade et Jean-Luc Barré, Paris, 1996.

Rudolf von Scheliha 1897-1942 : ein deutscher Diplomat gegen Hitler, Ulrich Sahm, Munich, 1990.

Uniforms & Insignia of the German Foreign Office & Government Ministries, 1938-1945, Jill Halcomb, Agincourt, 1984.

Das Amt und die Vergangenheit: Deutsche Diplomaten im Dritten Reich und in der Bundesrepublik (The Ministry and the Past: German Diplomacy in the Third Reich and the Federal Republic), ouvrage collectif commandé par le ministère allemand des Affaires étrangères, sous la direction de Eckart Conze, Norbert Frei, Peter Hayes et Moshe Zimmermann, Karl Blessing Verlag, 2010.

Widerstand und Auswärtiges Amt, Diplomaten gegen Hitler, sous la direction de Jan-Erik Schulte et Michael Wala, Siedler, Munich, 2013.

Résistance allemande

Alternative zu Hitler, Studien zur Geschichte des deutschen Widerstands, Hans Mommsen, Munich, 2000.

Germany's Underground, Allen Dulles, 1947 ; rééd. Cambridge, Mass., 2000.

German Resistance Against Hitler : the Search for Allies Abroad, 1938-1945, Klemens Von Klemperer, Oxford, 1992.

Lexikon des Widerstandes, 1933-1945, Peter Steinbach et Johannes Tuchel (ouvrage collectif), Munich, 1998.

Widerstand im Widerstreit, Peter Steinbach, Paderborn, 2001.

Deutscher Widerstand, Rudolf Pechel, Zurich, 1947.

Widerstand gegen den Nationalsozialismus, Peter Steinbach, Johannes Tuchel, Bonn, 1994.

Die unbesungenen Helden, Kurt R. Grossmann, 1957.

Des Allemands contre le nazisme : oppositions et résistances, 1933-1945, actes du colloque franco-allemand organisé à Paris du 27 au 29 mai 1996, publiés sous la direction de Christine Levisse-Touzé et Stefan Martens, Paris, 1997.

Ces Allemands qui ont affronté Hitler, Gilbert Badia, Paris, 2000.

Dank und Bekenntnis, Gedenkrede zum 20. Juli 1944, Theodor Heuss, Tübingen, 1954.

American Intelligence and the German Resistance to Hitler : a Documentary History (Widerstand, Dissent and Resistance in the Third Reich), Jurgen Heideking, Marc Frey, Christoph Mauch, Boulder, Colorado, 1996.

Der Verrat im 20. Jahrhundert, Margret Boveri, Hambourg, 1961.
Ethical and Religious Factors in the German Resistance to Hitler, Mary Alice Gallin, Washington, 1955.
Verrat an Deutschland : Spione und Saboteure gegen das eigene Vaterland, Erich Kern, Preussisch-Oldendorf, 1972.

OSS, États-Unis, espionnage

From Hitler's Doorstep : The Wartime Intelligence Reports of Allen Dulles, 1942-1945, Neal H. Petersen, The Pennsylvania State University Press, 1996.
A Look Over My Shoulder, mémoires de Richard Helms (avec William Hood), New York, avril 2003.
The Shadow Warriors, OSS and the Origins of the CIA, Bradley F. Smith, New York, 1983.
OSS : the Secret History of America's First Central Intelligence Agency, R. Harris Smith, Berkeley, 1972.
The Secrets War : the Office of Strategic Services in World War II, éd. George C. Chalou (ouvrage collectif), Washington, 1992.
Piercing the Reich, the Penetration of Nazi Germany by American Secret Agents during World War II, Joseph E. Persico, New York, 1979.
Roosevelt's Secret Wars, FDR and WWII espionage, Joseph E. Persico, New York, 2001.
The Last Hero, Wild Bill Donovan, Anthony Cave Brown, New York, 1982.
Bodyguard of Lies, Anthony Cave Brown, New York, 1975 (traduction française *La Guerre secrète*, 2 vol. Paris, 1981).
The Secret War Against Hitler, William J. Casey, Washington, 1988.
Geheimdienstkrieg gegen Deutschland (Subversion, Propaganda und politische Planungen des amerikanischen Geheimdienstes im Zweiten Weltkrieg), Juergen Heideking, Christof Mauch (ouvrage collectif), Göttingen, 1993.
The Unseen War in Europe, John H. Waller, New York, 1996.
Schattenkrieg gegen Hitler. Das Dritte Reich im Visier der amerikanischen Geheimdienste 1941-1945, Christof Mauch, Stuttgart, 1999.
Blowback : America's Recruitment of Nazis and Its Effects on the Cold War, Christopher Simpson, New York, 1988.
CIA : The Inside Story, Andrew Tully, New York, 1962.

Histoire sociale, Allemagne
Arbeiter, Arbeiterbewegung und soziale Ideen in Deutschland : Beiträge zur Geschichte des 19. und 20. Jahrhunderts, Gerhard A. Ritter, Munich, 1996.
Arbeiter im deutschen Kaiserreich (1871-1914), Gerhard A. Ritter, Bonn, 1992.
Deutsche Gesellschaftsgeschichte (1849-1914), Hans-Ulrich Wehler, Beck Verlag, 1995.
Die Arbeiter : Lebensformen, Alltag und Kultur von der Frühindustrialisierung bis zum « Wirtschaftswunder », édité par Wolfgang Ruppert, Munich, 1986.
Das Berliner Handwerk in den Frühphasen der Industrialisierung, Jürgen Bergmann, Berlin, 1973.
Karrieren im Zwielicht, Hitlers Eliten nach 1945, Norbert Frei, Francfort, 2001.

Jeunesse, scoutisme (Wandervogel)
Der Wandervogel, Es begann in Steglitz, Gerhard Ille, Berlin, 1987.
Hermann Hesse und die deutsche Jugendbewegung : eine Untersuchung über die Beziehungen zwischen dem Wandervogel und Hermann Hesses Frühwerk, Christiane Völpel, Bonn, 1977.
Hitlerjugend, die Jugend und ihre Organisation im dritten Reich, Arno Klönne, Hanovre, 1957.
Wandervogel : histoire d'un mouvement de jeunesse, Hans Blüher, traduit de l'allemand par Michel Caignet, Heinrich Hoffstiepel, Michel Meigniez de Cacqueray, Paris, 1994.
Wandervogel : la jeunesse allemande contre l'esprit bourgeois, 1896-1933, Karl Höffkes, traduit de l'allemand, annoté et postfacé par Robert Steuckers, Puiseaux, 1986.

Suisse, Seconde Guerre mondiale
The Swiss Corridor, Espionage Networks in Switzerland during World War II, Josef Garlinski, Londres, 1981.
Spionage. Aus den Papieren eines Abwehroffizieren, Wolfgang Loeff, Stuttgart, 1950.
Opération Lucy : le réseau d'espionnage le plus secret de la Seconde Guerre mondiale, Anthony Read et David Fisher ; traduit de l'anglais par Éveline Peyronel, Paris, 1982.
Geheimer Draht nach Berlin : die Nachrichtenlinie Masson-Schellenberg und der schweizerische Nachrichtendienst im Zweiten Weltkrieg, Pierre-Th. Braunschweig, Zurich, 1990.

Spionage in der Schweiz, Karl Lüönd, Zurich, 1977 (2 volumes).

La Neutralité suisse : synthèse de son histoire, Edgar Bonjour, traduit par Charles Oser, Neuchâtel, 1979.

Le Troisième Reich et la Suisse : 1933-1941, Daniel Bourgeois, Neuchâtel, 1974.

« Il faut encore avaler la Suisse » : les plans d'invasion et de guerre économique d'Hitler contre la Suisse, Klaus Urner, Genève, 1996.

La Chasse aux espions en Suisse, choses vécues, 1939-1945, colonel R. Jaquillard, lettre-préface du général Guisan, Paris, Lausanne, 1948.

Grande-Bretagne, services secrets, Seconde Guerre mondiale

M.I.6 : British Secret Intelligence Service Operations, 1909-45, Nigel West, Londres, 1988.

M.I.5 : British Security Service Operations, 1909-45, Nigel West, Londres, 1988.

My Silent War, Harold A. R. (« Kim ») Philby, Londres, 1968.

Codebreakers : the Inside Story of Bletchley Park, ed. F. H. Hinsley, Alan Stripp, Oxford, 1993.

Ultra, F. W. Winterbotham, traduit de l'américain par Théo Carlier, Paris, 1976.

Affaire « Cicéron »

L'Affaire Cicéron, Ludwig C. Moyzisch, adaptation française de Suzanne Belly, Paris, 1984.

Signé Cicéron, Elyesa Bazna, adaptation d'Hans Nogly, traduit de l'allemand par Paul Roche, Paris, 1962.

A Thread of Deceit : Espionage Myths of World War II, Nigel West, New York, 1985.

Churchill's Secret War : Diplomatic Decrypts, the Foreign Office and Turkey 1942-44, Robin Denniston, New York, 1997.

The Cicero Spy Affair : German Access to British Secrets in World War II, Richard Wires, Westport, 1999.

Peenemünde, V1 et V2

Agents secrets contre armes secrètes, Jacques Bergier, Genève, 1970.

L'Arme secrète de Peenemünde, Walter Dornberger, traduit de l'allemand par Henri Daussy, Paris, 1966.

Détruisez les V 2, Don Betteridge, traduit de l'anglais par J. Hall, Paris, 1960.

SOURCES ET BIBLIOGRAPHIE

Hongrie, Seconde Guerre mondiale
The Politics of Genocide : the Holocaust in Hungary, 2 vol., Randolph L. Braham, New York, 1981.
Studies on the Holocaust in Hungary, ed. Randolph L. Braham, New York, 1990.
Der Stopp der Endlösung, Kampf gegen Himmler und Eichmann in Budapest, Andreas Biss, Stuttgart, 1966.

Irlande, Seconde Guerre mondiale
Geheimauftrag Irland, Enno Stephan, Hambourg, 1961.
Irish Secrets : German Espionage in Wartime Ireland, Mark M. Hull, Dublin, 2002.

Vichy
Vichy, 1940-1944, Jean-Pierre Azéma et Olivier Wieviorka, Paris, 2000.
Les Patrons sous l'Occupation, Renaud de Rochebrune et Jean-Claude Hazéra, Paris, 1995.
Industriels et banquiers sous l'Occupation, Annie Lacroix-Riz, Paris, 1999.

Procès de Nuremberg
Ankläger einer Epoche : Lebenserinnerungen, Robert M. W. Kempner, in Zusammenarbeit mit Jörg Friedrich, Francfort, 1983.
Procureur à Nuremberg, Telford Taylor, traduit de l'américain par Marie-France de Paloméra, Paris, 1995.

Allen Dulles
Allen Dulles, Master of Spies, James Srodes, Washington, 2000.
Gentleman Spy, the Life of Allen Dulles, Peter Grose, Boston, 1994.
The Secret Surrender, Allen Welsh Dulles, New York, 1966.
The Craft of Intelligence, Allen W. Dulles, New York, 1963.
Autobiography of a Spy, Mary Bancroft, New York, 1983.
The Council on Foreign Relations and American Foreign Policy in the Early Cold War, Michael Wala, Oxford, 1994.
The Old Boys : The American Elite and the Origins of the CIA, Burton Hersh, New York, 1992.
Une éminence grise : Jean Jardin, 1904-1976, Pierre Assouline, Paris, 1986.

Ernst Kocherthaler

Das Reich der Antike, Ernst Kocherthaler, Baden-Baden, 1948.

The Warburgs : a Family Saga, Ron Chernow, Londres, 1993.

Un homme d'influence : sir Siegmund Warburg, 1902-1982, Jacques Attali, Paris, 1985.

Le Pétrole en Espagne, Jacques Grandel, Paris, 1935.

Ferdinand Sauerbruch

Mes souvenirs de chirurgien, mémoires de Ferdinand Sauerbruch, traduction française, Paris, 1952.

Die Mittwochsgesellschaft : Protokolle aus dem geistigen Deutschland 1932 bis 1944, édité et commenté par Klaus Scholder, Berlin, 1982.

Die deutsche Forschungsgemeinschaft in der Weimarer Republik und im Dritten Reich : Wissenschaftspolitik in Republik und Diktatur 1920-1945, Notker Hammerstein, Munich, 1999.

Doctors under Hitler, Michael Kater, Chapel Hill, 1989.

Deutsche Medizin im Dritten Reich, Karrieren vor und nach 1945, Ernst Klee, Francfort, 2001.

Medizin ohne Menschlichkeit : Dokumente des Nürnberger Ärzteprozesses, Alexander Mitscherlich et Fred Mielke, Francfort, 1997.

Article de F. Kudlien et Chr. Andree, « Sauerbruch und der Nationalsozialismus », dans *Medizinhistorisches Journal*, 1980, vol.15, pages 201 à 222.

Article de Wolfgang U. Eckart, « Mythos Sauerbruch », dans *Frankfurter Allgemeine Zeitung*, 15 juillet 2000.

Karl Ritter

Brasil and the Great Powers, 1930-1939 : the Politics of Trade Rivalry, Stanley E. Hilton, préfacé par José Honôrio Rodrigues, Austin (Texas), 1975.

Hitler's Secret War in South America, 1939-1945 : German Military Espionage and Allied Counterespionage in Brazil, Stanley E. Hilton, Baton Rouge, 1981.

Adolphe Jung

Avec l'Alsace en guerre, 1940-1944, G.-R. Clément, Paris, Strasbourg, 1945.

Chirurgiens et chirurgie à Strasbourg, Louis-François Hollender et Emmanuelle During-Hollender, Strasbourg, 2000.

SOURCES ET BIBLIOGRAPHIE

Histoire de la médecine à Strasbourg, publié par la Faculté de médecine de Strasbourg sous la direction du doyen honoraire Jean-Marie Mantz, coordination Jacques Héran, Strasbourg, 1998.

Rudolf Pechel
Rudolf Pechel und die « Deutsche Rundschau », eine Studie zur konservativ-revolutionären Publizistik in der Weimarer Republik, 1918-1933, Volker Mauersberger, Brême, 1971.
Rudolf Pechel und die « Deutsche Rundschau » 1946-1961 : Zeitgeschehen und Zeitgeschichte im Spiegel einer konservativen politischen Zeitschrift : eine Studie zur konservativen Publizistik in Deutschland nach dem Zweiten Weltkrieg, Rosemarie von dem Knesebeck, Göttingen, 1975.
Die konservative Revolution in Deutschland 1918-1932, Grundriss ihrer Weltanschauungen, Armin Mohler, Stuttgart, 1950.

Hans-Bernd Gisevius
Jusqu'à la lie, traduit de l'allemand, Paris, 1947 et 1948 (2 volumes).

Georg Schreiber
Der Untergang des politischen Katholizismus : die Zentrumspartei zwischen christlichem Selbstverständnis und « Nationaler Erhebung » 1932-33, Rudolf Morsey, Stuttgart, Zurich, 1977.

Témoignages divers et oeuvres citées

Je veux témoigner jusqu'au bout. Journal 1942-1945, Victor Klemperer, traduit par Ghislain Riccardi, Michèle Kuntz-Tailleur, Jean Tailleur, Paris, 2000.
Überlebenslauf, Oskar Huth, édité par Alf Trenk, Berlin, 2001.
Mr. Ashenden, agent secret, W. Somerset Maugham, traduit de l'anglais par J. Dobrinsky, Paris, 10/18.
Mephisto, Klaus Mann, traduit Par Louise Servicen, Paris, 1993.
Als ich ein kleiner Junge war, Erich Kästner, Munich, 1999.
Le Loup des steppes, Hermann Hesse, traduit par Juliette Pary, Paris, Le Livre de Poche, 1991.
Journal des années noires, 1940-1944, Jean Guéhenno, Paris, 2002.
Camus à Combat, Éditoriaux et articles d'Albert Camus, 1944-1947, Paris, 2002.

Récits d'un passeur de siècle, Ernst Jünger (entretiens avec F. de Towarnicki), Paris, 2000.

Comme le reste des œuvres de Schiller, *Wallenstein* n'est plus disponible en traduction française depuis de nombreuses années. La version française de 1853 est en ligne sur les archives en ligne de la Bibliothèque nationale de France (gallica.bnf.fr).

Remerciements

Mes remerciements tout particuliers à :

Peter Kolbe (12 avril 1932- 11 juillet 2014), le fils de Fritz Kolbe, qui a bien voulu me recevoir chez lui à Sydney (Australie), m'ouvrir les archives de son père (conservées depuis 2012 au ministère allemand des Affaires étrangères à Berlin), et répondre à toutes mes questions. Sans lui, ce livre n'aurait pas été possible.

Merci également à Peter Kolbe d'avoir gracieusement mis à notre disposition les documents photographiques dont certains sont reproduits dans ce livre.

Peter Sichel (New York, Bordeaux), ancien directeur de la CIA à Berlin après la guerre, qui m'a considérablement aidé au cours de toutes les étapes de ce livre.

Hans-Jürgen Döscher (Osnabrück), historien du ministère allemand des Affaires étrangères, qui m'a fait profiter de sa connaissance sans égale de l'administration diplomatique allemande et de son histoire.

Axel Frohn et Hans-Michael Kloth *(Der Spiegel)*, qui m'ont donné envie d'écrire ce livre.

Philippe Garnier, des éditions Denoël (Paris), pour sa patience et ses encouragements.

Florence et tous les enfants : Juliette, Jean-Baptiste, Milàn, Benjamin, Eléna, Mateo, pour leur patience infinie.

Je tiens également à remercier pour leur précieux témoignage Gudrun et Martin Fritsch, à Berlin, Sylvia et Gérard Roth, à Genève, et Marie-Christine et Frank Jung, à Strasbourg. Merci à chacun d'entre eux, aussi, pour la gracieuse mise à disposition de documents importants et inédits, notamment certaines photographies reproduites, ainsi que des notes et carnets qui ont largement été utilisés.

Mes remerciements, enfin, à tous ceux qui ont apporté d'une manière ou d'une autre leur précieuse contribution à la rédaction de ce livre.

Yves-Marc Ajchenbaum, Paris.

Fabrice d'Almeida, Paris.

Nickie Athanassi, Paris.

Hervé Audibert, Joinville-le-Pont.

Lucienne Bastien, Paris.

Gerhard A. Bayer, Bundesverband Deutscher Eisenbahn-Freunde e.V., Füssen-Weissensee.

Ludwig Biewer, archives du ministère allemand des Affaires étrangères, Berlin.

Dennis E. Bilger, Harry S. Truman Library.

Antoine et Madeleine Bosshard, Lausanne.

Marie-Françoise Bothorel, Paris.

Daniel Bourgeois, Archives fédérales suisses, Berne.

Greg Bradsher, Archives nationales américaines, College Park.

Pierre Braunschweig, Berne.

Jacques Bureau, Paris.

Marianne Brück, Ottobeuren.

Didier Cantarutti, Paris.

Danielle Delattre, Paris.

Micheline Delattre, Noisy-le-Roi.

Cordelia Dodson-Hood, Washington.

Louis-Marie et Nicole Duchamp, Paris.

Wolfgang U. Eckart, Heidelberg.

Bruce Edwards, Rutland, Vermont (États-Unis).

François Fejtö, Paris.

Louis de Fouchécour, Neuilly-sur-Seine.

Mark Fritz, New York.

REMERCIEMENTS

François George, Paris.
Alfred Gottwaldt, musée des Sciences et des Techniques, Berlin.
Hélène Gournay, Service pédagogique La Coupole.
Jean-Paul Guilloteau, Paris.
Peter Hantke, August Horch Museum, Zwickau.
A. Herrbach, Sélestat.
Stefan Hausherr, Winterthur.
Christine Herme, Paris.
Ronald Hermsdorf, New Boston, New Hamsphire.
William Hood, Amagansett (New York).
Erika von Hornstein, Berlin.
Brigitte Kaff, Konrad-Adenauer-Stiftung, Sankt Augustin, Bonn.
Peter Kamber, Berne.
Dr Pierre Kehr, Strasbourg.
Professor Klemens von Klemperer, Northampton, Massachusetts.
Karin Kolbe, Sydney.
Ursula Kolbe, Sydney.
August von Kageneck, Neuilly-sur-Seine.
Arnold Kramish, Reston, Virginie (États-Unis).
Dr Ursula Krause-Schmidt, Studienkreis deutscher Widerstand, Francfort.
Dominik Landwehr.
Linda Martin, CBS News Productions, New York.
Christof Mauch, Washington.
Gerald M. Mayer Jr., Newbury, New Hampshire.
Fritz Molden, Vienne.
Beth Montandon, Lausanne.
Professeur Dr Rudolf Morsey, Neustadt.
Melissa Müller, Munich.
David Oxenstierna, Boston, Massachusetts.
Anne Perfumo, Paris.
Serge Pétillot-Niémetz, Paris.

Gregor Pickro, Archives fédérales allemandes, Koblenz
Hansjakob Stehle, Vienne.

Tom Polgar, Maitland, Floride.

Norbert Prill, Strasbourg, Bonn.

Rudolf J. Ritter, Grub (Suisse).

Constantin Roman, Londres.

Francis Rosenstiel, Strasbourg.

Olivier Rubinstein, Paris.

Ulrich Sahm, Bodenwerder.

Serguei, Paris.

Thomas Sparr, Siedler Verlag, Berlin.

James Srodes, Washington.

Olivia Stasi, Paris.

Dr Christoph Stamm, Friedrich-Ebert-Stiftung, Bonn.

Hansjakob Stehle, Vienne (Autriche).

Ute Stiepani, Gedenkstâtte Deutscher Widerstand, Berlin. Jean-Pierre Tuquoi, Paris.

Professeur Klaus Urner.

Professeur Jean-Marie Vetter, Strasbourg.

Dr Bernhard Weber-Brosamer, Franz Haniel & Cie, Duisburg.

Abbé Paulus Weigele, Ottobeuren.

Professeur Gerhard Weinberg, Chapell Hill, Caroline du Nord.

Nigel West, Berks (Royaume-Uni).

Neville Wylie, School of Politics, University of Nottingham (Royaume-Uni).

Table de l'iconographie

Passeport de Fritz Kolbe 23
Photographie de la famille paternelle
  de Fritz Kolbe.. 28
Photographie de Fritz Kolbe et sa première femme
  Anita 30
Photographie du bataillon du génie à la fin
  de la Première Guerre mondiale 32
Photographie de Fritz Kolbe faisant ces exercices
  physiques quotidiens 33
Photographie de Fritz Kolbe en Espagne 34
Photographie pendant une randonnée des
  « Oiseaux migrateurs »... 37
Photographie d'Ernst Kocherthaler,
  le grand ami de Fritz.. 39
Photographie de Fritz, fin des années 1930............ 48
Photographie de Peter Kolbe, le fils de Fritz.......... 50
Photographie d'un safari dans le Sud-Ouest
  africain... 51
Photographie d'un cours magistral de Ferdinand
  Sauerbruch.. 81
Photographie de l'ambassadeur Karl Ritter 86
Photographie d'Adolphe Jung................................... 115
Illustration parue dans *Die WeltWoche*,
  Fritz dans une cabine téléphonique..................... 136
Passeport ministériel de Fritz Kolbe....................... 143
Photographie de Gerald Mayer................................. 150

Télégramme transmis par Fritz Kolbe aux Américains	152
Carte géographique de la région de Rastenburg en Prusse orientale	157
Testament de Fritz Kolbe	163
Signature de « George Wood »	174
Photographie de l'appartement d'Allen Dulles	190
Lettre manuscrite envoyée par Fritz à Ernst Kocherthaler	212
Carte postale codée envoyée par Kolbe à Walter Schuepp	225
Photographie de Fritz Kolbe en uniforme américain	270
Photographie de Fritz Kolbe lisant le quotidien de Bâle	288
Photographie de la Mercedes de Karl Ritter	295
Photographie du professeur Sauerbruch	312
Photographie de Fritz en habit bavarois	315
Photographie de Fritz Kolbe et Maria Fritsch	318
Photographie de Fritz au sommet de l'Empire State Building	319
Illustration de l'article du magazine *True*	327
Illustration de l'article du magazine *True*	328
Photographie de Rudolf Pechel et son épouse	330
Photographie de Peter Kolbe en Allemagne	335
Photographie d'Allen W. Dulles	338
Laissez-passer signé de la main d'Allen Dulles	340
Prospectus du fabricant de tronçonneuses Wright	342
Photographie d'Ernst Kocherthaler	344

Table

Avant-propos	11
Prologue	13
1. – Señor Fritz Kolbe	17
2. – Retour à Berlin	47
3. – Que faire ?	71
4. – Dans la « Tanière du loup »	85
5. – Rencontres décisives	111
6. – Allen Dulles	123
7. – Un visa pour Berne	135
8. – « George Wood »	169
9. – Les « dossiers Kappa »	201
10. – Malentendus à répétition	229
11. – Ultimes révélations	265
12. – La disgrâce	303
Épilogue	343
Notes	347
Sources et bibliographie	423
Remerciements	439
Table de l'iconographie	443